CHIPWISSEN
Hardware

AUSTIN LESEA
RODNAY ZAKS

MIKROPROZESSOR INTERFACE TECHNIKEN

DEUTSCHE AUSGABE

2. AUFLAGE

Lizenzausgabe für:

VOGEL-VERLAG

Wir bedanken uns bei folgenden Personen und Firmen für die wertvolle Information, Photographien, Programme und Schaltungen ihrer Produkte oder Projekte: Obwohl nicht alle Informationen, die uns zur Verfügung standen verwendet werden konnte, möchten wir uns über die bereitwillige Zusammenarbeit bedanken:
Intel, Motorola, Persci (disks), Shugart (disks), Thomson-CSF (CRTC board), David Reinagel (Musik Synthesis), Rockwell, Data I/O (programmer), Prolog (programmer), Zilog, Hewlett-Packard (analyzers), Control Data (disks), North Star, Imsai, Altair (S 100 bus), Tarbell (cassette interface), Component Sales (keyboards), MOS Technology, Advanced Micro Devices, Fairchild, NEC, Western Digital, Dynabyte (RAM), National Semiconductor, Analog Devices, Lawrence Laboratory, University of California at Berkeley, Power-One (power supply), Fluke, Biomation (analyzer), Trendar (fault analysis).

FOREWORD

Every effort has been made to supply complete and accurate information. However, Sybex assumes no responsibility for its use: nor any infringements of patents or other rights of third parties which would result. No license is granted by the equipment manufacturers under any patent or patent rights. Manufacturers reserve the right to change circuitry at any time without notice.

In particular, technical characteristics and prices are subject to rapid change. Comparisons and evaluations are presented for their educational value and for guidance principles. The reader is referred to the manufacturer's data for exact specifications.

Die Herausgeber übernehmen keine Gewähr dafür, daß die beschriebenen Schaltungen, Produkte und Anwendungen usw. funktionsfähig und frei von Schutz- und Patentrechten Dritter sind.

Originalausgabe in Englisch.
Titel: Microprocessor Interfacing Techniques.

Original Copyright © 1977, 1978, 1979, Sybex Inc.
Deutsche Übersetzung: Bernd Pol

Library of Congress Card Number: 78-55237
ISBN Number: 0-89588-003-2

SYBEX EUROPA:
14 Rue Planchat
F-75020 PARIS
Tel.: 370 3275
Telex: 211801

USA
2344 Sixth Street
BERKELEY
CA 94710
Tel.: 415 848 8233
Telex: 336 311

Alle Rechte vorbehalten. Ohne ausdrückliche schriftliche Genehmigung der Herausgeber ist es nicht gestattet, das Buch oder Texteile daraus in Form von Fotokopie, Microfilm oder EDV-Datenträgern zu speichern oder in Funk und Fernsehen zu verbreiten.

ISBN: 3-922187-00-5

Satz und Druck: H. Zanker, Markdorf
Printed in West Germany

Auflage: 6 5 4 3 2

Copyright © 1979, 1980, Monika Nedela
Herausgeber der lizenzierten deutschen Übersetzung:
MSB-Verlag, M. Nedela
Postfach 14 20, D-7778 Markdorf, Telex 734 628 msbd

INHALT

Vorwort 5

I. Einführung 7
Konzept, die beschriebenen Techniken, Einführung in Bus-Strukturen, Einzelheiten über den Bus.

II. Aufbau der Zentraleinheit 17
Einführung, Der 8080, Der 6800, Der Z-80, Dynamische Speicher, Der 8085

III. Grundlegende Ein/Ausgabe Techniken 47
Parallele, Serielle LSI-Interface Bausteine für 8080-, 6800-Systeme, Unterbrechungssteuerung, Direkter Speicherzugriff, Nützliche Schaltungen.

IV. Anschluß von Peripherie-Einheiten 89
Tastaturen, LED-Anzeigen, Teletype, Lochstreifenleser, Schrittmotoren, Magnetischer Kreditkartenleser, Kassetteninterface für KIM-1, Kansas-City-Standard, Tarbell-Interface, Anschluß eines Bildschirmgerätes, Einchipsteuerungen (CRTC's), Intelligentes Sichtgerät, Anschluß von Floppy Disk Speichern, Disketten Interface, Musiksynthesizer, Auffrischen Dynamischer RAMs.

V. Analog/Digital und Digital/Analog Wandler 247
Einleitung, Prinzip eines D/A Wandlers, Ein ausgeführter D/A Wandler, Produkte, Abtastung, Das Abtasttheorem, A/D Wandlung durch schrittweise Annäherung, Einbezug eines Mikroprozessors, Eingangsspannungen, Integration, Direkter Vergleich, Typische Bausteine, Anschluß des D/A Wandlers, Beispiele D/A und A/D, Mehr Kanäle-Techniken zur Auflösungsverbesserung.

VI. Standards und Techniken zur Buserstellung 303
Einführung, Parallel: S-100, Systembus 6800, IEEE-488 **(IEC-BUS)** (mit Beispiel), CAMAC, Serielle Standards: EIA-RS232C, RS422 und 423, Syncroner Datenverkehr, Parität, Cyclic Redundancy, Ein S-100 Interface Beispiel, Stromversorgungen.

VII. Der Multiplexer - Eine Fallstudie 357
Einführung, Eigenschaften, Aufbau, Software, CPU und PROM-Modul, RAM-Modul, USART-Karte, Interface zum Zentralrechner.

VIII. Testen 379
Einführung, Was funktioniert nicht?, Bauteilefehler, Software, Störspannungen, Geräte zur Fehlersuche: Multimeter, Logiktester, Oszilloskop, Logikanalysatoren, Selbstdiagnose, Simulation und Emulation, Inbetriebnahme, Fallstudie: Das eine Bit unter 16.384!

IX. Entwicklungsrichtungen 415
Technologische Entwicklung, Plastiksoftware.

Anhang A 419
Microprocessor Hersteller.

Anhang B 421
S-100 Hersteller.

Anhang C 427
Umwandlungstabelle: Dezimal/Binär/Hexadezimal/Oktal.

Anhang D 428
RS232C Signale.

Angang E 429
IEEE-488 (IEC-BUS) Signale

Anhang F 430
Abkürzungen im englischen.

Inhaltsregister 433

Vorwort

Von je her wurde die Verbindung von Computern mit der Außenwelt als eine besondere Kunst angesehen, als die Kunst, die zur Steuerung einer Vielzahl peripherer Geräte und deren Anschluß an den Hauptprozessor benötigte Elektronik, die Interfaces, zu entwerfen und zu bauen.
Seit 1976 Mikroprozessoren und zugehörige hochintegrierte Schaltungen in LSI-Technik eingeführt wurden, ist die Konstruktion von Interfaces für Mikroprozessoren keine besondere Kunst mehr. Es geht jetzt nur noch um die Anwendung einiger Techniken, ja in manchen Fällen nur noch einiger Bauteile. Das vorliegende Buch stellt die Techniken und Bauteile vor, die zum Erstellen eines vollständigen Systems benötigt werden: alles von der Zentraleinheit bis zum voll ausgebauten System mit allen üblichen Peripherieeinheiten, die von der Tastatur bis zum Floppy-Disk-Speicher reichen.
Kapitel zwei und drei sind für denjenigen Entwickler gedacht, der noch keine Erfahrung im Entwurf von Grundsystemen hat. Kapitel zwei beschreibt anhand der populären Mikroprozessoren 8080 und 8085 von Intel bzw. 6800 von Motorola die Konstruktion einer Zentraleinheit (CPU). Kapitel drei behandelt eine Reihe von Ein/Ausgabetechniken, wie sie zum Verkehr mit der Außenwelt benötigt werden. Außerdem enthält es einen Überblick über die zur Anwendung dieser Techniken vorhandenen integrierten Schaltkreise.
Kapitel 4 ist wesentlich: Hier wird die Zentraleinheit auf Mikroprozessorbasis nacheinander mit jeder wichtigen Peripherieeinheit verbunden: Tastatur, LED, Fernschreiber (TTY), Floppy-Disk, Bildschirmgerät, Kassettenrekorder.
Die folgenden Kapitel konzentrieren sich dann auf einige besondere Probleme mit Interfaces und den dazugehörigen Techniken. In Kapitel fünf wird dazu der Entwurf von in industriellen Anwendungen benötigten Analog/Digitalumsetzern behandelt, in Kapitel sechs der Verkehr mit der Außenwelt (Busstrukturen, einschließlich des S-100- und anderer Standards).
Kapitel sieben bringt einen detaillierten Beispielfall, der die Interfaceprobleme aus den vorangegangenen Kapiteln behandelt: den Entwurf eines 32-Kanal-Multiplexers.
Kapitel acht schließlich stellt die grundlegenden Techniken und Hilfsmittel zur Fehlersuche in Mikroprozessorsystemen vor.
Das vorliegende Buch setzt ein Verständnis der Grundlagen von Mikroprozessorsystemen voraus, etwa auf der Ebene, die mit dem Buch ,,Microprocessors: from chips to systems" von Rodnay Zaks, (Sybex, Nummer C 201) erreicht werden kann.

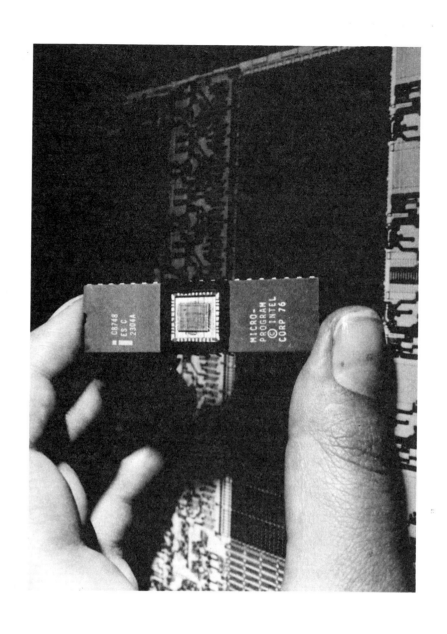

Bild 1-0: INTEL 8748

KAPITEL 1
EINFÜHRUNG

Gegenstand

Dieses Buch soll eine vollständige Übersicht über die Techniken bieten, die zur Verbindung von Mikroprozessoren mit der Außenwelt benötigt werden. Anhand der jetzt erhältlichen hochintegrierten LSI-Schaltungen, die den größten Teil der früher benötigten Techniken nun in Hardware konzentriert zur Verfügung stellen, soll gezeigt werden, daß die Konstruktion von Interfaces einfach geworden ist.

Vom Kunstwerk zum Handwerk

Früher bestand das Verbinden von Mikroprozessoren mit der Umwelt im kunstvollen Entwurf ganzer Karten voll mit komplexer Logik zur Steuerung des Datenverkehrs und zur Synchronisierung der für den Verkehr des Mikroprozessors mit den externen Einheiten nötigen Signale. Schon der Prozessor selbst benötigte eine oder mehrere mit Logikbausteinen vollgepackte Karten. Jede Ein/Ausgabeeinheit erforderte zusätzlich noch eine oder mehrere derartige Karten. In der Mehrzahl aller Fälle sind diese Mehrkartensysteme überholt. Großintegration von Schaltungen (LSI, Large Scale Integration) hat bis zur Herstellung von vollständigen (oder fast vollständigen) Zentraleinheiten (CPUs) auf *einem einzigen Chip* geführt. Im Gegenzug hat der durch Mikroprozessoren entstandene Markt notwendigerweise dazu geführt, daß die Hersteller von Mikroprozessoren auch die benötigten Zusatzeinheiten anbieten mußten. So ist der größte Teil der für die Erstellung eines vollständigen Systems benötigten Schaltkarten auf einige wenige LSI-Chips zusammengeschrumpft. Seit 1976 gibt es sogar Chips, die ohne Zusatz ganze Peripherie-Einheiten zu steuern vermögen. Mit ihnen ist für den Entwurf von Interfaces der gleiche Stand erreicht, wie er für den CPU-Entwurf durch Mikroprozessoren geschaffen wurde. Eine vollständige Interfacekarte oder doch zumindest der größte Teil davon ist heute auf einige wenige LSI-Schaltungen reduziert. Genau wie im Fall der Mikroprozessoren mußte dafür allerdings der Preis gezahlt werden, daß die Architektur im Innern des LSI-Chips unveränderlich festgelegt ist.

Man kann jetzt ein vollständiges Mikrocomputersystem einschließlich der Interfaces mit einer kleinen Zahl an LSI-Bausteinen aufbauen. *Sollten Sie daher immer noch Ihre Interfaces auf einer oder mehreren Karten voller Logikbausteine aufbauen, so ist Ihr Entwurf mit hoher Wahrscheinlichkeit überholt!*

Die Interfacechips für Mikroprozessoren haben ihre volle Reife allerdings noch nicht erreicht. Sie sind noch immer „dumm". Mit anderen Worten: Sie können nur einige wenige Befehle ausführen. Betrachtet man jedoch die sehr geringen Kosten für Prozessorelemente, so kann vorausgesagt werden, daß in nicht allzuferner Zukunft die meisten Interfacechips vollständig programmierbar sein werden. Sie werden mit Prozessoren ausgerüstet sein und komplizierte Programme ausführen können. Sie werden zu „intelligenten" Interfaces werden.

MIKROPROZESSOR INTERFACE TECHNIKEN

Obwohl dieser Stand der Technik zur Zeit noch nicht erreicht ist, werden doch alle in diesem Buch vorgestellten Techniken ihre Gültigkeit auch in der Zukunft im wesentlichen bewahren. Es gibt immer eine gegenseitige Abhängigkeit von Soft- und Hardware bei der Lösung eines Problems. Deren Beziehungen zueinander verschieben sich mit der Einführung eines neuen Bauteils nicht anders als bei jedem neuen Systementwurf auch.

Hardware/Software-Beziehungen

Wir werden ausführliche Techniken zur Lösung aller üblichen Interfaceprobleme vorstellen. Wie beim Entwurf von Computern überall, so können diese Techniken entweder durch *Hardware* (durch Bauteile) oder durch *Software* (durch Programme) oder aber durch eine Kombination beider angewendet werden. Es ist jedesmal Aufgabe des Entwicklers eines Systems, einen brauchbaren Kompromiß zwischen der Leistungsfähigkeit von Hardwarebausteinen und der kleineren Bauteilzahl bei einer Problemlösung mittels Software zu finden. Wir werden Beispiele für beides bringen.

Das Standardsystem

Im gesamten Buch werden wir uns auf einen ,,Standardmikroprozessor" beziehen. Dieser ,,Standardprozessor" ist heute ein 8-Bit-Mikroprozessor, z.B. der 8080 und 8085 von Intel, der Z-80 von Zilog, der 6800 von Motorola, der 2650 von Signetics usw. Zur Norm wurde der 8-Bit-Mikroprozessor wegen der Beschränkung der Anschlußzahl bei den Dual-In-Line-Gehäusen (DIPs). Der Grund dafür ist einfach:
Aufgrund wirtschaftlicher Überlegungen ist die Zahl der Anschlüsse auf 40 (oder 42) beschränkt. Industrielle Tester zur Prüfung von Bauelementen mit mehr als 40 Anschlüssen gibt es entweder gar nicht, oder sie verursachen immense Kosten. Alle Standardtester verarbeiten maximal 40 oder 42 Anschlüsse. Zusätzlich steigen die Kosten für Gehäuse mit mehr als 40 Anschlüssen rasch an.
Da der MOS-LSI-Herstellungsprozeß nur beschränkte Funktionsdichte gestattet, ist es zur Zeit noch nicht möglich, den gesamten Speicher und außerdem noch die benötigten Ein/Ausgabeeinheiten mit auf dem Mikroprozessorchip unterzubringen. In einem Standardsystem befindet sich der Mikroprozessor selbst (abgekürzt MPU, Microprocessing Unit) und möglicherweise der Taktgenerator auf einem einzigen Chip. Die Speicher, Nur-Lese-Speicher ROM (Read Only Memory) und Schreib/Lese-Speicher RAM (Random Access Memory)) befinden sich außerhalb davon. Da die Speicher- und E/A-Einheiten außerhalb des Mikroprozessors liegen, muß ein Auswahlmechanismus zur Addressierung der Bauteile vorgesehen werden: Der Mikroprozessor muß über einen *Adreßbus* verfügen. Die Standardbreite eines solchen Adreßbusses beträgt 16 Bit, was die Adressierung von 64 K Stellen erlaubt (dabei ist $1K = 2^{10} = 1024$, d.h. $2^{16} = 2^6 \cdot 2^{10} = 64 \cdot 1024 = 64\ K$).
Ein 8-Bit-Mikroprozessor verarbeitet gleichzeitig Daten in einem Umfang von 8 Bit. Er muß daher mit einem 8 Bit breiten *Datenbus* versehen werden. Das erfordert weitere 8 Anschlüsse.
Mindestens zwei Anschlüsse sind zur *Stromversorgung* vorzusehen, zwei weitere zum Anschluß eines externen *Quarzes* oder *Taktgenerators*. Schließlich müssen 10 bis 12 Anschlüsse zur Koordinierung des Datenverkehrs im System vorgesehen werden (*Steuerbus*). Damit werden insgesamt 40 Anschlüsse benötigt: kein Anschluß bleibt ungenutzt.

EINFÜHRUNG

Wegen dieser Beschränkung der Anschlußzahl kann ein 16-Bit-Mikroprozessor nicht gleichzeitig einen 16-Bit breiten Adreß- und einen 16-Bit breiten Datenbus erhalten. Einer der beiden muß *gemultiplext* (d.h. zeitlich mit dem anderen auf den gleichen Leitungen ganz oder zum Teil abgewechselt) werden. Dies führt jedoch zu langsamerer Operation, sowie zur Notwendigkeit, externe Bausteine zum Multiplexen und Demultiplexen der Busse bereitzustellen.

Es kann jedoch angenommen werden, daß mit Fortschreiten des Integrationsprozesses bald ein neuer Standardmikroprozessor, der *16-Bit-Einchipmikrocomputer* eingeführt werden wird. Ein Einchipmikrocomputer ist ein Mikroprozessor einschließlich Taktgenerator und Speicher (ROM und RAM) auf einem einzigen Chip. Da der Speicher unmittelbar auf dem Chip sitzt, muß nicht länger ein externer Adreßbus bereitgestellt werden. Damit werden 16 Anschlüsse frei. In einem solchen System hat man dann *mindestens 24 Leitungen zum Datenverkehr* zur Verfügung. Diese sind dann allgemeine Ein/Ausgabeleitungen. Der Nachteil der derzeitigen Einchipmikrocomputer liegt darin, daß die Größe des unmittelbar auf dem Chip mit unterbringbaren Speichers begrenzt ist. Zur Zeit liegt die Grenze bei 2048 Worten im ROM- und 512 Worten im RAM-Bereich. Externen Speicher hinzuzufügen erfordert kompliziertes Multiplexen und Demultiplexen und lohnt sich in der Regel nicht. Wenn man jedoch in nicht allzuferner Zukunft ein System mit deutlich größerem Speicherbereich herstellen kann, so ist abzusehen, daß es zum nächsten Standardentwurf werden wird.

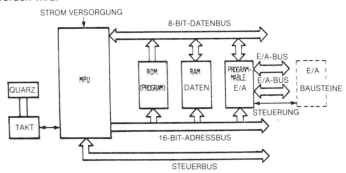

Bild 1-1: Mikroprozessorstandardsystem

Zur Zeit jedoch ist der 8-Bit-Mikroprozessor allgemein der Standardbaustein für leistungsfähige und flexible Anwendungen und wird auch als solcher bezeichnet. Wir werden uns im folgenden auf solche 8-Bit-Standardsysteme beschränken. Es gibt jedoch auch Entwürfe mit 4 und mit 16 Bit. Für sie lassen sich die im folgenden besprochenen Prinzipien ohne weiteres mitverwenden. In Bild 1-1 ist die prinzipielle Architektur eines damit aufgebauten Standardsystems wiedergegeben. Der mit MPU bezeichnete Mikroprozessor selbst ist auf der linken Zeichnungshälfte. Bis 1976 mußte bei den meisten Standardsystemen der Taktgenerator außerhalb der MPU aufgebaut werden. Er steht in der Zeichnung ganz links. Seit 1976 kann man ihn mit auf dem Mikroprozessorchip unterbringen, weshalb alle neueren Produkte keinen derartigen externen Takt mehr benötigen. Auf alle Fälle jedoch brauchen sie einen externen *Quarz* oder ein sonstiges frequenzbestimmendes Glied. Ein solcher Quarz ist hier an den Taktgenerator angeschlossen.

MIKROPROZESSOR INTERFACE TECHNIKEN

Ein Mikroprozessor benötigt *drei Busse:*
Den bidirektionalen 8-Bit breiten *Datenbus* (ausgelegt in Tri-State-Logik (d.h. mit der Möglichkeit, die Busleitungen auf hohe Impedanz (den ,,dritten" Zustand) zu schalten), um einen unmittelbaren Speicherzugriff (DMA, Direct Memory Access) über einen speziellen Steuerbaustein (DMAC, Direct Memory Access Controller) zu gewährleisten).
Einen 16-Bit breiten unidirektionalen *Adreßbus,* der innerhalb des Mikroprozessors an die verschiedenen Adreßzeiger, speziell den Programmzähler (PC, Program Counter) geschaltet wird. Der Adreßbus ist zur Verwendung eines DMAC ebenfalls in Tri-State-Logik ausgelegt.
Schließlich ist noch ein aus 10 bis 12 Leitungen bestehender *Steuerbus* notwendig, der die verschiedenen Synchronisationssignale von und für den Mikroprozessor trägt. Steuerleitungen müssen nicht unbedingt in Tri-State-Logik ausgelegt sein.
Alle gebräuchlichen Systemkomponenten sind unmittelbar an diese drei Busse angeschlossen. In der Zeichnung sind die drei grundlegenden von ihnen dargestellt. Es sind: das ROM, das RAM und das PIO. Das ROM (Read Only Memory) ist ein Nur-Lese-Speicher. In ihm stehen die *Programme.* Das RAM (Random Access Memory) ist ein in MOS-Technologie ausgeführter Schreib/Lese-Speicher, der die *Daten* enthält. Das PIO (Programmable Input/Output) ist ein programmierbarer Ein/Ausgabebaustein, der den Datenbus auf zwei oder mehr Ein/Ausgabetore schaltet.
Auf ihn wird in Kapitel drei näher eingegangen werden. Die E/A-Tore können unmittelbar an E/A-Einheiten oder an Steuerbausteine (device controllers) angeschlossen werden.
In einigen Fällen jedoch ist es notwendig, besondere Interfaces zur Anpassung dazwischenzuschalten.
Die Interfaceschaltungen bzw. *Interfacechips,* die man zum Verkehr dieses Grundsystems mit den gegebenen peripheren E/A-Einheiten benötigt, werden an diese Busse angeschlossen, seien es die unmittelbar zum Mikroprozessor führenden oder die vom PIO oder anderen Chips ausgehenden.
Die *Interfacetechniken* sind damit gerade die zum Anschluß dieses Grundsystems an die verschiedenen Ein/Ausgabeeinheiten benötigten Techniken. Diese Interfacetechniken sind sich für verschiedene Mikroprozessorsysteme im wesentlichen gleich. Sie werden ausführlich in Kapitel drei, vier und fünf beschrieben. Auf der Ebene des Mikroprozessors selbst ist das benötigte logische und elektrische Interface einfach. Alle Standardmikroprozessoren haben im wesentlichen den gleichen Daten- und den gleichen Adreßbus. Der grundlegende Unterschied liegt im *Steuerbus.* Die speziellen Eigenheiten eines jeden Steuerbusses verursachen die Inkompatibilität zwischen den verschiedenen Mikroprozessoren. Als Beispiel für die grundlegenden Gemeinsamkeiten und Verschiedenheiten verschiedener Mikroprozessorsysteme sind die Interfaceanschlüsse für die Prozessoren 8080, 8085, Z-80, 6800 und 6502 in Bild 1-2 aufgeführt.
Der Anschluß von E/A-Einheiten erfordert das Verständnis zweier grundlegender Techniken:
1. Der Aufbau einer vollständigen Zentraleinheit (CPU) mit Mikroprozessoren. Dieser Punkt wird in Kapitel zwei behandelt.
2. Die grundlegenden Ein/Ausgabetechniken, die zum Verkehr zwischen Mikroprozessor und Außenwelt benötigt werden. Dies wird in Kapitel drei angesprochen.

EINFÜHRUNG

UNGEFÄHRE ENTSPRECHUNGEN

	8080 & 8228	8085	Z-80	6800	6502
ADRESSEN	A0–A15	AD0-AD7 +ALE A8-A15	A0-A15	A0-A15	AB0-AB15
DATEN	D0-D7	AD0-AD7 +–ALE	D0-D7	D0-D7	DB0-DB7
STEUERUNG	HLDA HOLD ø2 INT INTE WAIT READY RESET SYNC INTA MEMR MEMW I/O RD I/O WR BUSEN SSTB	HLDA HOLD CLK INTR — — READY RESET — INTA RD&IO/M WR&IO/M RD&IO/M- WR&IO/M- — —	BUSAK BUSRQ — INT — WAIT RESET M1 M1&IORQ RD&MEMRQ WR&MEMRQ RD&IORQ WR&IORQ — —	BA&VMA HALT ø2 verlängert IRQ — — — RESET — VMA&FFF8 R/W&ø2 wie oben wie oben wie oben HALT —	RDY ø2 verlängert IRQ — — — RDY RESET SYNC — R/W&ø2 wie oben wie oben wie oben — —
ANDERE STEUER-SIGNALE	— — — —	RST 5.5 RST6.5 RST 7.5 TRAP RESET OUT SID SOD ALE — — —	— — NMI — — — RFSH HALT — — —	— — NMI — — — — — — TSC DBE —	— — NMI — — — — — — — — SO

Bild 1-2: Vergleich der Prozessorsignale

MIKROPROZESSOR INTERFACE TECHNIKEN

Steuersignale bei Mikroprozessoren

Wir haben gezeigt, daß von der üblichen MPU drei Busse ausgehen: der bidirektionale 8-Bit-Datenbus, dessen Breite von dem jeweiligen Mikroprozessor abhängt. Der Datenbus ist der gleiche bei allen Mikroprozessoren. Er ist ein üblicherweise in Tri-State-Logik erstellter bidirektionaler Bus von 8 Bit Breite. Entsprechend ist der Adreßbus ein üblicherweise 16, manchmal auch nur 15-Bit breiter unidirektionaler Bus, der zur Anwahl einer außerhalb der MPU befindlichen Einheit dient. Einzelheiten zur Verwendung und zum Anschluß von Adreß- und Datenbus werden im nächsten Kapitel gebracht. Er trägt die Steuersignale (,,Interfacesignale'') des Mikroprozessors.

Der Steuerbus vollzieht vier grundlegende Funktionen:
1. Synchronisation der Speicheroperationen,
2. Synchronisation der Ein/Ausgabeoperationen,
3. Steuerung der MPU - Unterbrechungen (Interrupts) und DMA,
4. Hilfsfunktionen wie Taktversorgung und Rücksetzsignale (reset).

Die Synchronisation von Speicher- und E/A-Funktionen verläuft im wesentlichen gleich. Es wird ein Quittungsbetrieb (hand shake procedure) durchgeführt. Wird eine ,,Lese''-Operation (,,read'') durchgeführt, so gibt ein ,,Bereit''-Status oder -Signal (,,ready'') an, daß die Daten verfügbar sind. Diese werden dann vom Datenbus übernommen. Manche E/A-Einheiten erzeugen ein besonderes ,,Bestätigungs''-Signal (,,acknowledge''), mit dem der Empfang der Daten gemeldet wird. Bei ,,Schreib''-Operationen (,,write'') wird die Verfügbarkeit der externen Einheit durch ein besonderes Statusbit oder -signal überprüft und danach die Daten auf den Datenbus gegeben. Hier kann ebenfalls ein ,,Bestätigungs''-Signal von der empfangenden Einheit zur Anzeige der Datenübernahme abgegeben werden.

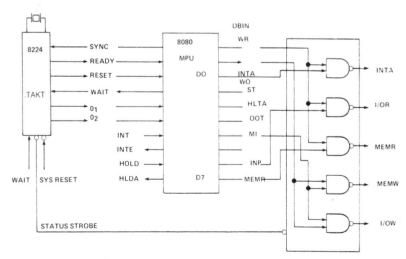

Bild 1-3: Steuersignale beim 8080

EINFÜHRUNG

Das Erzeugen oder Nicht-Erzeugen einer „Bestätigung" ist kennzeichnend, ob synchrone oder asynchrone Prozesse verwendet werden. Bei einem synchronen Prozeß finden alle Ereignisse in einem genau festgelegten Zeitintervall statt. In diesem Fall wird keine Bestätigung benötigt. Arbeitet das System dagegen asynchron, muß eine Bestätigung erzeugt werden. Die Entscheidung, ob die Kommunikation synchron oder asynchron verlaufen soll, ist eine der Voraussetzungen für den Entwurf des Steuerbusses. Ein synchroner Entwurf bietet höhere Geschwindigkeit und fordert weniger Steuerleitungen. Allerdings müssen die externen Einheiten dann den Geschwindigkeitsanforderungen genügen. Ein asynchroner Entwurf erfordert zusätzlich eine Bestätigungsleitung und etwas mehr Logikaufwand, erlaubt aber die Verwendung von Komponenten mit unterschiedlichen Geschwindigkeiten im selben System.

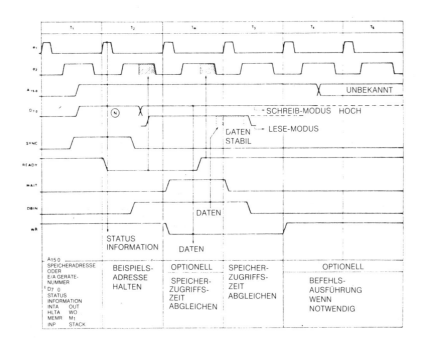

Bild 1-4: Befehlszyklus beim 8080

Zur Illustration sind in Bild 1-3 die Steuersignale beim 8080 und in Bild 1-4 und 1-5 die zugehörigen Zeitbeziehungen auf dem Bus wiedergegeben. Zum Vergleich ist die Buskonstruktion des 6800 in Bild 1-6 und 1-7 dargestellt. Diese Busse werden in Kapitel 2 erklärt. Kapitel sechs erweitert die Untersuchung von Busstrukturen und beschreibt einige der heute üblichen Standardbusse.

13

MIKROPROZESSOR INTERFACE TECHNIKEN

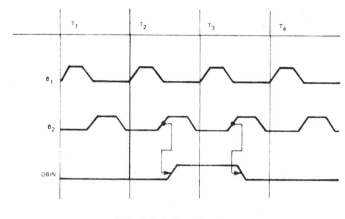

DBIN wird von $\varnothing_2$ getriggert

Bild 1-5: Zeitbeziehungen für DBIN

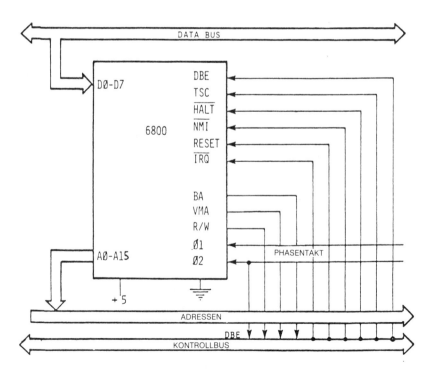

Bild 1-6: Bussignale beim 6800

EINFÜHRUNG

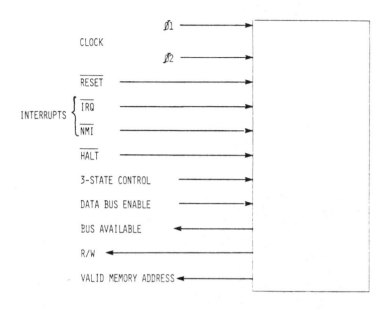

Bild 1-7: Ausschnitt: Steuersignale beim 6800

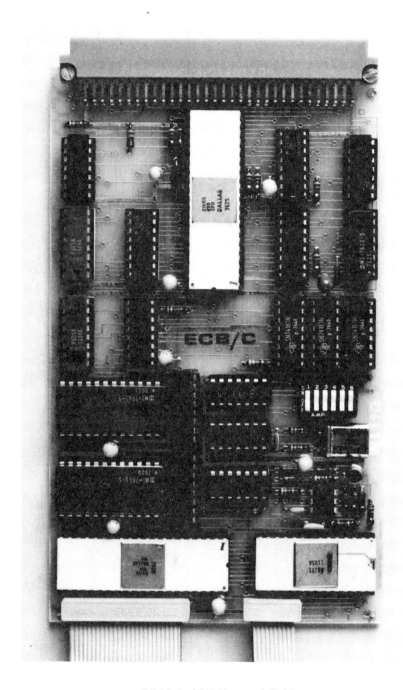

Bild 2-0: CPU-Karte mit Z-80

KAPITEL 2
AUFBAU DER ZENTRALEINHEIT

Einführung

Das Herz eines jeden Mikroprozessorsystems ist die *Zentraleinheit* (CPU, Central Processing Unit). Eine CPU umfaßt den Mikroprozessor und alle zusätzlich benötigten Komponenten. In einer typischen Zentraleinheit sind Speicher, Puffer, Dekodierer und Takttreiber enthalten. Viele dieser Funktionen sind mittlerweile auf demselben Chip wie der Prozessor integriert. Seit 1976 gibt es sogar Einchipmikrocomputer. Trotz deren Verfügbarkeit ist der Herstellungsprozeß integrierter Schaltungen einigen Beschränkungen unterworfen. Drei grundlegende Grenzen sind der gegenwärtigen LSI-Technologie gezogen: die *Ausbeute* beschränkt die Zahl an Transistoren auf einem Chip, die *Gehäusegröße* beschränkt die Zahl der verfügbaren Anschlüsse, und das *Substratmaterial* verhindert die Integration einiger Einheiten.

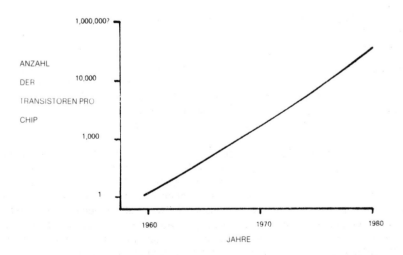

Bild 2-1: Beziehung zwischen Integrationsdichte und Zeit

MIKROPROZESSOR INTERFACE TECHNIKEN

Zu Anfang wurde nur ein Transistor auf einem Chip untergebracht. Später erschienen Transistorpaare für Differenzverstärker und einfache Logikgatter. Die gegenwärtige Technologie gestattet die Integration von bis zu 100.000 Einheiten auf einem Chip. Die Beziehung zwischen Integrationsdichte und Zeit ist in Bild 2-1 wiedergegeben. Dabei blieb ein Faktor über die Jahre hin konstant: Prozeßfehler beschränkten die maximale Chipgröße. Die *Ausbeute* ist bei kleinen Chips größer. (Unter Ausbeute wird die Zahl der funktionsfähigen Systeme pro Produktionseinheit (Wafer) verstanden.) Die Chipgröße bestimmt beim Entwurf eines jeden LSI-Chips wesentlich die Kosten der fertigen Einheit. Das Verhältnis zwischen Ausbeute und Chipgröße zeigt Bild 2-2. Die Ausbeute steigt außerdem mit wachsender Produktionserfahrung - man nennt dies die ,,Lernkurve'': die Kosten sinken bei wachsenden Stückzahlen, da die Ausbeute verbessert werden konnte.

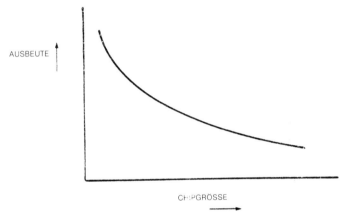

Bild 2-2: Verhältnis zwischen Ausbeute und Chipgröße

Ein weniger ins Auge fallender Faktor ist die *Gehäusegröße* der LSI-Schaltungen. Zur Zeit können die Testgeräte keine Gehäuse mit mehr als 40 Anschlüssen handhaben. Diese Beschränkung mag bei zukünftigen Testsystemen aufgehoben werden, zur Zeit jedoch kann die Beschränkung der Anschlußzahl den Gebrauch von Multiplextechniken erfordern: Der Datenbus wird so z.b. gleichzeitig zur Übertragung von *Adressen oder Steuerinformation* benutzt, wodurch Anschlüsse eingespart werden (Beispiel: 8080, 8085).
Wie beschränkt aber das *Substratmaterial* die LSI-Technologie? Einige Komponenten benötigen, um arbeiten zu können, anderes Material. Das einfachste Beispiel ist der zur Takterzeugung benötigte Quarz. Er wird (in bestimmter Orientierungsrichtung) aus einem Quarzkristall herausgeschnitten. Die integrierte Schaltung dagegen besteht aus einem Siliziumeinkristall. Andererseits müssen alle Systeme, die genaue Zeitbeziehungen (timing) benötigen, einen Quarz verwenden. Aus diesen Notwendigkeiten heraus muß der Quarz extern angeschlossen werden. Nicht nur erfordern die Beschränkungen der LSI-Technologie, unser System in mehrere Komponenten zu zerlegen, sondern es werden oft auch für Systemerweiterungen noch zusätzliche Bausteine benötigt. Große Mikroprozessorsysteme enthalten oft sehr viele ,,Hilfsschaltungen''.

AUFBAU DER ZENTRALEINHEIT

In diesem Kapitel hier werden die Konzeption, die Techniken und die Komponenten für den Bau einer vollständigen CPU vorgestellt: alles von der Systemarchitektur bis zu den Hilfsschaltungen. Wir werden vier typische Systeme behandeln, die die Mikroprozessoren 8080, 6800, Z-80 und 8085 benutzen.

Systemarchitektur

Bild 2-3 bringt die Blockschaltung eines typischen Mikroprozessorsystems. Alle Standardmikroprozessoren, wie z.b. der 8080 oder der 6800 benutzen eine ähnliche Architektur. Drei Busse verbinden die Systemkomponenten: Daten-, Adreß- und Steuerbus.

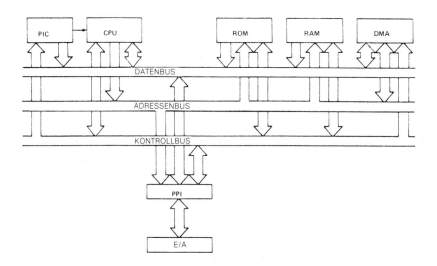

Bild 2-3: Typisches Mikroprozessorsystem

Der *Datenbus* transportiert Informationen zum eigentlichen Prozessor hin oder von ihm weg. Er trägt vom Speicher geholte Befehle, Dateneingaben über Eingabeeinheiten, im Speicher abzulegende Datenausgaben über Ausgabeeinheiten.
Zur Festlegung, wohin die Daten gehören oder woher sie kommen, dient der Adreßbus. Er wählt ein Wort im Speicher oder ein Register in einer E/A-Einheit aus.
Der Steuerbus wird zur Steuerung des Ablaufs und der Art der durchzuführenden Operation benutzt. Vor allem gibt der Steuerbus die Art der auszuführenden Operation an: ,,vom Speicher in den Prozessor lesen'', ,,vom Prozessor in den Speicher schreiben'', ,,aus einer Eingabeeinheit in den Prozessor lesen'' oder ,,aus dem Prozessor in eine Ausgabeeinheit schreiben''. Zusätzlich gibt es zur Verwaltung und Synchronisation von Ereignissen spezielle Leitungen im Steuerbus, die die Signale zur Unterbrechung der Programmabarbeitung (interrupt), direkten Speicherzugriff (direct memory access, DMA) und andere Steuerfunktionen tragen.

19

MIKROPROZESSOR INTERFACE TECHNIKEN

Unser Standardmikroprozessor hat 8 Datenleitungen, 16 Adreßleitungen und mindestens 8 Steuerleitungen. 8 Datenbits ergeben zusammen ein *Byte*. Das Byte ist die grundlegende Informationseinheit in unserem Standardsystem. Die Hälfte eines Bytes wird manchmal als *Nibble* (etwa: das Angeknabberte) bezeichnet. Die 16 Adreßleitungen gestatten die Anwahl von 65.536 (2^{16}) verschiedenen Speicherstellen oder Bytes. Zur Anwahl einer Speicherstelle oder eines Registers in einer externen Einheit verwendet man zwei verschiedene Methoden: lineare Auswahl und vollständig dekodierte Auswahl.

Lineare Auswahl

In der Welt der Mikroprozessoren wird der Speicher aufgeteilt in einen Nur-Lese-Speicher (ROM) für Programme und festliegende Datentabellen und einen Schreib/Lese-Speicher (RAM) für die Daten und Zwischenspeicherung, da MOS-RAMs bei Ausfall der Stromversorgung ihren Inhalt verlieren (volatility).

Wird mehr als eine Speicherart verwendet, so befinden sich die beiden Arten in der Regel in verschiedenen Gehäusen (DIPs). Ebenso ist das Fassungsvermögen eines jeden Bausteins wesentlich geringer als die in unserem System verfügbaren 65.536 möglichen Stellen. Wir müssen daher für jede Einheit einen festen Platz in einer *Speicheraufteilung* (memory map) reservieren. Als Speicheraufteilung verstehen wir dabei den Plan, in dem aufgeführt ist, welche Bits des Adressbusses welche Einheiten adressieren.

Zunächst einmal belege in unserem System jede Einheit, RAM oder ROM, 256 Stellen. Das besagt, daß zur Auswahl einer der 256 in jedem Chip mögliche Worte acht Adreßleitungen benötigt werden. Zusätzlich zu dieser Adressierung über acht Leitungen muß der Prozessor aber auch in der Lage sein, zur gegebenen Zeit nur eine Einheit zu adressieren. Dazu besitzen RAM- und ROM-Bausteine zusätzlich zu den Adreßeingängen noch mindestens einen ,,Auswahleingang", CS (Chip Select), oder CE (Chip Enable) genannt. Wird dieser Auswahleingang aktiviert, so kann die gewünschte Operation (Lesen oder Schreiben) auf eben dieser Einheit durchgeführt werden.

Grundsätzlich sind zur Anwendung der Bausteinauswahl zwei Techniken möglich. Die *lineare Auswahl* verbindet dabei bestimmte Adreßleitungen mit bestimmten Auswahleingängen. Wird z.B. das höchstwertige Adreßbit (Bit 15) an einen positiv aktiven Auswahleingang angeschlossen, so ist dieser Chip immer dann angewählt, wenn das höchstwertige Adreßbit eine Eins ist. Das geschieht bei der Hälfte der insgesamt adressierbaren Speicherstellen. Nehmen wir nun an, unser ROM hätte einen negativ aktiven Auswahleingang, der an dieselbe Adreßleitung angeschlossen ist wie der des RAM. Dann wird das ROM durch eine ,,0" als höchstwertiges Adreßbit angewählt und das RAM durch eine ,,1" auf dieser Leitung. Zur Auswahl der in jeder Einheit verfügbaren 256 Worte schließen wir an die Adreßeingänge der Chips die Adreßleitungen A0 bis A7 an.

Der Hauptvorteil der linearen Auswahl ist ihre Einfachheit: Zur Auswahl eines Chips ist keinerlei zusätzliche Logik nötig. Jeder neue Chip wird durch eine eigene Adreßleitung angewählt. Man verwendet diese Lösung daher auch in kleinen Mikroprozessorsystemen.

Ein Beispiel: Wir benutzen einen 1 K x 8 ROM-Chip und ein 512 x 8 RAM und zusätzlich 3 Peripheriebausteine. Für die 1 K ROM-Worte werden 10 Adreßleitungen benötigt: A0...A9 und dazu eine Leitung zur Chipauswahl: A14. Das RAM verwendet A0...A8 zur Adressen-, A15 zur Chipauswahl. Die Leitungen A10, A11, A12 und A13 können für zusätzliche Einheiten verwendet werden.

20

AUFBAU DER ZENTRALEINHEIT

Bild 2-4: Lineare Auswahl

Lineare Auswahl halbiert jedoch den verfügbaren Speicherraum mit jeder neuen zur Bausteinauswahl verwendeten Adreßleitung. Müssen mehr Einheiten unterschieden werden, als Adreßleitungen frei sind, so muß daher eine andere Methode benutzt werden: *voll dekodierte Adressierung.*

Voll dekodierte Adressierung

Das Ziel der voll dekodierten Adressierung ist es, die volle Zugriffsmöglichkeit von 64 K beizubehalten.
In unserem Beispiel liege das RAM mit seinen 256 Worten auf den obersten 256 Stellen im Speicherraum. Binär ausgedrückt sind dies die Adressen 1111111100000000_2 bis 1111111111111111_2. Das ergibt beim Zusammenfassen von je vier Bits und Übertragung in das Hexadezimalsystem: FF00 bis FFFF. (Eine Umsetzungstabelle für Hexadezimalzahlen befindet sich im Anhang.) Wir sehen, daß der RAM-Chip gerade dann angewählt werden muß, wenn die 8 höherwertigen Adreßbits gleich ,,1" sind. UND- Verknüpfung dieser Bits miteinander ergibt die Bausteinauswahlleitung. Die Dekodierungsschaltung für dieses Beispiel finden Sie in Bild 2-5.

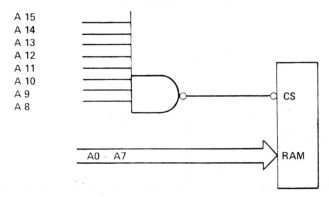

Bild 2-5: Voll dekodierte Auswahl

MIKROPROZESSOR INTERFACE TECHNIKEN

Statt für jede Einheit UND- oder NAND-Gatter zu verwenden, kann man auch eines der als *Dekodierer* bezeichneten Universalgatter benutzen. Als Beispiel möge der acht-aus-drei Dekodierer 8205 oder 74LS138 dienen. Der 8205 hat drei Eingänge zur Auswahl eines von acht getrennten Ausgängen und zusätzlich drei Chipauswahleingänge (mit unterschiedlichen logischen Werten) zur Auswahl des Dekodierers selbst. Wenn diese drei Auswahleingänge auf den richtigen Logikpegeln liegen, wird je nach Zustand der drei anderen Eingänge einer der Ausgänge aktiv (log. 0). Im Hardwareabschnitt werden wir Beispiele zur Anwendung des 8205 zur Verdeutlichung voll dekodierter Adressierung bringen.

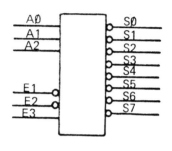

$$S0 = (\overline{A0} \cdot \overline{A1} \cdot \overline{A2}) \cdot (\overline{E1} \cdot \overline{E2} \cdot E3)$$

$$S1 = (A0 \cdot \overline{A1} \cdot \overline{A2}) \cdot (\overline{E1} \cdot \overline{E2} \cdot E3)$$

$$\vdots$$

$$S7 = (A0 \cdot A1 \cdot A2) \cdot (\overline{E1} \cdot \overline{E2} \cdot E3)$$

Bild 2-6: Dekodierer 8205

Vollständige Dekodierung ermöglicht die Anwahl von Einheiten, ohne etwas von dem verfügbaren Adreßraum zu verschwenden. Es kann damit ein zusammenhängender Speicher gebaut werden, bei dem die Adressen von einer Einheit zur nächsten übergehen, ohne daß große Bereiche, ohne oder mit überlappendem Speicher eingeschoben werden müssen. Der Nachteil dieser Lösung liegt in den Kosten für die Dekodierungsbausteine. Die meisten Systeme verbinden daher lineare Auswahl mit teilweiser Dekodierung.

AUFBAU DER ZENTRALEINHEIT

Speicherbausteine

Zur Zeit benutzt man als Speicherbausteine im wesentlichen RAMs und ROMs. Ein ROM enthält nichtflüchtige Information, die von dem System *nicht geändert werden kann*. Ein RAM erlaubt vorübergehendes Speichern und Wiedergewinnen von Informationen. Üblicherweise speichert man Programminformationen im ROM, da dessen Inhalt nicht flüchtig (bei Ausfall der Versorgungsspannung) ist und das Programm nicht verändert zu werden braucht. Dagegen werden Daten und Zwischenergebnisse im RAM abgelegt. Normalerweise verstehen wir unter einem ,,RAM" einen Halbleiterbaustein. Man benutzt diese Bezeichnung jedoch auch für andere Speichermedien, wie z.B. Kernspeicher.

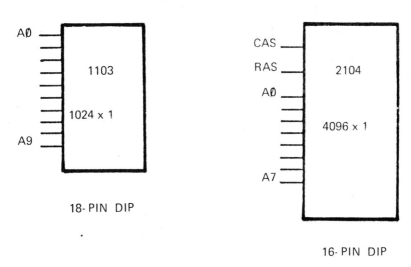

Bild 2-7: Dynamische RAMs von Intel

Ein RAM-Chip kann derzeit von 256 bis zu 65.536 Einzelzellen enthalten, (und mehr ist in Aussicht, z.B. 256 x 1024 [256 K] Zellen) von denen jede ein Bit des Informationsworts oder -bytes darstellt. Jede dieser Zellen kann als Flipflop ausgeführt sein - dann handelt es sich um einen *statischen Baustein,* oder es liegt eine Kondesatorstruktur zugrunde - in diesem Fall haben wir einen *dynamischen Baustein.* Das statische RAM behält die eingeschriebene Information, solange die Versorgungsspannung anliegt, wogegen das dynamische alle paar Sekunden wieder aufgefrischt, d.h. die in der Einzelzelle gespeicherte Ladung auf ihren alten Stand gebracht werden muß. Das hat zur Folge, daß sich ein dynamischer Speicher während ein bis fünf Prozent seiner Betriebszeit in einem Auffrischzyklus (refresh cycle) befindet. Das gewinnt Bedeutung in einigen Echtzeitanwendungen, wenn der Speicher nicht verwendet werden kann, da er für die Dauer des Auffrischzyklus ,,mit sich selbst beschäftigt" ist.

MIKROPROZESSOR INTERFACE TECHNIKEN

Die Bezeichnung ROM steht hier für einen LSI-Baustein, kann aber auch für andere Arten von Nur-Lese-Speichern gebraucht werden. Es sind verschiedene ROM-Arten erhältlich. Das maskenprogrammierbare ROM wird beim *Hersteller* ,,programmiert'' und behält diese Programmierung während der gesamten Lebensdauer des Chips bei. Sein Inhalt kann nicht verändert werden. Ein PROM (Programmable ROM) wird vom *Benutzer* programmiert. Es kann als ,,fusible-link''-Typ aufgebaut sein, bei dem ein Bit durch Ausbrennen einer mikroskopisch kleinen Verbindung (,,Sicherung'', fuse) programmiert wird, oder es ist ein ,,stored-charge''-Typ, bei dem durch physikalische Prozesse in bestimmter Weise aufgebrauchte Ladungen an einer Stelle über Dutzende von Jahren hin festgehalten werden. Dieser Typ ist auch als EPROM (Erasable PROM) bekannt und kann durch ultraviolettes Licht gelöscht und dann neu programmiert werden. Das EAROM (Electrically Alterable ROM) ist auf elektrischem Wege löschbar und könnte als RAM bezeichnet werden, wenn es nicht 100 ms und länger dauern würde, den Baustein zu löschen. Das macht es unbrauchbar für Zwischenspeicher bei Rechenoperationen und Datenmanipulationen. EAROMs werden bis jetzt fast nur im militärischen Anwendungsbereich eingesetzt.

Puffern der Busse

Jeder Eingang in einen Baustein stellt für den ihn treibenden Ausgang eine Belastung dar. Die meisten Komponenten können nur zwischen einer und zwanzig anderen Komponenten treiben. Jeder Baustein muß daher auf die Belastungs- und Treibereigenschaften seiner Ein- und Ausgänge hin untersucht werden.

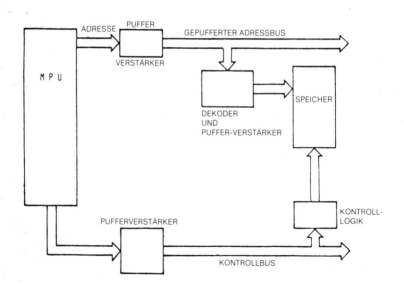

Bild 2-8: Puffern von Adreß- und Steuerbus

AUFBAU DER ZENTRALEINHEIT

Die Busse eines Mikroprozessors müssen an jeden Speicher- und peripheren Baustein angeschlossen werden. Nun besitzen aber alle MOS-Mikroprozessoren nicht genügend Treiberleistung für ein großes System. Zur Sicherung der Treiberleistung der Busse müssen daher *Puffer* oder *Treiber* eingefügt werden. Es gibt dabei Bussender (transmitter), die den Bus treiben und Busempfänger (receiver), die die Signale vom Bus übernehmen und geeignet an den Prozessor weiterreichen.
Bild 2-8 verdeutlicht den Gebrauch von Sendern, mit denen der Adreß- und der Steuerbus gepuffert werden. Die Leitungen dieser beiden Busse sind *unidirektional:* die Daten fließen nur in eine Richtung.

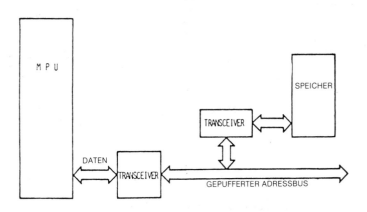

Bild 2-9: Puffern des Datenbusses

In Bild 2-9 wird die Verwendung von sogenannten *Transceivern* (transmitter/receiver), d.h. kombinierten Sendern und Empfängern für den Datenbus verdeutlicht. Die Daten müssen hier in beiden Richtungen laufen können, weshalb sowohl Sender als auch Empfänger benutzt werden. Abhängig von der auszuführenden Funktion empfängt oder sendet der *bidirektionale* Datenbus die anliegenden Daten.
Der Entwurf zur Systemarchitektur wird in Kapitel 3 um die Ein-/Ausgabetechniken erweitert und vervollständigt werden. Um die bis jetzt behandelte Konzeption zu verdeutlichen, wollen wir jetzt funktionsfähige Systeme konstruieren: ein 8080-, ein 6800-, ein Z-80 (mit dynamischen RAMs) und ein 8085-System.

MIKROPROZESSOR INTERFACE TECHNIKEN

Das 8080-System

Der 8080 von Intel ist der meistverwendete Mikroprozessor mit ,,Standard''-Architektur geworden. Er ist ein weit bekannter Prozessor, der auch in vielen Hobbymikrocomputern, (z.b. DAI, Brüssel) eingesetzt wird. Wir werden die vollständige Zentraleinheit für ein typisches 8080-Computersystem erstellen. Dabei wird die Verbindung folgender Elemente miteinander behandelt: Taktgenerator, Systemsteuerbaustein, RAM und ROM. Das zur Ein- und Ausgabe Nötige wird eingehend in Kapitel 3 betrachtet.

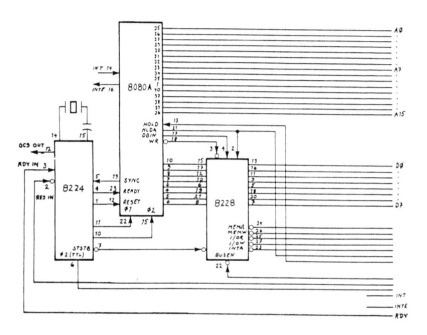

Bild 2-10: Vollständige 8080-CPU

Der Taktgenerator

Der 8080 benötigt ein aus zwei nicht überschneidenden Phasen bestehendes Taktsignal. Als logische Pegel sind dafür + 11 und + 0,3 Volt festgelegt. Damit ist das Taktsignal nicht TTL-kompatibel. Ursprünglich wurden die Takttreiber mit diskreten Bauelementen oder speziellen integrierten Treiberschaltungen aufgebaut. Um die Bauteilzahl zu verringern und das Problem, den Taktgenerator anzuschließen, zu vereinfachen, wurde von Intel der Taktgeneratorbaustein 8224 geschaffen. Man muß jetzt nur noch den Quarz an den 8224, den 8224 an den 8080 anschließen, und die Takterzeugung läuft.
Der Anschluß des 8224 findet sich in Bild 2-10, und der Aufbau des 8224 selbst steht in Bild 2-11.

AUFBAU DER ZENTRALEINHEIT

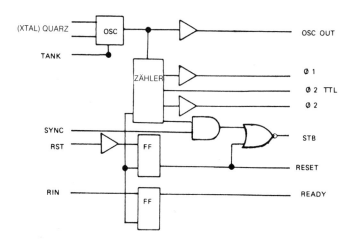

Bild 2-11: Aufbau des 8224

Der Systemsteuerbaustein

Beim Entwurf des 8080 stellte sich der Mangel an Anschlüssen als ernste Beschränkung heraus. Um die benötigten Steuersignale außerhalb zur Verfügung zu stellen, müssen einige Anschlüsse gemultiplext werden. Zwei Grundprinzipien standen zur Wahl: Entweder müssen Steuerfunktionen oder Adreßinformationen mit auf einige Leitungen des Datenbusses gelegt werden. Im gegebenen Fall wählten die Entwickler die Alternative, Steuerinformation, den sogenannten *Status,* auf den Datenbus zu multiplexen. Diese Statusbyte kann zur weiteren Verwendung mit dem SYNC-Signal in einen Zwischenspeicher eingeschrieben werden. Der Mangel an Anschlüssen rührt wesentlich von der frühen Technologie her, in der der 8080 hergestellt ist. Sie benötigte drei verschiedene Versorgungsspannungen, die vier Anschlüsse belegen.

Frühe Prozessorentwürfe verwendeten Flipflops (latches) und einfache Logikbausteine um diese Statussignale festzuhalten. Das ist der Hauptgrund, warum der vorliegende Entwurf des S-100-Busses Leitungen mit der Bezeichnung der *alten 8080-Statussignale* enthält. Der Aufbau dessen, was als *Systemsteuerung* bekannt wurde, ist in Bild 2-12 wiedergegeben. In dem Zwischenspeicher (latch) wird die Statusinformation festgehalten, und die Gatter dekodieren den Status zusammen mit den anderen Steuersignalen des 8080 in die Steuersignale für Speicher- und Ein/Ausgabeeinheiten.

Intel erkannte früh die Notwendigkeit, die Funktionen der Systemsteuerung auf einem Chip zusammenzufassen, und entwickelte den in Bild 2-13 gezeigten Baustein 8228. Dieser hält den Status fest und treibt den Steuerbus. Zusätzlich puffert er die Datenleitungen, d.h. enthält einen Treiber für den Datenbus.

Das Trio 8224, 8228 und 8080 erfüllt vollständig die Funktion des Zentralproszessors. Der einzige noch benötigte Teil ist der Quarz. Für eine vollständige CPU müssen wir noch einen Programmspeicher und Schreib/Lesespeicher (ROM und RAM) hinzufügen.

MIKROPROZESSOR INTERFACE TECHNIKEN

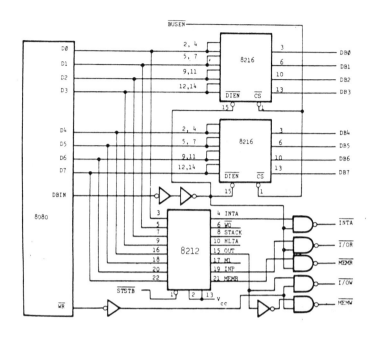

Bild 2-12: Systemsteuerung mit 8212 und 8216

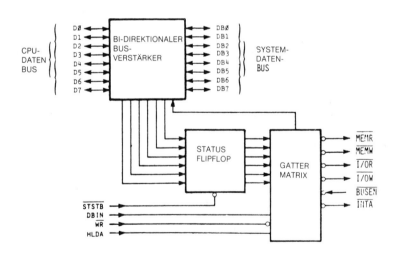

Bild 2-13: Systemsteuerbaustein 8228

AUFBAU DER ZENTRALEINHEIT

Anschließen des ROMs

Nur-Lese-Speicher gibt es in zwei Hauptklassen: frei programmierbare und maskenprogrammierte. Die frei programmierbaren ROMs können entweder vom Anwender einmal für den Einsatz programmiert werden (wie z.b. die sogenannten ,,fusible-link''-ROMs oder PROMs) oder sie können programmiert, benutzt und bei Bedarf wieder gelöscht werden (wie die durch ultraviolettes Licht löschbaren ROMs oder EPROMs). Die maskenprogrammierten ROMs werden dagegen bereits im Herstellungsprozeß programmiert und nur bei in größeren Stückzahlen hergestellten Systemen eingesetzt. Die löschbaren oder ,,fusible-link''-ROMs werden zur Prototypenherstellung verwendet.

Ein typisches löschbares ROM finden Sie in Bild 2-14 an unseren 8080-Bus angeschlossen. Dieser Baustein, ein EPROM 2708, enthält 1024 gespeicherte Bytes. Um 1024 Bytes zu adressieren, werden 10 Adreßleitungen benötigt (2^{10}=1024). Außerdem muß der Chip an seinem richtigen Platz im Speicherbereich angewählt werden. Setzen wir diesen Speicher auf die hexadezimalen Adressen 0000 bis 03FF. Zur Dekodierung dieses Adreßraums benutzen wir einen 8205 zusammen mit etwas Zusatzlogik zur Steuerung der Leseoperation aus dem Speicher. Beachten Sie, daß wir damit bis zu sieben zusätzliche, im Adreßraum aufeinanderfolgende 2708 bei Bedarf einfügen können. Der Datenbus ist unmittelbar an die Datenanschlüsse des Systemsteuerbausteins 8228 angeschlossen. Als einzige Steuerleitung wird die Speicherlesesteuerung MEMR (memory read) benötigt. Die Zeitbeziehungen für einen Speicherlesezyklus stehen in Bild 2-15. Die Adreßleitungen und die Speicherlesesteuerung MEMR aktivieren das 2708. Nach einem Zugriffszeit (access-time) genannten Zeitabschnitt erscheint das übernommene Datenbyte auf den Datenbus. Der Prozessor liest dieses Byte und führt den zugeordneten Befehl aus.

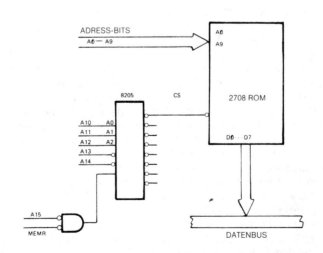

Bild 2-14: Anschluß eines 2708 über ein 8205

MIKROPROZESSOR INTERFACE TECHNIKEN

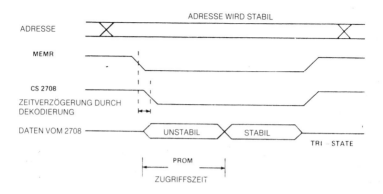

Bild 2-15: Zeitbeziehung von PROM-Signalen

Anschließen des RAMs

Zur wirtschaftlichen Herstellung von ROMs ist 1 K mal 8 Bit (1 K = 1024) eine brauchbare Größe. Weiter haben sich ROMs zu 2, 4 und seit neuestem auch 8 K mal 8 Bit durchgesetzt. RAMs sind dagegen in verschiedenen Größen und Organisationen erhältlich. Die preiswerteste Struktur ist 1 K mal 1 bit (geringste Anschlußzahl). Da wir acht Bits pro Byte benötigen, sind acht Bausteine notwendig - für jedes Bit einer. Eine andere beliebte Größe besteht aus 256 mal 4 bit. Dieser RAM-Typ soll hier verwendet werden.
256 mal 4 bedingt, daß für ein vollständiges Byte zwei Bausteine verwendet werden müssen. Die Zusammenschaltung der 256-mal-4-Speicher mit dem 8080-Bus zeigt Bild 2-17. An jedem der RAM-Chips sind die zur Festlegung der Adressen notwendigen Adreßleitungen angeschlossen. Die acht Adreßleitungen wählen in jedem der beiden RAM-Chips eines der 256 gespeicherten Worte aus. Diese beiden Worte zusammen ergeben das adressierte Byte. Die unbenutzten acht Adreßleitungen werden über ein NAND-Gatter mit acht Eingängen dekodiert. Wie in unserer früheren Betrachtung ist dadurch das RAM auf die hexadezimalen Adressen FF00 bis FFFF gesetzt. Der Datenbus ist in zwei Teile geteilt, deren vier Bits an je eines der beiden 256 mal 4 Bit RAMs gehen. Die sich dadurch ergebenden Datenbusanschlüsse sind in Bild 2-16 dargestellt. Steuerleitungen werden einerseits benötigt um die Schreib- und Leseoperationen auf den Speichern zu steuern und andererseits um die Zeitbeziehungen (timing) bei der Schreiboperation im richtigen Rahmen zu halten. Die hier benutzten RAM-Bausteine 2111 besitzen eine Anzahl zusätzlicher Auswahleingänge und noch einen Schreib/Leseeingang. Zur Steuerung der RAMs werden die beiden Signale *MEMR* („memory read", „Speicher lesen") und *MEMW* („memory write", „Speicher schreiben") benutzt. Das Lesesignal *MEMR* schaltet die Ausgabetreiber des Chips ein, die den Datenbus treiben. Zu jeder anderen Zeit ist der Chip zwar auf Lesebetrieb geschaltet, gibt die adressierte Information aber nicht auf den Datenbus. Das Schreibsignal *MEMW* schaltet das RAM in einen Schreibzyklus und überträgt die auf dem Datenbus angelieferten Daten in das RAM. Die Zeitbeziehungen dieser beiden Operationen sind in Bild 2-18 wiedergegeben.

AUFBAU DER ZENTRALEINHEIT

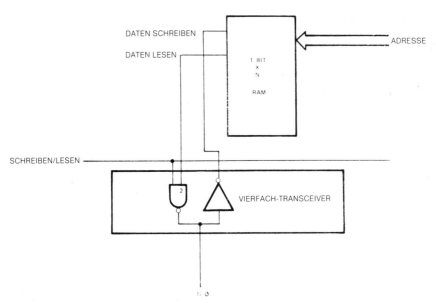

Bild 2-16: Verwendung von Transceivern zur Datenbuspufferung eines RAM-Bausteins

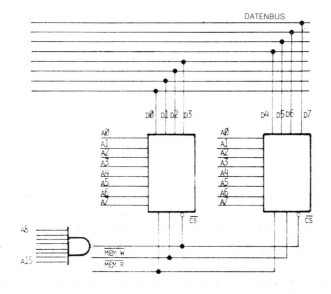

Bild 2-17: Anschluß von RAM-Bausteinen, Typ 2111

MIKROPROZESSOR INTERFACE TECHNIKEN

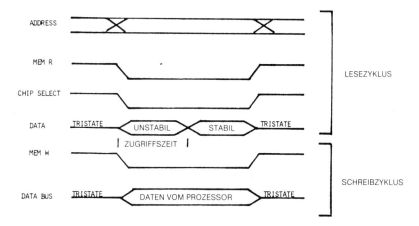

Bild 2-18: Zeitbeziehungen von RAM-Signalen

Sind die Adressen stabil und *MEMR* auf L-Pegel gebracht, so kann der Chip den Datenbus treiben. Nachdem das Byte ausgegeben worden ist, verbleibt es auf dem Bus, bis der Prozessor es übernommen hat und *MEMR* in den H-Pegel zurückkehrt. Ein Schreibzyklus verläuft entsprechend, nur mit dem Unterschied, daß hierbei *MEMW* auf L-pegel gebracht wird, wodurch der Inhalt des Datenbusses in das RAM eingeschrieben wird.
Um jetzt den Prozessor und die Speicher zu einem arbeitsfähigen Modul zusammenzufügen, brauchen wir die Schaltungen nur noch zusammenzufassen.

Das vollständige 8080-System

Um etwas Abwechslung in die Angelegenheit zu bringen, benutzt das hier gezeigte Modul nur *teilweise Dekodierung* für die PROMs und *lineare Auswahl* für die RAMs. Das Speichermodul findet sich in Bild 2-19. Die PROMs belegen die hexadezimalen Stellen 0000 bis 0FFF. Das RAM steht auf hexadezimal 2000 bis 20FF. Er wird ebenfalls durch alle Adressen der binären Form XX1XXXXXXXXXXXXX angewählt, wobei X für einen beliebigen logischen Wert (0 oder 1) steht (sogenannte don't-care-Bedingung). Das PROM wird durch XX00000000000000 bis XX01111111111111 binär adressiert. Ohne zusätzliche Dekodierung können wir keinen weiteren Speicher hinzufügen.
Das Zentralprozessormodul ist dasselbe wie in Bild 2-10. Zur Übung kann der Zentralprozessorentwurf in Kapitel 8 schon jetzt untersucht werden, um das Verständnis des Lesers (der Leserin) für die Adressierungs- und Puffertechniken zu testen.

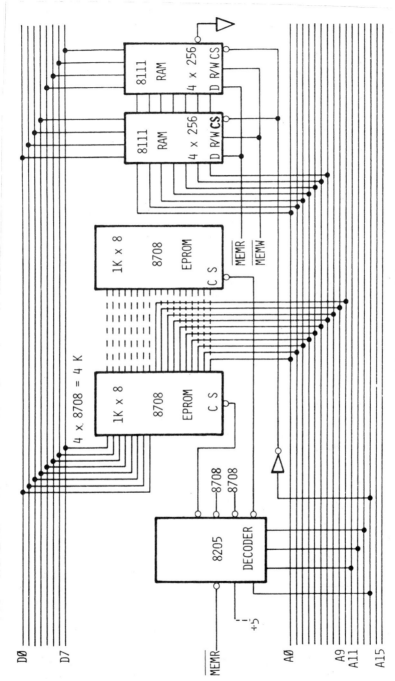

Bild 2-19: Speichermodul für ein 8080-System

MIKROPROZESSOR INTERFACE TECHNIKEN

Das 6800-System

Von Motorola entwickelt, ist der 6800 auch ein weiterhin benutzter ,,Standard''-Typ eines Mikroprozessors. Im Vergleich zum Baustein von Intel finden sich beim 6800 einige Unterschiede in den Entwurfsgrundsätzen. Am auffälligsten ist das Fehlen von Multiplexverfahren und die Beschränkung auf eine Versorgungsspannung. Andere Unterschiede liegen im Befehlssatz, dem inneren Aufbau und den Steuersignalen. Insgesamt gesehen sind beide Bausteine jedoch recht ähnlich. Bild 2-20 zeigt eine Übersicht über ein 6800-System.

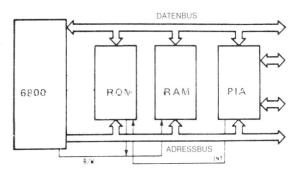

Bild 2-20: Struktur eines 6800-Systems

Der Taktgenerator

Der 6800 benötigt einen nicht-TTL-kompatiblen Taktgenerator. Da bei der Erzeugung des Zweiphasentakts keine weiteren sinnvoll nutzbaren Funktionen anfallen, sind entweder einfache diskrete Taktschaltungen oder integrierte Treiber gebräuchlich. Motorola stellt eine Hybridschaltung her, die den Quarz bereits enthält und so die benötigten Taktphasen auf bequeme Weise zur Verfügung stellt. Bild 2-21 bringt Einzelheiten zu den Anforderungen an das 6800-Taktsignal.

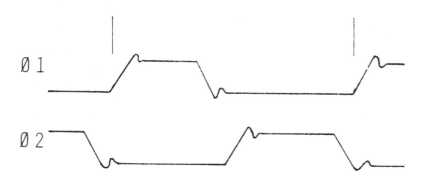

Bild 2-21: Nichtüberschneidendes Zweiphasentaktsignal für 6800

AUFBAU DER ZENTRALEINHEIT

Die Busse des 6800

Die Architektur des 6800 benutzt Ein-/Ausgabeeinheiten, die in den Speicherbereich eingefügt sind (sogenannte memory-mapped-Technik, siehe Kapitel 3) und benötigt nur eine Versorgungsspannung im Gegensatz zu den Dreien beim 8080. Im Ergebnis wird für das Herausführen der Steuersignale kein Multiplexen benötigt. Da jedoch in jedem größeren System die Busse gepuffert werden müssen, wird die Bauteilzahl für ein 6800-System in etwa gleich der eines 8080-Systems. (Der Systemsteuerbaustein 8228 enthält bereits einen Datenbustreiber.)
Der Datenbus ist ein bidirektionaler 8 Bit breiter Bus. Er muß für die meisten Anwendungen gepuffert werden. Die dafür von Motorola vorgeschlagenen Bausteine stehen in Bild 2-22.
Adreß- und Steuerbus sind unidirektional mit 16 bzw. 10 Leitungen. In Bild 2-23 sind die Bussignale des 6800 dargestellt. Zum Anschluß von Speichern werden davon das Lese-/Schreibsignal R/W, die Taktphase $\varnothing 2$ und das Speicherfreigabesignal VMA (valid memory address) benötigt.

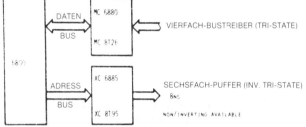

Bild 2-22: Von Motorola vorgeschlagene Pufferbausteine für die 6800-Busse

TSC	(Tri-State-Control) Schaltet den Adreßbus und R/W in hohe Impedanz, wenn auf H-Pegel.
DBE	(Data Bus Enable) Schaltet den Datenbus in hohe Impedanz, wenn auf L-Pegel.
R/W	(Read/Write) Wenn auf L-Pegel: MPU führt einen Lesezyklus durch, sonst einen Schreibzyklus.
VMA	(Valid Memory Address) Wenn auf H-Pegel, so werden RAMs, PIAs und ACIAs aktiviert.
IRQ	(Interrupt Request) Fordert bei L-Pegel eine Unterbrechung an. Der Programmzähler wird dann mit dem Wert in FFF8, FFF9 geladen.
RESET	Startet den 6800 neu. Benötigt 8 Taktzyklen. Der Programmzähler wird mit dem Inhalt von FFFE, FFFF geladen.
NMI	(Non-Maskable Interrupt) Fordert bei L-Pegel eine nicht maskierbare Unterbrechung an. Der Programmzähler wird mit dem Inhalt von FFFC, FFFD geladen.
HALT	Ermöglicht bei L-Pegel schrittweise Programmabarbeitung oder Zugriff auf das System von einem anderen Steuerbaustein aus.
BA	(Bus Available) Zeigt im Fall von HALT oder WAIT an, daß der Adreßbus verfügbar ist.

Bild 2-23: Steuersignale beim 6800

MIKROPROZESSOR INTERFACE TECHNIKEN

Das ROM

Motorola stellt eine Reihe von 6800-kompatiblen Produkten her, die die Anforderungen an die Interfaces in kleinen und mittleren Systemen niedrig halten. Ihr 1 K mal 8 Bit ROM enthält *vier Auswahlanschlüsse* zur Bausteinaktivierung, wie in Bild 2-24 gezeigt. Bei dem in Bild 2-25 gegebenen Beispiel sind die Auswahlanschlüsse mit drei der höherwertigen Adreßbits und der UND-Verknüpfung aus dem VMA-Signal mit der Taktphase Ø2 verbunden. Auf diese Weise wird das ROM bei jedem gültigen Speicheradreßzyklus von hexadezimal 1C00 bis FFFF aktiviert. Natürlich enthält das ROM nur 1024 Bytes; der große Speicherraum, den es belegt, rührt von den ,,don't-care''-Bedingungen her, d.h. den undekodierten Adreßbits A15, A14 und A13.

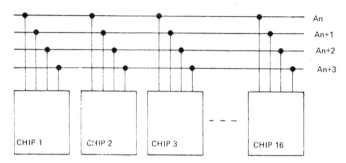

Bild 2-24: 4 Bausteinauswahlanschlüsse ermöglichen den Anschluß von bis zu 16 Einheiten

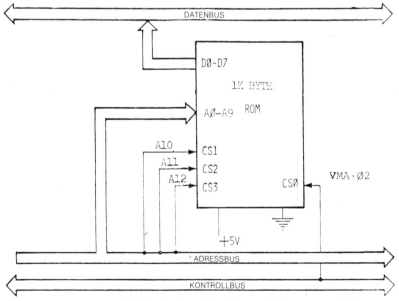

Bild 2-25: Anschluß eines ROMs an den 6800

AUFBAU DER ZENTRALEINHEIT

Das RAM

Motorola ist einer der wenigen Hersteller, die ein 128-mal-8-Bit-RAM anbieten. Seit kurzem gibt es aber auch Bausteine mit 512-mal-8-Bit und mit 1-K-mal-8-Bit. Dies ist eine angenehme Größe für kleine Systeme. Der Anschluß des RAMs 6810 wird erleichtert durch die große Zahl dekodierter Auswahleingänge, über die der Baustein verfügt. Der Anschluß des RAM ist in Bild 2-26 wiedergegeben. Beachten Sie, daß nur sieben Adreßleitungen zur Anwahl eines der 128 Bytes im RAM nötig sind. Die restlichen 9 Adreßleitungen müssen in irgendeiner Kombination zur Bausteinauswahl verwendet werden. In unserem Beispiel wird das RAM aktiviert, wenn A11 bis A7 alle auf L-Pegel sind. Das entspricht den hexadezimalen Adressen 0000 bis 00FF. Da die vier höchstwertigen Adreßbits nicht vollständig dekodiert sind, wird der Speicher auch aktiviert für die Adressen 1000 bis 10FF. Entsprechend ist er aktiviert bei 2000 bis 20FF und so weiter bis zum Bereich F000 bis F0FF.

Um unser RAM zusammen mit unserem ROM verwenden zu können, müssen wir die Stellen im Speicherraum aussuchen, in denen ihre Adreßbereiche sich nicht überschneiden. Ein Beispiel dafür ist: ROM von FC00 bis FFFF und RAM von 0000 bis 00FF. Die Signale VMA und $\emptyset 2$ aktivieren den Baustein bei einem Speicherzyklus, und R/W steuert die Bausteinfunktion: Lesen oder Schreiben.

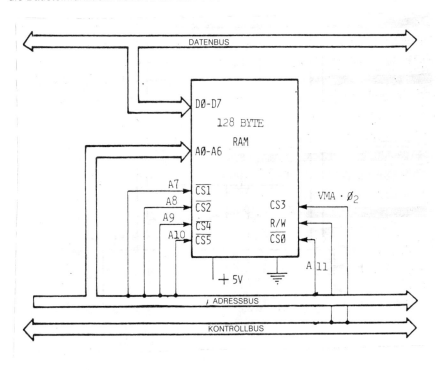

Bild 2-26: Anschluß eines RAMs 6810 an den 6800

MIKROPROZESSOR INTERFACE TECHNIKEN

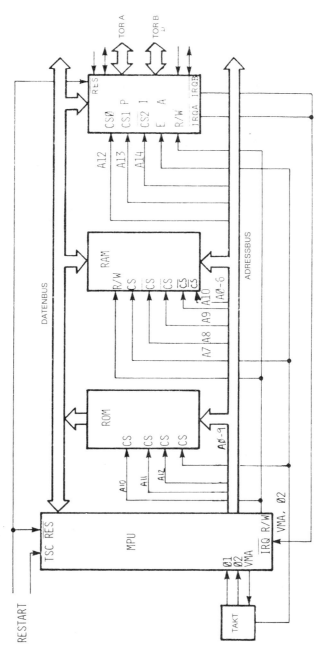

Bild 2-27: Vollständiges 6800-System

AUFBAU DER ZENTRALEINHEIT

Das vollständige 6800-System

In Bild 2-27 ist das vollständige 6800-System wiedergegeben. Beachten Sie, daß hier eine Ein/Ausgabeeinheit (PIA) mit verwendet wird. Dies wird in Kapitel 3 erklärt werden.

Der Z-80

Die bis jetzt vorgestellten Prozessoren wurden etwa zur gleichen Zeit entwickelt. Zilog, von den Konstrukteuren des 8080 von Intel gegründet, hatte die Aufgabe, die Leistungsfähigkeit dieses Bausteins zu verbessern. Der Z-80 ist software-kompatibel mit dem 8080. (Das gilt nicht unbedingt bei der Verwendung des Parity-Flags, das beim Z-80 etwas andere Funktion erfüllt, als beim 8080! - A.d.Ü.) Er verfügt über einige zusätzliche Befehle und Register, die seine Arbeitsmöglichkeiten verbessern. Insonderheit liefert der Z-80 die zum Anschluß der größeren *dynamischen Speicher* notwendigen Signale. Ein kleines Z-80-System findet sich in Bild 2-28.

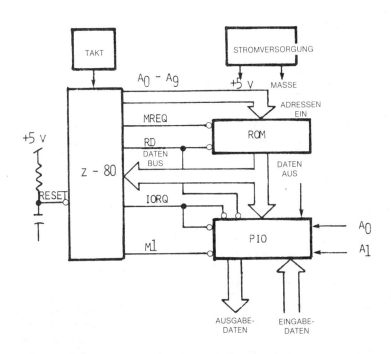

Bild 2-28: Z-80-System

MIKROPROZESSOR INTERFACE TECHNIKEN

Anschluß von dynamischen RAMs

In unseren früheren Beispielen benutzten wir *statische* RAMs als Speicherbausteine. Statische RAMs behalten die Daten solange die Versorgungsspannung anliegt. *Dynamische* RAMs müssen periodisch *wiederaufgefrischt* werden. Ein dynamisches RAM speichert die Information in einem durch einen FET gebildeten Kondensator. Eine solche Einheit kann ihre Ladung allerdings nur für einige wenige Millisekunden bewahren. Die Zelle muß alle paar Millisekunden besonders angewählt werden, um die in ihr gespeicherte Ladung zu erneuern, d.h. ,,aufzufrischen". Der Z-80 stellt die Auffrischadressen mittels eines Entwurfstricks zur Verfügung.
Wenn ein Befehl übernommen ist, braucht der Adreßbus nicht mehr stabil zu sein. Anstatt die Zeit bis zum nächsten Speicherzugriff zu verschwenden, setzt der Z-80 auf die 7 niederwertigen Adreßbits eine *Auffrischadresse*. Diese Adresse wird bei jedem Befehlsübernahmezyklus um 1 weitergezählt. Durch diese Methode des ,,Stehlens" eines Auffrischzyklus in jedem Befehlsübernahmezyklus und mit Hilfe des internen Auffrischregisters können dynamische Speicher einfach an den Z-80 angeschlossen werden.
(A.d.Ü.: Es ist trotzdem Vorsicht geboten, wenn in dem System der Prozessor - etwa für DMA - angehalten werden muß. In diesem Fall werden keine Auffrischadressen mehr ausgegeben. Ohne zusätzliche Vorkehrungen würde der Speicher die Information dann verlieren. Dasselbe kann bei Rücksetzen des Systems mittels des RESET-Eingangs des Prozessors geschehen.)
Ohne diese Eigenschaft müßte der Prozessor warten, bis eine spezielle Schaltung, die sogenannte *Auffrischsteuerung* (refresh-controller), die Spalten in der Speichermatrix der dynamischen RAMs für die Wiederauffrischung durchgearbeitet hat. Der Anschluß eines dynamischen Speichers findet sich in Bild 2-29.
In Bild 2-30 sind die Zeitbeziehung für einen Auffrischzyklus durch den Z-80 wiedergeben. Beachten Sie, wie wir jedesmal, wenn ein Befehl übernommen wird, einen Auffrischzyklus ,,frei" bekommen. Unter Benutzen des Auffrischsignals RFSH (refresh) und des Speicherzugriffssignals MREQ (memory request) können wir eine Spalte in der Speichermatrix (innerhalb des RAMs) zur Aufrechterhaltung der Daten wiederauffrischen.
In jedem anderen System müßte auf jeder Speicherkarte ein Adreßmultiplexer, ein Speicherzähler und eine Steuerlogik für den Auffrischzyklus bereitgestellt werden. Bild 2-31 bringt solch ein System.
Der Schaltungsteil zur Auffrischsteuerung muß für jede besondere Definition der Zeitbeziehungen auf einem Mikroprozessorbus neu ausgelegt werden. Außer den Zeitbeziehungen muß man dann auch noch die Auffrischmethode festlegen.
Die Steuerschaltung kann entweder 2 Millisekunden warten und dann alle Spalten in einem Zug auffrischen, oder sie kann jeweils nach ein paar Befehlszyklen gerade eine Spalte wiederauffrischen. Die letztere Methode wird wegen der geringeren Beeinflussung der Zeitbeziehungen im System meist vorgezogen. Eine eingehende Diskussion findet sich auf Seite 228 im Abschnitt über den Anschluß dynamischer RAMs.
Eine sehr effektive Lösung ist das *transparente Wiederauffrischen* (transparent refresh). Das ist die Methode, die der Z-80 automatisch durchführt. Manchmal, wenn die verzwickten Zeitbeziehungen auf dem Bus genau bekannt sind, kann der Entwickler einen Zeitabschnitt finden, in dem der Speicher nicht benutzt wird. Während dieser Zeit kann dann die Hardware eine ,,verdeckte" Wiederauffrischung durchführen.

AUFBAU DER ZENTRALEINHEIT

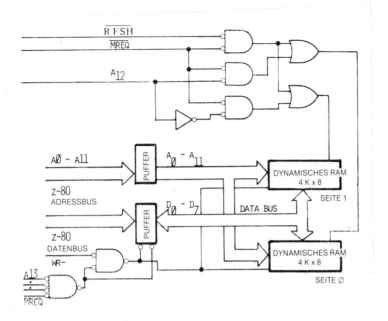

Bild 2-29: Anschluß von dynamischen Speichern an den Z-80

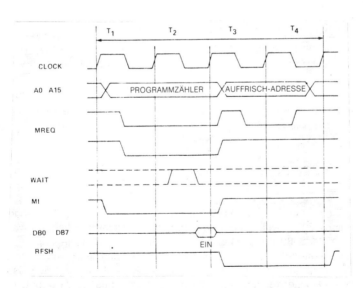

Bild 2-30: Zeitbeziehungen für die Speicherauffrischung mit dem Z-80

MIKROPROZESSOR INTERFACE TECHNIKEN

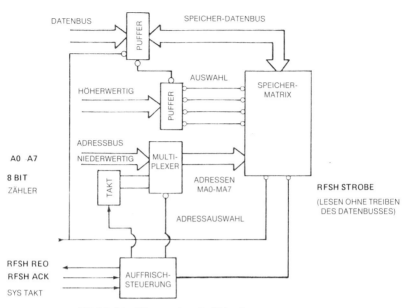

Bild 2-31: Allgemeine Auffrischsteuerung

Mostek, ein Zweithersteller des Z-80, stellt eine Einkarten-CPU her, die 16 KBytes RAM, 20 K Bytes ROM und verschiedene Ein- und Ausgabetore enthält. Der RAM-Block besteht aus acht dynamischen 16-K-mal-1-Bit-Speichern und der ROM-Block aus fünf 4-K-mal-8-Bit-ROMs. Diese Karte benötigt zum Aufbau eines leistungsstarken Prozessors nur wenige Chips. Im Vergleich zum 8080 resultiert die Verringerung der Bausteinzahl aus dem Wegfall des Taktgeberbausteins 8224, des Systemsteuerbausteins 8228 und der Auffrischlogik.

Viele der modernen Heimcomputer arbeiten mit einem ähnlichen Z-80-Entwurf: Auf einer großen Hauptplatine sitzen Prozessor, bis zu 64 K dynamischer RAMs und verschiedene Hilfsbausteine. Die RAMs werden hier fast immer unmittelbar vom Z-80 aufgefrischt.

Der 8085

Intel mußte seinen 8080-Entwurf natürlich auch verbessern. Der 8085 verringert die Bausteinzahl eines 8080-Systems bei erhöhter Arbeitsgeschwindigkeit. Im wesentlichen sind bei ihm der 8080, der 8224 und der 8228 auf einem Chip integriert.
Um die erweiterten Steuerfunktionen zu gewährleisten, werden dieses mal die acht niederwertigen Adreßbits auf den Datenbus gemultiplext. Am Anfang jedes Befehlszyklus erscheinen die acht niederwertigen Adreßbits auf dem Datenbus. Zur Anwendung müssen sie zwischengespeichert werden. Dazu wird die Multiplexsteuerleitung ALE (address latch enable, Adreßzwischenspeicher aktivieren) benutzt.

AUFBAU DER ZENTRALEINHEIT

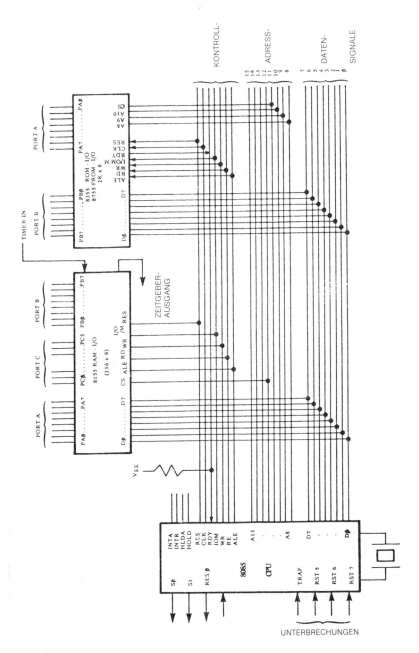

Bild 2-32: 8085-System

MIKROPROZESSOR INTERFACE TECHNIKEN

Bild 2-32 zeigt das 8085-System. Auf einen Blick wird sichtbar, daß *zur Zwischenspeicherung der Adressen kein besonderer Baustein vorhanden ist!* Intel hat eine neue Serie von speziellen RAM-, ROM-, PROM- und Ein/Ausgabebausteinen entwickelt, *die den Zwischenspeicher für die niedrigwertigen Adreßbits bereits* enthalten. Auf diese Weise hat der 8085-Bus 8 Daten-, 8 Adreß- und 11 Steuerleitungen.
Die speziellen peripheren Bausteine enthalten Kombinationen von RAM oder ROM/PROM und Ein/Ausgabetoren. Auf diese Weise können vollständige Systeme mit lediglich drei Bausteinen erstellt werden. Der PROM-E/A-Baustein 8277 ist in Bild 2-33 wiedergegeben.
Die Taktgeberschaltung befindet sich ebenfalls innerhalb des 8085. Durch Anschluß eines Quarzes an zwei Prozessorenanschlüsse wird der Aufbau der einfachen Zentraleinheit abgeschlossen.

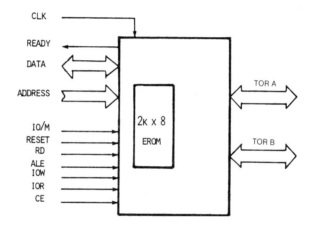

Bild 2-33: PROM mit integrierten E/A-Toren: 8277

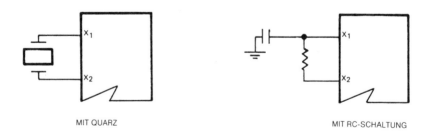

MIT QUARZ   MIT RC-SCHALTUNG

Bild 2-34: Takterzeugung für den 8085

AUFBAU DER ZENTRALEINHEIT

Zusammenfassung

Die Standardarchitektur eines Mikroprozessors bestimmt mit ihren drei Bussen die Konstruktion unseres vollständigen Mikrocomputers. Die Speicherbausteine, RAM ebenso wie ROM, sind einfach an die Mikroprozessorstandardbusse anzuschließen. Kleine Systeme benutzen zur Auswahl der Speicherbausteine teilweise oder lineare Dekodierung. Größere Systeme benutzen vollständige Dekodierung der Adressen. Die auf dem 8080, 6800, Z-80 bzw. 8085 basierenden Systeme wurden als Beispiel für die Einfachheit des Aufbaus einer CPU vorgestellt. Zukünftige Prozessoren werden - bis auf den Quarz - nahezu alles notwendige enthalten und so den Anwender der Mühe, eine CPU zu erstellen, entheben. Der einzig verbleibende Punkt wird das Puffern der Signale und der Anschluß von Ein/Ausgabegeräten sein. Bevor wir den Anschluß bestimmter Peripheriegeräte betrachten, werden wir uns etwas mit den grundlegenden Ein/Ausgabetechniken beschäftigen.

Bild 3-0: EPROM 2716 von Texas Instruments (2 K mal 8 Bit)

KAPITEL 3
GRUNDLEGENDE
EIN/AUSGABETECHNIKEN

Einleitung

Nachdem nun der Prozessorteil unseres Mikrocomputers vollständig ist, müssen wir als nächsten Schritt Verbindungen zu den peripheren Einheiten herstellen. Es müssen über die Außenwelt Informationen erlangt und verarbeitet werden. Nach der internen Verarbeitung muß die Information angezeigt und zur Steuerung der verschiedenen Einheiten nach außen übermittelt werden. Dieses Kapitel stellt die verschiedenen Ein/Ausgabetechniken vor und verdeutlicht sie mit Entwurfsbeispielen. Das soll in zwei Schritten geschehen.

Zuerst werden die Grundlagen der Ein- und Ausgabe beschrieben: Serielle Ein/Ausgabe und parallele Ein/Ausgabe. Dabei wird erst das Prinzip vorgestellt, dann die Bausteine, mit denen die Algorithmen eingesetzt werden können.

Danach werden die Verwaltungstechniken zur Steuerung der Ein/Ausgabeeinheiten vorgestellt: Abfrage (polling), Unterbrechung (interrupts) und unmittelbarer Speicherzugriff (direct memory access).

Zuallererst soll eine Schwierigkeit in der Terminologie beseitigt werden. Größere Computer werden traditionell mit besonderen Befehlen versehen, die sich auf Speicheroperationen beziehen, und mit solchen, die sich speziell auf E/A-Operationen beziehen. *Diese Unterscheidung ist für Mikrocomputer ohne Belang.*

Adressierungstechniken für E/A-Einheiten:
Memory Mapping und I/O Mapping

Der herkömmliche Einsatz von Computern unterscheidet E/A-Befehle und Speicherbefehle:

Memory Mapping

Memory mapping besagt, daß die Ein/Ausgabeeinheiten im Speicherraum adressiert werden, d.h. bezieht sich auf den Gebrauch von Speicherbefehlen zur Adressierung der E/A-Einheiten. Ein/Ausgabe in memory-mapping-Technik ermöglicht dem Prozessor, für den Datenverkehr mit E/A-Einheiten dieselben Befehle zu verwenden, die für Speicheroperationen benutzt werden. Ein E/A-Tor wird dabei wie ein Speicherplatz behandelt. Der Vorteil liegt darin, daß zur Eingabe und Ausgabe von Daten dieselben leistungsfähigen Befehle wie beim Lesen aus oder Schreiben in einen Speicher verwendet werden können. Ein herkömmlicher Computer verfügt normalerweise über wesentlich mehr Befehle zum Speicherverkehr als zur Ein- Ausgabe von Daten. Zum Beispiel können bei der memory-mapping-Technik arithmetische Operationen unmittelbar auf den Zwischenspeichern der Ein- oder Ausgabeeinheiten durchgeführt werden, anstatt erst die Daten in besondere Zwischenspeicherregister übertragen zu müssen.

47

MIKROPROZESSOR INTERFACE TECHNIKEN

Worin sind Nachteile zu suchen? Zunächst einmal bedeutet jedes in den Speicherbereich eingefügte Datentor eine Speicherstelle weniger. Wenn so z.b. alle 65.536 Speicherstellen zum Speichern von Information benötigt werden, kann die memory-mapping-Technik nicht verwendet werden. Allerdings tritt das in einem Mikroprozessorsystem nahezu niemals ein. Zum zweiten benötigen Befehle für den Speicherverkehr üblicherweise drei Bytes, um ein Datentor zu adressieren (die 65.536 Stellen im Speicherraum benötigen 16 Adreßbits), wohingegen spezielle Ein/Ausgabebefehle meist nur 8 Adreßbits pro Tor benötigen. Zum dritten benötigen in der memory-mapping-Technik die E/A-Befehle mehr Abarbeitungszeit als spezielle dafür vorgesehene Befehle, da ein zusätzliches Adreßbyte verarbeitet werden muß. Dieses Problem wird üblicherweise durch das Bereitstellen von ,,Kurzadressen'' gelöst, d.h. die Verwendung von nur 2 Bytes langen Speicherbefehlen.

I/O mapping

Bei der *I/O-mapping-Technik* sendet der Prozessor besondere Steuersignale aus, die anzeigen, daß es sich bei dem vorliegenden Zyklus ausschließlich um eine Ein/Ausgabeoperation - nicht um eine Speicheroperation - handelt. Es sind zwei besondere Steuerleitungen vorhanden: eine zum Lesen aus E/A-Einheiten, die andere zum Schreiben in E/A-Einheiten. Dabei können zur Anwahl der Ein/Ausgabetore weniger Adreßleitungen als sonst verwendet werden, da ein System weniger Ein/Ausgabetore als Speicherplätze benötigt.
Die I/O-mapping-Technik hat drei wichtige Vorteile. Zum einen die Arbeitserleichterung, daß beim Programmieren durch den Gebrauch spezieller E/A-Befehle diese eindeutig von speicherorientierten Befehlen unterschieden werden können. Zum zweiten ist wegen der kürzeren Adressierung weniger Hardware zur Dekodierung notwendig. Und zum dritten sind die Befehle kürzer. Dagegen stehen zwei Nachteile: Man verliert die Leistungsfähigkeit der Datenverarbeitung in memory-mapping-Technik, und, was besonders wichtig ist, es müssen zwei Anschlüsse für die E/A-Steuerung ,,verschwendet'' werden. Aus diesem Grund wird diese Technik (außer beim 8080) bei Mikroprozessoren nahezu nirgends benutzt.

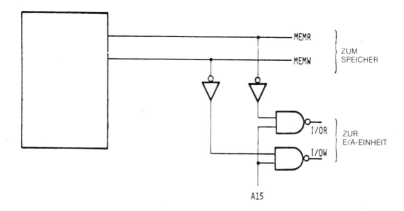

Bild 3-1: Memory-mapping-Technik

GRUNDLEGENDE EIN/AUSGABETECHNIKEN

In Bild 3-1 ist ein memory-mapping-Technik erstelltes System wiedergegeben, bei dem das Steuersignal zur Festlegung, ob die Adresse für einen Speicher oder eine E/A-Einheit gilt, vom Zustand von A15 abhängig. Ist A15 auf H-Pegel, so legen alle Adressen auf Bit A14 bis A0 eine E/A-Einheit fest. Ist A15 auf L-Pegel, so wählen A14 bis A0 einen Speicherplatz aus.
Bild 3-2 zeigt ein System in I/O-mapping-Technik mit getrennten Steuerleitungen für Speicher- und E/A-Funktionen. Der Adreßbus bestimmt eine Einheit und ein Register oder eine Speicherstelle innerhalb einer Einheit. Das wird in Bild 3-4 verdeutlicht. Der Steuerbus legt die durchzuführende Operation fest. Das ist in den weitaus meisten Mikroprozessorsystemen der Standardaufbau.

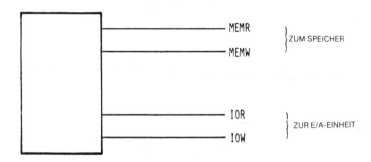

Bild 3-2: I/O-mapping-Technik

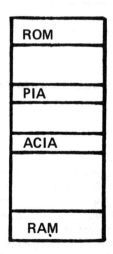

Bild 3-3: Eine Speicheraufteilung

49

MIKROPROZESSOR INTERFACE TECHNIKEN

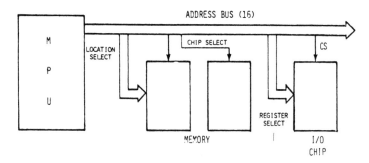

Bild 3-4: Auswahl eines E/A-Tores

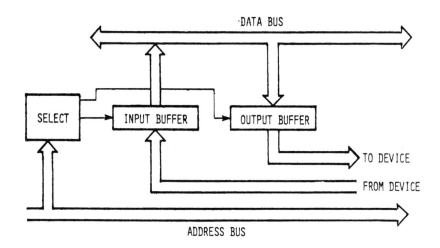

Bild 3-5: Prinzip eines E/A-Tores

Parallele Ein/Ausgabe

Ein paralleles Interface benötigt mindestens *Zwischenspeicher* (latches) und *Bustreiber*. Betrachten wir die Grundlagen eines Ein/Ausgabetores in LSI-Technik. Gemäß Bild 3-5 ist ein Tor mit einem Eingabepuffer versehen, der die von einer Einheit übernommenen Eingabesignale zwischenspeichert, bis der Mikroprozessor diese Information abruft. Weiter verfügt es über einen Ausgabepuffer, der die vom Mikroprozessor kommenden Daten zwischenspeichert, bis die externe Einheit sie übernimmt. Zusätzlich ist ein *Auswahlmechanismus* und eine *Schreib/Lesesteuerung* für Register oder Tore notwendig. Bild 3-6 und 3-7 stellen im Prinzip dar, was ein einfaches E/A-Tor benötigt.

GRUNDLEGENDE EIN/AUSGABETECHNIKEN

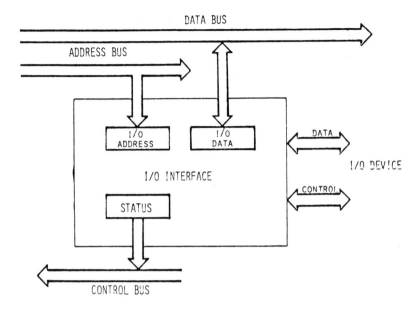

Bild 3-6: Einfaches E/A-Tor

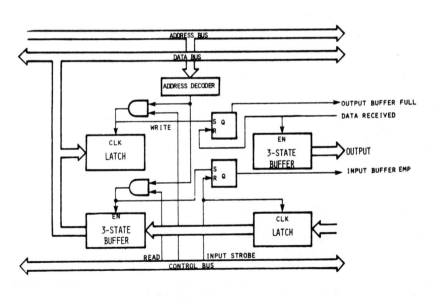

Bild 3-7: Schaltung eines einfachen E/A-Tores

MIKROPROZESSOR INTERFACE TECHNIKEN

Diese Einheit besitzt: einen Eingabespeicher, der die externe Information aufbewahrt, bis das System sie liest, einen Ausgabespeicher, um die Daten bis zur eigentlichen Ausgabe stabil zu halten, weiter Buspuffer, die die Verbindung zum Datenbus (Senden und Empfangen) herstellen. Außerdem sollte ein internes Statusregister vorhanden sein, das anzeigt, ob Daten gelesen werden sollen, oder ob Daten ausgegeben worden sind. Obwohl derartige Tore mit mehreren Einzelbausteinen erstellt werden können, kann man sich den größten Teil der Arbeit mit Hilfe eines neuen Bausteins, eines PIO, sparen.

Programmierbare parallele Ein/Ausgabeeinheit (PIO)

Eine programmierbare parallele Ein/Ausgabeeinheit in LSI-Technik (PIO, programmable parallel input-output device) führt die folgenden Funktionen aus: Adreßdekodierung, Datenpufferung für Ein- und Ausgabe und zugeordnetes Multiplexen, Statussteuerung für einen Quittungsbetrieb (,,handshaking'') und andere noch zu beschreibende Steuerfunktionen.

Der Adreßdekodierer bestimmt eines der internen Register, das ausgelesen oder beschrieben werden soll. Dieses Register kann der Eingabespeicher, der Ausgabespeicher, das Register zur Steuerung der Übertragungsrichtung oder das Statusregister sein. Üblicherweise werden für sechs bis acht interne Register drei Adreßbits in Verein mit einer Auswahlleitung verwendet. *Außerdem ist das PIO ,,programmierbar''.*

Die neue Eigenschaft liegt in der Verwendung eines besonderen Registers zur Steuerung der Übertragungsrichtung, des ,,Datenrichtungsregisters'': Durch bitweise Definition läßt sich so z.b. ein Tor so definieren, daß die drei ersten Bits zur Eingabe und die letzten fünf zur Ausgabe dienen, oder man kann jede andere Kombination festlegen. Die Richtung, in der jede Leitung der PIO-Tore die Daten überträgt, ist programmierbar. Jedes Bit des ,,Datenrichtungsregisters'' legt fest, ob das zugeordnete Bit des PIO-Tors zur Eingabe oder zur Ausgabe von Daten dient. Üblicherweise legt eine ,,0'' im Datenrichtungsregister eine Eingabe-, eine ,,1'' eine Ausgabefunktion fest. Ein PIO ist auch in anderer Form programmierbar. Jedes PIO verfügt über ein oder mehrere Befehlsregister, die andere Möglichkeiten festlegen, wie z.b. die Struktur der Tore oder die Arbeitsweise der Steuerlogik.

Schließlich multiplext jedes PIO den Inhalt des Datenbus auf 2 oder mehr 8-Bit-Tore und umgekehrt. Das Maximum liegt bei drei Toren, einschließlich der Steuerleitungen für die E/A-Einheit, weil die Anschlußzahl des Bausteins auf 40 beschränkt ist. Ein typisches PIO findet sich in Bild 3-8. In diesem Fall besitzt der Baustein zwei Datentore, denen je ein Richtungsregister zugeordnet ist. Außerdem wird für den Zustand der Tore ein Statusregister verwendet.

Beispiel 1: Das PIA 6820 von Motorola

Der interne Aufbau des 6820 ist in Bild 3-9 wiedergegeben. Es besitzt sechs Register, gruppiert in drei Register pro Tor. Eine Gruppe dient für Tor A, die andere für Tor B. Untersuchen wir das Steuerregister. Sein Inhalt ist wie in Bild 3-10 formatiert. Bit 7 zeigt eine Änderung des Pegels auf dem Eingang CA1 an. Es wird als Unterbrechungsflag benutzt. Dasselbe gilt für Bit 6 mit dem Unterschied, daß hier CA2, falls zur Eingabe verwendet, überwacht wird. Durch die Bits 5, 4 und 3 werden acht verschiedene Arbeitsweisen des Bausteins und die Funktion des Anschlusses CA2 festgelegt. Bit 2 zeigt an, ob das

GRUNDLEGENDE EIN/AUSGABETECHNIKEN

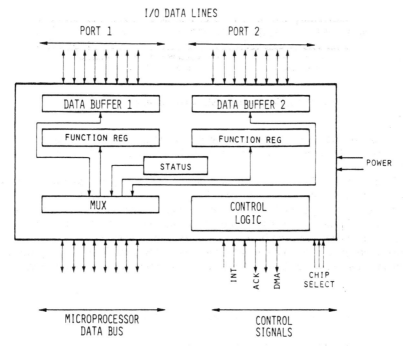

Bild 3-8: Typisches PIO

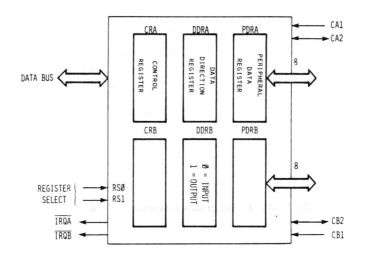

Bild 3-9: PIA 6820

MIKROPROZESSOR INTERFACE TECHNIKEN

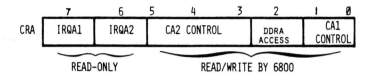

Bild 3-10: Format des Steuerregisters im 6820

Richtungs- oder das Datenregister ausgewählt ist, die dieselbe Adresse belegen. Bits 1 und 0 sind die Steuerbits, mit denen eine Unterbrechung ermöglicht bzw. unterbunden wird.
Zur Verdeutlichung: Das PIA von Motorola besitzt zwar 6 Register, aber wegen der Beschränkung auf 40 Anschlüsse nur zwei Eingänge zur Registerauswahl (RS, register select). Das Datenregister DR und das Datenrichtungsregister DDR (data direction register) in jedem Tor belegen dieselbe Adresse! Sie werden - ein Ärgernis bei der Programmierung - durch den Wert von Bit 2 des Steuerregisters bestimmt.
Bild 3-11 gibt an, wie durch die Anschlüsse RS1 und RS2 die Register ausgewählt und durch den Zustand von Bit 2 des internen Steuerregisters genauer bestimmt werden.

DIE AUSWAHL DES PIA REGISTERS BENÜTZT 2 LEITUNGEN (RSQ, RSI) UND BIT 2 VON CR:

```
RS1 = 0    SELECTS PORT A REGISTER
RS1 = 1    SELECTS PORT B REGISTER
RS0 = 1    SELECTS CONTROL REGISTER (A OR B)
RS0 = 0    SELECTS DATA DIRECTION OR BUFFER REGISTER
```

RS1	RS0	CRA(2)	CRB(2)	REGISTER	
0	0	0	-	DATA DIRECTION REGISTER	
0	0	1	-	BUFFER REGISTER	A
0	1	-	-	CONTROL REGISTER	
1	0	-	0	DATA DIRECTION REGISTER	
1	0	-	1	BUFFER REGISTER	B
1	1	-	-	CONTROL REGISTER	

Bild 3-11: Auswahl eines Registers im 6820

Bild 3-12 zeigt den Anschluß an die Busse des 6800, und Bild 3-13 illustriert eine typische Anwendung mit den für die Steuer- und Datenrichtungsregister notwendigen Bitmustern.

GRUNDLEGENDE EIN/AUSGABETECHNIKEN

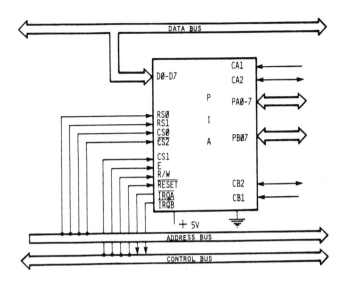

Bild 3-12: Anschluß eines 6820 an die 6800-Busse

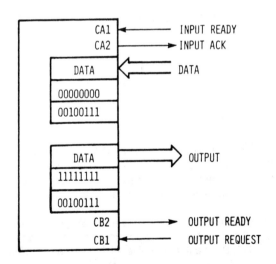

Bild 3-13: Typische Anwendung für ein 6820

MIKROPROZESSOR INTERFACE TECHNIKEN

Zuletzt noch ein Hinweis: es ist zu empfehlen, beim 6820 die Anschlüsse zum Datenbus zu puffern, da der Baustein einen stark belegten Datenbus nicht treiben kann. Bild 3-14 gibt eine Empfehlung für die Anordnung der Datenpuffer.

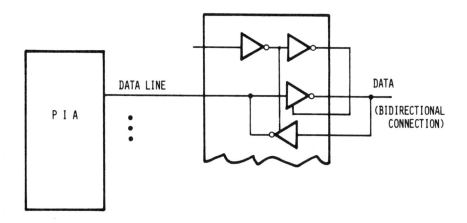

Bild 3-14: Datenpuffer für ein PIA

Beispiel 2: Das PPI 8255 von Intel

Das PPI (programmable peripheral interface) 8255 enthält vier Tore, von denen zwei 8 Bit und zwei 4 Bit breit sind. Jedes Tor kann so programmiert werden, daß abhängig vom Arbeitssteuerregister (mode control register) entweder alle Bits eines Tors Eingabe- oder alle Ausgabefunktion besitzen oder eine Spezialfunktion ausführen. Das 8255 ist in Bild 3-15 dargestellt.
Tabelle 3-16 zeigt, wie die Tore adressiert werden. Es gibt verschiedene Betriebsweisen, bei denen jede Hälfte von Tor C für Unterbrechungsmeldungen oder Quittungssignale verwendet wird. Der Baustein von Intel ist nicht bitweise programmierbar, stellt aber 4 Leitungen mehr zur Steuerung zur Verfügung. Über alles gesehen sind die ausgeführten Funktionen beider Bausteine analog. Insbesondere kann ein PIA in einem 8080-System verwendet werden und umgekehrt. Jeder größere Hersteller von Mikroprozessoren hat seine eigene Version eines programmierbaren parallelen Interfaces. Ihre Funktion ist im Wesentlichen gleich.

GRUNDLEGENDE EIN/AUSGABETECHNIKEN

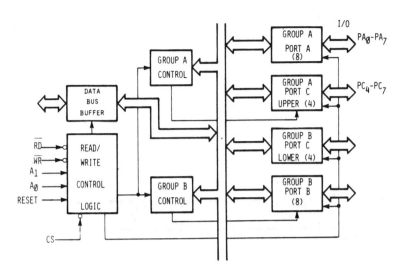

Bild 3-15: Aufbau des PPI 8255

$\overline{CS}$	A1	A0	$\overline{RD}$	$\overline{WR}$	OPERATION	
0	0	0	0	1	PORT A TO DATA BUS	MPU
0	0	1	0	1	PORT B TO DATA BUS	READ
0	1	0	0	1	PORT C TO DATA BUS	(A,B,C)
0	0	0	1	0	DATA BUS TO PORT A	MPU
0	0	1	1	0	DATA BUS TO PORT B	
0	1	0	1	0	DATA BUS TO PORT C	WRITE
0	1	1	1	0	DATA BUS TO CONTROL	
0	1	1	0	1	ILLEGAL	
1	-	-	-	-	DATA BUS TO 3-STATE	(DISABLE)

Bild 3-16: Adressierung des 8255

MIKROPROZESSOR INTERFACE TECHNIKEN

Serielle Ein/Ausgabe

Einige Einheiten benötigen seriellen Datenverkehr: Fernschreiber (TTY), Band und Platte. Anstatt 8 Bit paralleler Daten zwischenzuspeichern, können wir den Inhalt des Bytes Bit für Bit über eine einzige Leitung transportieren. Es gibt serielle Standards, die diese Art der Datenübertragung normieren. Derartige Standards sind in Kapitel 6 genauer dargestellt. Das Format für die serielle Ein- und Ausgabe mit einem 8-Kanal-Fernschreiber (Teletype) ist in Bild 3-17 dargestellt.

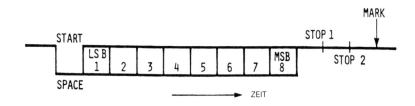

Bild 3-17: Serielles E/A-Format für TTY

Da Mikrocomputer parallel arbeitende Systeme sind, müssen wir die acht Bits eines Bytes vor der Ausgabe in serielle Form bringen und die seriell eingegebenen Bits in parallele Form umwandeln. Es gibt zwei Möglichkeiten, diese Umwandlung durchzuführen: mittels Software oder mit einem speziellen Baustein, UART (universal asynchronous receiver-transmitter) genannt.

Serielle Ein/Ausgabe mittels Software

Die Umwandlung paralleler in serielle Daten und umgekehrt mit Hilfe von Software kann durch ein einfaches Programm geschehen. Bei einer Eingabeoperation wartet das Programm, bis ein Startbit auftritt und tastet den Datenstrom dann in den richtigen Zeitintervallen zur Übernahme der Datenbits ab. Bei einer Ausgabeoperation sendet das Programm die Serie von Nullen und Einsen über eine einzige Leitung, wobei zwischen jeden Bitwechsel eine programmierte Verzögerung eingeschoben wird.
Ein Beispiel eines Ausgabeprogramms für einen 8-Kanal-Fernschreiber findet sich als Flußdiagramm in Bild 3-18 und als Programmliste für einen 8080 in Bild 3-19.
Dieses Programm wird in Kapitel 4 beschrieben werden. Eine Routine zur Umwandlung paralleler in serielle Daten besteht im Prinzip darin, ein 8 (oder mehr) Bit breites Wort in den Akkumulator zu übertragen und es dann mit der richtigen Frequenz Bit für Bit in die Ausgabeleitung zu schieben. Am einfachsten ist es, den Inhalt des Akkumulators über ein Ausgabetor zu geben, das nur an Leitung 0 angeschlossen ist. Der Akkumulator wird dann Schritt für Schritt nach rechts geschoben, zwischen jeden Schritt eine Verzögerung eingefügt und das nächste Bit ist ausgegeben. Nach 8 (oder mehr) Ausgabeschritten sind die ursprünglich parallelen Daten seriell ausgegeben.

GRUNDLEGENDE EIN/AUSGABETECHNIKEN

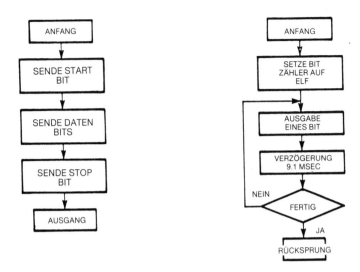

Bild 3-18: Flußdiagramm für serielle Ausgabe eines Bytes

```
;
; THIS SUBROUTINE ENTERED WITH CHARACTER TO BE OUTPUT IN THE C REGISTER
;
TYOUT:  MVI   B,11     ; SET COUNTER FOR 11 BITS
        MOV   A,C      ; CHARACTER TO ACCUMULATOR
        ORA   A        ; CLEAR CARRY-FOR START BIT
        RAL            ; MOVE CARRY TO A(0)
MORE:   OUT   2        ; SEND TO TTY
        CALL  DELAY    ; KILL TIME
        RAR            ; POSITION NEXT BIT
        STC            ; SET CARRY-FOR STOP BITS
        DCR   B        ; DECREMENT BIT COUNTER
        JNZ   MORE     ; DONE?
        RET            ; YES
;
; 9 MSEC DELAY (ASSUME NO WAIT STATES)
;
DELAY:  MVI   D,6
DL0:    MVI   E,2000
DL1:    DCR   E        ; 1.5 MSEC
        JNZ   DL1      ; INNER LOOP
        DCR   D
        JNZ   DL0
```

Bild 3-19: 8080-Programm zur seriellen Ausgabe

Umgekehrt ist das Zusammenfassen serieller Daten in parallele Form ebenso einfach. Bit 0 wird in den Akkumulator eingelesen. Der Akkumulator wird nach links geschoben. Nach einem festgelegten Zeitintervall wird Bit 0 erneut eingelesen. Nach acht Schiebeoperationen ist ein Byte erfaßt.

MIKROPROZESSOR INTERFACE TECHNIKEN

Der Vorteil einer programmierten Lösung liegt in der Einfachheit und dem Fortfall externer Hardware. Es ist jedoch langsam und kann u.U. die Leistungsfähigkeit des Mikroprozessors überfordern. Außerdem können in Systemen, die Programmunterbrechungen (interrupts) benutzen, keine Verzögerungsschleifen zuverlässig erstellt werden. In diesem Fall wird eine Hardwarelösung notwendig.

UART und USART

Einer der ersten Standardbausteine in LSI-Technik war das UART. Ein UART ist ein seriell/parallel- und parallel/seriell-Wandler. Das UART erfüllt zwei Funktionen: es übernimmt parallele Daten und wandelt sie in einen seriellen Bitstrom mit Start-, Paritäts- und Stoppzeichen um, und es übernimmt einen seriellen Datenstrom und wandelt ihn in parallele Daten.
Das Blockdiagramm der UART-Funktionen findet sich in Bild 3-20. Jedes UART besteht aus drei Abschnitten: einem Sender, einem Empfänger und einem Steuerabschnitt. Nahezu alle Hersteller haben eine anschlußkompatible oder „verbesserte" Version des Standard-UART.

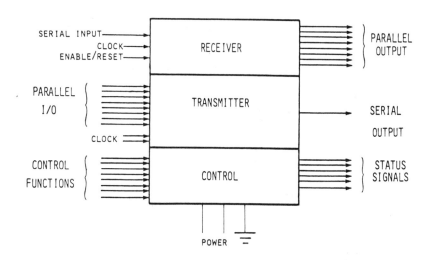

Bild 3-20: Blockdiagramm der UART-Funktionen

Das UART braucht ein Eingabe- und ein Ausgabetor beim Anschluß an ein Mikrocomputersystem, daher sind später UARTs entworfen worden, die unmittelbar mit Mikroprozessorbussen kompatibel sind. Zwei von diesen sind: Das ACIA (asynchronous communications interface adaptor) MC6850 von Motorola und das USART (universal synchronous and asynchronous receiver-transmitter) 8251 von Intel.

GRUNDLEGENDE EIN/AUSGABETECHNIKEN

Beispiel 1: das ACIA 6850 von Motorola

Das Blockdiagramm des internen Aufbaus des ACIA findet sich in Bild 3-21. Außer den seriell/parallelen Registern für Ein- und Ausgabeoperationen enthält es noch in der Steuerschaltung Möglichkeiten, die Steuerfunktionen für den EIA-RS232C-Standard zu erzeugen. (Siehe Kapitel 6 zu Einzelheiten für den RS232C-Standard.)

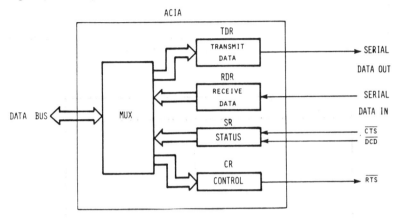

Bild 3-21: ACIA 6850

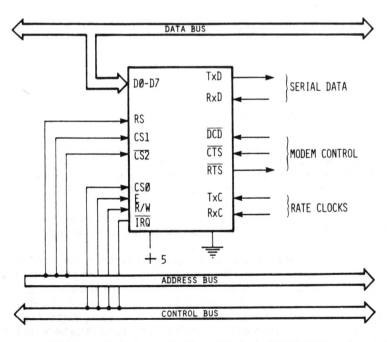

Bild 3-22: Funktionen der Anschlüsse bei ACIA 6850

MIKROPROZESSOR INTERFACE TECHNIKEN

Bild 3-22 löst den Eingabe- und Ausgabeteil in die entsprechenden Funktionen auf: die Leitungen für die seriellen Daten, die Modemsteuerung, die Taktsignale und die Busse. Die ein- und auszugebenden seriellen Daten sind TTL-kompatible Signale und müssen gepuffert werden, um die zur Ansteuerung der seriellen Einheiten benötigten Pegel zu erhalten. (In Kapitel 4 findet sich eine vollständige Beschreibung, wie ein 8-Kanal-Fernschreiber mit einem ACIA verbunden werden muß.) Die Modemsteuerung steuert das für eine RS232C-Modem-Verbindung benötigte Interface.

Die Taktsignale steuern die Übertragungsrate (Bitrate) der seriellen Daten und können für Sende- und Empfangsteil verschieden sein. Die Bussignale sind die in einem 6800-System üblichen. Die Wahrheitstabelle in Bild 3-23 zeigt die Adressierung der internen Register.

R S	R/W	REGISTER
0	0	CONTROL
0	1	STATUS
1	1	RECEIVE DATA
1	1	TRANSMIT DATA

Bild 3-23: Adressierung der internen Register im ACIA 6850

Beispiel 2: das USART 8251 von Intel

Das Blockdiagramm und die Steuersignale des USART 8251 zeigt Bild 3-24. Dieser Baustein unterscheidet sich von dem ACIA: Er ermöglicht auch *synchrone* Datenübertragung (Senden und Empfangen) zusätzlich zur asynchronen Übertragungsart. (Motorola stellt ein besonderes synchrones Interface her, das sogenannte SSDA (synchronous serial data adaptor) 6852.)

Der Anschluß des 8251 an den 8080 findet sich in Bild 3-25. Da ein Teil der internen Schaltung des 8251 dynamisch arbeitet, wird das Taktsignal $\emptyset 2$ benötigt. Die restlichen Signale sind wie gewohnt.

Das USART hat fünf interne Register: zum Empfang von Daten, Senden von Daten, Festlegen der Arbeitsweise, Statusregister und Steuerregister. Nach dem Rücksetzen der Einheit wird mit dem ersten an das 8251 gesendeten Byte die *Arbeitsweise* (mode) festgelegt. Das nächste gesendete Byte wird im *Steuer*register abgelegt. Die *Arbeitsweise* legt fest, ob das 8251 synchrone oder asynchrone Übertragung durchführen soll. Die *Steuerung* bestimmt die Wortlänge und andere Übertragungsparameter. In Bild 3-26 steht eine Wahrheitstabelle der Steuersignale des 8251-Busses.

GRUNDLEGENDE EIN/AUSGABETECHNIKEN

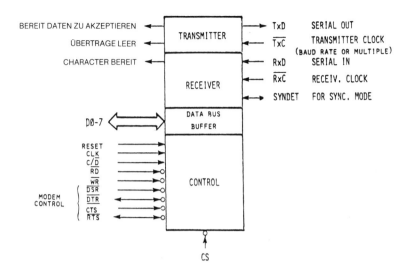

Bild 3-24: USART 8251

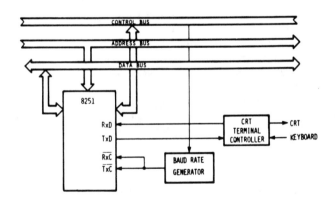

Bild 3-25: Anschluß des 8251 an den 8080

Zusammenfassung zur seriellen Datenübertragung

Die beiden vorgestellten Methoden, hard- und softwareorientiert, beleuchten die traditionellen Entscheidungen, die beim Entwurf auch des einfachsten Interfaces zu machen sind. Die meisten kleinen Systeme benutzen ein Softwareinterface zur seriellen Datenübertragung, während die größeren Systeme eher mit UARTs bestückt werden. Es sind noch kompliziertere Schaltkreise zur Ausführung neuer Arten serieller Kommunikation auf den Markt gekommen. Diese LSI-Komponenten verwirklichen die anderen in Kapitel 6 beschriebenen seriellen Standards.

MIKROPROZESSOR INTERFACE TECHNIKEN

$\overline{C/D}$	$\overline{RD}$	$\overline{WR}$	$\overline{CS}$	OPERATION
0	0	1	0	8251 TO DATA BUS (READ)
0	1	0	0	DATA BUS TO 8251 (WRITE)
1	0	1	0	STATUS TO DATA BUS
1	1	0	0	DATA BUS TO CONTROL
–	–	–	1	DATA BUS TO 3-STATE

Bild 3-26: Wahrheitstabelle der 8251-Steuersignale

Die drei Steuermethoden für Ein/Ausgaben

Wir haben jetzt die grundlegenden Bausteine und Techniken zum Anschluß von E/A-Einheiten kennengelernt: d.h. wir können parallele und serielle Datentore aufbauen.
Das nächste Problem ist, die Datenübertragung zu verwalten, d.h. eine *Verteilungsstrategie* zu erstellen. Drei grundlegende Methoden werden hierfür verwendet, die wir kurz beschreiben wollen. Für einfacheren Einsatz jeder dieser Strategien werden zusätzliche Bausteine vorgestellt werden.
Diese drei Methoden sind in Bild 3-27 dargestellt. Sie werden bezeichnet als: Abfragemethode (polling), Programmunterbrechung (interrupt) und DMA, d.h. unmittelbaren Speicherzugriff. (Man kann auch Kombinationen davon verwenden.)

Programmierte Ein/Ausgabe oder Abfragen

Bei programmierter Ein/Ausgabe werden alle Datenübertragungen zwischen den Einheiten durch das Programm durchgeführt. Der Prozessor sendet Daten und fordert solche an; alle Ein- und Ausgabeoperationen laufen durch das abzuarbeitende Programm gesteuert ab. Die Übertragung muß durch einen Quittungsbetrieb (,,handshaking") koordiniert werden. Die grundlegende Methode, festzustellen, ob eine E/A-Operation nötig oder möglich ist, geschieht durch Verwendung besonderer Bits als Marken, den sogenannten *Flags*. Als Flag bezeichnet man ein Bit, das, falls gesetzt, anzeigt, daß die betrachtete Bedingung eingetreten ist. Zeigt z.B. ein Flag die Bedingung ,,Einheit bereit" an, so kann das heißen, daß der Pufferspeicher einer Eingabeeinheit voll oder der Pufferspeicher einer Ausgabeeinheit leer und damit zur Übernahme neuer Daten bereit ist.
Das Flag wird regelmäßig überprüft, d.h. die Methode besteht im ,,Abfragen" des Flags. Kennzeichen dieser Lösung ist ein Mindestaufwand an Hardware zum Preis eines größeren Softwarebedarfs.
Das Flußdiagramm für eine *Abfrageschleife* befindet sich in Bild 3-28.

GRUNDLEGENDE EIN/AUSGABETECHNIKEN

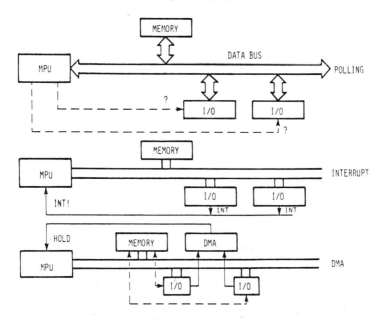

Bild 3-27: Drei Methoden zur E/A-Steuerung

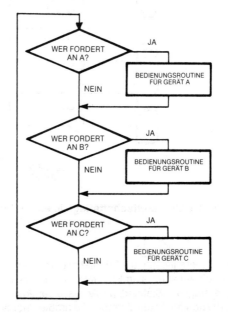

Bild 3-28: Flußdiagramm für eine Abfrageschleife

MIKROPROZESSOR INTERFACE TECHNIKEN

Das Programm durchläuft regelmäßig eine Serie von Tests, mit denen nachgeprüft werden soll, ob eine Ein- oder Ausgabeoperation erfolgen kann bzw. muß. Wenn eine Einheit gefunden ist, die bedient werden muß, so wird die zugehörige Bedienungsroutine aktiviert und nach deren Bedingung die Abfrage fortgesetzt.

Es sind zwei grundlegende Methoden gebräuchlich um Bereitschaftsflags verschiedener Einheiten zu prüfen: Benutzen eines einfachen Eingabetors für Statusinformation oder eines Tors mit Vorrangkodierung (priority-encoder status port).

Die einfachste Technik besteht darin, beim Test der Statusinformation die Bereitschaftsflags von acht Einheiten auf den Datenbus zu legen. Bild 3-29 zeigt ein solches System. Das Eingabetor für den Status kann auf jeder üblichen Adresse liegen. Üblicherweise benutzt man für dieses Tor die ersten oder letzten Adressen im E/A-Bereich. Wenn das Tor ausgelesen ist, testet das Programm jedes Bit, legt die Priorität fest und springt zu der zugehörigen Bedienungsroutine.

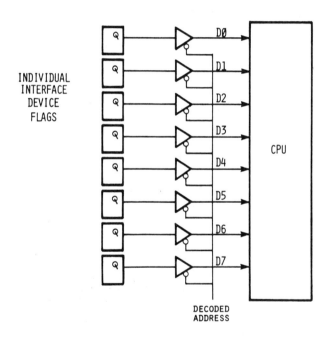

Bild 3-29: Bereitschaftsflags in einem Statustor

Die zweite Methode besteht darin, die Priorität mittels einer im ROM gespeicherten Vergleichstabelle oder einem speziellen Prioritätskodierbaustein (priority-encoder) festzulegen. In diesem Fall trägt das Statustor die Adresse derjenigen Einheit von den zur Bearbeitung bereiten, die den höchsten Vorrang, die größte Priorität, besitzt. In Bild 3-30 und 3-31 steht das Byteformat und die benötigte Hardware.

GRUNDLEGENDE EIN/AUSGABETECHNIKEN

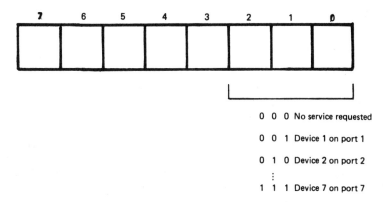

Bild 3-30: Byteformat für einen Prioritätskodierer

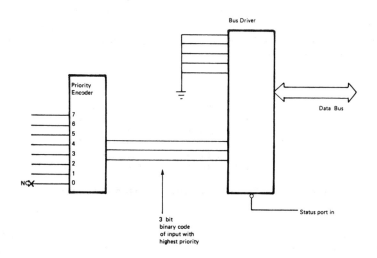

Bild 3-31: Hardware für einen Prioritätskodierer

Wenn die höherwertigen fünf Bits geändert werden, lassen sich andere Adressen für die Tore bearbeiten. Damit spart man sich die Notwendigkeit, die Toradressen in einer Tabelle nachzusehen oder aus der Statusinformation gesondert zu ermitteln, *da dieses Tor die Adresse der anfragenden Einheit enthält.*
Abfragen ist die einfachste und allgemeinste Methode zur Steuerung des Ein/Ausgabegeschehens. Sie benötigt keine besondere Hardware, und alle Ein- und Ausgabeübertragungen können durch das Programm gesteuert werden. Man nennt die Übertragung synchron mit der Programmabarbeitung.

67

MIKROPROZESSOR INTERFACE TECHNIKEN

Unterbrechung

Die Abfragetechnik hat zwei Einschränkungen:
1. Prozessorzeit wird verschwendet beim unnötigen Durchtesten des Status aller peripherer Einheiten in jedem Durchlauf.
2. Sie ist vom Prinzip her langsam, da der Status aller E/A-Einheiten getestet werden muß, bevor man zur Abarbeitung einer bestimmten Anfrage kommt. Das kann in einem Echtzeitsystem, in dem eine Peripherieeinheit in einem festgelegten Zeitabschnitt bearbeitet werden muß, echte Schwierigkeiten bereiten. Insbesondere wenn schnelle Peripherieeinheiten an das System angeschlossen sind, kann die Abfragetechnik einfach nicht schnell genug sein, um noch eine rechtzeitige Bearbeitung der Anfrage zu gewährleisten. Schnelle Einheiten wie Floppy-Disks oder ein Bildschirmgerät erfordern nahezu sofortige Antwort auf ihre Anfragen, um die Daten ohne Verlust übertragen zu können.

Die Abfragetechnik ist ein synchroner Mechanismus, bei dem die einzelnen Einheiten nacheinander bearbeitet werden. Programmunterbrechnungen, kurz Unterbrechungen (interrupts), sind ein asynchroner Mechanismus. Das Prinzip von Unterbrechungen ist in Bild 3-32 dargelegt. Jede E/A-Einheit oder ihr Steuerbaustein ist an eine Unterbrechungsleitung angeschlossen. Diese Leitung überträgt eine Unterbrechungsanforderung (interrupt request) an den Mikroprozessor. Jedesmal, wenn eine der E/A-Einheiten bedient werden muß, erzeugt sie einen Impuls oder einen bestimmten Pegel auf dieser Leitung, um den Mikroprozessor auf sich aufmerksam zu machen.

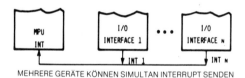

MEHRERE GERÄTE KÖNNEN SIMULTAN INTERRUPT SENDEN

Bild 3-32: Prinzip von Unterbrechungsanforderungen

Ein Mikroprozessor testet am Ende jedes Befehlszyklus, ob eine Unterbrechungsanfrage vorliegt. Ist dies der Fall, wird die Unterbrechung durchgeführt. Ist keine Anfrage vorhanden, wird der nächste Befehl übernommen. Dies ist in Bild 3-33 dargestellt.
Werden kritische Prozesse bearbeitet, muß sichergestellt sein, daß die Programmabarbeitung nicht durch eine Unterbrechung gestört wird. Ein derartiges Beispiel ist die Reaktion auf einen drohenden Versorgungsspannungszusammenbruch. Dieser läßt sich einfach feststellen. Verfügt das System über batteriegepufferte Speicher, so bleibt noch Zeit genug, dorthin den Inhalt der Prozessorregister zu übertragen und das System in sinnvoller Weise abzuschalten. Es sind in der Regel mehrere Millisekunden nach Erkennen der drohenden Gefahr eines Versorgungsspannungszusammenbruchs übrig, bis das Ereignis wirklich eintritt. Eine derartige ,,Zusammenbruchsroutine'' *muß* dann aktiviert werden, egal welche weniger wichtigen Unterbrechungsanfragen auftreten. Andere Anfragen müssen ,,ausmaskiert'' werden. (Eine solche Rettungsroutine wird als ,,nichtausmaskierbare Unterbrechung'' (non-maskable interrupt) behandelt.)

GRUNDLEGENDE EIN/AUSGABETECHNIKEN

INTERRUPT LOGIC

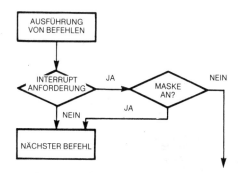

Bild 3-33: Unterbrechungstest im Prozessor

Darin liegt der Sinn des Maskierungsbits (oder bei Vorliegen mehrerer Unterbrechungsebenen des Maskierungsregisters) im Mikroprozessor. Jedesmal, wenn das Maskierungsbit eingeschaltet ist, werden die Unterbrechungsanforderungen nicht beachtet (vgl. den Ablauf in Bild 3-33). Die ,,Maskierungsfähigkeit'' wird oft als ,,Aktivierung'' (enable) bezeichnet. Eine Unterbrechung ist aktiviert, d.h. ermöglicht, wenn sie nicht maskiert ist.

Bild 3-34: Unterbrechungsabarbeitung

MIKROPROZESSOR INTERFACE TECHNIKEN

Abarbeiten einer Unterbrechung

Wenn die Unterbrechungsanforderung empfangen und entgegengenommen ist, muß die zugehörige Einheit bedient werden. Um dies zu tun, arbeitet der Mikroprozessor eine spezielle Bedienungsroutine ab. Dabei ergeben sich zwei Probleme:

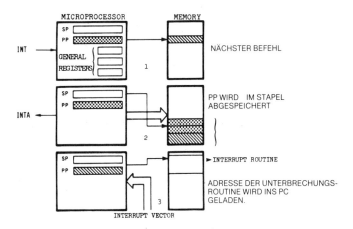

Bild 3-35: Die drei Schritte

Zum Einen muß der Status des gerade abzuarbeitenden Programms zum Zeitpunkt, in dem die Unterbrechungsanforderung entgegengenommen wurde, gerettet werden. Das beinhaltet, daß alle Registerinhalte im Mikroprozessor irgendwo außerhalb abgelegt werden müssen. Diese Register werden auf dem *Stapel* (stack) abgespeichert. Zumindest muß der Programmzähler auf den Stapel gebracht werden, da an seine Stelle die Anfangsadresse der Unterbrechungsroutine gesetzt werden muß. Das Retten der restlichen Register kann vermittels Hardware geschehen oder durch den Mikroprozessor oder liegt in der Hand der Unterbrechungsroutine. Wenn der Programmzähler (und eventuell die anderen Register) auf den Stapel gebracht ist, springt der Mikroprozessor zu der Unterbrechungsroutine. An dieser Stelle ergibt sich das zweite Problem:
Eine ganze Reihe von E/A-Einheiten kann an dieselbe Unterbrechungsleitung angeschlossen sein. Wohin soll der Mikroprozessor springen, um die richtige Einheit zu bedienen? Das Problem liegt darin, die Einheit, die die Unterbrechung anforderte, ausfindig zu machen. Diese Ermittlung kann durch Hardware, durch Software oder eine Kombination von Beidem geschehen. Der Sprung zur Adresse der der E/A-Einheit gemäßen Routine wird als Sprung zu dem *Unterbrechungszeiger* bezeichnet. Das vom Hardwarestandpunkt einfachere System verfügt über keine besonderen Unterbrechungszeiger (vectored interrupts). Hier ist eine *Softwareroutine* nötig, um die Einheit herauszufinden, die die Unterbrechung anforderte. Hierbei wird die *Abfragetechnik* benutzt, die in Bild 3-36 dargestellt ist. Die Identifizierungsroutine fragt jede an das System angeschlossene

GRUNDLEGENDE EIN/AUSGABETECHNIKEN

Einheit ab. Sie testet deren Statusregister, üblicherweise Bit 7. Ist in einer gegebenen Bitposition eine 1 vorhanden, so bedeutet das, daß diese Einheit die Unterbrechung angefordert hat. Ist so die anfordernde Einheit gefunden, so springt die Routine zu der zugeordneten Bedienungsroutine. Die Reihenfolge, in der die Einheiten abgefragt werden, legt fest, welche von ihnen zuerst bedient wird. Damit ergibt sich ein System, in dem der *Vorrang einer Einheit durch Software festgestellt* wird (software-priority scheme), falls mehrere Einheiten zugleich eine Unterbrechung angefordert haben.

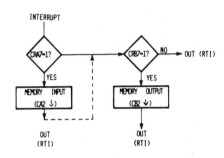

Bild 3-36: Abfragen der anfordernden Einheiten

Eine zweite softwareorientierte Methode arbeitet mit Hardwareunterstützung und ist deutlich schneller. Hier wird, wie in Bild 3-37, ein Bestätigungssignal für die Unterbrechung durch die verschiedenen Einheiten durchgeschleift, die sogenannte *daisy-chain* (Gänseblümchenkette). Nachdem die Register auf den Stapel gerettet worden sind, erzeugt der Mikroprozessor ein besonderes Bestätigungssignal (acknowledge), daß er die Unterbrechung entgegengenommen hat. Dieses Bestätigungssignal erreicht zunächst Einheit 1. Hat Einheit 1 eine Unterbrechung angefordert, so setzt sie eine Erkennungsnummer auf den Datenbus, von dem sie der Mikroprozessor einliest. Hat sie keine Unterbrechung angefordert, so gibt sie das Bestätigungssignal weiter an Einheit 2. Einheit 2 vollzieht denselben Ablauf usw. Da die physische Anordnung von Einheiten und Bestätigunsleitung einer Kette aus ineinandergesteckten Gänseblümchen ähnelt, wird sie im Englischen mit daisy-chain (Gänseblümchenkette) bezeichnet. Dieser Mechanismus kann mit den meisten PIOs verwendet werden.

Die schnellste Methode arbeitet mit Unterbrechungszeigern und wird daher als *vectored interrupt* bezeichnet. Hier hat die E/A-Einheit die Aufgabe, sowohl die Unterbrechungsanforderung zu erzeugen, als auch die anfordernde Einheit zu *identifizieren* oder noch besser die Sprungadresse zu der Bedienungsroutine zur Verfügung zu stellen. Wenn die entsprechende Steuerung nur eine Identifikationsnummer zur Verfügung stellt, ist es eine einfache Sache der Software, in einer Tabelle die zugehörige Sprungadresse zu finden.

71

MIKROPROZESSOR INTERFACE TECHNIKEN

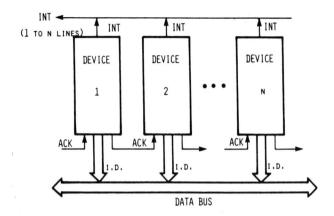

Bild 3-37: Prinzip der daisy-chain-Technik

Das ist vom Hardwarestandpunkt aus einfacher, aber ergibt nicht die größtmögliche Leistung. Die größte Leistung erhält man, wenn der Mikroprozessor eine Unterbrechungsanforderung erhält und unmittelbar dazu die richtige 16 Bit breite Sprungadresse. Er kann dann unmittelbar zu der benötigten Speicherstelle springen und mit der Bedienung der Einheit anfangen. Neue Prioritätssteuerbausteine, die PICs (priority-interrupt-controller), haben dies seit neuestem praktikabel gemacht.

Vorrang (priority)

Es taucht noch ein Problem auf: verschiedene Einheiten können gleichzeitig eine Unterbrechung anfordern. Der Mikroprozessor muß dann entscheiden, in welcher Reihenfolge sie bedient werden sollen. Jeder Einheit wird eine bestimmte Vorrangstellung, eine Priorität, zugeordnet. Der Mikroprozessor bedient dann die Einheiten in der Reihenfolge ihrer Prioritäten. In der Computerwelt ist die höchste Prioritätsebene mit 0, die nächste Prioritätsebene mit 1 usw. bezeichnet. Üblicherweise reserviert man Ebene 0 für die Rettungsroutine bei Ausfall der Versorgungsspannung PFR (power-failure-restart), Ebene 1 dient für eine Bildschirmeinheit. Ebene 2 kann frei gelassen werden, um möglicherweise einen zweiten Bildschirm anzuschließen. Ebene 3 kann eine Floppy-Disk sein, Ebene 5 ein Drucker, Ebene 6 ein Fernschreiber, Ebene 7 umfaßt externe Schalter. Ebene 4 ist in diesem Beispiel unbenutzt. Prioritäten können durch Hardware oder durch Software zur Geltung gebracht werden. Die Softwarebestimmung der Priorität haben wir oben beschrieben. Die Routine, die die Einheiten abfrägt, wird dabei einfach mit der Einheit höchster Priorität anfangen. Prioritätsbestimmung ist aber auch durch Hardware möglich. Dies wird auch bei den neuen PICs durchgeführt. Diese Prioritätssteuerbausteine stellen zusätzlich eine 8-Bit-Maske zur Verfügung, mit deren Hilfe der Programmierer jede Prioritätsebene gezielt ausmaskieren kann. Die Grundstruktur der PIC-Logik findet sich in Bild 3-38. Dort wird nur gezeigt, wie der Zeiger auf die Unterbrechungsebene erzeugt wird, nicht die Erzeugung des Adreßzeigers selbst. Sie stehen auf der rechten Zeichnungsseite und setzen im Unterbrechungsregister ein Bit. Das Maskierungsregister wird vom

GRUNDLEGENDE EIN/AUSGABETECHNIKEN

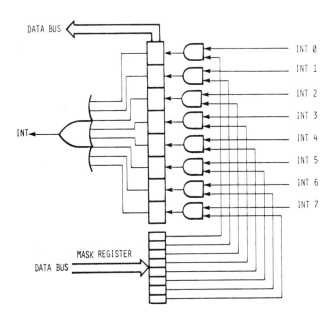

Bild 3-38: Grundstruktur der PIC-Logik

Programmierer benutzt, um einzelne Unterbrechungsebenen auszublenden. Üblicherweise werden unbenutzte Unterbrechungsebenen ausmaskiert. Dennoch ist es möglich, besondere Ebenen im Verlauf der Programmabarbeitung auszublenden. Ein einfaches UND-Gatter ermöglicht, daß die nichtmaskierten Unterbrechungsebenen eine Unterbrechung vom Prozessor anfordern können. Die Ebene der dann mit höchster Priorität anliegenden Anforderung wird durch einen 3-aus-8-Kodierer verschlüsselt. Noch eine weitere Erleichterung ist vorgesehen: die Ebene der angeforderten Unterbrechung wird mit einem 3 Bit breiten Prioritätsregister verglichen. Dieses Prioritätsregister wird durch den Benutzer gesetzt. Beträgt sein Inhalt n, so wird jede Unterbrechungsanforderung nicht beachtet, deren Ebene größer als n ist. Es handelt sich so um einen globalen Maskierungsprozeß für jede Unterbrechungsanforderung einer Prioritätsebene größer als n. Ein Komparator innerhalb des PIC legt fest, ob die Ebene zulässig ist und erzeugt eine Unterbrechungsanforderung für den Prozessor. Der Mikroprozessor kann den Unterbrechungsvektor von 3 Bit zur Verfügung erhalten. Ein weiter ausgebautes PIC macht noch mehr. Die neuesten PICs stellen eine 16-Bit-Adresse zur Verfügung. Das wird einfach erreicht, indem man ein RAM mit 8 x 16-Bit-Registern im PIC vorsieht. Der 3 Bit breite Ebenenzeiger wird dann benutzt, den Inhalt eines dieser Register auszuwählen. Dieser wird dann auf den Datenbus geschaltet, manchmal auch auf den Adreßbus. Damit erhält man einen automatischen Sprung zu der festgelegten Adresse. Diese Register müssen natürlich erst durch das Programm geladen werden. Einer der neuen PIC-Entwürfe ist in Bild 3-39 dargestellt.

MIKROPROZESSOR INTERFACE TECHNIKEN

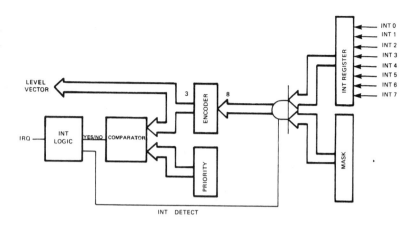

Bild 3-39: Unterbrechungssteuerbaustein mit Prioritätsermittlung

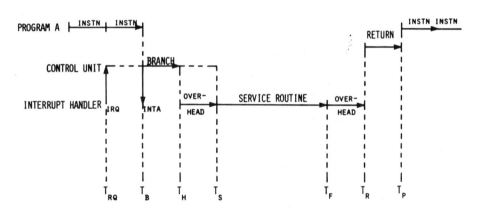

Bild 3-40: Ablauf einer Unterbrechungsabarbeitung

Bild 3-40 stellt die Abfolge der Ereignisse während einer Unterbrechung dar. In der Reihenfolge von links nach rechts ergibt sich dort: Programm A wird abgearbeitet, bis eine Unterbrechung zur Zeit T_{RQ} angefordert wird (request time, Anforderungszeitpunkt). Diese Anforderung wird am Ende der Befehlsabarbeitung, zur Zeit T_B, angenommen. Die Steuereinheit im Mikroprozessor führt dann einen Sprung zu der benötigten Adresse aus. Ist dieser Sprung beendet, tritt die Bedienungsroutine (die dritte Zeile in Bild 3-40) in Kraft. Die Bedienungsroutine kann einige zusätzliche Zeit benötigen, um die Register zu retten, die nicht automatisch von der Steuereinheit des Mikroprozessors gerettet worden sind. Dann wird die eigentliche Bedienungsroutine für die Einheit abgearbeitet. An deren

GRUNDLEGENDE EIN/AUSGABETECHNIKEN

Ende müssen die Register wieder in ihren Zustand vor Einstieg in die Routine zurückversetzt werden (zur Zeit T_F oder T_R). Dann wird ein Rücksprungbefehl (return) durchgeführt, wodurch die Steuereinheit den ursprünglichen Programmzählerinhalt vom Stapel in den Programmzähler zurücksetzt, so daß die Abarbeitung des Programms A fortgesetzt werden kann. Dies geschieht zum Zeitpunkt T_P.
Die Zeit von T_{RQ} bis T_S ist die Antwortszeit, d.h. die Gesamtzeit, die seit der Unterbrechungsanforderung bis zu der Zeit, mit der die anfragende Einheit wirklich bedient wird, vergangen ist. Einige Hersteller geben an, daß die Antwortszeit nur von T_{RQ} bis T_H reiche.
Die gesamte für die Abarbeitung von Programm A verlorene Zeit beträgt T_B bis T_P. Die vollständige zur Rettung der Register benötigte Zusatzzeit beträgt eigentlich T_B bis T_S plus T_F bis T_R. Deren Länge ist von Mikroprozessor zu Mikroprozessor sichtlich verschieden.

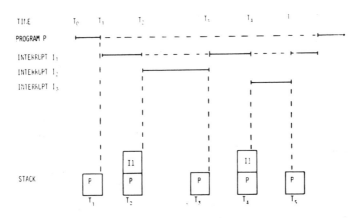

Bild 3-41: Funktion des Stapels bei Unterbrechungen

Mehrfachunterbrechungen und der Stapel

Bild 3-41 legt die Rolle des Stapelspeichers bei mehrfachen Unterbrechungen dar. Zur Zeit T0 wird das Programm P abgearbeitet. Zum Zeitpunkt T1 ist die Unterbrechung I1 entgegengenommen worden. Die von Programm P benutzten Register werden dann auf den Stapel gebracht (in der Zeichnung links unten). Die Unterbrechung I1 wird bis Zeitpunkt T2 bearbeitet. Zu dieser Zeit tritt eine weitere Unterbrechung, I2, auf, wobei angenommen wird, daß I2 höhere Priorität als I1 besitzt. Damit wird die Abarbeitung von I1 ebenso wie vorher die von P unterbrochen. Die für I1 benötigten Register werden auf den Stapel gebracht. Das ist in Bild 3-41 an der Unterkante zum Zeitpunkt T2 gezeigt. Dann wird die Unterbrechung I2 abgearbeitet, in Bild 3-41 die dritte Linie. Die Unterbrechung I2 wird bis zum Ende bearbeitet, d.h. bis zum Zeitpunkt T3. Zu dieser Zeit wird der Inhalt des Stapels, der zu I1 gehört, in die Register zurück übertragen, womit auf dem Stapel nur noch die Registerinhalte von P verbleiben (vgl. Bild 3-41; der Stapel enthält zum Zeitpunkt T3 nur noch P). Die Abarbeitung der Unterbrechung I1 wird fortgesetzt, bis zur Zeit

75

MIKROPROZESSOR INTERFACE TECHNIKEN

T4 eine neue Unterbrechung I3 höherer Priorität entgegengenommen wird. Der Stapel hat dann wieder zwei Ebenen: I1 und P zum Zeitpunkt T4 (siehe Bild 3-41). Die Unterbrechung I3 wird bis zum Zeitpunkt T5 vollständig abgearbeitet. An dieser Stelle wird der Zustand von I1 wieder vom Stapel in die Register geholt (vgl. Bild 3-41) und seine Abarbeitung fortgesetzt. Dies geschieht, bis sie bei T6 vollständig abgearbeitet ist. Zu diesem Zeitpunkt werden die für das Programm P geretteten Register rückübertragen und dieses weiter abgearbeitet. Es ist zu beachten, daß die Zahl der im Stapelspeicher belegten Ebenen gleich der Zahl der unterbrochenen Programme ist, d.h. gleich der Zahl der gestrichelten waagerechten Linien zum gegebenen Zeitpunkt. Dieses Beispiel sollte den Gebrauch des Stapelspeichers bei mehrfachen Unterbrechungen verdeutlichen. Selbstverständlich muß der Programmierer, wenn eine große Zahl von verschachtelten Unterbrechungen auftreten kann, genügend Stapelspeicherraum für deren Abarbeitung auf den zu erwartenden Ebenen zur Verfügung stellen.

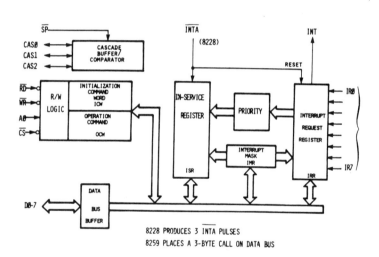

Bild 3-42: Unterbrechungssteuerbaustein 8259

GRUNDLEGENDE EIN/AUSGABETECHNIKEN

Unmittelbarer Speicherzugriff

Unterbrechungen garantieren die schnellstmögliche Antwort auf Bedienungsanforderungen von Ein/Ausgabeeinheiten. Die Bedienung selbst ist jedoch mittels Software zu vollziehen. Das kann bei Prozessen, die einen raschen Speicherübertrag benötigen, immer noch nicht schnell genug sein, wie es z.b. bei Floppy-Disk-Speichern oder Bildschirmen der Fall ist. Hier liegt wieder die Lösung im Ersetzen von Software durch Hardware. Die Softwareroutine, die den Übertrag der Speicherinhalte in die betreffende Einheit vollziehen muß, wird dabei durch einen speziellen in Hardware aufgebauten Prozessor, den DMAC (direct memory access controller, Steuerbaustein zum unmittelbaren Speicherzugriff) ersetzt. Ein DMAC ist ein spezieller Prozessor, der zur Datenübertragung zwischen Speicher und angeschlossener Einheit bei hoher Geschwindigkeit entworfen worden ist. Um diese Übertragungsoperation durchführen zu können, muß der DMAC sowohl den Daten- als auch den Adreßbus benutzen können. Die Grundideen beim Entwurf von DMACs unterscheiden sich in der Art, in der sie sich Zugriff zu diesen Bussen verschaffen. Ein DMAC kann z.b. die Arbeit des Prozessors unterbrechen, oder er kann ihn anhalten, oder er kann einige der Speicherzyklen des Prozessors für sich verwenden, sie praktisch dem Prozessor ,,stehlen", oder er kann die Taktimpulse verändern. Einige besonders ausgeführte DMACs können sogar Teile des Befehlszyklus verwenden, von denen sie ,,wissen", daß zu dieser Zeit der Prozessor weder Daten- noch Adreßbus benötigt. Dies ist z.b. bei Auffrischen von dynamischen Speichern mittels DMA manchmal der Fall. Eine vollständige Diskussion der Grundlagen von DMA-Opertionen übersteigt allerdings den Rahmen dieses Buches. Die einfachste und in den meisten Mikroprozessorsystemen übliche Lösung besteht darin, die Arbeit des Prozessors zu unterbrechen. Hierin liegt der Grund, warum Daten- und Adreßbus in Tri-State-Technik ausgeführt sind. Die Organisation eines DMA-Systems ist in Bild 3-43 dargestellt. Anstatt zum Mikroprozessor sendet hier jede Einheit ihre Unterbrechungsanforderung zu dem DMAC. Empfängt der DMAC von einer Einheit eine Unterbrechungsanforderung,

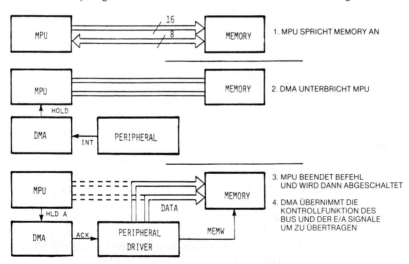

Bild 3-43: Arbeit einer DMA-Steuerung

77

MIKROPROZESSOR INTERFACE TECHNIKEN

so erzeugt er ein spezielles Signal für den Mikroprozessor, das HOLD-Signal (anhalten). Das HOLD-Signal unterbricht die Arbeit des Mikroprozessors und versetzt ihn in einen Ruhezustand. Dazu beendet der Mikroprozessor den laufenden Befehl und schaltet den Daten- und den Adreßbus ab, d.h. in den Zustand hoher Impedanz. Man bezeichnet dies als ,,Schweben'' (floating) der Busse. Er stellt dann jede mögliche innere Aktivität ein und antwortet mit einem ,,HOLD-acknowledge'' Bestätigungssignal, daß er im HOLD-Zustand ist. Nach Empfang dieser Bestätigung weiß der DMAC, daß die Busse frei sind. Er setzt dann automatisch eine Adresse auf den Adreßbus, die die Speicherstelle angibt, für die der Datenübertrag stattfinden soll. Ein an 8 E/A-Einheiten angeschlossener DMAC enthält für diesen Zweck acht 16-Bit-Register. Die Inhalte dieser Register müssen selbstverständlich für jede Einheit vom Programmierer angegeben worden sein. Der DMAC legt also die Adresse fest, an der der Datenübertrag stattfinden soll, gibt dann ein Schreib- oder Lesesignal an den Speicher ab und veranlaßt die E/A-Einheit die benötigten Daten auf den Datenbus zu geben, bzw. von ihm zu empfangen. Zusätzlich enthält ein DMAC einen automatischen Mechanismus, um die Übertragung von Datenblocks zu gewährleisten. Das ist besonders hilfreich, wenn (z.b. für eine Floppy-Disk-Operation) ganze Datenblocks oder (zum Auffrischen der Zeilen auf einem Bildschirm) sonstige Datenabschnitte rasch übertragen werden müssen. Der DMAC enthält für jede Einheit ein Zählregister. Üblicherweise werden 8-Bit-Zähler benutzt, die den automatischen Übertrag von 1 bis 256 Worten gestatten. Der Zähler wird dabei nach jedem einzelnen Übertrag heruntergesetzt. Die Operation wird beendet, sobald der Zähler 0 erreicht oder wenn die Anforderung für DMA von der externen Einheit zurückgenommen wird. Der Vorteil eines DMA besteht im schnellstmöglichen Datenübertrag für jede Einheit. Sein Nachteil besteht natürlich darin, daß er die Arbeitsgeschwindigkeit des Prozessors herabsetzt. Ein DMAC ist ein sehr komplexer Baustein dessen Komplexität der eines Mikroprozessors vergleichbar ist. Auch ist er relativ teuer, da er nicht in derart hohen Stückzahlen wie Mikroprozessoren verkauft wird. In vielen Fällen kann es billiger sein, einen zusätzlichen Mikroprozessor einschließlich Speicher für bestimmte Datenblockübertragungen einzusetzen, anstatt DMAC-Bausteine zu benutzen. Als Beispiel findet sich die Struktur des DMAC von Intel in Bild 3-44 und die des DMAC von Motorola für ein 6800-System in Bild 3-46. Der in Bild 3-46 dargestellte DMA-Steuerbaustein arbeitet unter Verwendung einzelner für die CPU vorgesehener Taktzyklen, d.h. im sogenannten cycle-stealing-Verfahren. Der Adreßbus und die R/W-Leitung können bis zu 500 ms schweben. Der Prozessor jedoch darf nicht länger als 5 Millisekunden ohne Takt bleiben, da sonst die dynamischen Register im 6800 ihren Inhalt verlieren würden. Der neue DMAC 6844 von Motorola kann in drei Betriebsarten arbeiten: Blockübertragung (haltburst), Einbyteübertragung (halt-steal) und Übertragung mit Tri-State-Steuerung der Busse (TSC-steal). Bei der ,,halt-burst'' genannten Betriebsart wird der 6800 angehalten, sobald vom DMAC über die Leitung TxRQ (transfer requested) ein Datenübertrag angefordert wird, und neu gestartet, sobald der Bytezähler im DMAC 0 erreicht hat. Im ,,halt-steal''-Modus wird durch cycle-stealing nur ein Byte übertragen. Der Steuerbaustein hat vier DMA-Kanäle mit 16-Bit-Adressen und 16-Bit-Zählern. Die größtmögliche Übertragungsrate beträgt 1 Megabyte pro Sekunde. Dies ist in Bild 3-49 und 3-50 dargestellt. Der Baustein 8257 von Intel bietet vier Kanäle und arbeitet, indem einfach die Operation des 8080 (für beliebige Zeit) unterbrochen wird. Er benötigt einen externen Zwischenspeicher 8212 für Bit 8 bis 15 des Adreßbusses. In Bild 3-45 und 3-50 ist er dargestellt. Schließlich ist noch gezeigt wie der Am9517 von AMD an ein 8080-System angeschlossen werden kann (Bild 3-51).

GRUNDLEGENDE EIN/AUSGABETECHNIKEN

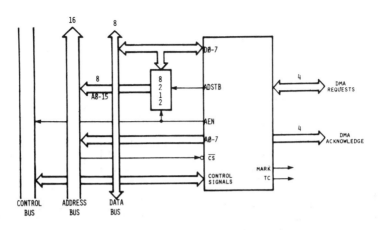

Bild 3-44: DMAC von Intel

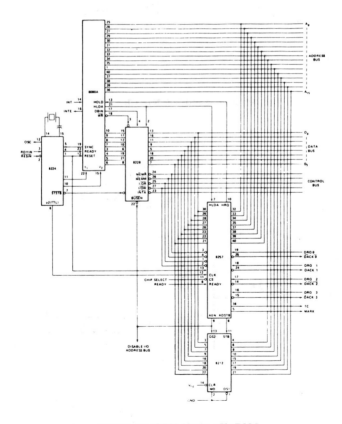

Bild 3-45: CPU-Karte mit DMA

MIKROPROZESSOR INTERFACE TECHNIKEN

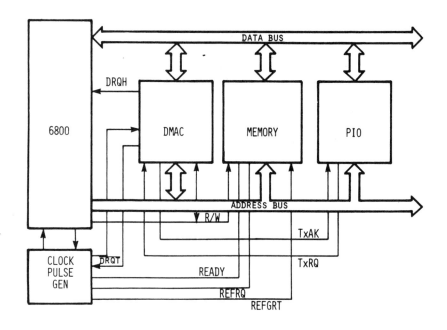

Bild 3-46: 6800-System mit DMAC

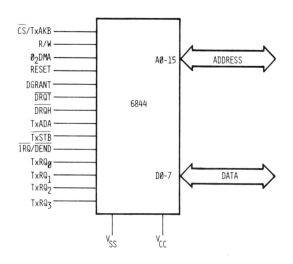

Bild 3-47: DMAC 6844

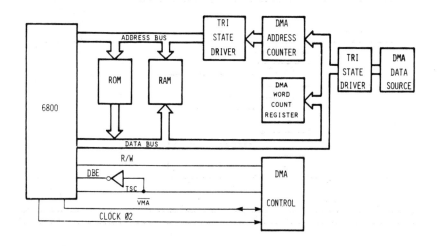

Bild 3-48: DMA-Operation in einem 6800-System

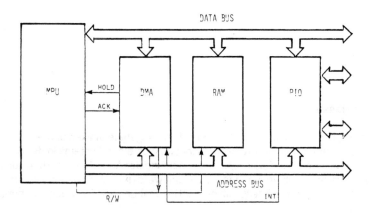

Bild 3-49: Blockdiagramm eines Systems mit DMA

MIKROPROZESSOR INTERFACE TECHNIKEN

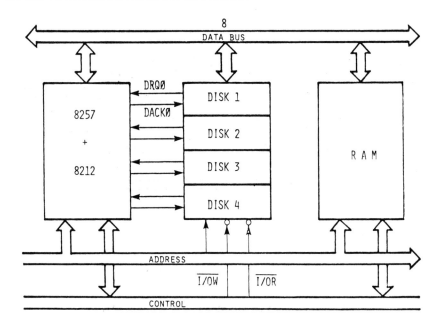

Bild 3-50: Die 4 Kanäle des 8257

Zusammenfassung

In diesem Kapitel wurden die grundlegenden Ein/Ausgabetechniken und -komponenten beschrieben. Der Entwickler wird bei der Konstruktion eines Systems in der Regel eine Kombination von Hard- und Software zur Umsetzung der Anforderungen und zur Einhaltung von Kostengrenzen verwenden. In Zukunft werden mehr Bausteine auf den Markt kommen, die noch größere Effektivität bei der Handhabung von Ein/Ausgabeoperationen ermöglichen.
Zusätzlich zu den Problemen beim Aufbau einer CPU und Anschluß von E/A-Einheiten, wie sie bis jetzt besprochen wurden, werden noch einige einfache Schaltungen benötigt, um das System zu einer Einheit zusammenzufassen. Solche nützlichen Schaltkreise sind in Bild 3-52 bis 3-57 vorgestellt. Sie umfassen Monovibratoren, eine Rücksetzschaltung und Vorrichtungen zur Kodeumwandlung. Sie werden unten noch beschrieben.
Das nächste und wichtigste Problem, das noch zu lösen bleibt, ist das Erstellen der Interfaces für die peripheren Einheiten. Das werden wir in Kapitel 4 tun.

GRUNDLEGENDE EIN/AUSGABETECHNIKEN

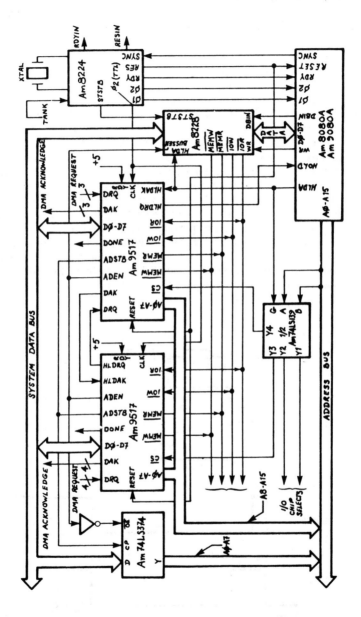

Bild 3-51: Anwendungsbeispiel für den AM9517

MIKROPROZESSOR INTERFACE TECHNIKEN

Sonstige nützliche Schaltungen

Außer den Mikroprozessorelementen Mikroprozessor, RAM, ROM und E/A-Einheiten werden meist noch niedriger integrierte Logikschaltkreise zur Komplettierung des Systems benötigt. Es handelt sich dabei um Gatter, Inverter, Monovibratoren, Multiplexer, Zähler und Schmidt-Trigger.

Die UND-, ODER-, NAND-, NOR-Gatter und die Inverter sollen hier nicht näher behandelt werden. Es wird angenommen, daß sie für den Leser nichts Neues mehr darstellen. Das erste zu besprechende Bauteil ist der *Monovibrator,* im Englischen auch one-shot genannt. Er ist ein asynchroner Baustein mit einem stabilen Arbeitspegel. Eigentlich handelt es sich bei dem Monovibrator um einen analogen Baustein. Wird an den Eingang ein Impuls eingegeben, so erzeugt der Monovibrator am Ausgang einen Impuls bestimmter Länge. Dabei hängt die Länge des Ausgangsimpulses nicht von der des Eingangsimpulses ab. Sie wird durch zwei zeitbestimmende Elemente, üblicherweise einen Widerstand und einen Kondensator, festgelegt. Monovibratoren werden benötigt, wenn ein Impuls verlängert werden muß. Zwei Beispiele dazu: Rücksetzimpulse und Unterbrechungsanforderungen. Die Tatsache, daß es sich um eine analoge Schaltung handelt, beinhaltet, daß die Zuverlässigkeit üblicherweise geringer als die der anderen Elemente in der Schaltung ist. Aufgrund seiner Natur ist er empfindlicher gegen Schwankungen und Störspitzen auf der Versorgungsspannung und gegen Entkopplungsprobleme. Es empfiehlt sich daher sehr, Monovibratoren soweit wie möglich im Entwurf zu vermeiden. Ein typischer Monovibrator ist in Bild 3-52 dargestellt.

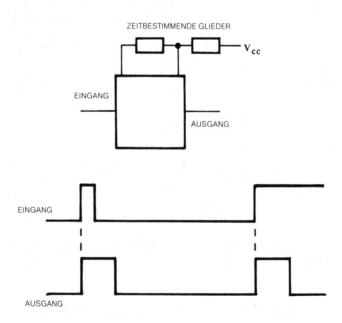

Bild 3-52: Der Monovibrator verlängert Impulse

GRUNDLEGENDE EIN/AUSGABETECHNIKEN

Multiplexer und *Demultiplexer* arbeiten als digitale Schalter. Ein Multiplexer übernimmt Eingaben von verschiedenen Eingängen und schaltet sie nacheinander auf einen Ausgang. Ein Demultiplexer trennt diese Signale wieder voneinander und schaltet sie auf die zugehörigen Leitungen. Er besitzt so einen Eingang und mehrere Ausgänge. Auf diese Weise ähneln Multiplexer und Demultiplexer sehr Drehschaltern, deren Schaltstellung digital über Adreßeingänge gesteuert wird. Multiplexer sind notwendig bei der Verwendung von dynamischen RAMs oder zum Aufbau von Interfaces, bei denen mehrere Eingänge nacheinander abgefragt werden. Demultiplexer werden oft als Dekodierer benutzt, sieht man einmal von ihrer Hauptaufgabe ab, das von einem Multiplexer erzeugte Gewirr wieder zu entwirren. Die Arbeitsweise eines Multiplexers ist in Bild 3-53 verdeutlicht.

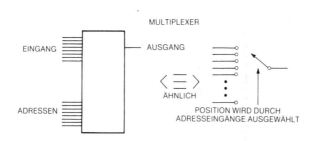

Bild 3-53: Arbeitsweise eines Multiplexers

Der *Schmidt-Trigger* ist ein Interfaceelement, das gestörte TTL-Signale (etwa durch Rauschen oder Flankenverzerrung) übernimmt und in saubere TTL-Signale umwandelt. Er führt dies vermittels seiner *Eingangshysterese* aus. Das Eingangssignal muß zwei Schwellenwerte überschreiten, bevor der Ausgang seinen Wert ändert. So wird durch diese zweifache Schwellwertfunktion aus einem langsam ansteigenden oder verrauschten Signal ein Signal mit sauberen Flanken erzeugt. In Bild 3-54 ist eine typische Anwendung eines Schmidt-Triggers, hier eines 7413, gezeigt. Zusammen mit einem zur Erzeugung eines sauberen Rücksetzsignal dienenden Monovibrators wird ein Schmidt-Trigger benutzt, der diesen startet, sobald die Versorgungsspannung eine bestimmte Schwelle überschritten hat. Der Monovibrator erzeugt dann einen Impuls, der über die Mindestzahl von Taktzyklen zum Rücksetzen benötigte Zeit andauert, die sich aus dem Datenblatt des Prozessorherstellers ergibt.
In vielen Fällen wird nach einem Rücksetzen des Systems eine neue Startadresse benötigt. Wenn man in Bild 3-55 einen Multiplexer einsetzt, so können neue Adressen bei Bedarf einfach erzeugt werden. In dieser Anwendung wird die gemultiplexte Adresse auf die neue Adreßleitung jedesmal dann geschaltet, wenn ein Rücksetzsignal (reset) auftritt. Um zu den alten Adreßleitungen zurückkehren zu können, wird das Flipflop auf 0 zurückgesetzt. Dieses wählt dann die alten Adreßleitungen aus, wenn das Rücksetzprogramm abgearbeitet ist.

MIKROPROZESSOR INTERFACE TECHNIKEN

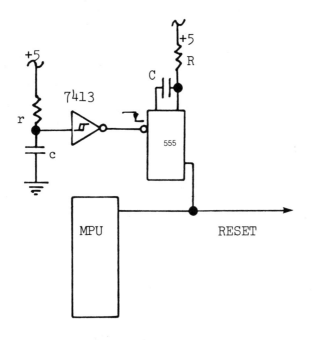

Bild 3-54: Erzeugung des Rücksetzsignals für eine MPU

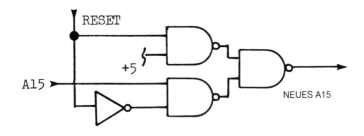

Bild 3-55: Erzeugung eines neuen Adreßzeigers beim Rücksetzen

GRUNDLEGENDE EIN/AUSGABETECHNIKEN

Zusammen mit diesen Bauteilen, die das System erst zusammenfügen, gibt es auch für ROMs andere Aufgaben außer Programme zu speichern. In Bild 3-56 ist der Gebrauch eines Standard-ROMs als Kodeumsetzer verdeutlicht. Setzt man dieses ROM in den parallelen Datenkanal zwischen Eingabeeinheit und Mikrocomputer oder zwischen Mikrocomputer und Ausgabeeinheit, so läßt sich beispielsweise ein ASCII-kodiertes Zeichen in ein EBCDIC-kodiertes umwandeln. Andere Kodes können ebenfalls ineinander auf diese Weise umgewandelt werden. Ein anderer Einsatz kann das Überwachen eines Datenstroms auf ein bestimmtes Zeichen hin sein. Hierbei wird z.b. ein bestimmter Ausgangskode erzeugt, wenn von einem Logikanalysierer eine bestimmte Bitkombination geliefert wird. Dieses festliegende Zeichen wird dann mit der Information, die die Überprüfung auslöste, verglichen. Falls hierbei eine Abweichung auftritt, kann das bedeuten, daß ein Softwarefehler vorliegt. In Bild 3-57 sind die Teile einer derartigen Überwachungsschaltung zu finden. Wurde auf diese Weise ein Softwarefehler entdeckt, kann die Hardware z.b. den Mikroprozessor unterbrechen. Diese Unterbrechung signalisiert dann, daß ein Softwarefehler aufgetreten ist. Es können dann Selbsttestprogramme zum Auffinden des Fehlers eingeleitet werden.

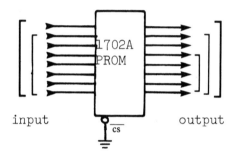

Bild 3-56: Kodeumwandlung mittels PROM

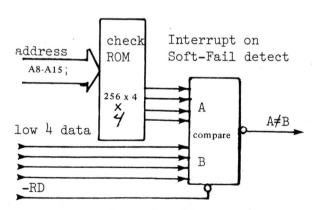

Bild 3-57: Einsatz eines ROM zur Erkennung eines Softwarefehlers aufgrund der Information von einem Logikanalysator

KAPITEL 4
ANSCHLUSS VON PERIPHERIEEINHEITEN

Einführung

Nachdem nun CPU, Speicher und E/A-Einheiten zusammengefügt sind und arbeiten, tauchen einige Fragen auf. Wie z.b. soll ein Fernschreiber, hier eine Teletype (TTY), an das System angeschlossen werden? Was ist mit einem Lochstreifenstanzer, einer Tastatur, einem Anschluß an Telephonleitungen? Alle diese Einheiten sind *Peripheriegeräte*, die es dem Benutzer oder einem zweiten Computer gestatten, mit dem System in Verbindung zu treten, mit ihm zu kommunizieren. Wir wollen in diesem Kapitel einige solcher Peripherieeinheiten anschließen:

— Tastatur (einschließlich einer ASCII-Tastatur)
— LED-Anzeige
— Teletype (TTY)
— Lochstreifenleser (PTR, paper tape reader)
— Schrittmotor
— magnetischer Kreditkartenleser
— Tarbell-Interface
— Kassettenrecorder
— Bildschirmgerät
— Floppy-Disk
— Musiksynthesizer
— Interface für dynamische RAMs

Tastaturen

Eine Tastatur besteht aus *durch Druck oder Berühren betätigten Schaltern, die in einer Matrix angeordnet sind*. Um zu erkennen, welche Taste betätigt worden ist, muß üblicherweise eine Kombination von Hardware und Software eingesetzt werden. Es gibt zwei Grundtypen von Tastaturen: *kodierte* und *unkodierte*. Kodierte Tastaturen beinhalten die Hardware, die nötig ist, die betätigte Taste herauszufinden und die zugeordneten Daten bereitzuhalten, bis die nächste Taste gedrückt worden ist. Unkodierte Tastaturen enthalten keine derartige Hardware und müssen durch spezielle Softwareroutinen oder Hardwareeinheiten erst abgefragt werden.

Prellen

Das Hauptproblem mit einem jeden Schalter ist das *Prellen* der Kontakte. Schalterprellen tritt deshalb auf, weil die mechanischen Kontakte beim Schließen nicht sofort zusammenbleiben, sondern zuerst eine kurze Zeit schwingen, wobei der Kontakt sich rasch ändert. Dasselbe tritt beim Öffnen des Schalters ein. In Bild 4-0 ist der Zusammenhang zwischen der Schaltzeit und dem Übergangswiderstand eines durchschnittlichen Schalterkontaktes dargestellt.

MIKROPROZESSOR INTERFACE TECHNIKEN

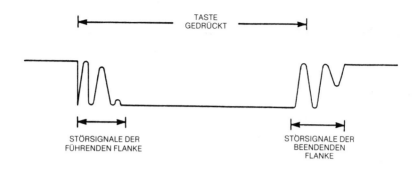

- STÖRSIGNAL IST 10-20 MSEC
- HARDWARE LÖSUNG: R-C FILTER
- SOFTWARE LÖSUNG: IST DIE TASTE WÄHREND MIND. 20 MSEC GEDRÜCKT?

Bild 4-0: Tastenprellen

Die Lösung des Problems besteht darin, ungefähr 20 Millisekunden zu warten, bis sich der Zustand des Schalters stabilisiert hat. Das kann durch ein *mit Hardware aufgebautes Filter* oder eine *Software-Verzögerungsroutine* geschehen. Eine andere Hardwareschaltung ist in Bild 4-1 wiedergegeben und muß an jeden Schalter angeschlossen werden. Diese Schaltung ist bei den relativ wenigen Schaltern auf einer Bedienungskonsole noch sinnvoll einzusetzen. Werden viele Schalter benötigt, wird dagegen oft Software verwendet.

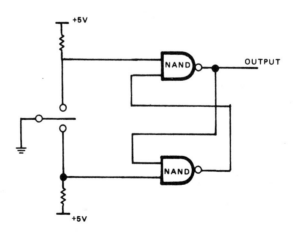

Bild 4-1: Kontaktprellen durch RS-Flipflop

ANSCHLUSS VON PERIPHERIEEINHEITEN

C	D	E	F
8	9	A	B
4	5	6	7
0	1	2	3

Bild 4-2: Hexadezimales Tastenfeld

Unkodierte Tastatur

Üblicherweise werden Tastaturen in Matrixform mit n Zeilen und m Spalten angeordnet. Man kann die eine Seite dadurch abfragen, daß man schrittweise eine Leitung nach der anderen auf „1" legt und nachsieht, ob und wo auf der anderen Seite eine „1" auftritt (sogenannte „wandernde Eins", walking one). Vgl. dazu Bild 4-3. Diese Technik zum Auffinden einer Taste ist als „row-scanning" (Zeilenabtasten) bekannt. Ist eine Eins gefunden, wird der Status für ungefähr 20 Millisekunden getestet, ob er stabil bleibt und dann die zugehörigen Daten erzeugt.

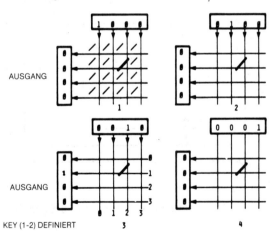

Bild 4-3: Tastenabfrage durch Zeilenabtasten

Größere Tastaturen benötigen mehr Auswahlleitungen. Bild 4-4 zeigt die Anwendung eines 16-aus-4-Dekodierers zum Abfragen eines Tastenfeldes mit 16 x 4 Tasten über ein Datentor, bei dem vier Bits als Ausgabe und vier Bits als Eingabe arbeiten. Bild 4-5 zeigt den Anschluß einer einfachen Matrix aus zwölf Tasten an vier Ausgabe- und drei Eingabebits eines F8-Mikroprozessorsystems.

MIKROPROZESSOR INTERFACE TECHNIKEN

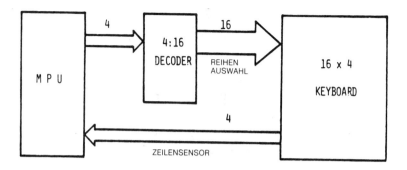

Bild 4-4: Tastatur mit 16-aus-4-Dekodierer

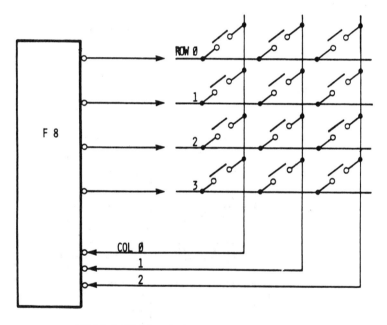

Bild 4-5: Matrix mit 12 Tasten für F8-System

Mehrfachbetätigung (rollover)

Von Mehrfachbetätigung spricht man, wenn gleichzeitig mehr als eine Taste gedrückt wird. Es ist wichtig, diesen Fall zu erkennen und sich davor zu schützen, daß falsche Kodes erzeugt werden. Es werden drei Haupttechniken zur Lösung dieses Problems angewendet: *Zweitastentrennung* (two-key-rollover), *Mehrtastentrennung* (n-key-rollover) und *Mehrtastenausblendung* (n-key-lock-out).

ANSCHLUSS VON PERIPHERIEEINHEITEN

Zweitastentrennung (two-key-rollover) schützt vor dem Fall, daß zwei Tasten gleichzeitig betätigt worden sind. Es werden zwei Prinzipien benutzt. Die einfachste Methode zur Zweitastentrennung beachtet einfach alle Ausgaben des Tastenfeldes nicht, bis nur eine einzige Taste geschlossen ist. Die letzte Taste, die gedrückt bleibt, wird als die richtige angesehen. Dieses Prinzip wird normalerweise dann benutzt, wenn die Abfrage und Dekodierung der Tastatur mittels Software geschieht. Die zweite gedrückte Taste kann dabei solange kein Übernahmesignal (strobe) aussenden, solange die erste noch gedrückt ist. Das wird durch einen internen Verzögerungsmechanismus erreicht, der gesperrt bleibt, solange die erste Taste noch gedrückt ist. Es ist offensichtlich, daß ein besserer Schutz erreicht wird, wenn die Trennung für mehr als nur zwei Tasten funktioniert.

Mehrtastentrennung (n-key-rollover) beachtet entweder alle Tasten nicht, bis nur noch eine gedrückt ist oder speichert die Information in einem internen Pufferspeicher. Ein wesentlicher Nachteil bei Anwendung von Mehrtastentrennung liegt darin, daß in den meisten Systemen eine Diode mit jedem Schalter in Reihe geschaltet werden muß, um das Problem auszuschalten, das auftritt, wenn drei im rechten Winkel benachbarte Tasten gleichzeitig gedrückt werden (sog. Geistertaste, ,,ghost key''). Damit steigen die Kosten spürbar, weshalb die Methode selten in Billigsystemen angewendet wird.

Mehrtastenausblendung (n-key-lock-out) verarbeitet die Information nur dann, wenn genau eine Taste zur Zeit gedrückt worden ist. Alle zusätzlichen Tasten, die möglicherweise gedrückt und losgelassen wurden, erzeugen keinerlei Kode. Man kann festlegen, daß die jeweils zuerst gedrückte Taste den Kode erzeugen soll oder die letzte gedrückt gebliebene Taste. Diese Methode ist am einfachsten zu verwirklichen und meistgebraucht. Dennoch kann sie sich für den Benutzer störend auswirken, da sie die Tipparbeit verlangsamt: Jede Taste muß völlig losgelassen sein, bevor die nächste gedrückt werden kann.

Abfrage mit Richtungsumkehrung (line-reversal technique)

Die Grundmethode, eine gedrückte Taste zu erkennen, ist das oben beschriebene ,,rowscanning''. Da jetzt aber ein universeller paralleler Interfacebaustein, das PIO, zur Verfügung steht, kann eine andere Methode verwendet werden. Es handelt sich dabei um die Abfrage der Tastatur mit Umkehrung der Abfragerichtung. Diese Methode benötigt zwar ein vollständiges PIO-Tor, ist aber softwaremäßig effektiver (schneller). Sie wird unten beschrieben. In dem Beispiel wird ein Feld aus 16 Tasten benutzt. Ein PIO-Tor ist für das Tastaturinterface reserviert. Jede Taste kann mit nur vier Befehlen identifiziert werden. In der Praxis können, abhängig von der speziellen Struktur des benutzten PIO, auch mehr Befehle notwendig sein.

Erster Schritt: Ausgabe

Zunächst werden die 8 Leitungen des PIO-Tors aufgeteilt in 4 Eingabeleitungen und 4 Ausgabeleitungen. Das geschieht durch Setzen des Datenrichtungsregisters mit der richtigen Bitfolge. In unserem Fall wird das Datenrichtungsregister mit dem Wert ,,00001111'' geladen. Das bewirkt, daß die Datenleitungen D0 bis D3 als Eingänge, die Leitungen D4 bis D7 als Ausgänge arbeiten. D0 bis D3 werden an die Spaltenleitungen, D4 bis D7 an die Zeilenleitungen der Tastatur angeschlossen. Nehmen wir an, das Datenregister hätte ursprünglich in allen Bits den Wert 0. Nehmen wir weiter an, daß ein offener Eingang des

MIKROPROZESSOR INTERFACE TECHNIKEN

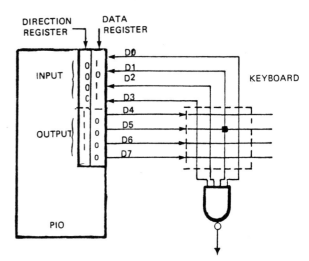

Bild 4-6: Abtastung mit Richtungsumkehrung: Schritt 1

PIO-Tors das zugehörige Bit auf 1 setzt. Es werden dann über D4 bis D7 vier Nullen ausgegeben. Ist keine Taste gedrückt, haben wir in Bit 0 bis 3 des Datenregisters je eine 1 stehen. Wird nun eine Taste gedrückt, so wird der normale Wert 1 des zugeordneten Spaltenausganges auf eine 0 gezogen. Das bedeutet, daß das Eingabebit, dem die Spalte, in der die Taste steht, zugeordnet ist, den Wert 0 erhält. In unserem Beispiel in Bild 4-6 erscheint eine ,,Null`` auf der Leitung D1, der dritten Spalte von links auf dem Tastenfeld. Die anderen drei Spalten bleiben auf ,,Eins``, da sie durch keinerlei Taste auf ,,Null`` gezogen worden sind. Um das Betätigen selbst zu erkennen, können zwei Methoden benutzt werden. Man kann ein NAND-Gatter, wie es in der Zeichnung unter der Tastatur steht, benutzen, um eine Unterbrechung vom Mikroprozessor anzufordern. Als Alternative kann man wie gewöhnlich mit einem Abfrageprogramm den Inhalt des Datenregisters auslesen und testen, ob auf einer der Leitungen D0 bis D3 eine Null aufgetreten ist. Das Problem, das hier noch zu lösen ist, liegt darin, die gedrückte Taste eindeutig zu identifizieren. Die Information, die wir bis jetzt gewonnen haben, d.h. ,,10110000`` reicht nicht aus. Zwar haben wir die Spalte identifiziert, nicht jedoch die Zeile. Beim Zeilenabtasten hatten wir dies oben erreicht, indem wir jede Zeile einmal auf ,,1`` gesetzt hatten. Hier werden wir eine ,,elegantere`` Technik benutzen, durch die wir die Information in weniger Schritten erhalten.

Zweiter Schritt: Abfragerichtung umkehren

Dazu kehren wir einfach die Richtung um, in der die Anschlüsse des Datentors arbeiten. Die Eingänge werden zu Ausgängen und die Ausgänge zu Eingängen. Das ist in Bild 4-7 geschehen. Um dieses Umkehren zu bewerkstelligen, benötigen wir nur einen Befehl: ,,Komplementiere den Inhalt des Datenrichtungsregisters``. Das setzt natürlich voraus, daß ein solcher Befehl zur Verfügung steht. Bei einigen Mikroprozessoren werden zwei oder sogar drei Befehle notwendig sein, um diese Funktion auf einer externen Stelle zu vollziehen.

ANSCHLUSS VON PERIPHERIEEINHEITEN

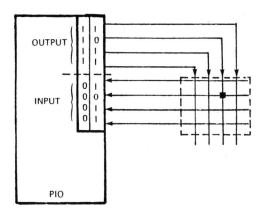

Bild 4-7: Abtastung mit Richtungsumkehrung: Schritt 2

Wir haben jetzt im Datenrichtungsregister ,,11110000" stehen. Damit wird der Inhalt von D0 bis D3, den wir im ersten Schritt erhalten hatten, nun ausgegeben. D.h. die Spaltenleitungen der Tastatur erhalten nun die Werte ,,1011". Im Ergebnis werden, der (noch) gedrückten Taste entsprechend, jetzt die Zeilenleitungen gesetzt. In unserem Beispiel erhalten die Leitungen D4 bis D7 den Wert ,,1011". Damit ist für Spalten und Zeilen an der Stelle, an der die Taste gedrückt worden ist, der Wert ,,0" eingegeben worden. Als letzten Schritt reicht es aus, das Datenregister zu lesen, um zu wissen, welche Taste gedrückt worden ist. In unserem Beispiel steht im Datenregister ,,10111011". Das bedeutet, daß die Taste am Kreuzungspunkt der dritten Spalte mit der zweiten Zeile gedrückt worden ist. Es ist dann eine einfache Sache, mit Hilfe einer Tabelle oder einer anderen Umwandlungstechnik den zugehörigen Kode zu gewinnen. Außerdem kann man einfach eine Mehrfachbetätigung erkennen, die immer dann aufgetreten sein muß, wenn mehr als zwei ,,Nullen" in dem Byte auftreten. Man erreicht das üblicherweise mittels der Sprungtabelle. Ein derartiger Kode, der zuviele Nullen besitzt, bewirkt, daß eine Tabellenstelle abgefragt wird, die nicht gültig ist. Das kann entweder besonders festgestellt werden oder bewirken, daß der ganze Prozeß wiederholt wird, wodurch die Eingabe nicht beachtet wird, bis nur noch ein einziger Schalter geschlossen ist.
Der Vorteil dieser Methode besteht darin, daß nur ein sehr einfaches Softwareprogramm benötigt wird und daß die Schaltung zum Abtasten der Zeilen entfällt. Der Nachteil liegt darin, daß ein ganzes PIO-Tor reserviert werden muß. Betrachtet man jedoch die sehr niedrigen PIO-Preise, so ist dies in der Tat eine sehr kostengünstige Alternative.

Kodierte Tastatur

Es ist nicht jedermanns Sache, die zur Kodierung einer Tastatur notwendige Software zu schreiben. So wird eine ganze Reihe von LSI-Schaltkreisen zur Kodierung von Tastenfeldern verwendet. Ein solcher Schaltkreis fragt üblicherweise die Tastenmatrix ab, stellt eine gedrückte Taste fest, verfügt über irgendeine Methode zur Entprellung und Trennung der Tasten und speichert die Daten, bis sie von dem System übernommen werden. Einige Bausteine verfügen über eine intern im ROM gespeicherte Tabelle, um den der gedrückten Taste zugeordneten Kode, etwa ASCII oder EBCDIC, zu erzeugen. Mit einem solchen Chip und dem Mikrocomputersystem ist eine vollständige Eingabe- und Anzeigeeinheit erstellbar. Sehen Sie sich dazu in Bild 4-13 an, wie der 8279 das vollständige Interface für den Eingabe- und Anzeigeteil einer Registrierkasse, die mit dem Einchipmikrocomputer 8048 aufgebaut ist, bildet.

Tastenfeldkodierer

Grundaufgabe eines Tastenfeldkodierers ist, die gedrückte Taste zu finden und dem zugeordneten 8-Bit-Kode zur Verfügung zu stellen. Zusätzlich sollte ein guter Tastaturbaustein die oben angerissenen Probleme bewältigen können. Er sollte die Kontakte *entprellen* und einen *Schutz vor Mehrfachbetätigung* bieten. Es gibt drei Grundtypen von Kodierbausteinen: *Statische*, *abtastende* und *konvertierende* Kodierer.

Ein *statischer Kodierer* erzeugt einfach nur den der gedrückten Taste zugeordneten Kode. Um das Problem des Schutzes vor Mehrfachbetätigung zu vereinfachen, kann eine lineare Tastatur gewählt werden. Eine lineare Tastatur besteht z.b. aus einem Feld von 64 Tasten, das für jede gedrückte Taste eine eigene Leitung besitzt. Es ist dann einfach, eine Taste herauszufinden. Der Impuls entsteht auf der Leitung, die an die gedrückte Taste angeschlossen ist. Dieser Impuls wird dann einfach in einen 8-Bit-Kode umgewandelt. Das bedeutet jedoch, daß man zur Erzeugung eines von 64 8-Bit-Kodes auch 64 separate Leitungen braucht. Um die Verdrahtungskosten zu senken und um Kodierer entfallen lassen zu können, werden die meisten Tastaturen in Matrixform organisiert, z.B. 8 x 8. In eine 8-mal-8-Tastatur werden lediglich 16 Leitungen benötigt. Das geschieht zu dem Preis, daß der Prozeß zur Feststellung einer gedrückten Taste komplizierter wird. Man benötigt dann einen *abtastenden Kodierer* oder eine *Abtastroutine*. Teuere ASCII-Tastaturen(sogenannte volle Tastaturen, full keyboards) können den Luxus einer Linearen Tastenanordnung bieten, da die Verdrahtungskosten hier klein gegen die Kosten für die Tasten selbst sind. Hier ist zur Indentifizierung einer Taste keinerlei Abtastung (scanning) notwendig. Trotzdem besitzen die meisten Tastenfelder eine Matrixstruktur.

Abtastbaustein

Ein *Abtastbaustein* löst das Problem der Tastenidentifizierung bei Matrixanordnung der Tasten. Die Tastenzeilen werden hier eine nach der anderen vermittels eines Zählers abgetastet. Solange keine Taste gedrückt ist, wird der Prozeß im Kreis fortgesetzt (siehe Bild 4-8). Wird nun eine Taste gedrückt, so wird ein Signal (strobe) erzeugt und die Abtastung stoppt. Der Zählerstand kann jetzt zur Identifikation von Zeile und Spalte der Taste gelesen werden. Ein derartig einfacher Prozeß kann jedoch nicht die gewünschte Zweitastentrennung (two-key-rollover) bieten. Die Abtastung in diesem System stoppt ja ge-

ANSCHLUSS VON PERIPHERIEEINHEITEN

rade dann, wenn ein geschlossener Kontakt, d.h. eine gedrückte Taste, gefunden worden ist. Werden zwei Tasten kurz hintereinander betätigt, kann es auch die zweite gedrückte Taste sein, die zuerst gefunden wird. Ein besserer Abtastmechanismus muß die ganze Tastatur nach einer Tastenbetätigung abfragen und erst dann einen gültigen Kode abgeben, wenn nur eine Taste zur Zeit gedrückt ist. Immer wenn mehr als eine Taste gedrückt ist, wird einfach der Abtastprozeß fortgesetzt, bis nur noch eine Taste übrig ist. Das gibt zusätzlich die erwünschte Eigenschaft, daß die Tastenkontakte *automatisch entprellt* werden.

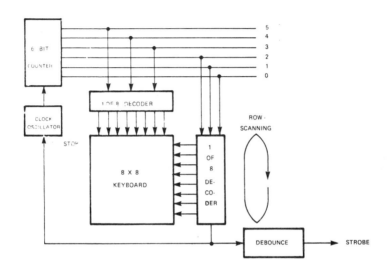

Bild 4-8: Abtasten der Tastatur

Die obenstehende Betrachtung ist allerdings etwas vereinfacht. Um die gedrückte Taste erkennen zu können, muß an die Spalten eine Spannung gelegt werden. Würden nun alle Spalten zugleich aktiviert, so wäre es unmöglich festzustellen, in welcher von ihnen eine Taste betätigt wurde. In Wirklichkeit wird daher eine Eins an die erste Spalte gelegt, dann an die zweite, dann an die nächste und so weiter. Immer wenn ein Tastendruck entdeckt wird, kennt man so die zugehörige Spalte und muß dann noch die Zeilen für die fehlende Information abtasten.
Üblicherweise arbeitet der Abtaster folgendermaßen: Es wird ein einziger 6-Bit-Zähler benutzt. Die drei höchstwertigen Bits werden dekodiert durch einen 1-aus-8-Dekodierer und zur schrittweisen Ansteuerung der acht Spalten verwendet. Die drei niederwertigen

97

MIKROPROZESSOR INTERFACE TECHNIKEN

Bits, die öfter als die drei höherwertigen wechseln, werden ebenfalls durch einen 1-aus-8-Dekodierer zur Abtastung - hier aber der Zeilen - benutzt. Damit ist garantiert, daß jedesmal, wenn an eine Spalte eine 1 gelegt ist, die acht Zeilen abgefragt werden, bevor zur nächsten Spalte übergegangen wird. Ist eine Taste gedrückt, so wird sie dann aufgefunden, wenn die zugehörige Spalte angewählt ist und die Abtastung die betreffende Zeile erreicht hat. An dieser Stelle wird dann der 6-Bit-Zähler angehalten, sein Inhalt kann gelesen werden. Er gibt die Spalte und die Zeile an, in der die Taste gedrückt wurde. Gute Tastenkodierbausteine besitzen einen Nur-Lese-Speicher, mit dessen Hilfe automatisch ein der gedrückten Taste zugeordneter Ausgabekode erzeugt wird. Sie sollten außerdem über spezielle Eingänge und Tastenumschaltung (shift) und Modusumschaltung (control) verfügen. Damit wird insbesondere verhindert, daß bei Betätigen von Tastenkombinationen ein falscher Kode ausgegeben wird.

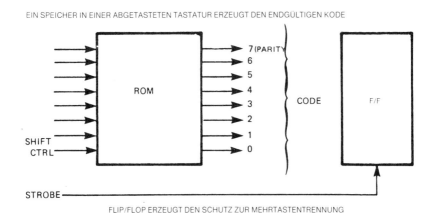

Bild 4-9: ROM und Zwischenspeicher

Als Beispiel ist in Bild 4-10 der Tastaturkodierbaustein uPD 364D-022 von NEC wiedergegeben.
Er gestattet Mehrtastenausblendung (n-key-lock-out), Mehrtastentrennung (n-key-rollover) mit Entprellung, einen steuerbaren Abtasttakt und vier Betriebszustände: normal, shift (Buchstabenumschaltung), control (Modusumschaltung) und shift + control. Er verfügt intern über 3600-Bit-ROM und erzeugt 10-Bit-Ausgabekodes für 90 Tasten in 4 Betriebsarten. Die 90 Tasten müssen als 9-mal-10-Matrix angeordnet sein. Intern besitzt er einen Zehnerringzähler für die Spalten und einen Neunerringzähler für die Zeilen. Außerdem ist sein Speicher mit einem Ausgabedatenpuffer versehen. Das verhindert die Ausgabe ungültiger Kodes während der Abtastung auf der Suche nach einer gedrückten Taste.

ANSCHLUSS VON PERIPHERIEEINHEITEN

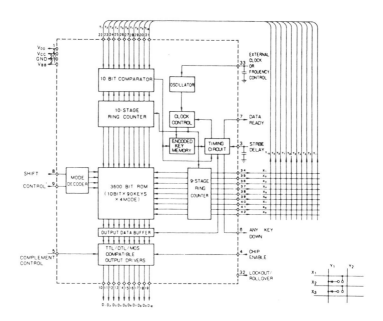

Bild 4-10: Tastaturdekodierbaustein uPD 364D-022 von NEC

Andere Hersteller stellen ähnliche Kodierbausteine her, beispielsweise General Instruments. Das ROM auf dem Chip kann für jeden beliebigen Kode maskenprogrammiert werden - beispielsweise ASCII oder EBCDIC.

Dieser Baustein kann in einem Mikrocomputersystem als Eingabetor an den Bus angeschlossen werden. Dabei läßt sich der Anschluß ,,data ready'' (Daten liegen vor) als Meldung an den Prozessor zur Übernahme der Tasteninformation, d.h. als Signal, daß eine Taste gedrückt wurde, verwenden.

Bild 4-11: ASCII-Tastatur

MIKROPROZESSOR INTERFACE TECHNIKEN

Der LSI-Baustein 8279 in Bild 4-12 eignet sich für eine 8-mal-8-Matrix mit den Tasten ,,shift" und ,,control". Es können so 256 verschiedene Kodewörter erzeugt werden.

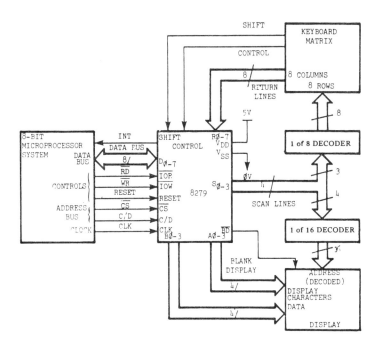

Bild 4-12: Tastatur- und Anzeigensteuerung 8279 von Intel

Zusätzlich zur Tastenfeldkodierung tastet der Baustein auch eine Anzeige durch und steuert sie an, um die in einem RAM im 8279 gespeicherten Daten wiederzugeben. Ähnliche Bausteine sind von Rockwell und GI erhältlich.

ASCII-Tastatur

Es sind Tastaturen mit der Anordnung von normalen Schreibmaschinen (z.b. Teletype) erhältlich, die den 7 Bit umfassenden ASCII-Kode erzeugen. Diese Tastenfelder enthalten die Tasten und den LSI-Steuerbaustein dazu. Üblicherweise werden 7 Bit zusammen mit einem Signalimpuls (strobe) parallel ausgegeben. Um dies an einen normalen seriellen Eingang anzuschließen, können ein UART und ein Taktgenerator angefügt werden. Der vollständige Aufbau ist in Bild 4-15 dargestellt.

ANSCHLUSS VON PERIPHERIEEINHEITEN

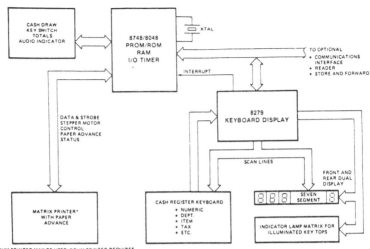

Bild 4-13: 8048-gesteuerte Registrierkasse mit 8279

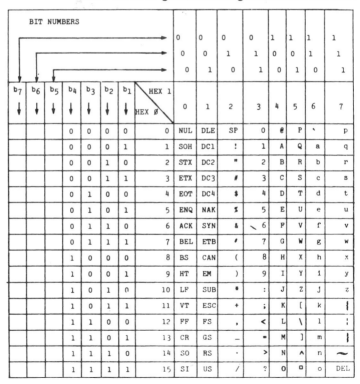

Bild 4-14: ASCII-Kodetabelle

MIKROPROZESSOR INTERFACE TECHNIKEN

Das UART übernimmt sieben Datenbits und sendet diese in einem seriellen, 10 oder 11 Bit umfassenden Format aus, sobald der Signalimpuls (strobe) auftritt. Solange gesendet wird, ist die Tastatur verriegelt. Der Taktgeber läuft mit sechzehnfacher Bitrate. Für eine Übertragungsrate von 110 Baud muß der Oszillator auf 1760 Hz abgestimmt werden. Für 300 Baud sind es 4800 Hz.

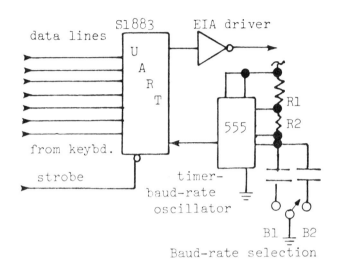

Bild 4-15: Serielles Interface für eine ASCII-Tastatur

LED-Anzeigen

Leuchtdioden (LEDs, light-emitting-diodes) werden gewöhnlich zur Anzeige von Status- oder anderer Benutzerinformation herangezogen. LED-Anzeigen sind in verschiedenen Ausführungen erhältlich. Drei davon sind: Einzel-, Siebensegment- und Punktmatrix-LED-Anzeigen.
Eine *Einzel-LED* ist eine Diode mit einer typenabhängigen Durchlaßspannung von 1,2 V bis 2,4 V. Es handelt sich um ein Bauelement, das ein schmales Band elektromagnetischer Strahlung im sichtbaren oder infraroten Bereich ausstrahlt. Am häufigsten werden rote LEDs benutzt. Andere, zwar teuerere und manchmal nicht so wirksame LEDs leuchten grün, orange, gelb oder infrarot.
In Bild 4-16 ist eine LED an ein Bit eines Ausgabetors angeschlossen.
Der Strom I, der die LED durchfließt, bestimmt ihre Leuchtstärke. Die angegebene Formel kann bei 5 V Betriebsspannung zu $I = 3,5 / R$ vereinfacht werden. Üblicherweise verwendet man Stromstärken von zwei bis zwanzig Milliampere. Liegt der Eingang auf weniger als 0,6 V, so ist der Transistor abgeschaltet, und kein Strom fließt. Liegt der Eingang auf mehr als 0,6 V, dann schaltet der Transistor durch und bringt so die LED zum Leuchten.

ANSCHLUSS VON PERIPHERIEEINHEITEN

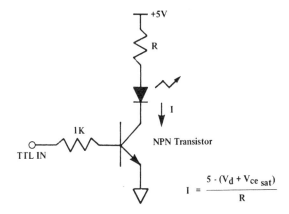

Bild 4-16: Anschluß einer Einzel-LED

Siebensegment-LED-Anzeigen

Eine *Siebensegment-LED-Anzeige* besteht aus einer Anordnung von sieben unabhängigen Dioden(gruppen), zusammengestellt wie in Bild 4-17.

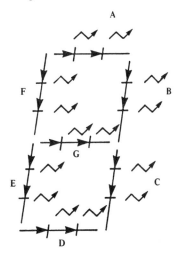

Bild 4-17: Siebensegment-LED-Anzeige

Mit Hilfe dieser sieben Segmente lassen sich die Ziffern 0 bis 9 und einige Buchstaben anzeigen. Auf diese Weise erhalten wir eine *lesbare Anzeige* (readout).
Als Interfacebaustein zur Ansteuerung einer solchen Anzeige wird gewöhnlich ein *BCD/ Siebensegment-Dekodierer/Treiber* benutzt. Er wandelt eine 4-Bit-BCD-Eingabe unmittelbar in die richtige Zifferndarstellung um und treibt über interne Treibertransistoren die

MIKROPROZESSOR INTERFACE TECHNIKEN

L E D USES 7 SEGMENTS:

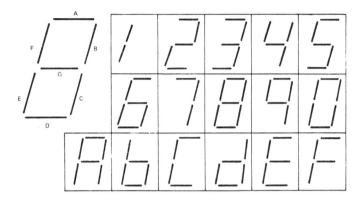

Bild 4-18: Zeichen in Siebensegmentdarstellung

LEDs. Ein Beispiel ist der in Bild 4-19 gezeigte 7447. Über einen 7447 kann ein 4-Bit-Tor eine lesbare BCD-Anzeige treiben. Die Wahrheitstabelle für einen 7447 steht in Bild 4-20.

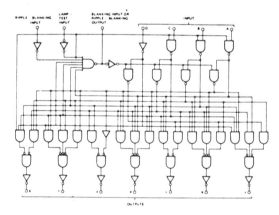

Bild 4-19: Dekodierer/Treiber 7447 für Siebensegmentanzeigen

Um die Kosten zu senken, die bei Verwendung je eines Dekodierers pro LED-Ziffer entstehen, kann man größere Anzeigen auch multiplexen. Jede Stelle wird für einen kurzen Moment (mit vergrößerter Leuchtstärke als sonst) eingeschaltet und dann zur nächsten übergegangen. Geschieht dies schnell genug, so scheint die gesamte Anzeige kontinuierlich mit normaler Leuchtkraft zu arbeiten. Auf diese Weise kann ein Dekodierer mehrere Stellen bearbeiten. Es gibt verschiedene Möglichkeiten, die Anzeige zu multiplexen. Zwei davon sollen hier vorgestellt werden:

ANSCHLUSS VON PERIPHERIEEINHEITEN

WAHRHEITSTABELLE

DECIMAL OR FUNCTION	INPUTS						OUTPUTS							NOTE
	LT	RBI	D	C	B	A	BI/RBO	a	b	c	d	e	f	g	
0	1	1	0	0	0	0	1	0	0	0	0	0	0	1	1
1	1	x	0	0	0	1	1	1	0	0	1	1	1	1	1
2	1	x	0	0	1	0	1	0	0	1	0	0	1	0	
3	1	x	0	0	1	1	1	0	0	0	0	1	1	0	
4	1	x	0	1	0	0	1	1	0	0	1	1	0	0	
5	1	x	0	1	0	1	1	0	1	0	0	1	0	0	
6	1	x	0	1	1	0	1	1	1	0	0	0	0	0	
7	1	x	0	1	1	1	1	0	0	0	1	1	1	1	
8	1	x	1	0	0	0	1	0	0	0	0	0	0	0	
9	1	x	1	0	0	1	1	0	0	0	1	1	0	0	
10	1	x	1	0	1	0	1	1	1	1	0	0	1	1	
11	1	x	1	0	1	1	1	1	1	0	0	1	1	1	
12	1	x	1	1	0	0	1	1	0	1	1	1	0	1	
13	1	x	1	1	0	1	1	0	1	1	0	1	0	1	
14	1	x	1	1	1	0	1	1	1	1	0	0	0	1	
15	1	x	1	1	1	1	1	1	1	1	1	1	1	1	
BI	x	x	x	x	x	x	0	1	1	1	1	1	1	1	2
RBI| 1	0	0	0	0	0	0	1	1	1	1	1	1	1	3
LT	0	x	x	x	x	x	1	0	0	0	0	0	0	0	4

Bild 4-20: Wahrheitstabelle für 7447

MIKROPROZESSOR INTERFACE TECHNIKEN

Die erste Methode, bei der sowohl die Einzelziffern der Anzeige als auch die Daten umgeschaltet werden, zeigt Bild 4-21. Beachten Sie wie hier *externe Treiber* benutzt werden. Sie sind notwendig, da beim Multiplexen jede Stelle N-mal heller angesteuert werden muß als bei Einzelbetrieb, wenn sie 1/N der Gesamtzeit leuchten soll. Das bedeutet, daß die benötigten Ströme N mal größer sein müssen. Die meisten integrierten Schaltkreise können diese Stromstärken jedoch nicht liefern, weshalb zur Ansteuerung externe Einzeltransistoren benutzt werden müssen.

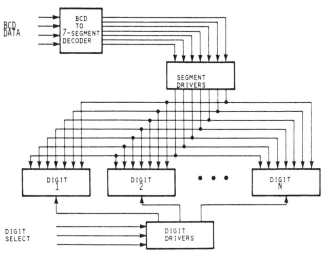

Bild 4-21: Multiplexen von LEDs

Die in Bild 4-22 vorgestellte Methode benutzt zur sequentiellen Ansteuerung der einzelnen Stellen einen *Zähler*. Der Zählerstand wird über ein Eingabetor an den Prozessor übermittelt und dient zur Auswahl der für die angesteuerte Stelle diendenden Daten. Die Daten werden über ein Ausgebetor an einen 7447 ausgegeben. Beachten Sie, daß auch hier Stromtreiber notwendig sind, um die Helligkeit zu steigern.

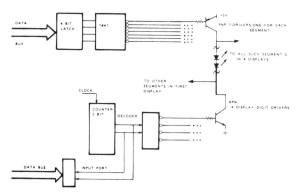

Bild 4-22: Treiber zur sequentiellen Ansteuerung

ANSCHLUSS VON PERIPHERIEEINHEITEN

Matrix-LED-Anzeige

Die LED-Matrix besteht hier aus fünf Spalten und sieben Zeilen, an deren Kreuzungspunkten LEDs angebracht sind. Mit diesen 35 LEDs lassen sich Großbuchstaben, Kleinbuchstaben und Ziffern anzeigen. Eine übliche Ausführung zeigt Bild 4-23.

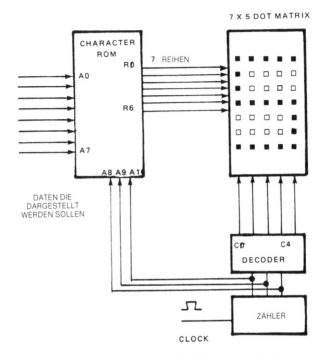

Bild 4-23: LED-Matrix mit Zähler gemultiplext

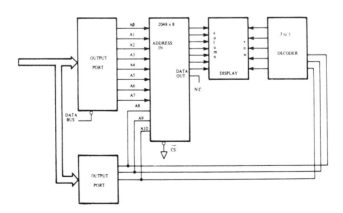

Bild 4-24: Software-gesteuerte LED-Matrix

MIKROPROZESSOR INTERFACE TECHNIKEN

Das erste Ausgabetor steuert die Daten für die Zeilen, das zweite wählt über einen Dekodierer die Spalten an. Mit dieser Technik durchläuft das Programm schrittweise die fünf Spalten und zeigt in jeder von ihnen die dem im 2048-mal-8-ROM gespeicherten Zeichen zugehörige Zeileninformation an. Insgesamt entsteht durch diese Multiplextechnik das Zeichenbild in der Anzeige.

Eine andere Technik benutzt Hardware, um die Spalten nacheinander anzuwählen und die richtigen Daten anzuzeigen. Eine derartige Methode ist in Bild 4-24 dargestellt. Der Zähler zählt von 0 bis 4. Das als Zeichengenerator dienende ROM wird auf das Zeichen „S" adressiert. Durch die Ansteuerung von Spalte 0 werden die Plätze auf den Zeilen festgelegt, auf der die ersten Daten angezeigt werden sollen. Sie lauten von R6 bis R0: 1001111_2. Der nächste Taktimpuls stellt den Zähler auf Spalte 1 weiter und adressiert die nächste anzuzeigende Zeileninformation im ROM. Diese lautet jetzt 1001001_2 und wird noch zwei weitere Spalten beibehalten. Für die letzte Spalte, beim Zählerstand 4, wird die Information 1111001_2 in den Zeilen angezeigt. Dann beginnt der Prozeß wieder von vorne bei Spalte 0. In dieser Art lassen sich alle Buchstaben des Alphabets darstellen. Ein gebräuchlicher ROM-Zeichengenerator ist in Bild 4-25 dargestellt. Beachten Sie, daß dieser Baustein für eine bessere Auflösung, nämlich 7 x 9 Punkte der Anzeige, gebaut ist. Je nach interner Programmierung läßt sich der ROM-Zeichengenerator für ASCII-, Baudot- oder EBCDIC-Kode benutzen.

Zusammenfassung zu den Anzeigeeinheiten

Es gibt eine ganze Reihe anderer Techniken zur Herstellung von Anzeigen. LED-Anzeigen sind jedoch zuverlässig, einfach anzuschließen und geeignet, die Interfacetechniken für fast alle anderen Anzeigetypen zu verdeutlichen. Der Anschluß eines Bildschirmgerätes wird in diesem Kapitel ebenfalls noch besprochen. In diesem Abschnitt wird noch einmal auf die Punktmatrixmethoden eingegangen.

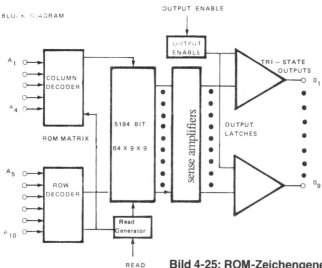

Bild 4-25: ROM-Zeichengenerator für 7 x 9 Matrix

ANSCHLUSS VON PERIPHERIEEINHEITEN

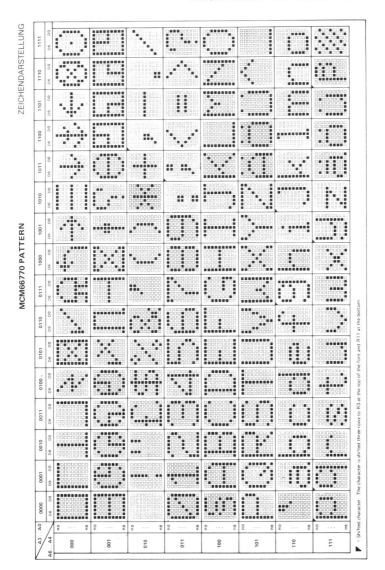

Bild 4-26: Zeichen in Punktmatrixdarstellung

Teletype

Ein 8-Kanal-Fernschreiber, meist Teletype genannt, ist eine serielle mechanische Ein/Ausgabeeinheit, die üblicherweise mit 110, 150 oder 300 Baud, abhängig vom Hersteller, arbeitet. Hier sollen drei Anschlußmethoden vorgestellt werden: eine für ein UART und eine Teletype, Modell 33, eine für ein ACIA von Motorola und eine Teletype, Modell 33, wobei Optokoppler zur Potentialtrennung benutzt werden und schließlich ein EIA-RS232C-Interface.

MIKROPROZESSOR INTERFACE TECHNIKEN

Eine Teletype, Modell 33, arbeitet mit 10 Zeichen pro Sekunde. Jedes Zeichen wird in elf Bits verschlüsselt: ein Startbit, 8 Datenbits und 2 Stopbits. Damit ergibt sich eine Übertragungsrate von 110 Baud. Das einzig schwerwiegende Anschlußproblem liegt darin, aus diesen 11 Bit seriell ankommenden Daten ein 8 Bit breites Datenwort zu erhalten. Die Übertragung selbst erfolgt asynchron. Als Universalinterface für den TTY-Anschluß (TTY= TeleTYpe) dient das im vorigen Kapitel beschriebene UART. Es führt die benötigten Funktionen automatisch durch und kann in beiden Richtungen arbeiten.

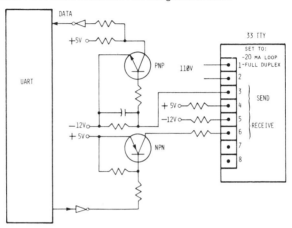

Bild 4-27: TTY-Interface mit UART

Bild 4-27 wird das UART für die seriell/parallel und die parallel/seriell-Umwandlung der Daten benutzen. Bild 4-28 verdeutlicht das serielle Format und Bild 4-29 die Zeitbeziehungen für die UART-Signale. Die Interfaceschaltung zeigt, wie die TTL-Signale in die von der TTY benötigten Signale einer 20-mA-Stromschleife umgesetzt werden können.

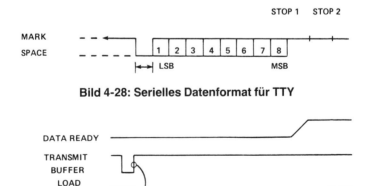

Bild 4-28: Serielles Datenformat für TTY

Bild 4-29: UART-Zeitdiagramm

ANSCHLUSS VON PERIPHERIEEINHEITEN

In Bild 4-30 werden *Optokoppler* zur elektrischen Isolation der Teletype vom Mikrocomputersystem benutzt. *Das erfordert, daß die Versorgungsspannung von + und − 12 V ebenfalls vom Mikrocomputer getrennt sind.* Das ACIA führt die Datenumsetzung durch und kann unmittelbar vom 6800-Bus getrieben werden.

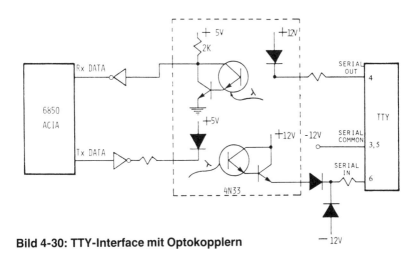

Bild 4-30: TTY-Interface mit Optokopplern

Einige Teletypes sind mit einem EIA-RS232C-Datentor versehen. Der RS232C-Standard verwendet anstelle der 20-mA-Stromschleife Pegel von + und − 12 V zur Datenübertragung. Bild 4-32 enthält einige der üblichen Bausteine zur Umsetzung der Pegel von TTL in EIA und umgekehrt. Es handelt sich um die integrierten Schaltkreise MC1489 und MC1488. In jedem Baustein befinden sich vier Umsetzer, so daß mehrere Leitungen angeschlossen werden können.

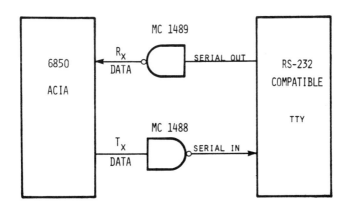

Bild 4-31: EIA-Bausteine MC1488 und MC1489

MIKROPROZESSOR INTERFACE TECHNIKEN

```
NEXT 1  LDA A STACON    LOAD STATUS
        ASR A           SHIFT RDRF BIT TO C-BIT POSITION
        BCS FRAM        CHECK RDRF BIT
        ASR A
        ASR A           SHIFT DCD BIT TO C-BIT POSITION
        BCC NEXT 1      CHECK DCD BIT
        BR ERROR 2      CARRIER LOSS - BRANCH TO ERROR ROUTINE
FRAM    ASR A
        ASR A           SHIFT FE BIT TO C-BIT POSITION
        BCC OVRN        CHECK FE BIT
        BR ERROR 3      FRAMING ERROR - BRANCH TO ERROR ROUTINE
OVRN    ASR A           SHIFT OVRN BIT TO C-BIT POSITION
        BCC PAR         CHECK OVRN BIT
        BR ERROR 4      OVERRUN ERROR - BRANCH TO ERROR ROUTINE
PAR     ASR A           SHIFT PE BIT TO C-BIT POSITION
        BCC R DATA      CHECK PE BIT
        BR ERROR 5      PARITY ERROR - BRANCH TO ERROR ROUTINE
R DATA  LDA B TXRX      LOAD B REGISTER WITH DATA
        RTS             RETURN FROM SUBROUTINE
```

Bild 4-32: Subroutine zum Datenempfang für 6800

Der mechanische Aufbau einer Teletype ist relativ komplex, ihre Funktion jedoch ziemlich einfach. Um das serielle Datenformat besser verstehen zu können, soll das innere Geschehen in einem solchen Gerät besprochen werden.

Mit Übernahme eines Startbits geschehen zwei Dinge: Die Kupplung stellt alle für einen Druckzyklus notwendigen mechanischen Verbindungen her und bereitet den Auswahlmagneten für den Dekodierprozeß vor. Die nächsten acht Bits kommen mit Abständen von 9,09 ms an. Wenn gesetzt, erregen sie den in die Leitung geschalteten Auswahlmagneten, der dann jeweils eines von acht mit einer Kerbe versehenen Rädern anhält. Im Ergebnis hat man eine Aufeinanderfolge von gekerbten und nicht gekerbten Radstellungen, die dem seriell angelieferten Datenstrom entspricht. Diese Information wird von Hebeln abgetastet, die ihrerseits den Druckkopf auf ein Zeichen einstellen. Dieser wiederum wird darauf von einem Druckhammer gegen Farbband und Papier geschlagen. Die beiden Stopbits werden benötigt, um den Druckvorgang vollständig vor Eintreffen des nächsten Zeichens abschließen zu können.

War der Lochstreifenstanzer eingeschaltet, so entriegeln die Abtasthebel für die Druckkopfeinstellung auch die ihnen zugeordneten Stößel des Stanzmechanismus, die während des Kopfanschlags gleichzeitig den Kode in den Streifen lochen.

Wird eine Taste gedrückt, so schließen sich die dem Bitmuster des Zeichens entsprechenden Schalter, die je einem Kontakt in einem *Verteiler* zugeordnet sind. Dieser Verteiler entspricht dem Zündverteiler in einem Auto. Bild 4-33 zeigt die Einfachheit dieser Konstruktion. Die Kupplung rastet ein und bewirkt eine ganze Umdrehung des Abtastfingers in 1/10 Sekunde. Der Finger öffnet oder schließt über die Verteilerkontakte und von der Taste betätigten Schalter den Stromkreis genau in der Folge des benötigten seriellen Kodes.

ANSCHLUSS VON PERIPHERIEEINHEITEN

Beachten Sie, daß als Zeitbasis für die Maschine ein Synchronmotor dient, dessen Umdrehungsgeschwindigkeit von der Netzfrequenz bestimmt wird. Alterung, Ölmangel oder andere mechanische Mängel können ihn bremsen, wodurch die Maschine die Synchronisation mit den Daten verlieren kann.

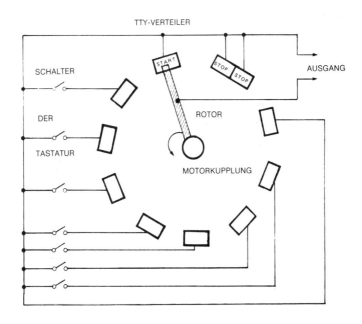

Bild 4-33: Verteiler in einer Teletype

Ein Unterprogramm zur Teletype-Ausgabe

Im Folgenden sei angenommen, daß die Teletype an Bit 0 von Tor 2 angeschlossen ist. Das vorgestellte einfache Programm schiebt hierüber eines der 11 zur Zeichendarstellung im Teletypeformat notwendigen Bits schrittweise aus. Das Flußdiagramm findet sich in Bild 4-34, die Verbindungen in einem 8080-System stehen in Bild 4-36. Das Programm selbst ist in Bild 4-35 wiedergegeben.
Register B des 8080 wird als Zähler verwendet. Zu Beginn wird es auf 11 gesetzt. Der Inhalt von Register B wird jedesmal, wenn das Bit ausgeschoben, d.h. zu Tor 2 übertragen ist, um 1 heruntergezählt. Es ist wichtig, daß in diesem Beispiel nur Bit 0 des Akkumulators Bedeutung hat. Alle anderen Bits werden bei der Ausgabe unbeachtet gelassen. Es handelt sich hierbei um das ganz rechts stehende, das niederstwertige Bit (LSB - least significant bit) des Akkumulators. Ursprünglich enthält der Akkumulator die 8 zu übertragenden Bits. Zusätzlich müssen das Startbit und die beiden Stoppbits übertragen werden.

MIKROPROZESSOR INTERFACE TECHNIKEN

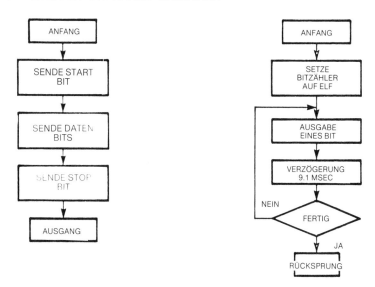

Bild 4-34: Software zum seriellen Datenverkehr

```
TELETYPE OUTPUT SUBROUTINE        (ASSUME TTY CONNECTED TO PORT 2 BIT
                                                                  0)
;
; THIS SUBROUTINE ENTERED WITH CHARACTER TO BE OUTPUT IN THE
;                                                       C REGISTER
TYOUT:  MVI     B,11    ;  SET COUNTER FOR 11 BITS
        MOV     A,C     ;  CHARACTER TO ACCUMULATOR
        ORA     A       ;  CLEAR CARRY-FOR START BIT
        RAL             ;  MOVE CARRY TO A(0)
MORE:   OUT     2       ;  SEND TO TTY
        CALL    DELAY   ;  KILL TIME
        RAR             ;  POSITION NEXT BIT
        STC             ;  SET CARRY-FOR STOP BITS
        DCR     B       ;  DECREMENT BIT COUNTER
        JNZ     MORE    ;  DONE?
        RET             ;  YES
;
; 9 MSEC DELAY (ASSUME NO WAIT STATES)
;
DELAY:  MVI     D,6
DL0:    MVI     E,2000
DL1:    DCR     E       ;  1.5 MSEC
        JNZ     DL1     ;  INNER LOOP
        DCR     D
        JNZ     DL0
        RET
```

Bild 4-35: TTY-Ausgabeprogramm für 8080

ANSCHLUSS VON PERIPHERIEEINHEITEN

Das wird durch Ausnutzen einer Eigenschaft des 8080-Befehls zur Datenrotation im Akkumulator ermöglicht. Man kann bei einigen Schiebeoperationen nämlich das Carry- (Übertragungs-) Flag als 9. Akkumulatorbit ansehen. Es wird zunächst auf Null gesetzt, was durch die ODER-Verknüpfung des Akkumulators mit sich selbst geschieht (alle logischen Operationen setzen das Cy-Flag auf 0). Dieses Bit wird dann in Bitposition 0 des Akkumulators geschoben. Das Wichtige bei dieser Operation ist es, einen Befehl zur Akkumulator-*Rotation* zu benutzen. Würde der Akkumulatorinhalt einfach nur nach links *geschoben* werden, ginge das ganz links stehende Bit verloren. In diesem Fall hier wird das links stehende Bit in das Cy-Flag geschoben, während dessen ursprünglicher Inhalt 0 in Bitposition 0 kommt. Anzumerken ist hier, daß die nächste Akkumulatoroperation dessen Inhalt nach rechts rotiert. Damit wird das ursprüngliche Bit 7, das in Cy geschoben worden ist, an seinen Platz zurück versetzt. Ist dies erst geschehen, so bringen wiederholte Rotationsbefehle die im Carry-Bit gesetzten Einsen nach und nach von links in den Akkumulator. Damit wird gewährleistet, daß am Ende die Stoppbits übertragen werden. Der Programmablauf sieht damit so aus:

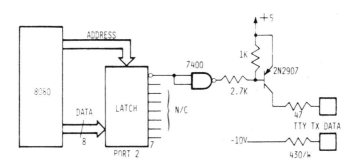

Bild 4-36: Hardware des TTY-Interfaces

Das Zählregister B wird auf 11 gesetzt, das in C stehende zu übertragende Zeichen in den Akkumulator A geladen. Der Akkumulator wird mit sich selbst ODER-verknüpft (dritter Befehl). Das verändert seinen Inhalt nicht, setzt aber Carry auf Null. Das ergibt das Startbit. Der Akkumulatorinhalt wird mit RAL ein Bit nach links rotiert. Damit wird das Carry-Flag in die Akkumulatorposition 0 geschoben. Anschließend erfolgt die Ausgabe: OUT 2. Das Bit wird zur Teletype übertragen. Jedesmal, wenn ein Bit an die Teletype abgeschickt wurde, muß eine Verzögerungsschleife abgearbeitet werden, um die Sendeabstände von 9 ms zu gewährleisten. Die Verzögerungsroutine ist als Unterprogramm ausgeführt und findet sich am Fuß des Programms. Als nächstes wird mit dem Rotationsbefehl RAR in Bitposition 0 das nächste auszugebende Bit geschoben. In Anbetracht der noch folgenden Rotationsoperationen wird darauf das Carry-Bit auf 1 gesetzt, wodurch die Aus-

115

MIKROPROZESSOR INTERFACE TECHNIKEN

gabe der Stoppbits gewährleistet ist. Darauf wird der Bitzähler (Register B) heruntergezählt und getestet. Erreicht der Zähler den Wert 0, wird das Programm beendet. Ist dies nicht der Fall, so springt das Programm zu der mit MORE bezeichneten Adresse zurück, wodurch eine neue Ausgabeschleife eingeleitet wird.

Softwarebeispiel für ein ACIA

Das Flußdiagramm zu dieser Routine steht in Bild 4-37, das Programm in Bild 4-38. Diese Subroutine sendet ein Zeichen an die Teletype. Falls die Hardware nicht fertig für eine Übertragung ist, *wartet* die Subroutine, bis sie soweit ist. Es wird weiter der Meldeanschluß CTS (clear to send, fertig zum Senden) des ACIA geprüft. Dieser wird in einem EIA-RS232C-Interfacesystem benötigt.

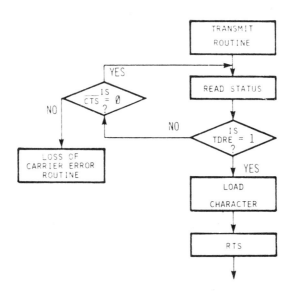

Bild 4-37: Flußdiagramm für ein ACIA

Der erste Befehl lädt die Statusinformation des ACIA in Akkumulator A. Das zu testende Flag ,,ready-to-transmit'' (fertig zur Übertragung) steht in Position 1, daher muß die Information zweimal nach rechts geschoben werden, bis das Flag im Carry steht und getestet werden kann. Ist die Übertragung möglich, so springt das Programm unmittelbar nach DATA, von wo der Inhalt von Akkumulator B zum ACIA übertragen wird.
Ist das ACIA nicht sendefertig, so wird das CTS-Bit getestet. Ist dies auf 1, so wird dadurch ein Verlust des Datenträgers gemeldet, und das Programm springt zur Fehlerroutine. Ist jedoch das ACIA sendebereit ($CTR = 0$), so wird wieder das Übertragungsflag getestet usw. bis das Byte übertragen werden kann. Man kann auch Unterbrechungsanforderungen verwenden.

ANSCHLUSS VON PERIPHERIEEINHEITEN

```
NEXT    LDA A STACON        LOAD STATUS
        ASR A
        ASR A               SHIFT TDRE BIT TO C-BIT POSITION
        BCC TX DATA         CHECK TDRE BIT
        ASR A
        ASR A               SHIFT CTS BIT TO C-BIT POSITION
        BCC NEXT            CHECK CTS
        BR ERROR 1          CARRIER LOSS - BRANCH TO ERROR ROUTINE
TX DATA STA B TXRX          STORE CHARACTER IN ACIA
        RTS                 RETURN FROM SUBROUTINE
```

Bild 4-38: Subroutine für Datenverkehr über ACIA

Lochstreifenleser

Ein Fernschreiber liest in der Regel Lochstreifen nur sehr langsam. Ein Hochgeschwindigkeitsleser ist in diesem Fall eine hilfreiche Peripherieeinheit. Ein derartiges Gerät liest die Kodeinformation auf dem Streifen auf optischem Weg und schaltet den Streifen rasch zur nächsten Position weiter. Ein typischer Lochstreifenleser ist schematisch in Bild 4-39 wiedergegeben.

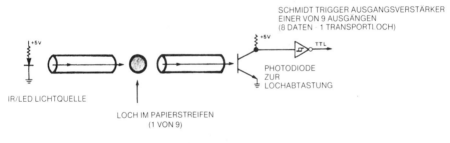

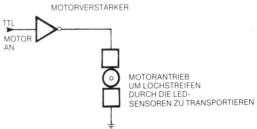

Bild 4-39: Lochstreifenleser

MIKROPROZESSOR INTERFACE TECHNIKEN

Unser Microcomputer muß den Motor einschalten, ein Loch der Taktspur abwarten (diese Löcher sind kleiner als die in den Datenspuren, womit die Mitte einer Kodierungsposition feststellbar wird), die Kodierung lesen und die Daten speichern, bevor das nächste Taktloch ankommt. Wird ein Bandendzeichen (z.B. ASCII: EOT - End of Tape) entdeckt, muß der Motor abgeschaltet werden.

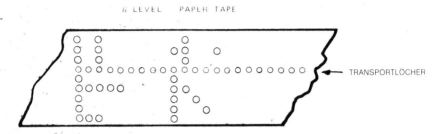

Bild 4-40: 8-Kanal-Lochstreifen

Die Einteilung eines 8-Kanal-Lochstreifens in Bitspuren findet sich in Bild 4-40. Ein Hauptproblem wird durch die unregelmäßigen Lochränder verursacht, ebenso durch Schmutz auf dem Lochstreifen. Die empfangenen Daten eines Loches sehen aus wie in Bild 4-41. Es läßt sich erkennen, daß die Suche nach einem Loch in der Taktspur irgendeine Form der Verzögerung benötigt, damit die Daten auch wirklich in der Mitte eines Taktspurloches abgetastet werden. Um dies zu tun, muß die Geschwindigkeit des Motors bekannt sein.
Einige Geräte können vor- und rückwärts arbeiten, wodurch fehlerhaft übernommene Datenblöcke noch einmal gelesen werden können.
Das Flußdiagramm der Leseoperation für einen Hochgeschwindigkeitsleser findet sich in Bild 4-42.

Bild 4-41: Empfangene Lochdaten

Schrittmotoren

Schrittmotoren sind in vielen Projekten zur Bewegungserzeugung beliebt. Jedesmal, wenn der Schrittmotor geeignet angesteuert wird, dreht sich seine Achse um einen genau festgelegten Winkel. Bekannte Schrittmotoren mit kleiner Schrittzahl drehen die Achse in jedem Schritt um 7,5, um 15, 45 oder 90 Grad. Motoren mit höherer Schrittzahl haben Standardschrittweiten von 1,8 und 5,0 Grad. Der Vorteil einer Ausgabe in Einzelschritten liegt darin, daß durch Zählen der Schritte, die im Microcomputer an den Motor gesendet wurden, die Lage der Achse jederzeit bestimmbar ist.

ANSCHLUSS VON PERIPHERIEEINHEITEN

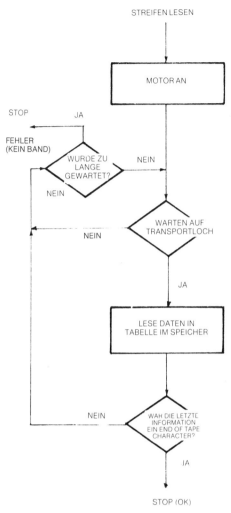

Bild 4-42: Flußdiagramm für den Leser

Der Anschluß eines Schrittmotors ist nicht trivial und kann wesentlich komplexer als der hier Vorgestellte sein. Sie müssen sich etwas Ihren Kopf zerbrechen, um den Entwurf zu verbessern, da das vorliegende Konzept am wenigsten energieeffektiv, jedoch meist eingesetzt ist.

Der Motor selbst besitzt vier Spulen: 1, 2, 3 und 4. Werden sie mit den richtigen Stromimpulsen angesteuert, so führt der Motor einen Schritt aus. Man unterscheidet drei Verfahrensschritte.

— Wenig Leistungsbedarf
— Normal
— Halbschrittverfahren

MIKROPROZESSOR INTERFACE TECHNIKEN

Das Verfahren mit wenig Leistungsbedarf schickt einen Stromimpuls durch 1, dann durch 2, dann 3, dann vier und dann wieder zurück in 1. Es werden keine zwei Spulen zur Zeit angesteuert, und der Motor macht einen Schritt pro Impuls.

Das Normalverfahren steuert zwei Wicklungen zugleich in folgender Reihenfolge an: 1 und 2, 2 und 3, 3 und 4, 4 und 1 und so weiter. Das ergibt eine sanftere Arbeitsweise des Motors, benötigt aber mehr Leistung.

Das Halbschrittverfahren erlaubt zwischen jeden ganzen Schritt einen halben einzufügen. Die Ansteuerungsfolge lautet hier: 1 und 2, 2, 2 und 3, 3, 3 und 4, 4, 4 und 1, 1.

Die Spulen des Motors benötigen eine besondere Stromquelle, da sie mit typisch 0,2 Ohm einen ziemlich kleinen Innenwiderstand besitzen. Wegen der andererseits hohen Induktivität der Spulen sind besondere Entwurfstechniken notwendig, um die Schalttransistoren und Filterkondensatoren vor Zerstörung durch die Rückspannungsspitzen zu schützen. Bild 4-43 zeigt die Interfaceschaltung für einen Schrittmotor.

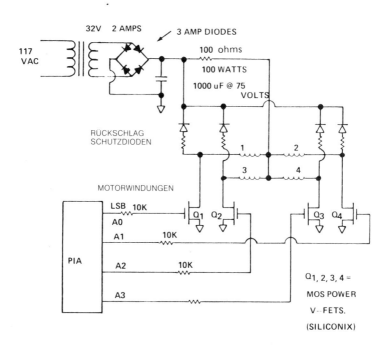

Bild 4-43: Interface für einen Schrittmotor

ANSCHLUSS VON PERIPHERIEEINHEITEN

Die Zeitbeziehungen für eine Ansteuerung im Normalverfahren sind in Bild 4-44 wiedergegeben.

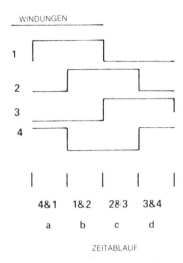

Bild 4-44: Wicklungssteuerung im Normalverfahren

Aus der Wahrheitstabelle in Bild 4-45 können Sie ersehen, wie wir ein halbes Byte aus zwei Nullen und zwei Einsen Schritt für Schritt in sich rotieren lassen. Das Programm wird dadurch recht trivial. Alles was der Programmierer tun muß, ist den Wert 00110011 in einem 8-Bit-Register rotieren zu lassen und den Registerinhalt vor jedem Schritt an unser PIA auszugeben.

ZEIT	A0	A1	A2	A3
a	1	0	0	1
b	1	1	0	0
c	0	1	1	0
d	0	0	1	1

Bild 4-45: Wahrheitstabelle zur Ansteuerung

MIKROPROZESSOR INTERFACE TECHNIKEN

Wir müssen 8 Bits im 6800 rotieren lassen. Da der 6800 aber nur 9 Bits rotiert, müssen wir das Problem von einer anderen Seite angehen. Die Lösung ist ein einfacher Programmiertrick. Anstelle sie rotieren lassen, addieren wir die Zahl immer zweimal zu sich selbst. Das einzige, was wir beachten müssen, ist, die Addition mit Übertrag (carry) durchzuführen. Dann scheint unser Byte im Akkumulator zu rotieren.

```
        LDAA @ $CC      ACC A mit 11001100 laden
LOOP    STA A @ $8000   an Schrittmotor-PIA ausgeben
        ADC A           ACC A zweimal zu ACC A addieren
        ADC A
        JSR Verzg       Schrittverzögerung durchführen
        BRA LOOP        zurück und nächsten Durchlauf beginnen
```

Die Geschwindigkeit läßt sich durch Verändern der Verzögerungszeit zwischen den einzelnen Durchläufen variieren. Als allgemeine Regel läßt sich weiter festhalten, daß die Versorgungsspannung um so höher sein muß, je schneller der Motor arbeiten soll. Wenn man zu schnell voranzugehen versucht, kann der Motor einen Schritt ,,verlieren". Das ist ernstzunehmen, da der Vorzug eines Schrittmotors darin besteht, daß man jederzeit seine Position kennt. Verliert er einen Schritt, so heißt das, daß die Software außer Tritt gerät. Die meisten Geräte mit Schrittmotor besitzen daher einen Grenzschalter, der der Steuerung mitteilt, daß eine Bezugsposition aufgetreten ist. Alle Messungen werden von diesem Punkt aus vorgenommen. Das ist der Grund, weshalb der Antrieb einer Floppy-Disk zuerst Spur 0 aufsucht, da dann das Interface weiß, wo es mit der Suche nach einer Spur zu beginnen hat.

Magnetischer Kreditkartenleser

Zu den neuesten technischen Entwicklungen gehört der Gebrauch von Kodestreifen auf der Rückseite von Kreditkarten zur Aufnahme von Informationen über das Konto des Inhabers. Hier soll das Interface eines Lesegerätes für derartige Karten besprochen werden. Bild 4-47 zeigt das Blockdiagramm eines solchen Interfaces.

ANSCHLUSS VON PERIPHERIEEINHEITEN

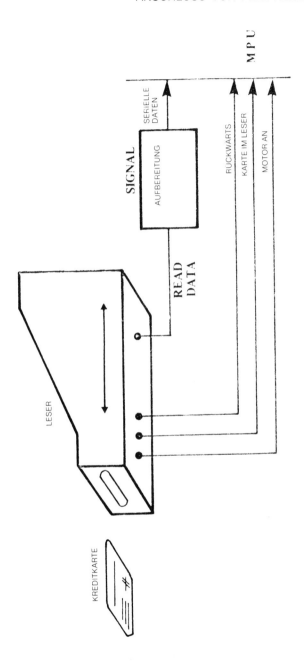

Bild 4-46: Kreditkartenleser

MIKROPROZESSOR INTERFACE TECHNIKEN

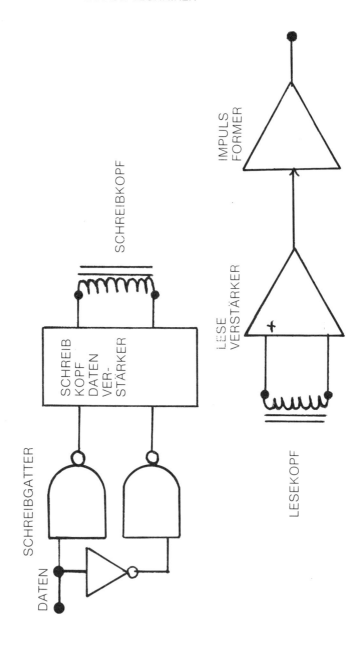

Bild 4-47: Blockdiagramm des Lesers

ANSCHLUSS VON PERIPHERIEEINHEITEN

Das Programm steuert die Informationsdekodierung und die Bewegung der Karte im Lesegerät. Bei normaler Arbeitsweise wird das Vorhandensein der Karte durch die Andruckwalze festgestellt, der Antrieb eingeschaltet und die Karte gelesen werden. Sind die Daten unlesbar oder handelt es sich um eine Fälschung, so behält der Leser die Karte ein. Handelt es sich um gültige Daten, wird die Karte zurückgegeben.

Nehmen wir an, daß die Karte in F2F-Kodierung („frequency-double-frequency", ein Frequenzmodulationsverfahren) beschrieben worden ist, bei dem jedes „1"-Bit zwei, jedes 0-Bit eine Flanke pro Bitzelle hat. Damit können die vom Lesekopf erhaltene Daten aussehen wie in Bild 4-48, zweite Zeile.

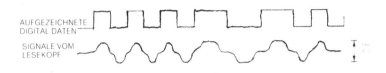

Bild 4-48: Datenaufzeichnung

Um dieses Signal benutzen zu können, muß es richtig geformt werden. Ein Impulsformer erzeugt daraus ein Ausgangssignal wie in Bild 4-49 gezeigt. Die Software kann dann mittels Verzögerungsschleifen dieses Rechtecksignal dekodieren, zuerst in serielle Bits, dann in Zeichen. Um saubere Daten und ausreichende Sicherheit zu gewährleisten, müssen die Daten *dreifach* in verschiedener Form aufgenommen sein, mit verschiedenen Paritätsarten und Vor- und Nachspännen aus Einsen oder Nullen versehen. (Siehe Synchronformate und Fehlerkorrektur in Kapitel 6.)

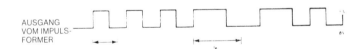

Bild 4-49: Endgültige Daten

Wenn es notwendig werden sollte, die Karte neu zu beschreiben, so kann sie beim Einschreiben gelesen, beim Ausschieben beschrieben werden. Es wird eine besondere Softwareroutine benötigt, um die Aufeinanderfolge der Daten umzukehren, daß die neue Auszeichnung beim Neueinschieben wieder gelesen werden kann.
Zur Steuerung sind drei Eingänge notwendig: Kartenanfangssensor, serielle Daten vom Lesekopf, Kartenendsensor (der die Drehrichtung des Motors beim Ausschieben umkehren muß). Weiter braucht man drei Ausgaben: Motor einschalten (die Drehrichtung wird automatisch bestimmt, sofern er nicht abgeschaltet wurde) und die auszuschreibenden seriellen Daten. Auf diese Weise ist als Hardware eine Hälfte eines PIA 6820 oder eines PPI 8255 völlig ausreichend!

MIKROPROZESSOR INTERFACE TECHNIKEN

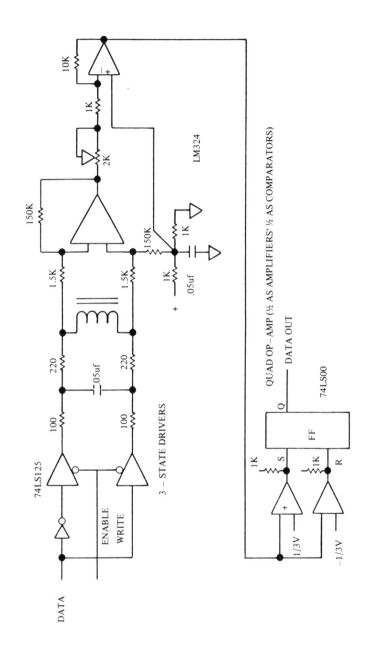

Bild 4-50: Die Schreib/Leseelektronik

ANSCHLUSS VON PERIPHERIEEINHEITEN

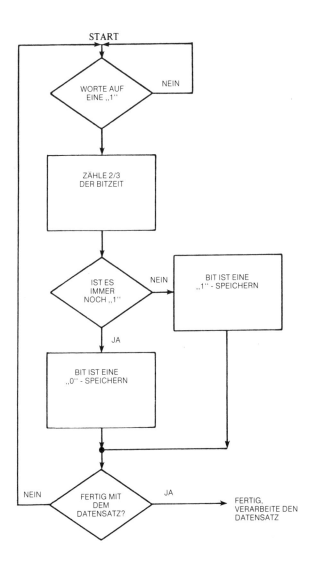

Bild 4-51: Flußdiagramm zum Lesen des Magnetstreifens

MIKROPROZESSOR INTERFACE TECHNIKEN

Als nächstes soll die Hardware zum Lesen oder Beschreiben der Karte betrachtet werden. Die Schreibelektronik kehrt abhängig von der zu speichernden Information (0 oder 1) die Schreibstromrichtung durch den Kopf jeweils um, wodurch das magnetische Feld in dem Streifen auf der Karte mit dem logischen Eingangspegel der zu schreibenden Daten wechselt. In Bild 4-50 ist außerdem noch der Leseverstärker zum Datenempfang abgebildet.

Die Leseaktion ermittelt zur rauschfreien Datenrückgewinnung sowohl positive als auch negative Signalflanken. In Bild 4-49 ist die Form des (aufbereiteten) Ausgabesignals gezeigt.

Die Software zum Lesen und Schreiben kann durch ein UART oder ein USART unterstützt werden, die Formatierung der Schreib/Lesedaten ist durch ein UART in Software hier aber wesentlich vielseitiger zu erreichen. Das Flußdiagramm zur Dekodierung der gelesenen Daten steht in Bild 4-51.

Das Kassetteninterface für KIM

Um Programme zu speichern und bei Bedarf wieder zu laden, ist eine Art von Langzeitspeicher notwendig. Man kann einen preiswerten Kassettenrekorder ohne Änderung benutzen, um digitale Information zu speichern und zu laden. Das dazu benötigte Interface ist einfach zu bauen und einfach zu programmieren. Hier soll das im KIM-1® enthaltene Interface für einen Kassettenrekorder beschrieben werden.

Die Daten für die Übertragung müssen so formatiert werden, daß die binäre Information im Speicher einen seriellen Datenstrom einzelner Bits ergibt, der auf dem Band festgehalten werden kann. Die logischen Pegel werden hier als Kombination zweier Tonfrequenzen wiedergegeben: 3700 Hz und 2400 Hz. Die Signale für eine ,,1'' und eine ,,0'' sind in Bild 4-52 dargestellt.

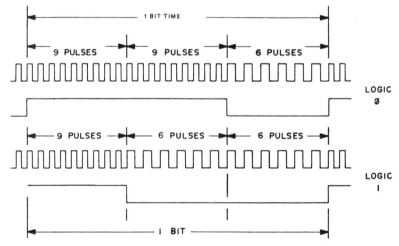

Bild 4-52: Bitformat bei Kassettenaufzeichnung durch KIM-1

® MOS Technology Registered Trademark.

ANSCHLUSS VON PERIPHERIEEINHEITEN

Das Programm erzeugt diese Tonsignale durch Abzählen von Schleifen, die eine der beiden Schwingungen erzeugen. Damit wird ein Ausgabebit des programmierbaren Interfaces/ROM auf der Karte benutzt. Dieses Ausgabebit wird gepuffert und gefiltert, um den Anforderungen der meisten Rekorder zu genügen. Wenn eine Eingabe im Tonfrequenzbereich vom Band her entdeckt wird, so trennt eine PLL-Schaltung (phase locked loop, phasenstarre Schleife) zwischen einer Schwingung von 3700 Hz und einer von 2400 Hz. Durch die verschiedenen Zeitbeziehungen zwischen diesen Schwingungszügen lassen sich die Datenbits rückgewinnen. Bild 4-53 zeigt die vollständige Interfaceschaltung für den Kassettenrekorderanschluß.

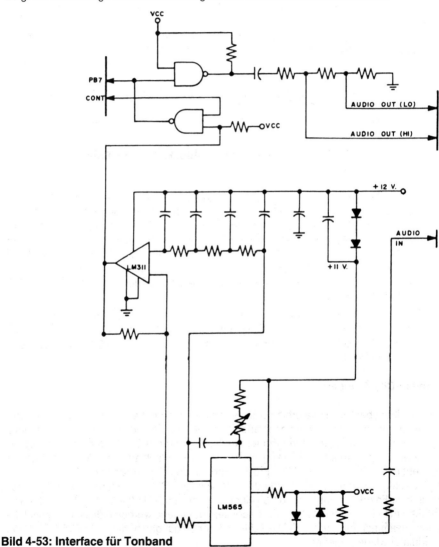

Bild 4-53: Interface für Tonband

MIKROPROZESSOR INTERFACE TECHNIKEN

Beachten Sie, daß es andere Modulationstechniken gibt, die höhere Speicherdichten erlauben. Da die gesamte Zeitsteuerung für Senden und Empfang durch Software erfolgt, können auch andere Methoden verwendet werden. Die hier beschriebene Methode ist jedoch die zuverlässigste, da normale Kassettenrekorder generell für größere Speicherdichten wegen Geschwindigkeits- und Phasenschwankungen nicht sonderlich geeignet sind. Falls höhere Speicherdichten notwendig werden, empfiehlt sich die Verwendung eines speziellen für digitale Datenspeicherung ausgelegten Rekorders von hoher Qualität.

Die Software teilt jedes Byte in zwei Nibbles (Vier-Bit-Hälften) auf. Jedes Nibble wird dann in ein 7-Bit-ASCII-Zeichen umgewandelt, dem ein Paritätsbit beigefügt wird. Zwei derartige ASCII-Zeichen repräsentieren jetzt das ursprüngliche Datenbyte. Um die Aufnahme auf dem Band auffinden und erkennen zu können, wird noch ein Vor- und ein Nachspann hinzugefügt. Das Aufnahmeformat steht in Bild 4-54.

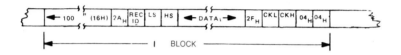

Bild 4-54: Format eines Datenblocks auf dem Band

Der lange Block aus hundert Bytes zu hexadezimal 16 ermöglicht der Software, sich auf die Übertragungsrate einzusynchronisieren und den Anfang jedes Bytes aufzufinden, ohne weitere Informationen zu benötigen. Nach den Synchronisationszeichen folgt ein Zeichen, das den Beginn der Aufnahme signalisiert und ein Byte, das die Nummer der Aufnahme angibt. Hiernach werden die Startadresse des Datenblocks und der Block selbst aufgezeichnet. An dessen Ende wird hexadezimal ,,2F'' zusammen mit zwei Prüfzeichen geschrieben. Schließlich folgen noch zweimal hexadezimal ,,04'', um das Ende des Blocks anzuzeigen.

Dieses Format ist typisch für viele der gebräuchlichen blocksynchronen Übertragungstechniken. Andere Beispiele wären die Floppy-Disk, der Kreditkartenleser und Kommunikationspfade zwischen verschiedenen Einheiten eines komplexen Systems (zum Letzteren vgl. Kapitel 6).

Kansas-City-Standard

Um im Hobbybereich diese preiswerten Kassettenrekorder verwenden zu können, wurde ein allgemeiner Aufzeichnungsstandard entwickelt, der weite Verbreitung gefunden hat. Durch den Gebrauch von Frequenzumtastverfahren (FSK, frequency shift keying) und Zweifrequenzmodemtechniken ist der Standard einfach anzuwenden. Sein Nachteil besteht darin, daß nur 30 Zeichen pro Sekunde übertragen werden können.

Das System verwendet das Standardformat serieller RS232C-Daten und wandelt jedes Bit in eine Folge von entweder 8 Schwingungen mit 2400 Hz (eine ,,1'') oder 4 Schwingungen mit 1200 Hz (eine ,,0'') um. Zu dessen Erzeugung werden lediglich ein paar Flipflops zusammen mit einem NAND-Gatter mit vier Eingängen benötigt. In Bild 4-55 ist der Modulator wiedergegeben.

ANSCHLUSS VON PERIPHERIEEINHEITEN

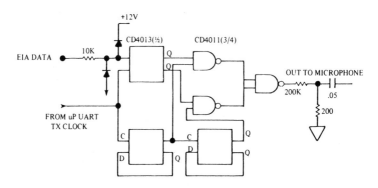

Bild 4-55: Modulator

Der logische Wert der Eingangsdaten schaltet den Multiplexer auf eine der beiden Frequenzen von 2400 Hz bzw. 1200 Hz. Das Widerstandsnetzwerk dient zur Verringerung des Ausgangspegels auf 10 mV für den Mikrophoneingang des Rekorders.
Der Demodulator muß entscheiden, ob 1200 Hz oder 2400 Hz als Eingangssignal vom Band anliegen. Das läßt sich mit vielen Methoden erreichen; eine der gebräuchlichsten Techniken jedoch besteht im Aufsuchen der Nulldurchgänge des Eingangssignals. Damit erhält man Impulsserien von 2400 bzw. 4800 Impulsen pro Sekunde. Zur Trennung wird ein Monovibrator verwendet, der so abgestimmt ist, daß er, falls nicht mit 4800 Hz getriggert, die andere Frequenz signalisiert. Der Vorteil dieser Methode liegt darin, daß der vom UART zur Datenübernahme benötigte Takt vom Interface aus dem Datenstrom zurückgewonnen wird. Aus diesem Grund ist der Takteingang für die Empfängereinheit des UART in der Regel nicht von dem Taktsignal für die Sendeeinheit gespeist, sondern von dem in dieser Schaltung erzeugten.
Die Schaltung des Demodulators findet sich in Bild 4-56. Die Zeitbeziehungen des Demodulators stehen in Bild 4-57. Beachten Sie, wie das Datensignal zusammen mit der notwendigen Taktinformation zurückgewonnen wird.
Unregelmäßigkeiten der Bandgeschwindigkeit haben keinen Einfluß auf die wiedergewonnenen Daten, da die zur Ansteuerung des UART verwendeten Taktsignale aus demselben Informationsstrom stammen und so immer die exakten Zeitbeziehungen zu den aufgenommenen Dateninformationen behalten.
Es wird keine besondere Software benötigt, da das Interface dem Computer die von der Kassette kommenden bzw. zu ihr gehenden Daten wie von einem Lochstreifenleser/stanzer bestimmt erscheinen lassen.

Tarbell-Interface

Das Tarbell-Kassetteninterface ist ein S-100-kompatibles System, das eine Übertragungsrate von 187 Bytes bzw. 1500 Bit pro Sekunde aufweist. Es benutzt eine Phasenkodierungstechnik oder F2F-Format, wie beim Kreditkartenleser gezeigt. Die dort gezeigte Schaltung arbeitet so auch zufriedenstellend als Tarbell-kompatibles Interface.

MIKROPROZESSOR INTERFACE TECHNIKEN

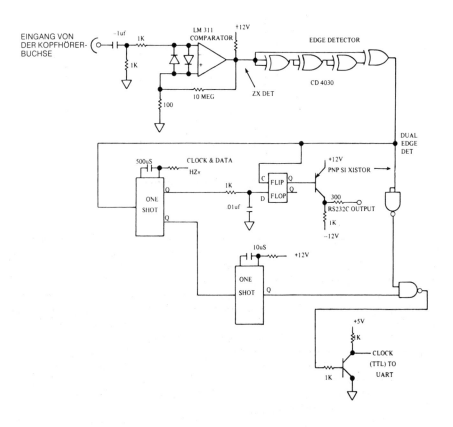

Bild 4-56: Demodulator

ANSCHLUSS VON PERIPHERIEEINHEITEN

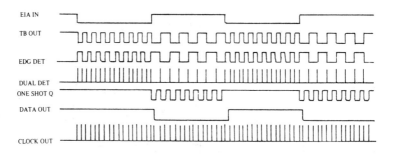

Bild 4-57: Zeitdiagramm für den Demodulator

Das einzige Problem liegt darin, daß diese selbst erstellte Schaltung alle Dekodierungsarbeit in Software vollzieht, während der Baustein von Tarbell das Interface vereinfacht mittels einer Karte voller ICs, die sowohl den Bitstrom dekodieren und kodieren als auch die Motorsteuerung des Kassettenrekorders übernehmen.
Die ausgeschriebenen Daten sind ein synchroner Bitstrom mit einem Vorspannbyte, einem Synchronisationsbyte, Datenbytes und Prüfbytes.
Durch eine neue Eigenschaft der Interfacekarte lassen sich mit einer Softwareänderung und einem Neuabgleich des Oszillators auch Bänder im Kansas-City-Standard lesen und beschreiben.
Zusammengefaßt bietet dieses Interface die Grundschaltungen zur parallel/seriell-Umwandlung, zur Formatierung der seriellen TTL-Daten in NRZ-Format (NRZ = non-return to zero, ein Schreibstromformat zur digitalen Datenaufzeichnung, siehe beim Floppy-Disk-Interface) und zur Formung des Schreibsignals für den Rekorder. Für den Lesebetrieb sind ein Lesesignalformer, ein NRZ-Umwandler und ein seriell/parallel-Wandler auf der Karte enthalten.

Digitale Kassettensteuerung auf einem Chip

Der Baustein uPD371D von NEC enthält auf einem einzigen Chip fast alle Funktionen, die zum Anschluß eines *digital* arbeitenden Kassettenrekorders als Speicherperipherie nötig sind. Er benutzt das ISO-Format und führt folgende Funktionen durch:
— Datenumwandlung seriell/parallel und umgekehrt (wofür normalerweise ein UART benötigt wird);
— Fehlererkennung, einschließlich CRC (cyclic redundancy check, ein Fehlerkorrekturverfahren, Beschreibung im Floppy-Disk-Abschnitt);
— Datenkodierung im Phasenumtastverfahren;

— Er steuert die Laufwerkfunktionen von maximal zwei Rekordern und zwar entweder die Schreib/Lesefunktion und das Rückspulen auf einem oder das gleichzeitige Rückspulen auf beiden Geräten. Er kann unmittelbar an den 8080 angeschlossen werden. Die Systemstruktur ist in Bild 4-58, das Interface zum 8080 in Bild 4-59 wiedergegeben.

MIKROPROZESSOR INTERFACE TECHNIKEN

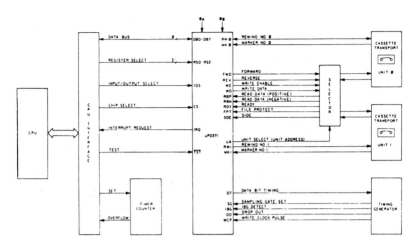

Bild 4-58: Kassetteninterface mit uPD371D von NEC

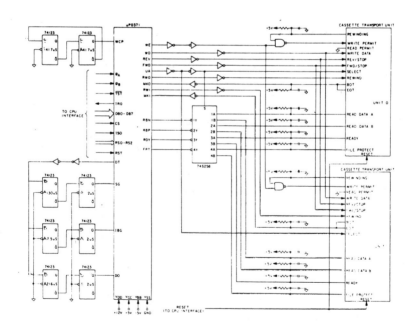

Bild 4-59: 8080-Interface mit uPD371D

ANSCHLUSS VON PERIPHERIEEINHEITEN

Anschluß eines Bildschirmgerätes

Eine ganze Reihe von zum Gebrauch als Computerterminal geeigneten Bildschirmgeräten sind derzeit erhältlich. In der Welt der Mikroprozessoren sind jedoch die Kosten von Peripherieeinheiten ein kritischer Faktor. Aus diesem Grund ist das für Mikrocomputer meistverwendete Bildschirmgerät der Heimfernseher. Höherwertige Bildschirmgeräte werden für Entwicklungssysteme verwendet, um mehr Zeichen pro Zeile, mehr Zeilen pro Schirm oder mehr Punkte pro Zeichen anzeigen können. Weiter gibt es noch spezielle und teurere Geräte, die volle Graphikmöglichkeiten besitzen. Wir wollen uns hier auf den Anschluß eines Fernsehgerätes (Videomonitors) beschränken.

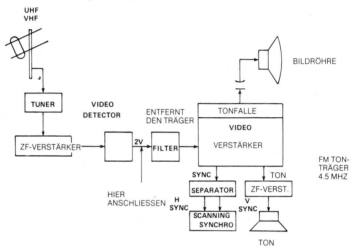

Bild 4-60: Blockdiagramm eines Fernsehgerätes

Die Organisation eines typischen Fernsehgerätes findet sich in Bild 4-60. Das Antennensignal wird in den Tuner eingespeist, der seinerseits eine Videozwischenfrequenz von 6 MHz Bandbreite bei amerikanischer, 7 MHz bei europäischer Norm erzeugt. Dieses Signal durchläuft einen Zwischenverstärker und wird über ein Bandfilter in den Demodulator eingekoppelt. Dieser erzeugt das Videosignal mit einer Spitzenspannung von etwa 2 Volt. Das Videosignal (auch BAS-Signal, Bild-Abtast und Synchron-Signal, genannt) durchläuft eine Filterstufe, in der die Trägerfrequenz entfernt wird und gelangt dann in den Videoverstärker. Danach wird das Signal in drei Teile aufgespalten. Das eigentliche Videosignal, das den Bildinhalt trägt, gelangt über eine Tonfalle, in der der Tonträger abgetrennt wird, an den Bildschirm. Der frequenzmodulierte Tonträger wird in die Ton-ZF-Stufe eingespeist, die mit einer Zwischenfrequenz von 4,5 MHz in amerikanischer, 5,5 MHz in europäischer Norm arbeitet. Das demodulierte und verstärkte Tonsignal gelangt dann zum Lautsprecher. Außerdem werden von dem BAS-Signal noch die Synchronisationsimpulse abgetrennt und in horizontale (H) und vertikale (V) Synchronisationsimpulse aufgetrennt. Diese beiden Signale werden zur Synchronisation der Bilddarstellung auf dem Schirm benötigt.

MIKROPROZESSOR INTERFACE TECHNIKEN

Das Mikroprozessorsystem kann an zwei Stellen an das Fernsehgerät angeschlossen sein: es kann unmittelbar mit dem Antennenanschluß verbunden werden - dazu wird ein VHF/UHF-Modulator benötigt - oder man speist das Videosignal unmittelbar am Ausgang des Videomodulators nach der Bild-ZF-Stufe ein. Der Vorteil der ersten Methode ist, daß kein Eingriff in das Fernsehgerät notwendig ist. Der Ausgang des Mikroprozessorsystems wird einfach an den Antenneneingang des Fernsehers angeschlossen. Diese Methode wirft allerdings zum einen Störstrahlungsprobleme auf, andererseits wird die verfügbare Bandbreite eingeschränkt. Bei den gebräuchlichen Fernsehgeräten sind nur Bandbreiten von 3 MHz bis 4 MHz möglich. Diese können bei Billiggeräten noch weiter eingeschränkt sein. Die Bandbreite des Gerätes schränkt die Auflösung auf dem Bildschirm wesentlich ein und begrenzt die Gesamtzahl der darstellbaren Zeichen beträchtlich.

Der Nachteil bei direkter Einspeisung des Videosignals liegt natürlicherweise darin, daß der Anschluß innerhalb des Fernsehgerätes stattfinden muß. Einige wenige Geräte (i.d.R. Farbfernseher) sind mit einer Videobuchse versehen, bei den meisten jedoch muß diese nachgerüstet werden.

Um einen solchen Anschluß vornehmen zu können, sollen zunächst die Grundfunktionen eines Fernsehgerätes kurz besprochen und dann die Techniken zur Zeichendarstellung auf dem Bildschirm behandelt werden.

Ein Fernsehgerät beruht auf der Bilddarstellung im Rasterverfahren, bei dem ein Elektronenstrahl mit vom Bildinhalt bestimmter wechselnder Intensität horizontal über den Bildschirm geführt wird. Wird die rechte Schirmseite erreicht, so wird der Strahl dunkelgetastet und rasch zur anderen Schirmseite zurückgeführt, wobei er eine Zeile tiefer gesetzt wird. Man nennt dies den (horizontalen) Strahlrücklauf. Der Vorgang ist in Bild 4-62 dargestellt. Der Schirm wird dabei in Fernsehgeräten nicht in einem Zug, sondern im sogenannten *Zeilensprungverfahren* zweimal pro Bild beschrieben. Das Bild wird dabei, um

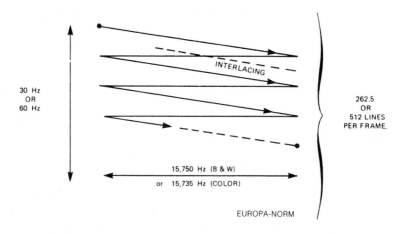

Bild 4-61: Strahlbewegung auf dem Bildschirm

ANSCHLUSS VON PERIPHERIEEINHEITEN

das Flimmern niedriger zu halten, in zwei Halbbilder zerlegt, deren erstes alle *ungeraden* Zeilen (1, 3, 5 usw.) enthält, während im zweiten Durchlauf die *geraden* Zeilen zwischen die ersten geschrieben werden. Jedes Halbbild besteht aus 262,5 Zeilen im amerikanischen, 312,5 Zeilen im europäischen Standard. Das vollständige Bild umfaßt so im amerikanischen Format 525, im europäischen 625 Zeilen. Bei Anschluß eines Mikroprozessors an einen Videomonitor wird von der Möglichkeit der Bildaufteilung jedoch kein Gebrauch gemacht. Man benutzt für beide Halbbilder dieselbe Information. Diese wird im amerikanischen Standard mit 60 Hz, im europäischen mit 50 Hz geschrieben, ein Gesamtbild also 30 bzw. 25 mal pro Sekunde neu geschrieben. Man kann ein einziges Halbbild benutzen, um in eine Sendung Titel oder Meldungen einzublenden. Um die Bewegung des Leuchtpunktes über den Schirm zu synchronisieren, werden zwei Synchronisationssignale benutzt: Die Zeilensynchronisation liefert das Signal zum Zeilenrücklauf, die Bildsynchronisation stellt den Strahl auf den Anfang des nächsten Halbbilds zurück. Es sind dabei einige Beschränkungen zu beachten, die in Bild 4-62 dargestellt sind. Die horizontale Weglänge des Strahls ist üblicherweise länger als die Bildschirmgröße. Der Betrag, um den der Strahl die Schirmgrenzen überschreitet, wird als *Zeilenüberhang* bezeichnet. Weiter ist in der Zeichnung als *Anzeigezeit* bezeichnet. Immer wenn der Leuchtpunkt das Ende der Anzeigezeit erreicht, springt er zurück. Die Zeitspanne vom Ende der Anzeigezeit bis zum Zeilensynchronisationsimpuls heißt *Dunkelzeit*.

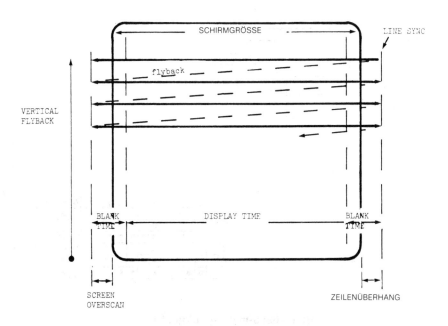

Bild 4-62: Details zur Strahlführung

MIKROPROZESSOR INTERFACE TECHNIKEN

Zeichenerzeugung

Ein Zeichen wird auf dem Schirm durch eine geeignete Zusammenstellung einzelner Punkte wiedergegeben, die *Punktmatrix* genannt wird. Zwei Standardformate zur Zeichendarstellung sind gebräuchlich. Am häufigsten wird die *5-mal-7-Matrix* benutzt. Weniger gebräuchlich ist die *7-mal-9-Matrix*. Die 7-mal-9-Matrix hat den Vorzug einer besseren Definition der Zeichen und einer besser lesbaren Wiedergabe von Kleinbuchstaben. Auf der anderen Seite jedoch benötigt die Wiedergabe in einer 7-mal-9-Matrix eine große Bandbreite, weshalb sie weniger gebräuchlich ist. In einer 5-mal-7-Matrix wird jedes Zeichen durch 35 Punkte wiedergegeben. Sie sind in 7 Zeilen zu je 5 Punkten angeordnet, und jedes Zeichen wird durch eine Aufeinanderfolge aus Punkten und Nicht-Punkten (d.h. freigelassene oder besser ,,schwarze'' Punkte) dargestellt. Die so gestaltete Zeichendarstellung ist in Bild 4-63 verdeutlicht. Jede Zeile auf dem Schirm gibt von allen Zeichen einer Zeile jeweils fünf Matrixpunkte wieder. Dann wird die nächste Matrixzeile eines jeden Zeichens geschrieben usw. Als Minimum benötigt eine 5-mal-7-Matrix acht Zeilen auf dem Schirm, da zwischen den Zeichenreihen noch mindestens eine Zeile leer bleiben muß. Im praktischen Betrieb werden zur besseren Lesbarkeit zehn, manchmal auch zwölf Zeilen auf dem Schirm zur Darstellung einer Zeichenzeile benutzt.

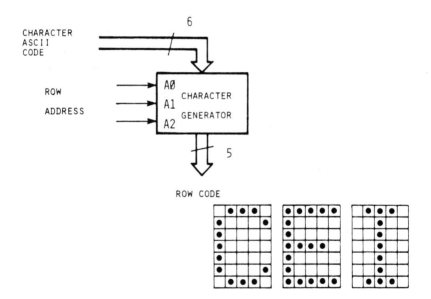

Bild 4-63: 5-mal-7-Punktmatrix

ANSCHLUSS VON PERIPHERIEEINHEITEN

Innerhalb des Mikroprozessorsystems wird jedes Zeichen durch seinen Kode, normalerweise ASCII, dargestellt. Eine ASCII-Kodetabelle steht in Bild 4-14. Dieser 7-Bit-ASCII-Kode muß in die Punktmatrixdarstellung umgewandelt werden. Das kann durch einfache ROM-Tabelle geschehen. Oder man verwendet einen speziellen Baustein, den *Punktmatrix-Zeichengenerator*. Im Gebrauch des Zeichengenerators wird für alle aufeinanderfolgenden Zeichen einer Zeile zuerst die erste Punktzeile ausgegeben, dann die nächste usw. bis zur siebten Punktzeile. Ein einfacher Zähler hält die Nummer der gerade ausgegebenen Punktzeile fest. In den nächsten Abschnitten wird gezeigt werden, wie die Punkte in für den Fernseher geeignete Videosignale umgewandelt werden können.

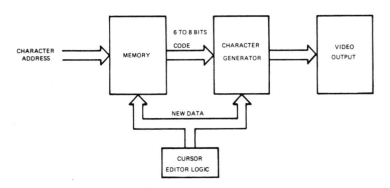

Bild 4-64: Zeichenerzeugung für Bildschirmanzeigen

Das ganze Bild (eigentlich Halbbild) muß mit 60 Hz in amerikanischer, 50 Hz in europäischer Norm, d.h. sechzig bzw. fünfzig mal in der Sekunde wiederholt werden, um Flimmern zu vermeiden. Damit wird ein *Auffrischspeicher* erforderlich. Die zur Auffrischung benötigte Geschwindigkeit ist normalerweise so groß, daß ein Standardmikroprozessor nicht verwendet werden kann. Man muß externe Schaltungen, wie DMA oder andere Spezialschaltungen benutzen. Der Vorzug beim Gebrauch eines DMA ist, daß der Auffrischspeicher für den Schirm im Arbeitsspeicherbereich des Mikroprozessorsystems liegen kann. Allerdings wird die Arbeitsgeschwindigkeit des Mikroprozessors verringert. (A.d.Ü.: Dies läßt sich vermeiden, wenn man durch geeignete Schaltungsauslegung dem Speicherzugriff durch den Prozessor Vorrang vor dem durch DMA gibt. Es kann dann höchstens beim Einschreiben neuer Information in die Speicherstelle, die gerade aufgefrischt werden soll, ein kurzes Flackern auf dem Schirm auftreten. Voraussetzung ist dazu ein eigenes Bussystem für die DMA-Schaltung.) In vielen Fällen wird der Auffrischspeicher speziell für diesen Zweck *außerhalb* des Systems zur Verfügung gestellt. In diesem Fall wird die Arbeitsgeschwindigkeit des Mikroprozessors nicht beeinträchtigt. Zeichengeneratoren werden von den meisten Halbleiterproduzenten angeboten, so z.B. von Fairchild, General Instruments, Monolithic Memories, MOS Technology, American Microsystems, Electronic Arrays, Signetics und Texas Instruments.

MIKROPROZESSOR INTERFACE TECHNIKEN

Die Zahl der Zeichen, die auf dem Schirm untergebracht werden können, ist durch die Bandbreite des verwendeten Fernsehgerätes beschränkt. Ein Standardgerät ohne Änderungen vorausgesetzt, benutzt man üblicherweise 5-mal-7-Matrix und 10 bis 16 Zeilen zu je 64 Zeichen, insgesamt also maximal 1024 Zeichen pro Schirm. Eine vollständige Zeile wird in etwa 63,5 μs geschrieben (einschließlich Strahlenrücklauf). (A.d.Ü.: Dieser Wert für die amerikanische Norm gilt annähernd auch in Europa; die Zeilenfrequenz beträgt in den USA 15.750 Hz, in Europa 15.625 Hz, was einer Zeilendauer von insgesamt 64 μs entspricht. Die folgenden Betrachtungen können auch für die europäische Norm übernommen werden.) Von der Zeilendauer können in etwa 43 μs zur Darstellung verwendet werden. Um in 43 μs 64 Zeichen anzuzeigen, können pro Zeichen etwa 0,7 μs verwendet werden. Das ist genügend Zeit, um Standardspeicher verwenden zu können. Wenn 80 Zeichen in jeder Zeile angezeigt werden sollten, müßten Speicher mit einer Zugriffszeit von weniger als 500 ns verwendet werden.

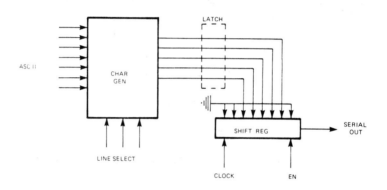

Bild 4-65: Serielle Ausgabe über Schieberegister

Umwandlung in ein serielles Videosignal

Die vom Zeichengenerator kommenden Punktmuster müssen, um als Videosignal Verwendung zu finden, in serieller Form ausgegeben werden. Dies wird in Bild 4-65 dargestellt. Der Zeichengenerator liefert für jedes Zeichen der Zeile eine Matrixzeile. Die Auswahl dieser Information erfolgt mit der ASCII-Information von 7 Bit auf der rechten Zeichnungsseite zur Zeichenanwahl und den von unten kommenden drei Auswahlleitungen für die Matrixzeile, die auf der rechten Seite der Generatordarstellung ausgegeben wird. Die fünf dem Zeileninhalt entsprechenden Punkte werden in ein Schieberegister übertragen und aus diesem in serieller Form für die Videoausgabe herausgeschoben.

ANSCHLUSS VON PERIPHERIEEINHEITEN

Für ein vollständiges Videosignal müssen fünf verschiedene Datensignale zusammengefaßt werden:
1. die das Zeichen darstellenden Punkte,
2. ein evtl. notwendiges Blinksignal (üblicherweise zur Kursordarstellung),
3. der Kursor selbst,
4. schließlich das horizontale (H) und das vertikale (V) Synchronisationssignal.
Um daraus ein BAS-Signal zu formen, benutzt man normalerweise einen einfachen analogen Mischer, wie es in Bild 4-66 gezeigt ist.

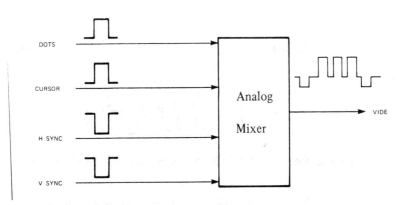

Bild 4-66: Mischen der Einzelsignale in ein BAS-Signal

Für amerikanische Norm gilt: Die Ausgangsspannungen der Videointerfaces betragen maximal 2 V, 0,5 V bis 0,75 V ergeben ein schwarzes, 1,5 V bis 2,0 V ein weißes Bild. Das ist in Bild 4-67 wiedergegeben. Das Synchronisationssignal wird als Synchronisationsimpuls (sync tip) bezeichnet. Es dauert 4,7 μs. Ihm folgen die Signale für die schwarzen und die weißen Punkte, in Form einer Folge von Rechteckschwingungen zwischen 0,5 und 2 Volt. Die Zeitbeziehungen finden sich in Bild 4-68. Bei einem Fernsehgerät amerikanischer Norm ist weiß ein Pegel von 100%, schwarz 25 bis 30% und die Synchronsignale 0%. Bei Geräten europäischer Norm sind die Definitionen nahezu umgekehrt: Weiß ist ein Pegel von 10%, schwarz von 75% und die Zeilen/Bildimpulse sind durch Sprünge von 75 auf 100% definiert (Bild 4-67a). Die Zeitbeziehungen sind in etwa gleich; die Zeilenlänge in europäischer Norm ist nur 0,8% kürzer als die in amerikanischer (63,5 μs gegenüber 64 μs). Die nutzbare Zeilenlänge beträgt in beiden Fällen etwa 45 μs. Die Spitzenspannung des Videosignals beträgt üblicherweise 1,5 V bis 2 V.
Das BAS-Signal kann schließlich entweder unmittelbar in den Videoverstärker des Fernsehgerätes oder über einen VHF/UHF-Modulator in dessen Antenneneingänge eingespeist werden. Das ist in Bild 4-69 verdeutlicht.

MIKROPROZESSOR INTERFACE TECHNIKEN

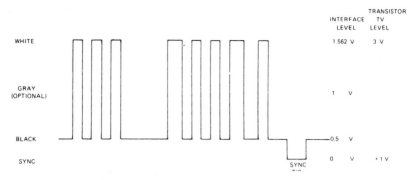

Bild 4-67: BAS-Signal und Synchronisation (amerikanische Norm)

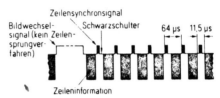

Bild 4-67a: BAS-Signal und Synchronisation (europäische Norm)

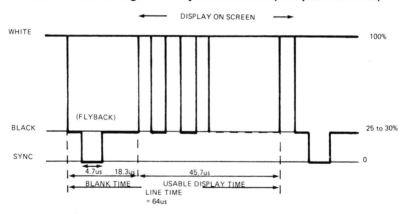

Bild 4-68: Zeitbeziehungen für eine Zeile auf dem Schirm

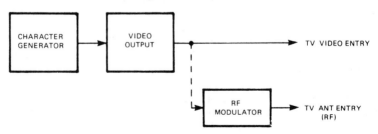

Bild 4-69: Einspeisung über Video- oder Antennenanschluß

MEMORY TIMING

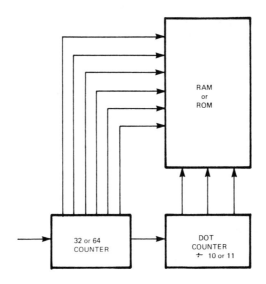

Bild 4-70: Abtasten des Zeichengenerator-ROMs

Auffrischspeicher

Um den Aufbau zu vereinfachen, wird das Bild üblicherweise aus einem besonders für diesen Zweck erstellten Speicher aufgefrischt. Man kann jedoch auch ein mit DMA versehenes Mikroprozessorsystem unmittelbar zur Bildauffrischung heranziehen. In diesem Fall werden zwei Zeilenpuffer benötigt, die in den DMA-Übertragsweg zwischen Mikroprozessorspeicher und Fernsehgerät eingeschaltet sind. Dies ist in Bild 4-71 dargestellt. Zuerst wird durch DMA Zeilenpuffer 1 gefüllt. Während dieser Zeit wird Zeilenpuffer 2, angenommen er war vorher bereits voll, über den Multiplexer auf der rechten Zeichnungsseite in die Ausgabelogik hinein getaktet. Typisch benötigt der Zeilenpuffer die doppelte oder mehr Zeit zum Entleeren, die zum Füllen notwendig ist. Sobald Zeilenpuffer 2 leer ist, wird die Ausgabe auf den mittlerweile längst gefüllten Zeilenpuffer 1 umgeschaltet und dieser entleert. Zum selben Zeitpunkt wird Zeilenpuffer 2 rasch mittels DMA gefüllt. Durch diese doppelte Pufferung wird eine kontinuierliche Operation des Auffrischsystems gewährleistet. Einzige Bedingung dafür ist, daß die DMA-Schaltung den Puffer rascher füllt, als er entleert wird. Selbstverständlich muß die DMA-Schaltung noch schneller, als dafür notwendig, arbeiten. Sie muß einen Puffer sehr viel schneller auffüllen können, als der andere entleert wird. Wäre dies nicht der Fall, so würde der Speicher und die DMA-Schaltung praktisch ausschließlich zur Bildauffrischung verwendet, und man könnte mit dem Mikroprozessor kein Programm mehr abarbeiten. (A.d.Ü.: Dies ist eines der möglichen Konzepte. Andere Methoden trennen die Datenpfade für den DMA-Zugriff auf einen Speicherbereich im Arbeitsspeicherraum des Systems,

MIKROPROZESSOR INTERFACE TECHNIKEN

der nur der Bildauffrischung dient, von den eigentlichen Systembussen. Hier kann der Prozessor ohne Beeinträchtigung in anderen Speicherabschnitten arbeiten. Bei Einschreiben neuer Daten in den Auffrischspeicher läßt sich die Logik so auslegen, daß der Zugriff durch den Prozessor Vorrang gegenüber dem durch DMA zur Bildauffrischung hat. D.h. der Auffrischspeicher wird für diesen Zeitpunkt vom internen DMA-Bussystem getrennt und an den Mikroprozessorbus geschaltet, bis die entsprechenden Daten übertragen sind. Der Zeilenzähler für den DMA-Zugriff läuft während dieser Zeit ,,blind'' weiter. Nach Abschluß des Prozessorzugriffs werden die Busse für diesen Speicherbereich wieder umgeschaltet und die Schirmauffrischung an dem Punkt fortgesetzt, an dem sie auch ohne Unterbrechung des DMA-Zugriffs gewesen wäre. Voraussetzung dafür ist, daß der Auffrischspeicher eine physisch von den übrigen Speichern getrennte Einheit darstellt. Der Zugriff durch den Prozessor geschieht dabei entweder durch normale Speicherbefehle, wenn der Auffrischspeicher in den Gesamtspeicherraum eingegliedert ist, oder durch besondere E/A-Befehle, falls er als externe Einheit behandelt wird.)

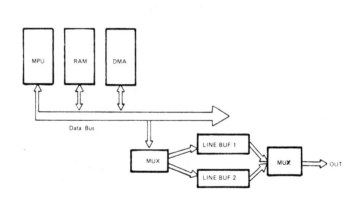

Bild 4-71: Zeilenpuffer zur Videoausgabe

Einchipsteuerungen für Sichtgeräte

Die neuen Bildschirmsteuerungen (CRTCs, cathode ray tube controllers) auf einem Chip vereinfachen den Anschluß eines Bildschirmgerätes (Sichtgerätes) an ein Mikroprozessorsystem. Ungeachtet ihrer Bezeichnung jedoch können sie auf dem einen Chip nicht alle benötigten Funktionen ausführen. Sie sind für einen zeilenorientierten (raster-scan) Bildschirm (im Gegensatz zum punktorientierten wie z.B. beim Oszilloskop) gedacht und benötigen üblicherweise einen zusätzlichen RAM-Puffer.
Dieses Seitenpuffer-RAM kann eine Größe von 2 K und mehr Worten besitzen (benötigt dabei mindestens 11 Adreßausgänge). Ein 2-K-RAM reicht aus für 25 Zeilen zu je 80 Zeichen.

ANSCHLUSS VON PERIPHERIEEINHEITEN

Funktionen einer Bildschirmsteuerung

Eine Bildschirmsteuerung erzeugt im wesentlichen vier verschiedene Signalgruppen:
1. *Auffrischadresse:* Adresse des auf dem Schirm aufzufrischenden Zeichens.
2. *Zeilenauswahl:* Für jedes Zeichen müssen 7 oder 9 Punktzeilen (je nachdem ob eine 5-mal-7- oder eine 7-mal-9-Matrix verwendet wird) nacheinander angezeigt werden.
3. *Videosteuerung:* Es müssen die richtigen horizontalen und vertikalen Synchronisationssignale HSYNC und VSYNC erzeugt werden.
4. *Anzeigenschaltung:* (display enable).

Zwei weitere Funktionen finden sich gewöhnlich bei CRTCs:
1. *Kursorausgabe:* Der Kursor ist ein unabhängiger Zeiger auf ein Zeichen, dargestellt als Unterstreichung, Rahmen, Pfeil oder sogar Farbumkehrung (Helligkeitsumkehrung). Seine Lage wird durch besondere Tasten oder Befehle gesteuert.
2. *Lichtgriffeleingabe:* Man benutzt einen Lichtgriffel als bequemes Eingabeinstrument. Er ermittelt den vorbeikommenden Lichtpunkt, d.h. den Augenblick, in dem der Elektronenstrahl seine Position passiert. Die Zeit seit Anfang eines (Halb) Bilds bis zu diesem Augenblick erlaubt, die ungefähre Position des Griffels auf dem Schirm festzustellen.

Ein CRTC enthält die Logik zur Kursorsteuerung, Sychronimpulserzeugung und zur Auswahl der Punktzeile in einem externen Zeichengenerator. Alle derzeitig erhältlichen CRTCs benötigen zusätzlich einen externen Auffrischspeicher, einen ROM-Zeichengenerator und die Logik zur Informationsübergabe an den Bildschirm, wie sie oben beschrieben worden ist, im wesentlichen das Schieberegister und die Ausgabe des Videosignals. Die Verwendung eines derartigen typischen CRTC ist in Bild 4-72 gezeigt.

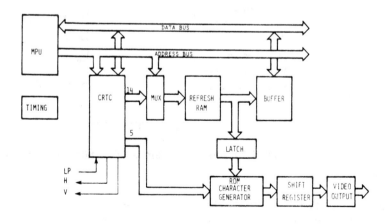

Bild 4-72: Blockdiagramm eines Bildschirmsteuerbausteins

MIKROPROZESSOR INTERFACE TECHNIKEN

Bildschirmsteuerbaustein 6845 von Motorola

Die Anschlußorganisation des Chips findet sich in Bild 4-73. Er erzeugt die Zeilensteuerung für den Zeilengenerator, die vertikalen und horizontalen Synchronsignale, das Ausblendsignal (blanking signal) und eine 14-Bit-Auffrischadresse für den Pufferspeicher. Zusätzlich erlaubt er ein Aufwärtsrollen des Bildes (scrolling) und seitenorientierte Datendarstellung (paging). *Scrolling* bedeutet, daß neue Zeilen (i.d.R. unten) auf dem Schirm an derselben Stelle erscheinen und der vorher geschriebene Inhalt senkrecht verschoben wird. *Paging* bezieht sich auf die automatische Anzeige des nächsten vollständigen Bildschirminhalts. Der Baustein enthält ein Kursorregister, ein Lichtgriffelregister und benötigt keinen zusätzlichen Zeilenpuffer.
Die folgenden Eigenschaften lassen sich programmieren:
— Punkte/Raster pro Zeichen,
— Zeichen pro Zeile,
— Zeilen pro Schirm,
— Lage der horizontalen/vertikalen Synchronisationssignale
— Kursorbild.

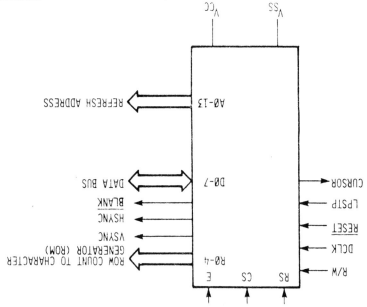

Bild 4-73: Anschlüsse eines Bildschirmsteuerchips

CRTC 8275 von Intel

Ganz entsprechend wird der CRTC 8275 von Intel an einen 5-mal-7- oder 7-mal-9-Zeichengenerator angeschlossen und erzeugt alle üblichen Videosteuersignale. Die prinzipielle Einfügung des Bausteins in ein System findet sich in Bild 4-74. Interessant ist, daß wegen des DMA-Zugriffs hier jeder beliebige Speicherbereich als Pufferspeicher benutzt werden kann. Seine Adressen werden von der MPU im DMAC abgelegt.

ANSCHLUSS VON PERIPHERIEEINHEITEN

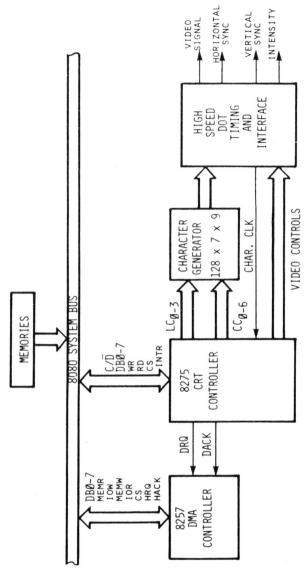

Bild 4-74: Bildschirmsteuersystem von Intel

CRTC 9412 von Fairchild

Wie üblich, verfügt der CRTC über 11 Adreßleitungen zur Pufferanwahl. Er enthält die Logik zur Kursorsteuerung (Eingänge CM0/CM2 in Bild 4-75) und zur Erzeugung der Synchronisationsimpulse (Comp Sync: composite sync, zusammengesetzte Synchronisationssignale, VRT SYNC: vertical sync, Vertikalsynchronisation).

MIKROPROZESSOR INTERFACE TECHNIKEN

Programmierbar sind:
— Anzeigenformat (Steuereingänge FS0-FS2),
— Matrixgröße (5-mal-7- oder 7-mal-9-Punktmatrix),
— Scrolling-Betriebsart (dies wird durch den scroll-Eingang gesteuert),
— Automatische Einfügung einer neuen Zeile,
— Auffrischfrequenz (50 Hz / 60 Hz, Eingang RR (refresh rate)).
Andere Ausgabesignale sind:
— DLC0-3 (dot line counter) ist der Zeilenzähler in der Matrix:
  er bestimmt die Zeilenadresse für den Zeichengenerator.
— LDV (load video) ist das Übernahmesignal für das externe Schieberegister.
— BLANK ist das Ausblendsignal.
— BLINK dient zum Blinken des Kursors oder beliebigen anderen Zeichens auf dem Schirm.
Als Beispiel sind in Bild 4-76 die acht Kodekombinationen der Eingänge CM0, CM1, CM2 (CM = cursor motion, Kursorbewegung) wiedergegeben.

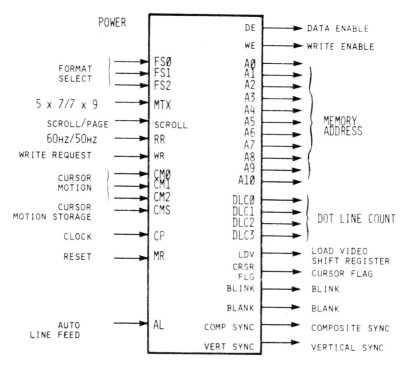

Bild 4-75: Bildschirmsteuerchip 9412 von Fairchild

Intelligentes Sichtgerät

Nachdem nun die Hardware für ein Sichtgerät (Bildschirmgerät) besprochen ist, soll das Softwareinterface betrachtet werden. Hier ergibt sich eine der ersten Möglichkeiten, ein

ANSCHLUSS VON PERIPHERIEEINHEITEN

CM2	CM1	CM0	FUNCTION
L	L	L	UP
L	L	H	RETURN
L	H	L	LEFT
L	H	H	HOME
H	L	L	DOWN
H	L	H	NEW LINE
H	H	L	RIGHT
H	H	H	OUTPUT CURSOR ADDRESS (ADDRESS IS VALID WHEN DE OUTPUT IS LOW)

Bild 4-76: Kodes zur Kursorsteuerung beim 9412

sogenanntes intelligentes Sichtgerät zu entwerfen. Intelligent bedeutet, daß ein wesentlicher Teil der Prozessorarbeit von der peripheren Einheit selbst anstatt von der Zentraleinheit erledigt wird. Solche Zusätze wie Edierfähigkeit, Seitendarstellung (paging) und eingeschränkte graphische Fähigkeiten sind alles erwünschte Eigenschaften, die ein intelligentes Sichtgerät ausführen können sollte. Einen ganzen Mikroprozessor zur Ausführung der Interfacefunktionen eines Sichtgerätes vorzusehen, erfordert kaum zusätzliche Kosten. Typische Terminals, die nicht intelligent sind, ermöglichen Ein- und Ausgaben über Tastatur und Bildschirm für das räumlich davon getrennte System. Hier, beim Terminal, können die neuen Eigenschaften Edieren, Seitenformatieren und Graphik erfüllt werden. Nachdem wir einen oder zwei Abschnitte auf den Terminalbildschirm eingegeben haben, können wir z.b. wünschen, den Text zu edieren, d.h. von Fehlern zu befreien oder Teile daraus zu ändern, bevor wir ihn dem Computer übergeben. Mit Hilfe von Kursorsteuerung, Lichtgriffel oder Befehlen über die Tastatur kann die Information auf dem Schirm verändert werden, wodurch die Texterstellung vereinfacht wird. Der Mikroprozessor übernimmt die Befehle von den Eingabesensoren, z.b. vom Lichtgriffel, und verändert die Aufeinanderfolge der Zeichen im Speicher so, daß sie dem Willen des Benutzers gemäß auf dem Schirm wiedergegeben werden. Es lassen sich einfach zu dieser Art eines Ediersystems höhere Eigenschaften hinzufügen, wie Verschieben von Blocks, Suche nach bestimmten Zeichenfolgen (strings) und Formatieren des Textes. Alle diese Funktionen erfordern relativ wenig Softwaremehraufwand für den Mikroprozessor. Es wird aber der Programmaufwand für das Gesamtsystem an das möglicherweise noch ein ganzes weiteres Netz von Terminals angeschlossen ist, wesentlich gesenkt.

Üblicherweise faßt der Bildschirm eines Sichtgerätes nicht mehr als 24 Zeilen zu je 80 Zeichen, so daß Scrolling und Paging unserer Information in und aus dem Bildschirm eine wünschenswerte Eigenschaft ist. Diese Funktion ist nicht sonderlich schwierig, da die Steuerung in einem größeren Speicher gewöhnlich zwischen vier und zehn Seiten Schreibmaschinentext speichern kann. Ein Interface kann diese Funktionen durch Hard-

149

ware ermöglichen; benutzt man jedoch Softwarealgorithmen, so lassen sich die Möglichkeiten zur Seitenhandhabung mit unserem Terminal verbessern. Durch Erstellen von Befehlen, die den Text um jede beliebige Zeilenzahl vom Speicher in den Bildschirm und umgekehrt schieben können, wird der Edier- und Lesevorgang vereinfacht.

Zusätzlich zur Darstellung normalen Textes ist das Hinzufügen einer Form begrenzter Graphikmöglichkeiten vereinfacht. Mit Hilfe des Mikroprozessors kann das Interface solche Funktionen wie Erstellen und Anzeigen von Graphik durch Verwenden besonders vereinbarter Zeichen ausführen. Es läßt sich z.b. ein System denken, in dem man Anfangs- und Endpunkt einer Linie vorgibt und das Terminal dann automatisch mit einem der o.a. Zeichen die bestmögliche Verbindung zwischen diesen beiden Punkten herstellt. Alle diese Eigenschaften sind in der einen oder anderen Form bei den neuen derzeit hergestellten intelligenten Terminals gegeben. Es gibt außerdem sogenannten Heimcomputer, wie z.b. der PET von Commodore, die ebenfalls den Gebrauch vieler derartiger intelligenter Funktionen zeigen. Generell lautet die Fragestellung: ,,Jetzt, wo ich einen Mikroprozessor habe, wie läßt er sich zur Verbesserung der Interfacefunktionen einsetzen?''

CRTC 96346 von Thomson-CSF

In Frankreich wurde ein neuer Steuerbaustein für Sichtgeräte konstruiert, der den Weg zu Interfaces mit weniger Bauelementen aufweist. Der CRTC 96346 benötigt den Anschluß von 19 anderen einfach und mittel integrierten Bausteinen, um ein vollständiges Interface für ein Sichtgerät, das RS232C und ASCII kompatibel ist, zu erstellen. Es besteht weiter die Möglichkeit, unmittelbar an dieses Interface eine ASCII-Tastatur anzuschließen. Auf diese Weise stellt es das preiswerteste Terminalinterface dar.
Der zentrale Bildschirmsteuerbaustein enthält die Schaltungen zur Zeitsteuerung und zur Erzeugung der Synchronisationssignale, die Kursorlogik, Anzeigenzähler und die Steuerlogik für den externen Anzeigespeicher. Diese Gliederung ist in Bild 4-74 wiedergegeben. In Bild 4-78 findet sich die sich daraus ergebende Gesamtschaltung, in der der 96346 an den Speicher, den ROM-Zeichengenerator, das Schieberegister für das serielle Videosignal und ein UART angeschlossen ist.
Die Zeichenformation wird über den seriellen RS232C-Eingang an das UART geliefert. Dort werden die Daten in parallele Form gebracht. Die parallelen Daten werden im Bildschirmspeicher abgelegt. Das kleine ROM mit 32 x 4 Bit dient zur Steuerung und entscheidet, ob das Zeichen angezeigt werden soll oder ob es zur Steuerung der Anzeige dient, d.h. Zeilenvorschub, Wagenrücklauf o.ä. ist.
Der CRTC wandelt über den ROM-Zeichengenerator die ASCII-Daten in die richtigen Punktserien für den Bildschirm um. Das Anzeigenformat taugt für die europäische Norm mit 625 Zeilen und 50 Halbbildern pro Sekunde ohne Ausnutzen des Zeilensprungs. In der Abbildung sind die zeitbestimmenden Bauelemente zum Betrieb eines Monitors nach US-Norm mit 625 Zeilen und 60 Halbbildern pro Sekunde ausgelegt. Es ließe sich ein normaler Fernsehapparat verwenden, ein Videomonitor bringt jedoch viel bessere Ergebnisse. Viele Monitorchassis kosten weniger als Fernsehgeräte vergleichbarer Leistung, da weder Stromversorgung noch Tuner enthalten sind.
Die Schaltung ergibt ein vollständiges Terminal mit 16 Zeilen zu je 64 Zeichen. Die Zeichen werden in einer 5-mal-7-Matrix wiedergegeben. Kleinbuchstaben sind durch Anpassen des ROM darstellbar.

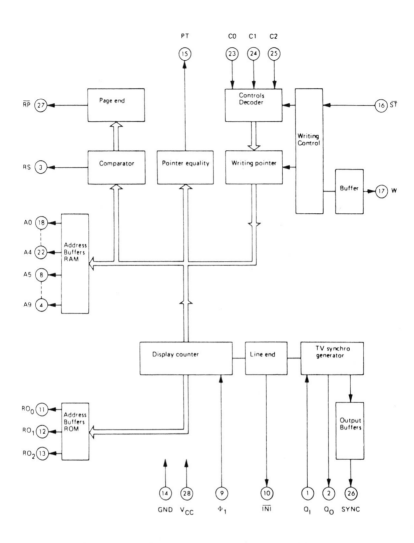

Bild 4-77: Blockdiagramm des Bildschirmsteuerchips 96346 von Thomson-CSF

MIKROPROZESSOR INTERFACE TECHNIKEN

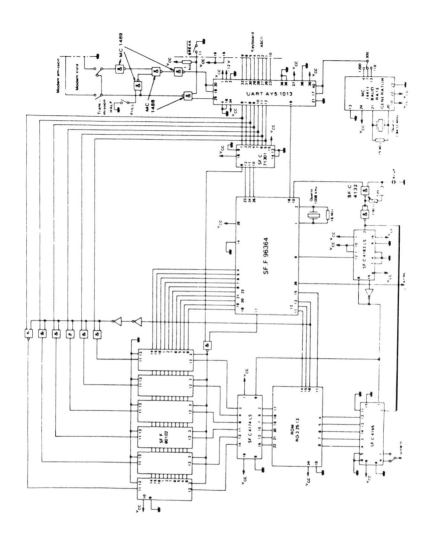

Bild 4-77a: Vollständige Bildschirmstation

ANSCHLUSS VON PERIPHERIEEINHEITEN

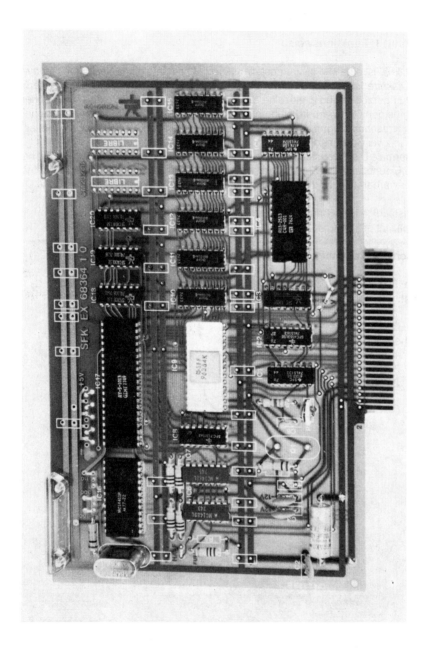

Bild 4-77b: Bildschirminterfacekarte von Thomson-CSF

MIKROPROZESSOR INTERFACE TECHNIKEN

Anschluß von Diskettenspeichern

Abschnitt 1: Funktionsweise

In Bild 4-78 ist eine Minidiskettenstation (kurz: Minifloppy) dargestellt. Eine *Floppy-Disk* oder *Diskette* ist einfach eine flexible runde Scheibe, die mit einer magnetisierbaren Schicht überzogen und in einzelne *Spuren* und Abschnitte, die *Sektoren,* auf denen die Daten festgehalten werden, eingeteilt ist. Sie ergibt ein sehr preiswertes Speichermedium mit raschem Zugriff auf die Daten und hoher Speicherkapazität. Zur Zeit gibt es Disketten in zwei Größen: die normale Diskette und die Minidiskette.
Eine normale Diskettenstation (floppy disk drive) wie z.B. die SA800 von Shugart hat folgende Eigenschaften: (Sie kann mit einfacher oder doppelter Aufzeichnungsdichte betrieben werden (single-density oder double-density). Wir nehmen hier einfache Dichte an.)
— Vollständige Speicherkapazität pro Diskette: 3,3 Megabit,
— Kapazität pro Spur: 41,7 Kilobit (unformatiert).

Typische Disketteneigenschaften

Größe: 8'' Diskette (203 mm)
Format: 76 Spuren + Indexspur (IBM-3740-Format),
        26 Sektoren pro Spur.

Speicherkapazität:
        128 Bytes pro Sektor,
        3,25 KBytes pro Spur (1 K = 1024),
        247 KBytes pro Diskette.

Bild 4-78: Minidiskettenstation von Shugart

ANSCHLUSS VON PERIPHERIEEINHEITEN

Aufzeichnungsdichte:
　　Spurabstand: 0,53 mm (48 Spuren pro Inch),
　　Bitdichte: 3268 bpi (einfache Dichte), 6536 bpi (doppelte Dichte),
　　　(bpi = bits per inch, metrisch: 129 Bit/mm bzw. 257 Bit/mm).

Geschwindigkeit:
　　Rotation: 360 U/min ± 2%
　　Übertragungsrate: 250 Kbits/s (einfache Aufzeichnungsdichte),
　　　　　　　　　　500 Kbits/s (doppelte Dichte).

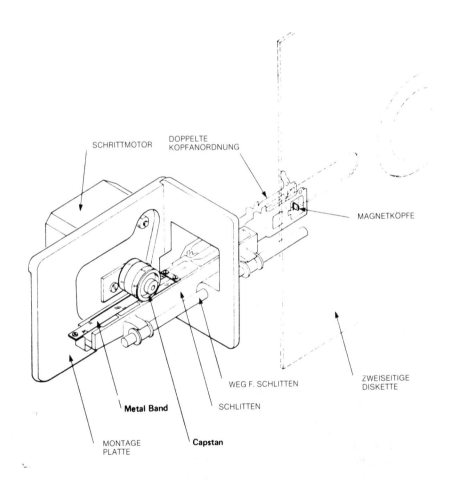

Bild 4-78a: Ausschnitt: Kopfeinstellung

MIKROPROZESSOR INTERFACE TECHNIKEN

Bild 4-79: Diskette mit Diskettenstation

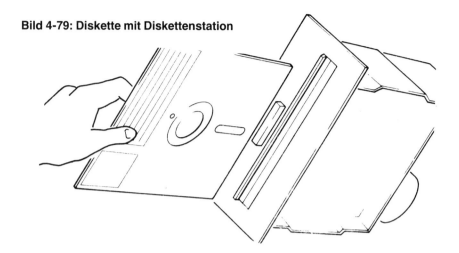

Zeitbedarf:
    Schritt von Spur zu Spur: 10 bis 18 ms (enthält 8 bis 15 ms Beruhigungszeit
            für den Kopfträger),
    maximale Suchzeit: 100 bis 768 ms,
    Kopfladezeit (zum Absenken des Schreib/Lesekopfs auf die Diskettenoberfläche): 40 ms,
    mittlere Zugriffszeit: 136 bis 476 ms.

Zuverlässigkeit (nach Angaben von Persci):
    Lesefehler (soft): weniger als 1 in 10^9 Bit,
    Lesefehler (hard): weniger als 1 in 10^{12} Bit,
    Positionierungsfehler: weniger als 1 in 10^6 Zugriffen,
    Betriebszeit zwischen Ausfällen (MTBF, mean time between failures) über 4000 h,
    durchschnittlicher Reparaturaufwand (MTTR, mean time to repair):
    weniger als 20 Minuten,
    Lebensdauer: 15.000 Stunden oder 5 Jahre.

Als Beispiel seien die Zugriffszeiten für eine normale Diskettenstation wie die SA800 von Shugart angegeben (einfache Aufzeichnungsdichte angenommen):
— Spur zu Spur: 8 ms
— Durchschnittlicher Zugriff: 250 ms,
— Beruhigungszeit: 8 ms,
— Kopfladezeit: 35 ms,
— Umdrehungsgeschwindigkeit der Diskette: 360 U/min,
— Aufzeichnungsdichte (innere Spur): 3200 bpi (einfache Dichte),
                        6400 bpi (doppelte Dichte)
                        (126 Bit/mm bzw. 252 Bit/mm),
— Spurabstand: 0,53 mm (48 Spuren pro Inch),
— Spuranzahl: 77.

ANSCHLUSS VON PERIPHERIEEINHEITEN

Eigenschaften von Minidiskettenstationen

Größe: Minidisketten mit einem Durchmesser von 5,25" (133 mm),
Format: 35 Spuren,
Speicherkapazität: 1/3 der Standarddisketten,
pro Minidiskette 78,75 KBytes (Softformat),
Übertragungsrate: 3 bis 6 mal geringer als bei Normaldisketten.

Formatierung von Disketten

Üblicherweise werden die Disketten im IBM-3740-Format mit 77, von 00 (ganz außen) bis 76 (ganz innen) numerierten Spuren formatiert. Eine der Spuren dient normalerweise zur Indexinformation, womit 76 Spuren zur Datenspeicherung benutzt werden können. Jede Spur ist (wie Tortenstücke) in Sektoren unterteilt. Zur Festlegung der Sektoren werden zwei Techniken benutzt: Soft-Sektorierung und Hard-Sektorierung.
Bei der Technik der *Hard-Sektorierung* werden auf einem Kreis 32 kleine Löcher in die Diskette gestanzt, die 32 Sektoren zu je 128 Bytes bezeichnen. Man erhält so die größtmögliche Datendichte.

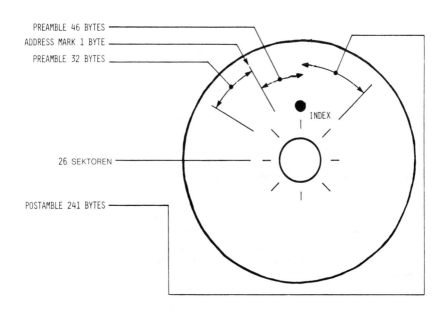

Bild 4-80: Diskettenformatierung

MIKROPROZESSOR INTERFACE TECHNIKEN

Bei der *Soft-Sektorierung* wird nur ein Loch in die Diskette gestanzt, das den Beginn von Sektor Null bezeichnet. Der Benutzer muß die Sektorenanzahl selbst bestimmen. Das IBM kompatible Format benutzt 26 Sektoren zu je 128 Bytes. Jeder einzelne Sektor muß eindeutig erkannt werden können, weshalb die Sektoren durch Aufzeichnungslücken voneinander getrennt sind und jedem von ihnen ein Vorspann mit Kennzeichnungsinformation vorangeht. Das hat eine kleinere Datendichte als bei Hard-Sektorierung zur Folge. Da jedoch jeder Sektor einwandfrei bei jedem Zugriff identifiziert wird, ergibt sich eine größere Datensicherheit.

Eigenschaften von Minidiskettenstationen

Eine Minidiskettenstation (mini-floppy) besitzt folgende Merkmale:
Speicherkapazität:
    Unformatiert: 109.375 Bytes pro Diskette und 3125 Bytes pro Spur.
    Formatiert: Hier müssen zwei Fälle unterschieden werden:
    Softformat und Hardformat.

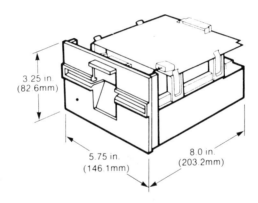

Bild 4-81: Abmessungen einer Minidiskettenstation

Beim *Hardformat* sind in die Diskette Löcher zur Festlegung eines neuen Sektors gestanzt. Beim *Softformat* wird nur ein Loch gestanzt, das den Spuranfang bezeichnet, wobei die Sektorlänge selbst dem Entwickler oder Programmierer überlassen bleibt.

	Softformat	Hardformat
Pro Diskette:	78,75 KBytes	70,0 KBytes
Pro Spur:	2304 Bytes	2048 Bytes
Pro Sektor:	128 Bytes	128 Bytes
Sektoren/Spur:	18	16
(1 K = 1024)		

Übertragungsrate: 125,0 kbit/s,
Zugriffszeiten: Spur zu Spur: 40 ms,
                Durchschnitt: 463 ms,

ANSCHLUSS VON PERIPHERIEEINHEITEN

Beruhigungszeit: 10 ms,
Kopfladezeit: 75 ms,
Umdrehungsgeschwindigkeit: 300 U/min,
Aufzeichnungsdichte (innere Spur): 2571 bpi (102 Bit/mm),
Spuren: 35,
Spurabstand: 0,53 mm (48 Spuren pro Inch).

Wesentliche Interfacesignale für eine Diskettenstation

Die Interfacesignale umfassen Befehle und Daten für die Station (disk drive) und Status plus Daten für die Steuerung. Zur Station gehen:
— Schrittimpulse und Richtungsinformation für den Kopfantrieb,
— Kopfladebefehl,
— Schreib/Lesebefehl,
— Daten- und Taktinformation,
— Rücksetz/Fehlerbit(s).

Von der Station kommen:
— Indeximpuls,
— Sektorimpulse (falls hard-sektoriert),
— Zustands/Fehlerbit(s),
— Schreibschutz entdeckt (Markierung auf der Diskette),
— Daten und Takt,
— Spur 00 erreicht.

Die Diskettenstation

Die Station enthält die Mechanik und Elektronik, die zur Bewegung der Diskette und zum Datenzugriff nötig sind.
Die Diskette ist eine flexible („floppy") Mylarscheibe, die mit einer magnetisierbaren Schicht überzogen ist und in einer Hülle rotiert. Die Hülle ist mit einem radialen Ausschnitt versehen, durch den der Schreib/Lesekopf auf die Diskette zugreift.
Zum Schreiben, Lesen und Löschen wird derselbe Kopf benutzt. Dieser Kopf wird von einem Einstellmotor, üblicherweise einem Schrittmotor, radial zur Diskette bewegt. Ist der Kopf richtig über die gewünschte Spur gestellt, so wird er in unmittelbaren Kontakt mit der Diskettenoberfläche gebracht.
Die Diskettenhülle hat weiter ein Indexloch. Es befindet sich auf dem Kreis, auf dem das Indexloch der Diskette, das den Anfang von Sektor Null bezeichnet, liegt. Eine Lichtschranke überwacht das Vorbeikommen des Indexloches während der Rotation.
Die Stationselektronik führt vier Funktionen aus:
1. Stelle den Kopf auf die Spur
2. Lade den Kopf (d.h. senke ihn auf die Diskette ab) und lese oder schreibe.
3. Erzeuge oder interpretiere Steuersignale und Statusinformationen (einschließlich Indexermittlung und Feststellen von Spur 00).
4. Regle den Spindelmotor auf exakte Drehzahl.
Als Optionen sind verfügbar:
— Fernsteuerung des Diskettenauswurfs,
— Schreibschutz.

MIKROPROZESSOR INTERFACE TECHNIKEN

Typische Signale zwischen Diskettensteuerung und MPU

Zur MPU:
— Unterbrechungsanforderung (interrupt request),
— Übertragungsanforderung (transmission request),
— 8 Bit Daten.

Von der MPU:
— 8 Bit Daten,
— Takt (clock, CLK),
— Rücksetzen, (reset, RES),
— Lesen/Schreiben (read/write, R/W),
— Auswahlimpulse (über den Adreßbus)
— Übertragungsbestätigung (transmission acknowledge).

Arbeitsweise einer Diskettenstation

Das Prinzip einer Lese- oder Schreiboperation besteht im Zugriff zu der benötigten Spur und dem Sektor mit anschließendem Übertrag eines Datenblocks. Hierfür müssen drei Operationen ausgeführt werden: *Kopfeinstellung, Lese/Schreibsteuerung und Datenübertragung.*

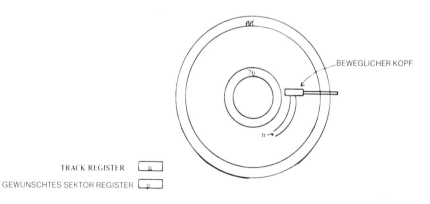

Bild 4-82: Zugriff auf Sektor p in Spur n

ANSCHLUSS VON PERIPHERIEEINHEITEN

1. Kopfeinstellung:
Der Kopf wird schrittweise mittels eines Schrittmotors (Schrittzeit typisch 3 bis 10 ms) über die Diskette bewegt. Das erfordert in einem Allzweck-Formatier/Steuerbaustein eine programmierbare Schrittverzögerung. Selbstverständlich muß über eine spezielle Leitung die Richtung der Bewegung vorgegeben werden. Außerdem muß zum Abklingenlassen von Schwingungen des Kopfträgers eine Beruhigungszeit von 8 bis 15 ms vorgesehen werden.

Der Kopf kann dann auf die Diskettenoberfläche abgesenkt werden. (Genaugenommen wird hierbei nicht der Kopf bewegt, sondern ein Andruckhebel mit einem Filzstückchen, das die flexible Diskette auf den Kopf drückt. Wegen der niedrigeren Masse des Hebels läuft dieser Vorgang schneller ab, als wenn man den Kopf selbst bewegen würde. Dieses sogenannte Laden des Kopfes erfordert eine Kopfladezeit von 30 bis 60 ms und zusätzlich eine Beruhigungszeit von etwa 10 ms. (Üblicherweise ist in der Angabe der Kopfladezeit diese Beruhigungszeit bereits enthalten.) Dann ist es notwendig, die richtige Einstellung nachzuprüfen, was durch Lesen der Spurnummer im ersten Erkennungsfeld (ID-Feld (ID = Identifikation)) auf der Diskette geschieht. Diese wird mit dem Spurregister verglichen. Die so gelesene Information wird noch mit Hilfe des CRC-Prüfworts im ID-Feld (CRC = cyclic redundancy check, s.u.) auf Richtigkeit getestet. Der Zugriff kann dann fortgesetzt werden.

2. Lese/Schreibsteuerung:
Angenommen, die Einheit und die Daten sind für eine Schreiboperation bereit, so wird jetzt das Schreibgatter aktiviert. Die Schreiboperation kann bei einer mit Schreibschutz versehenen Diskette unterbunden werden.

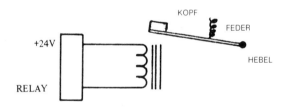

Bild 4-83: Diskettenstation: Kopfladevorrichtung

3. Datenübertragung:
Die Übertragung muß mit festgelegter Geschwindigkeit erfolgen. Typische Taktfrequenzen sind 1 MHz bei einfacher Aufzeichnungsdichte (0,5 MHZ bei Minidisketten) und 2 MHz bei doppelter Dichte (bei Minidisketten 1 MHz).

Eine Diskette kann, wenn sie dafür eingerichtet ist, einfach gegen Überschreiben geschützt werden, indem man durch Abziehen einer Schutzfolie eine Kerbe in der Hülle freilegt. Das ist in Bild 4-84 verdeutlicht. Bei Minidisketten muß dagegen eine Kerbe *geschlossen* werden.

MIKROPROZESSOR INTERFACE TECHNIKEN

Die Station selbst

Die Diskettenstation selbst umfaßt die folgenden Funktionseinheiten:
1. Schreib/Lesesteuerung und Steuerelektronik (2 Schaltkarten),
2. Antriebsmechanismus,
3. Schreib/Lesekopfeinstellmechanismus,
4. Schreib/Lesekopf.

Die in 1 angesprochene Schreib/Lesesteuerung enthält:
— Index- und Sektorerkennung,
— Treiber für die Schreib/Lesekopfeinstellung,
— Treiber zum Laden des Kopfes,
— Schreibtreiber,
— Leseverstärker einschließlich Flankendetektor,
— Schreibschutzerkennung,
— Schaltungen zur Stationsauswahl,
— Steuerschaltung für den Antriebsmotor.

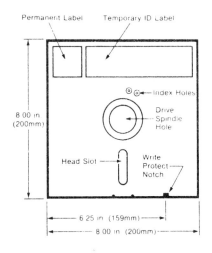

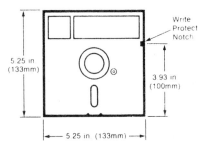

Bild 4-84: Vergleich von Normal- und Minidiskette

ANSCHLUSS VON PERIPHERIEEINHEITEN

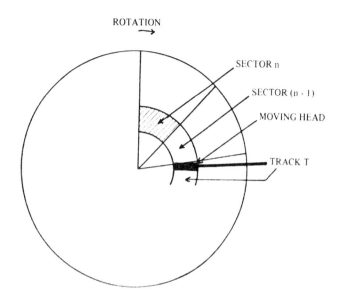

Bild 4-85: Kopf auf die richtige Spur eingestellt

Zugriff auf eine Spur

Der Kopf wird von Spur zu Spur über die Diskettenoberfläche bewegt. Er wird in radialer Richtung von einem Schrittmotor eingestellt. Um eine Spur zu erreichen, werden die folgenden Schritte ausgeführt:

1. Die Station muß aktiviert werden. Üblicherweise kann eine Diskettensteuerung (disk controller) mehr als eine Einheit bedienen und aktiviert über den Auswahlmechanismus die gewünschte Diskettenstation.
2. Die Richtung der Kopfträgerbewegung wird bestimmt durch Setzen des Richtungsflipflops. Der Kopf bewegt sich dann entweder in Richtung auf das Zentrum der Diskette oder zu ihrem Umfang hin.
3. Das Schreibgatter wird blockiert. Während der Kopfbewegung darf keinerlei Schreiboperation ausgeführt werden.
4. Über die Schrittleitung werden Laufimpulse an den Schrittmotor übertragen, bis die gesuchte Spur erreicht ist. Dabei bewirkt jeder Impuls, daß der Kopf zur nächsten Spur in der vorgewählten Richtung weiterschreitet.

MIKROPROZESSOR INTERFACE TECHNIKEN

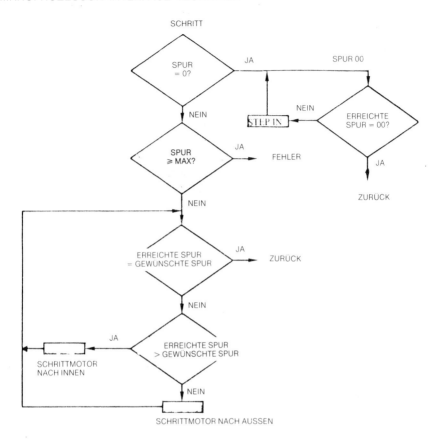

Bild 4-86: Ablauf der Einstellung auf eine bestimmte Spur

Lesen und Schreiben

Das *Lesen* einer angewählten Spur erfolgt einfach durch:
— Aktivieren der Station,
— Deaktivieren des Schreibgatters.
Geschrieben wird durch:
— Aktivieren der Station,
— Aktivieren des Schreibgatters,
— Senden der Datenimpulse über die Schreibleitung.

ANSCHLUSS VON PERIPHERIEEINHEITEN

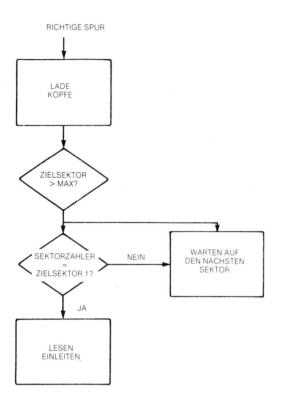

Bild 4-87: Zugriff auf einen Sektor

MIKROPROZESSOR INTERFACE TECHNIKEN

A PRACTICAL READ SEQUENCE

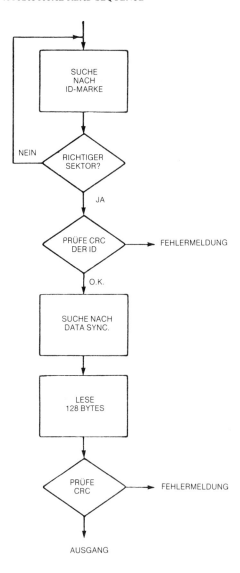

Bild 4-88: Ablauf einer Leseoperation

ANSCHLUSS VON PERIPHERIEEINHEITEN

Signale einer Diskettenstation: Ein Beispiel

Die von der Minidiskettenstation SA400 benötigten oder erzeugten Signale stehen in Bild 4-89. Es werden im wesentlichen sechs Signale zum Verkehr mit der Station benötigt:

Motor ein (motor on)

Dieses Signal schaltet den Motor ein oder aus. Wurde der Motor eingeschaltet, so muß 1 Sekunde gewartet werden, bis der Lauf stabil ist. Werden keine weiteren Befehle mehr übertragen, so sollte entsprechend nach 2 Sekunden (10 Umdrehungen) jedesmal der Motor abgeschaltet werden. Das verlängert die Lebensdauer von Station und Diskette.

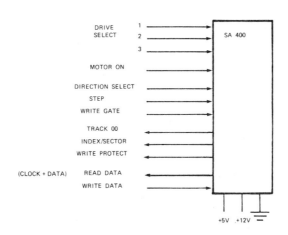

Bild 4-89: Diskettenstation SA400 von Shugart

Richtungsauswahl (direction select)

Dieser Eingang bestimmt die Richtung, in der der Kopf bewegt werden soll. Die Bewegung selbst erfolgt durch Impulse über die Schrittleitung.

Schritt (step)

Hiermit wird der Kopf eine Spur zum Zentrum oder von ihm weg bewegt. Die Bewegung setzt mit der Vorderflanke des Impulses ein.

Schreibgatter (write gate)

Die Diskette wird beschrieben, wenn diese Leitung aktiv ist. Eine Leseoperation wird bei inaktiver Schreibleitung durchgeführt.

Spur 00 (track 00)

Dieses Signal gibt an, daß der Kopf die Außenseite der Diskette, d.h. die äußerste Spur, Spur 00, erreicht hat. Der Kopf wird dann nicht weiter bewegt, selbst wenn weitere Schrittbefehle gegeben werden.

Index/Sektor

Jedesmal, wenn in der Diskette eines der eingestanzten Löcher entdeckt wird, entsteht hier ein Signal. Man kann zwei Arten von Löchern benutzen, Indexlöcher und Sektorlöcher. Jede Diskette enthält ein Indexloch, das den Anfang des ersten Sektors auf der Diskette bezeichnet.
Eine hardformatierte Diskette, wie sie unten noch behandelt wird, besitzt noch weitere Löcher, die den Anfang jedes Sektors bezeichnen. Wird Softsektorierung benutzt, so wird bei jeder Umdrehung nur ein Impuls, am Anfang einer Spur, abgegeben. Das geschieht alle 200 ms. Werden hardsektorierte Disketten verwendet, so erfolgen bei jeder Umdrehung 11 oder 17 Impulsausgaben.

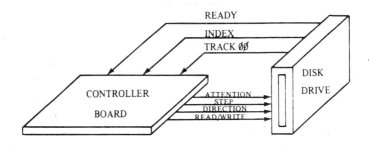

Bild 4-90: Grundlegende Signale für eine Diskettenstation

Status-Signale der Diskettenstation

Die Bereitschaftsleitung READY ist aktiv, wenn die Diskette richtig eingefügt worden ist und stabil rotiert.
Die INDEX-Leitung liefert einen Impuls, der den Anfang von Sektor 0 bezeichnet. Das geschieht durch ein in die Diskette gestanztes Loch, das von einer Lichtschranke überwacht wird.
Die optionale Schreibschutzleitung WRITE-PROTECT teilt dem System mit, daß der Benutzer eine Kerbe in der Diskettenhülle freigelegt (bei Mindisketten: geschlossen) hat, um ein Überschreiben des Disketteninhalts zu verhindern.

ANSCHLUSS VON PERIPHERIEEINHEITEN

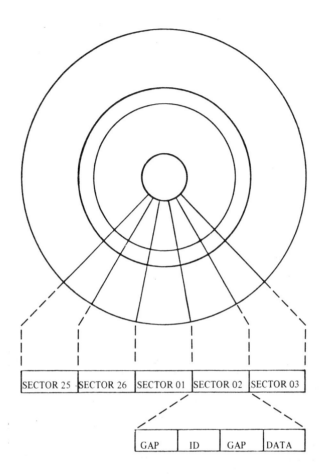

Bild 4-91: Aufbau der Sektoren

Weitere Optionen für Diskettenstationen

Einige übliche Optionen sind:
Schreibschutz (WRITE-PROTECT): An einer festgelegten Stelle der Diskettenhülle läßt sich ein Klebestreifen abziehen, der eine Kerbe freilegt. Das Vorhandensein der Kerbe wird von einer Lichtschranke in der Station getestet und nach außen gemeldet. Dadurch läßt sich die Diskette gegen versehentliches Beschreiben schützen (nicht möglich auf IBM-Einheiten).

MIKROPROZESSOR INTERFACE TECHNIKEN

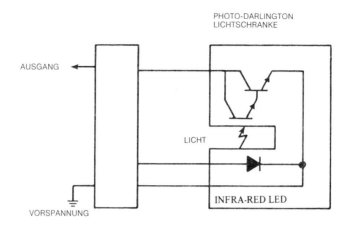

Bild 4-92: Schreibschutzeinrichtung

Auswurffernsteuerung (REMOTE EJECT): nützliche Eigenschaft, durch die sichergestellt werden kann, daß alle Disketten ausgeworfen sind, bevor der Computer abgeschaltet wird, da Störimpulse auf den Leitungen den Disketteninhalt sonst zerstören könnten.
Motorsteuerung (STOP MOTOR): Vermindert Abnutzung von Motor und Diskette, vergrößert jedoch die Anfangszugriffzeit auf den ersten gewünschten Sektor.
Sofortanwahl einer Spur (HIGH SPEED SEEK): Setzt den Kopf sofort auf die gewünschte Spur, wie z.b. 44 (anstatt von Spur zu Spur vorzugehen). Es wird dazu ein spezielles Suchregister in der Station benötigt, das die Differenz zwischen der alten und der neuen Spur enthält.
Phasenstarre Signalaufbereitung (PHASE LOCKED OSCILLATOR, PLO): Üblicherweise eher Bestandteil der Steuerung als der Diskettenstation. Hiermit lassen sich Phasenschwankungen (jitter) aus dem Lesesignal entfernen.

Informationsaufzeichnung

Die gesamte Information wird in einem binären Format auf die Spuren der Diskette geschrieben. Die Beschichtung der Diskette wird dabei völlig durchmagnetisiert, die Magnetisierungsrichtung bezeichnet den logischen Zustand des aufgezeichneten Pegels („0" oder „1"). Aufzuzeichnende Bits und Takt werden in der Frequenzmodulationstechnik verschlüsselt (FM-Technik): Jedes Datenbit erscheint mitten in einem „Rahmen" zweier aufeinanderfolgender Taktimpulse.
Mit anderen Worten enthält jeder „Rahmen" einen Taktimpuls (immer „1") und ein Datenbit („0" oder „1"). Jeder „Rahmen" hat eine Dauer von 4 μs, entsprechend der Übertragungsrate von 250 kbit/s (die Diskette rotiert dabei mit von dem amerikanischen Wechselstromnetz von 60 Hz abgeleiteten 360 U/min).

ANSCHLUSS VON PERIPHERIEEINHEITEN

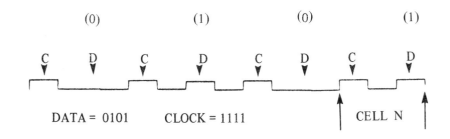

Bild 4-93: Format der Datenaufzeichnung

Zur Vergrößerung der Aufzeichnungsdichte hat man andere Kodierungstechniken entwickelt. Das Grundprinzip bei ihnen ist, so viele „überflüssige" Takt- oder Datenimpulse wie möglich zu entfernen. Für die Aufzeichnung mit doppelter Dichte werden üblicherweise die Techniken MFM (modifizierte Frequenzmodulation) und M2FM (modifizierte MFM) verwendet.
MFM wurde bei hochwertigen Diskettenstationen wie der 3330 und der 3340 von IBM verwendet.
Die MFM-Technik gehorcht folgenden Regeln:
1. Das Datenbit steht nach wie vor in der Mitte eines Bitrahmens.
2. Das Taktbit wird nur dann geschrieben, wenn 2 Bedingungen erfüllt sind:
2-1: Der gegebene Rahmen enthält kein Datenbit.
2-2: Der vorhergehende Rahmen enthielt auch kein Datenbit.
Mit anderen Worten wird ein Taktbit nur dann eingefügt, wenn zwei aufeinanderfolgende Rahmen die Information „0" enthalten.
Beim Auslesen der Daten von der Diskette muß der FM-Strom in die urspüngliche digitale Information mit absoluter Genauigkeit zurückgewandelt werden. Außerdem sind Takt- und Datensignale getrennt zu verarbeiten. Bei einigen Bitmustern können besondere Schwierigkeiten auftreten. Das ist als das Bitverschiebungsproblem („bit-shifting" problem) bekannt. Man benutzt für präzise Biterkennung daher einen phasenstarren Oszillator (PLO, phase locked oscillator).

Alle Daten auf der Diskette sind in Bytes gruppiert. Es müssen also auch Bytes (Gruppen zu je 8 Bit) synchronisiert werden. Das geschieht, indem jeder Informationsblock mit einer besonderen Kennzeichnung eingeleitet wird. Wird eine Diskette zum erstenmal benutzt, so muß sie mit diesen Kennzeichnungen initialisiert „formatiert", werden. Sobald diese Identifizierungs- oder Datenmarken (ID-Marken) gelesen sind, kann der Bytezählprozeß eingesetzt werden.
Schließlich müssen die 8 seriellen Bits noch durch Seriell/Parallelwandlung zu Bytes zusammengefaßt werden. Das geschieht durch die Diskettensteuerung.
Die bei einer Schreiboperation benötigten Funktionen laufen naturgemäß umgekehrt wie die oben für eine Leseoperation beschriebenen ab.

171

MIKROPROZESSOR INTERFACE TECHNIKEN

Der phasenstarre Oszillator

Zur Synchronisation von Schreib- und Lesetakt wird ein phasenstarrer Oszillator (PLO, phase locked oscillator) in Form einer phasenstarren Regelschleife (PLL, phase locked loop) eingesetzt. Er übernimmt das kombinierte Daten/Taktsignal von der Diskette und erzeugt daraus getrennte Daten- und Taktsignale, wobei der Takt immer gerade in der Mitte einer Bitzelle liegt.

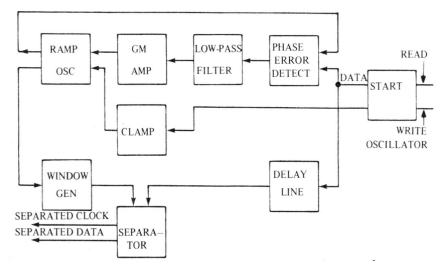

Bild 4-94: Ein diskret aufgebauter PLO

Grundlagen eines Programms zur Diskettensteuerung

Ein Programm zur Diskettensteuerung vollzieht im wesentlichen vier Schritte:
1. FDC (Floppy disk controller, Diskettensteuerung) initialisieren.
2. Spur 00 suchen. Fehler aufgetreten?
3. Einen Sektor einer Spur beschreiben. Fehler aufgetreten?
4. Denselben Sektor lesen. Fehler aufgetreten?

Kopfladeprinzipien

Es werden zwei Grundprinzipien verwendet:
1. Kopf ständig geladen. Das führt zu ständiger Abnutzung.
2. Kopf für die geringstmögliche Zeit geladen. Das bedingt ständiges Laden und Abheben des Kopfes.

Ein Mittelweg ist, den Kopf nach dem letzten Zugriff für eine bestimmte Dauer (z.B. 10 Umdrehungen) geladen zu lassen. Diese Methode findet man recht oft.

ANSCHLUSS VON PERIPHERIEEINHEITEN

Stromversorgung einschalten

Nach Einschalten der Stromversorgung der Station wird der Kopf vom Initialisierungsprogramm auf Spur 00 gestellt (üblicherweise die zuerst benötigte Indexspur). Der Sektorzähler enthält innerhalb weniger als einer Umdrehungsdauer nach Einschalten der Stromversorgung automatisch die Sektorzahl.

Verändern des Sektorinhalts

Ist eine Diskette erst formatiert, brauchen nur noch die ID-Marke, das Datenfeld, das erste Byte oder die Datenmarke geändert zu werden.

Hardsektorierung oder Softsektorierung?

Eine hardsektorierte Diskette besitzt 32 Sektorlöcher, die 32 Sektoren zu je 128 Bytes definieren. Da keine Sektorvorspänne mehr notwendig sind, kann sie mehr Information speichern.
Eine softsektorierte Diskette ist IBM-kompatibel mit 26 Sektoren zu je 128 Bytes. Die Sektoren müssen durch einen Vorspann bezeichnet werden. Man kann weniger Daten speichern, aber Zuverlässigkeit und Flexibilität sind verbessert.

Doppelte Dichte/Doppelseitig/Doppelstation

Zur Erhöhung der auf einer Diskette speicherbaren Zahl von Daten lassen sich zwei Techniken benutzen: doppelte Aufzeichnungsdichte oder Verwendung zweier Köpfe. Durch doppelte Aufzeichnungsdichte (double density) wird durch Verwenden einer ,,gepackten" Aufzeichnungstechnik wie dem modifizierten MFM-Verfahren (M2FM) die Zahl der pro Spur aufgezeichneten Bits verdoppelt. Es benötigt enge Toleranzen, um zuverlässig arbeiten zu können und ist wesentlich anfälliger gegen Geschwindigkeitsschwankungen als normale FM-Kodierung.
Um beide Seiten einer entsprechend beschichteten Diskette ausnutzen zu können sind zwei Köpfe notwendig. Die Köpfe werden einander gegenüberliegend (wie eine Zange) angebracht. Das erhöht die mechanische Komplexität und so die Kosten der Station, außerdem nutzt sich die Diskette rascher ab.
Zur Zeit werden beide Techniken zur Verdoppelung der pro Diskette speicherbaren Byteanzahl eingesetzt.
Eine Doppelstation (dual drive) benutzt zwei Disketten, aber nur einen Spindelantriebsmotor und nur eine Einstellmechanik für beide Köpfe. Sie ist wesentlich preiswerter als zwei Einzelstationen und etwas langsamer als diese.

Formatierung der Disketten

Takt- und Dateninformation werden in demselben Signal verschlüsselt. Die Taktimpulse werden bei jedem Bit gesendet. Eine ,,0" als Datenbit wird durch Fehlen weiterer Impulse während der Bitzellendauer bezeichnet. Das ist in Bild 4-97 verdeutlicht. Eine ,,1" wird durch einen Impuls in der Mitte der Bitzelle wiedergegeben.

MIKROPROZESSOR INTERFACE TECHNIKEN

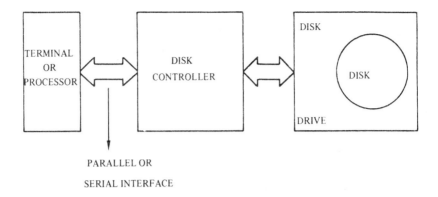

Bild 4-95: Die Diskettensteuerung schließt die Station an den Prozessor an

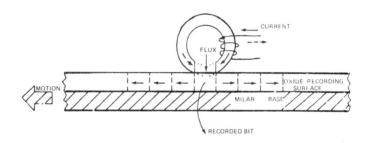

Bild 4-96: Aufzeichnung eines Bits auf der Diskette

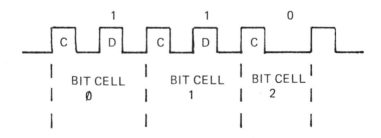

Bild 4-97: Wiedergabe von Takt und Daten

ANSCHLUSS VON PERIPHERIEEINHEITEN

Bild 4-98: Aufnahmekennzeichnung

Softsektorierung besagt, daß die Diskette bzw. ihre Spuren durch *Software* eingeteilt werden. Der Gegensatz dazu ist die *Hardsektorierung,* wo der Anfang eines jeden Sektors physisch auf ein in die Diskette gestanztes Loch projiziert ist. Bei Softsektorierung wird jede Spur durch einen *Indeximpuls* aus dem Durchlauf des Indexlochs durch die Lichtschranke eingeleitet. Jeder Aufnahme geht eine unverwechselbare *Kennzeichnung* voraus (identifier). Siehe dazu Bild 4-98. Aufeinanderfolgende Aufnahmen sind durch *Lücken* (gaps) voneinander getrennt. Diese Lücken sind notwendig, um die Information ändern zu können, ohne die vorhergehende oder die folgende Aufnahme zu beeinflussen. Infolge kleinerer Geschwindigkeitsschwankungen des Diskettenantriebs kann es vorkommen, daß eine Aufnahme, die ganz oder zum Teil verändert worden ist, das vorhergehende Ende der Aufzeichnung überschreitet.

	DATA	CLOCK
INDEX ADDRESS MARK	FC	D7
ID ADDRESS MARK	FE	C7
DATA ADDRESS MARK	FB	C7
DELETED DATA AM	F8	C7

Bild 4-99: Adreß/Datenmarkierungen

175

MIKROPROZESSOR INTERFACE TECHNIKEN

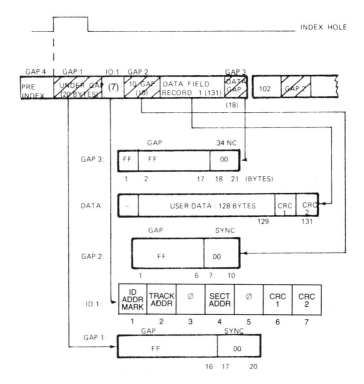

Bild 4-100: IBM-Diskettenformat

Aus diesem Grund muß eine unbeschriebene Lücke zwischen dem Ende der einen und dem Anfang der nächsten Aufnahme eingefügt werden. Um genau zu sein: Man muß eine Lücke zwischen alle verschiedenen Abschnitte einfügen, die unabhängig voneinander geändert werden können. Zumeist benutzt man das Diskettenformat von IBM, manchmal mit kleinen Änderungen. Dieses Format ist in Bild 4-100 dargestellt. Man benutzt vier verschiedene Aufnahmelücken:
Lücke 4 wird nur einmal in einer Spur verwendet. Sie wird als Vorindexlücke (pre-index gap) bezeichnet, da sie am Spurende gerade vor der Lage des Indexlochs steht.
Lücke 1 wird Indexlücke (index gap) genannt und steht am Anfang jeder Spur. Sie enthält 20 Bytes: Die ersten Bytes sind als hexadezimal „FF" kodiert, die 4 folgenden als „00". Diese vier Nullbytes sind die klassische Form, die Synchronisation für die Datentrennung zu gewährleisten. Die Länge von Lücke 1 darf niemals geändert werden. Der Indexlücke folgt die Kennzeichnung der ersten Aufnahme.
ID1 (identification field 1) ist die Kennzeichnung der ersten Aufnahme. Sie enthält 7 Bytes: die ID-Adreßmarkierung, die Spuradresse, die Sektoradresse und zwei CRC-Prüfbytes zur Kontrolle der richtigen Datenübernahme aus dem Feld. Spur- und Sektoradresse ermöglichen eine Bestätigung, daß die richtige Spur und der richtige Sektor angewählt sind. Beiden folgt ein Nullbyte als Trennung. Das gibt dem Interface Zeit zur Verarbeitung der Information.

ANSCHLUSS VON PERIPHERIEEINHEITEN

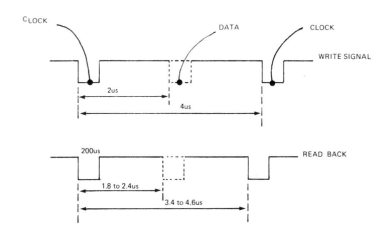

Bild 4-101: Zeitfestlegungen

Lücke 2 wird als ID-Lücke (ID-gap) bezeichnet und trennt jedes Kennzeichnungsfeld (identification field) von dem zugehörigen Datenfeld. Hier werden 10 Bytes benutzt. Die 6 ersten Bytes enthalten hexadezimal ,,FF". Ihnen folgen die 4 üblichen Synchronisationsbytes mit dem Inhalt ,,00". Die Länge von Lücke 2 kann mit Änderungen der Aufzeichnung schwanken.
Es folgt die erste *Aufzeichnung* (record), das Datenfeld. Sie benötigt 131 Bytes (siehe Bild 4-100). Das erste Byte ist eine Markierung, ob die folgende Aufzeichnung gültige oder ungültige (deleted) Daten enthält. Ihm folgen 128 Bytes, die die eigentlich aufzuzeichnenden Daten beinhalten. Abgeschlossen wird die Aufzeichnung durch die zwei üblichen CRC-Prüfbytes.
Lücke 3 schließlich schließt die erste Aufzeichnung ab. Sie heißt Datenlücke (data gap) und umfaßt 18 Bytes. Die 14 ersten Bytes enthalten hexadezimal ,,FF" und die 4 folgenden zur Synchronisation ,,00". Jede weitere Aufnahme auf der Spur, d.h. jeder weitere Sektor beginnt mit der ID-Lücke, Lücke 2, mit der sich der Prozeß bis zum Ende der Spur fortsetzt.

Hardsektorierung

Für Hardsektorierung müssen eine spezielle Diskette und entsprechend eingerichtete Diskettenstation benutzt werden. Der Anfang eines jeden Sektors der Diskette wird durch ein spezielles Loch bezeichnet. Jeder Sektor wird dann durch den physisch festgelegten Sektorimpuls, hervorgerufen aus dem Durchlauf des Sektorlochs durch eine Lichtschranke, eingeleitet. Im Fall von Minidisketten werden zwei Konfigurationen verwendet: 16 Sektoren zu je 128 Bytes oder 10 Sektoren mit 256 Bytes. Die Spur selbst wird durch den Indeximpuls eingeleitet. Dies ist in Bild 4-102 wiedergegeben.

MIKROPROZESSOR INTERFACE TECHNIKEN

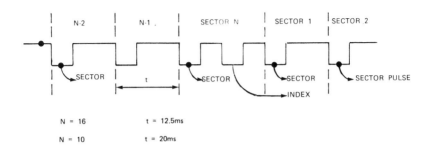

Bild 4-102: Zeitbeziehungen bei hardsektorierten Disketten

Fehlererkennung und Fehlerkorrektur

Man unterscheidet drei Arten von Fehlern:

Schreibfehler
Das entspricht dem Fall, daß die auf die Diskette aufzubringenden Daten nicht richtig geschrieben wurden. Zur Verifikation der Daten wird eine ,,Schreibüberprüfung'' (write-erst noch einmal gelesen werden. (Das ist im Betriebssystem [DOS] gelöst. Die explizite Schreibkontrolle kann auch entfallen, da hier sehr viel Zeit verlorengeht.) Im Falle eines Fehlers werden die Daten neu geschrieben und eventuell dieser Prozeß (bis zu 10 mal) wiederholt. Wenn die Bemühungen ständig fehlschlagen, so muß der betreffende Sektor dieser Spur als beschädigt und unbrauchbar angesehen werden.

Lesefehler
Es sind zwei Arten von Lesefehlern zu unterscheiden:
1. Soft: Das entspricht dem Fall, in dem der Fehler nur vorübergehend auftritt und durch (bis zu 10 mal) wiederholtes Lesen oder durch Hin- und Herbewegen des Kopfes behoben werden kann.
Üblicherweise wird er Kopf einen Schritt in der ursprünglichen Richtung weiter und dann wieder zurück gestellt. Dadurch lassen sich die meisten Lesefehler beseitigen. Versagt diese Methode so liegt ein Hardfehler (hard error) vor.
2. Hard: Immer, wenn die üblichen Korrigierprozesse beim Lesen der Daten von der Diskette versagen, so müssen sie als nicht wiedergewinnbar angesehen werden. Dies ist ein folgenschwerer Fehler. Die Daten sind verloren.

ANSCHLUSS VON PERIPHERIEEINHEITEN

Suchfehler
Damit wird der Fall beschrieben, bei dem der Kopf nicht die richtige Spur erreicht hat. Das läßt sich durch Lesen des ID-Felds am Spuranfang nachprüfen. In ihm steht die Spuradresse. Immer wenn ein derartiger Fehler aufgetreten ist, muß der Spurzähler in der Diskettenstation neu eingestellt werden. Man schiebt den Kopf zurück auf Spur 00 und gibt dann einen neuen Suchbefehl (seek order) aus.

Fehlererkennung
Für jedwede auf die Diskette geschriebenen Daten wird zur Fehlererkennung allgemein eine *Prüfsummenmethode* (check-sum method) eingesetzt. Zu diesem Zweck verwendet man die Methode des sogenannten Cyclic-redundancy-checks (CRC). Jedes Feld wird durch zwei CRC-Bytes abgeschlossen. Hierbei dividiert man die Datenbits durch ein sogenanntes Generatorpolynom G(X) wie z.B. $G(X) = X^{16} + X^{12} + X^3 + 1$. Der Rest aus dieser Division wird CRC genannt. Er steht in den beiden nach den Daten folgenden Bytes. Beim Auslesen der Daten aus der Diskette wird alles, einschließlich der CRC-Bytes, gelesen. Wenn dann der Rest dieser Information dividiert durch das Generatorpolynom G(X) nicht Null ist, muß ein Fehler aufgetreten sein.
Es gibt Einzelchips zum Einsatz der CRC-Methode, wie den 9401 von Fairchild, den 8501 von Motorola u.a., die mit einem einzigen Baustein derartige Fehler erkennen können.
Einchip-Diskettensteuerungen (Floppy-disk-controllers, FDC) führen in dem einen Chip auch die CRC-Erzeugung und -Prüfung durch.

Cyclic-redundancy-check

CRC ist die gebräuchlichste Methode, die Richtigkeit von Speicherinhalten mit einem minimalen Aufwand an Bits nachzuprüfen. Paritätsinformation kann Einzelbitfehler in einem Wort erkennbar machen. Wenn jedoch keine Paritätsinformation zur Verfügung steht oder zu aufwendig gewonnen werden muß, setzt man das CRC-Verfahren zur Fehlererkennung in Wortblöcke ein. Insbesondere wird CRC nahezu immer in Verbindung mit Disketten- und digitalen Kassettenspeichern angewendet. Außerdem benutzt man es oft zur Überprüfung der Richtigkeit von ROM-Inhalten. Das Prinzip der CRC-Technik sieht folgendermaßen aus: Die acht Bit eines Wortes werden als Koeffizienten in einem Polynom vom Grad 7 behandelt.

Die Bitstruktur $B_7B_6B_5B_4B_3B_2B_1B_0$ wird interpretiert als $B_7X^7 + B_6X^6 + B_5X^5 + B_4X^4 + B_3X^3 + B_2X^2 + B_1X^1 + B_0X^0$.

X ist hier eine Hilfsvariable (dummy variable), die später durch die aktuelle Variable ersetzt wird.
Zum Beispiel ergibt das Binärwort ,,10000011" das Polynom:
$B(X) = 1X^7 + 0X^6 + 0X^5 + 0X^4 + 0X^3 + 0X^2 + 1X^1 + 1X^0 = X^7 + X + 1$.

Man benutzt ferner ein Generatorpolynom G(X). Das dem Binärwort entsprechende Polynom B(X) wird durch dieses Generatorpolynom G(X) dividiert. Das Resultat besteht aus einem Quotient Q(X) und einem Rest R(X):
$B(X) = G(X) Q(X) + R(X)$.

Bild 4-103: Doppelseitige Diskettenstation

ANSCHLUSS VON PERIPHERIEEINHEITEN

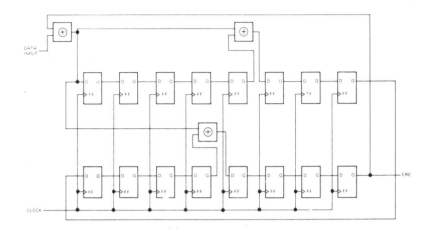

Bild 4-104: Hardwareausschnitt zur CRC-Prüfung

Das Cyclic-redundancy-check-Verfahren beruht nun darauf, an eine Bitfolge ein zusätzliches Byte oder mehrere Bytes anzufügen, so daß die gesamte Folge vollständig durch das Generatorpolynom teilbar wird. Die obenstehende Gleichung läßt sich umschreiben in: $B(X) - R(X) = Q(X) G(X)$.
Die aus B und dem Rest R erhaltene Folge ist durch G(X) vollständig teilbar. Man bezeichnet die zusätzlich angefügten Bits oder Bytes als CRC-Bits (CRC-Bytes). Ein CRC-Generator berechnet zu einer ihm zum erstenmal übergebenen Bitfolge den Rest R, der an die Folge angefügt wird. Wird die Folge ein zweitesmal empfangen, so wird die gesamte Bitanordnung gelesen, einschließlich der CRC-Bits. Sie sollte dann vollständig durch das Generatorpolynom G(X) teilbar sein. Ist dies nicht der Fall, so ist ein Fehler aufgetreten. Ist sie teilbar, so ist entweder gar kein oder ein mit dieser Methode nicht auffindbarer Fehler aufgetreten.
Wie üblich, läßt sich der CRC-Algorithmus entweder in Hardware oder in Software einsetzen. Einchip-CRC-Generatoren sind verfügbar. Ein Beispiel für den Einsatz von Hardware zur CRC-Ermittlung ist in Bild 4-105 vorgestellt. Ein Softwarebeispiel für den 2650 von Signetics findet sich in Bild 4-106. Die Hardwaredivision erfolgt durch ein Schieberegister mit Rückführung des letzten Bits auf den Eingang. Der in der Zeichnung dargestellte CRC-Generator benutzt das Polynom $G(X) = X^{16} + X^{15} + X^2 + 1$. Die Rückführung auf ein EXKLUSIV-ODER-Gatter vollzieht die Division während der aufeinanderfolgenden Schiebeoperationen durch die Flipflops des Registers.

MIKROPROZESSOR INTERFACE TECHNIKEN

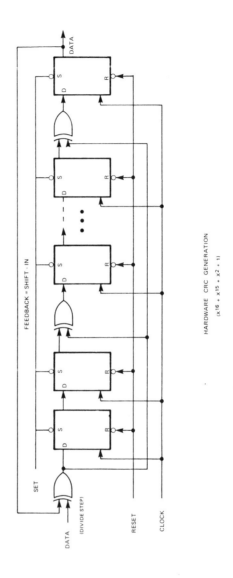

Bild 4-105: Hardwareausschnitt zur CRC-Erzeugung

ANSCHLUSS VON PERIPHERIEEINHEITEN

Zusammenfassung zur Diskettenspeicherung

Wir haben jetzt die vollständigen Grundlagen zur Diskettenspeicherung besprochen. Im Wesentlichen umfassen sie die zur Diskettensteuerung nötigen Signale, die Arbeitsweise einer Diskettenstation, die Formatierung der Daten und die Fehlererkennungsmethoden, die eingebaut werden müssen. Wir werden jetzt den Aufbau eines Diskettensteuerbausteins zum Anschluß an ein Mikroprozessorsystem beschreiben.

Abschnitt II: Diskettensteuerung SA4400 von Shugart

Diese Steuerkarte ist um den bipolaren Steuerchip 300 von SMS/Signetics aufgebaut. Sie ist zur Steuerung von 1, 2 oder 3 Minidiskettenstationen SA400 entworfen. Sie soll hier kurz beschrieben werden, um die Möglichkeiten einer voll ausgebauten Minidiskettensteuerung zu zeigen. Danach werden andere kompakte Entwürfe vorgestellt, die die neuen FDC-Chips (floppy-disc-controller, Diskettensteuerung) benutzen.
Die hier zu besprechende Steuerung ist mit dem IBM-Format 3740 kompatibel, benutzt jedoch eine etwas veränderte Lückendefinition (die Vorindexlücke, Lücke 4, ist kürzer). Sie enthält einen 128 Bytes tiefen Puffernspeicher für die Daten. Acht Steuerfunktionen sind eingebaut:

— INIT: (initialize) setzt die Steuerung in der Diskettenstation zurück.
— SEEK: (suche) stellt den Kopf auf die angegebene Spur,
— READ: (lese) liest einen Sektor (128 Bytes),
— READID: (lese ID) liest die nächste Sektorkennzeichnung,
— WRITE: (schreibe) schreibt einen Sektor mit Daten und Gültigkeitsmarke.
Die drei letzten Befehle übertragen die Daten zwischen Diskettenpuffer und dem Computersystem.
— WRITE-DEL: (schreibe Löschmarke) führt dieselbe Funktion wie WRITE durch, jedoch mit ,,Daten ungültig" (data deleted) in der Markierung am Anfang der eigentlichen Datenaufzeichnung,
— FORMAT: schreibt die Markierungen am Anfang der Datenblocks, die Lücken und Daten auf der gesamten Spur im IBM-Format 3740,
— STATUS: übernimmt die Statusinformation für die Station.
Die von dem Interface 4400 zur Kommunikation mit dem Mikroprozessorsystem verwendeten Signale finden sich in Bild 4-107. Die grundlegende Abfolge der von der Steuerung ausgehenden Ereignisse ist einfach:
1. Suche Spur.
2. Suche Sektor.
3. Übertrage die gesuchte Anzahl von Sektoren.
4. Teste die CRC-Bedingung.
Für die Operation der Steuerung sind nur wenige Befehle notwendig, und die meisten Steuerbausteine verfügen nur über sechs bis zehn Befehle.

MIKROPROZESSOR INTERFACE TECHNIKEN

```
* CYCLIC REDUNDANCY CHECK SUBROUTINE (SIGNETICS 2650)
*
* THIS ROUTINE GENERATES A 16-BIT CHECK CHARACTER FOR
*   THE DATA CHARACTER IN R0; VARIOUS POLYNOMIALS
*   CAN BE ACCOMODATED BY CHANGING THE CONSTANTS
*   SPECIFIED AT PROGRAM LOCATIONS CK0 AND CK1 AS PRR
*   THE TABLE BELOW
*
* DEFINITION OF SYMBOLS

R0      EQU     0           PROCESSOR REGISTERS
R1      EQU     1
R2      EQU     2
WC      EQU     H'08'       PSL: 1=WITH,0=WITHOUT CARRY
C       EQU     H'01'            CARRY/BORROW
UN      EQU     3           BRANCH CONDITION  UNCONDITIONAL
EQ      EQU     0                             EQUAL
*
* TABLE OF POLYNOMIALS
*
CRCF0   EQU     H'40'       CRC16 FORWARD
CRCF1   EQU     H'02'
CRCR0   EQU     H'20'       CRC16 REVERSE
CRCR1   EQU     H'01'
CCIF0   EQU     H'08'       CCITT FORWARD
CCIF1   EQU     H'10'
CCIR0   EQU     H'04'       CCITT REVERSE
CCIR1   EQU     H'08'
*
* BEGINNING OF SUBROUTINE
*
        ORG     0
*                           INITIALIZATION
CRCGEN  PPSL    WC          OPERATIONS WITH CARRY
        LODI,R2 8           INITIALIZE BIT COUNTER
        LODA,R1 CRC+1       GET OLD REMAINDER LSB
        EORA,R0 CRC         EX-OR OLD REMAINDER MSB WITH DATA
*
TEST    CPSL    C           CLEAR CARRY
        TMI,R0  H'80'       TEST MS-BIT OF R0
        BCFR,EQ SHIFT       BRANCH IF NOT A '1'
        PPSL    C           PRESET CARRY
CK0     EORI,R0 CRCF0       APPLY 'FEEDBACK'
CK1     EORI,R1 CRCF1
*
SHIFT   RRL,R1              SHIFT THE DOUBLE CHARACTER
        RRL,R0
        BDRR,R2 TEST        CHECK IF DONE
        STRA,R0 CRC         SAVE THE NEW REMAINDER
        STRA,R1 CRC+1
        RETC,UN
*
* RAM AREA
*
        ORG     H'500'
CRC     RES     2           REMAINDER MSB IN CRC
        END     CRCGEN
```

Bild 4-106: Programm zur CRC-Handhabung mlit 2650

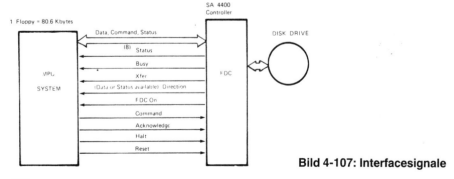

Bild 4-107: Interfacesignale

ANSCHLUSS VON PERIPHERIEEINHEITEN

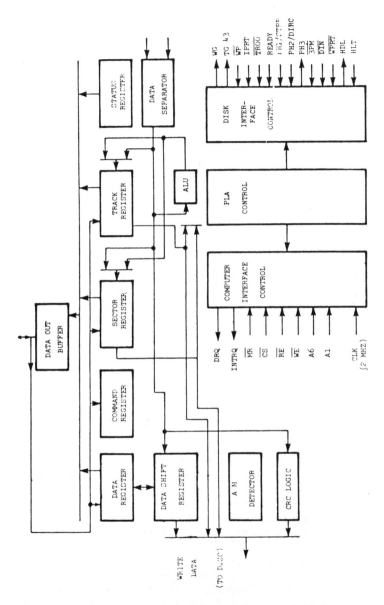

Bild 4-108: Diskettensteuerchip von Western Digital

MIKROPROZESSOR INTERFACE TECHNIKEN

Abschnitt III: Diskettensteuerchip WD 1771

Diese Einchipdiskettensteuerung/formatierung läßt sich an Diskettenstationen der meisten Hersteller anschließen und ist von Haus aus IBM 3740 kompatibel. Sie führt folgende Funktionen aus:
— Automatisches Aufsuchen der Spur mit Überprüfung. Diese Eigenschaft müssen alle FDCs besitzen.
— Kompatibilität mit Softsektorformaten. Diese Eigenschaft sollte Standard eines FDC's sein.
— Schreiben oder Lesen mit:
  — einer oder mehreren Aufzeichnungen,
  — automatischer Aufzeichnungssuche,
  — Lesen oder Schreiben der gesamten Spur.
Auch diese Eigenschaften sollten in einem FDC Standard sein:
— Programmierbare Steuereigenschaften:
  — Spur-zu-Spur-Schrittzeit,
  — Kopfberuhigungszeit,
  — Kopfladezeit,
  — Motorsteuerung in drei Phasen oder Schritt plus Richtung,
  — Übertragung DMA- oder Programmgesteuert.
Der aufmerksame Leser wird feststellen, daß alle der oben aufgeführten Eigenschaften im wesentlichen Standard für alle FDCs sind. Die Unterschiede liegen in der Regel in der Zahl der Diskettenstationen, die ein Chip auf einmal steuern kann.
Der innere Aufbau des FD1771B steht in Bild 4-108. Er soll jetzt im Detail beschrieben werden. Er enthält fünf wesentliche Funktionseinheiten, sechs Register und zwei Interfaces: eines zum Prozessor und eines zur Diskettenstation. Dies soll alles nun untersucht werden.

Die vier Funktionseinheiten
Die vier auf der Zeichnung vorhandenen wesentlichen Schaltungsteile sind:
— die CRC-Logik, die das Testzeichen erzeugt,
— die ALU (arithmetic-logical-unit, arithmetisch-logische Einheit), die für die wichtigsten arithmetischen und logischen Funktionen eingesetzt wird, insbesondere zum Vergleich von Zeichen oder zum Inkrementieren bzw. Dekrementieren von Registerinhalten;
— die Steuerung für das Disketteninterface;
— die Steuerung für das Computerinterface.
Die beiden Interfaces werden unten beschrieben werden.

Die sechs internen Register
In der Zeichnung 4-108 läßt sich von links nach rechts unterscheiden:
1. Das *Datenschieberegister:* Es faßt 8 Bit Daten von der Diskette zusammen oder übergibt 8 vom Datenbus des Mikroprozessors übernommene Bits seriell auf die Datenleitung der Diskettenstation.
2. Das *Datenregister* ist einfach nur ein Zwischenregister für ein Byte während Lese- und Schreiboperationen. Es steht mit dem Datenausgabepuffer in Verbindung und kann Daten unmittelbar vom Datenbus des Mikroprozessors übernehmen.

ANSCHLUSS VON PERIPHERIEEINHEITEN

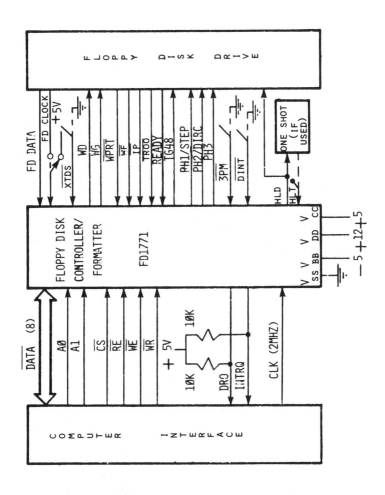

Bild 4-109: Disketteninterface mit FD1771

MIKROPROZESSOR INTERFACE TECHNIKEN

3. Das *Befehlsregister* dient zur Aufnahme des abzuarbeitenden 8-Bit-Befehlsworts. Dieses Register wird vom Programmierer geladen und legt den Arbeitsmodus der Diskettenstation fest.
4. Das *Sektorregister* enthält die Adresse des gewünschten Sektors.
5. Das *Spurregister* enthält die Nummer der Spur, in der der Kopf zur Zeit steht. Bei einer Kopfbewegung nach innen (bei Normaldisketten bis maximal 76) wird es inkrementiert, nach außen dekrementiert.
6. Das *Statusregister* enthält nur die Statusinformation der Steuerung.

Das Prozessorinterface
Das Prozessorinterface und das Disketteninterface sind in Bild 4-109 dargestellt. Der FDC steht mit dem Prozessor über 8 bidirektionale Datenleitungen, die mit DAL (data-acces-lines, Datenzugriffsleitungen) bezeichnet sind, in Verbindung. Eine Eingabeoperation erfolgt, wenn die Auswahlleitung *CS* (chip select) und die Schreibleitung *WE* (write enable) aktiv sind. Eine Leseoperation wird ausgeführt, wenn *CS* und die Leseleitung *RE* (read enable) aktiv sind. Das als Datenziel dienende interne Register wird wie in Bild 4-111 angegeben durch die Leitungen A1 und A0 ausgewählt.

Der Datenanforderungsausgang DRO (data-request-output) wird für DMA benutzt. Die Unterbrechungsanforderung INTRQ (interrupt request) wird durch einige interne Bildungen aktiviert.

(COMMAND WORD)		PERIOD (MS)	RATE (STEPS/S)
BIT 1	BIT 0		
0	0	6	166
0	1	6	166
1	0	8	125
1	1	10	100

Bild 4-110: Kodierung des Befehlsworts

A 1	A 0	$\overline{RE}$	$\overline{WE}$
0	0	STATUS REG.	COMMAND REG.
0	1	TRACK REG.	TRACK REG.
1	0	SECTOR REG.	SECTOR REG.
1	1	DATA REG.	DATA REG.

Bild 4-111: Registeradressierung

ANSCHLUSS VON PERIPHERIEEINHEITEN

Disketteninterface
Die Signale befinden sich rechts in Bild 4-109. Sie umfassen Steuersignale zur Kopfeinstellung und für Schreiboperationen sowie Übertragungsleitungen für die Daten. Als Takt wird ein Rechtecksignal von 2 MHz mit einem Tastverhältnis von 1:1 verwendet, das intern durch 4 dividiert wird und so 500 KHz ergibt. Es ermöglicht drei programmierbare Schrittgeschwindigkeiten, die durch Bit 0 und 1 im Befehlswort entsprechend Bild 4-110 ausgewählt werden.
Die Kopfberuhigungszeit von 10 ms wird dem hinzugefügt.

Arbeitsweise der Diskettenstation
Eine *Leseoperation* der Station wird in fünf Schritten ausgeführt:
1. Spurregister laden.
2. Befehl zur Spuraufsuche (SEEK) ausgeben.
3. Richtigkeit des Zugriffs bestätigen lassen.
4. Daten unterbrechungsgesteuert zum Mikroprozessor übertragen.
5. Nach Übertragen der geforderten Anzahl von Sektoren Unterbrechungsbedingung testen.

Eine *Schreiboperation* erfolgt dagegen in sieben Schritten:
1. Spurregister laden.
2. Befehl zur Spuraufsuche ausgeben.
3. Richtigkeit des Zugriffs überprüfen.
4. Schreibbefehl ausgeben.
5. Die ersten nach einer Datenanforderung über DRO eintreffenden Daten ausschreiben.
6. Die restlichen Daten ausschreiben.
7. Die Flaggen *BUSY* und CRC-Fehler testen.

Zusammenfassung

Der FD1771B zeigt, wie sich die meisten der zur Steuerung einer normalen Diskettenstation benötigten Funktionen auf einem Chip zusammenfassen lassen. Er enthält im wesentlichen alle zur Steuerung und Formatierung benötigten Funktionen.

Abschnitt IV: Einchipdiskettensteuerung FD1781 von WD

Dieser Einchip-FDC ist die Version des 1771 für doppelte Aufzeichnungsdichte und wird auch von National Semiconductor als Zweithersteller vertrieben. Er gestattet sowohl einfache als auch doppelte Dichte. Im Falle der Arbeit mit doppelter Dichte muß die Kodierung/Dekodierung von den vom Benutzer bereitzustellenden Datenwiedergewinnungsschaltungen ausgeführt werden. Auf diese Weise verarbeitet der 1781 sowohl MFM als auch M2FM.

MIKROPROZESSOR INTERFACE TECHNIKEN

Befehlszusammenfassung für den FD1781

1. Speichern,
2. Spur suchen,
3. Schritt,
4. Schrittrichtung nach innen,
5. Schrittrichtung nach außen,
6. Lesebefehl,
7. Schreibbefehl,
8. Spur lesen,
9. Adresse lesen,
10. Spur schreiben,
11. Unterbrechung hervorrufen.

Die Hardwarefehler

Die typischen Diskettenfehler lassen sich wie folgt einteilen:
1. Lesen
   1.1 Daten nicht verfügbar
   Der Zugriff auf Daten kann verhindert werden durch falsche Aufzeichnung, Rauschen, Oberflächenfehler oder Schmutz. Dies wird durch eine Prüfsumme oder durch CRC-Bytes ermittelt. Der Formatierer/Steuerbaustein muß seine eigene Prüfsumme oder CRC-Bytes errechnen, während er eine Leseoperation ausführt. Dann werden die Zeichen auf der Diskette gelesen und mit dem berechneten Wert verglichen (im Fall einer einfachen Prüfsumme). Ein Unterschied gibt einen Fehler an.
   1.2 Falscher Sektor oder falsche Spur
   Das ist ein Fehler bei der Kopfeinstellung. Die Ursache kann eine falsche Schrittgeschwindigkeit oder ein Störimpuls für den Zähler sein. Ist die Spur falsch angewählt, so wird der Kopf zurück auf Spur 00 (die mit einem speziellen Sensor ausgerüstet ist) gestellt und dann die Spur erneut angewählt.
   Um diesen Fehler zu ermitteln, muß selbstverständlich die Sektor- und Spurinformation am Anfang jedes Sektors gespeichert werden. Diese Information wird vor Zugriff auf den Sektor selbst immer erst gelesen und überprüft.
2. Schreiben
   Der hierbei auftretende Hauptfehler wird durch eine besondere Flagge, FILE UNSAFE (Aufzeichnung ungesichert), angezeigt. Diese wird gesetzt, wenn man versucht zu schreiben und entweder die Diskette schreibgeschützt der Diskettenstation offen oder ein Fehler in der Elektronik der Station aufgetreten ist.

ANSCHLUSS VON PERIPHERIEEINHEITEN

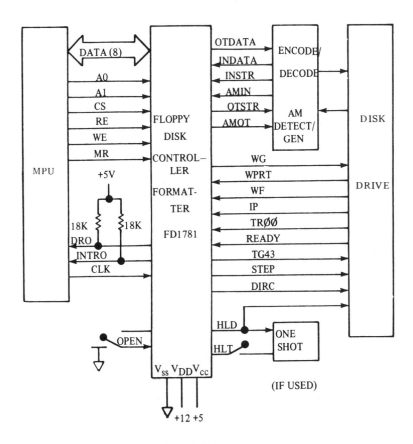

Bild 4-112: Blockdiagramm der Diskettensteuerung von PerSci

Steuerkarte von Persci
Die Diskettensteuerung von Persci benutzt einen FD1771 von Western Digital und einen 8080 zur intelligenten Ansteuerung der Station. Die Karte enthält einen phasenstabilen Oszillator (PLO, phase locked oscillator) zur Datenaufbereitung, den Interfacechip 1771, einen statischen RAM-Puffer von 1 K, 4 K ROM, die 8080-CPU und sonstige Schaltungen.
Das System ist auf einer kleinen gedruckten Schaltkarte aufgebaut. Um die Steuerung in S-100-Systemen verwenden zu können ist ein sogenanntes ,,piggy-back"-Verfahren vorgesehen, bei dem die Steuerkarte auf eine andere Karte im S-100-Standardformat aufgesteckt wird. Die Daten werden im normalen IBM-Format aufgezeichnet, und es können bis zu 4 Stationen bedient werden.

MIKROPROZESSOR INTERFACE TECHNIKEN

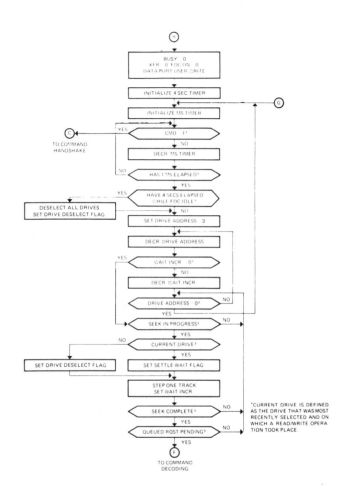

Bild 4-113: Flußdiagramm der Diskettensteuerung von PerSci

ANSCHLUSS VON PERIPHERIEEINHEITEN

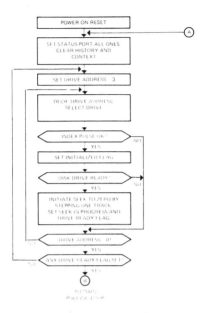

Bild 4-114: Fortsetzung des Flußdiagramms

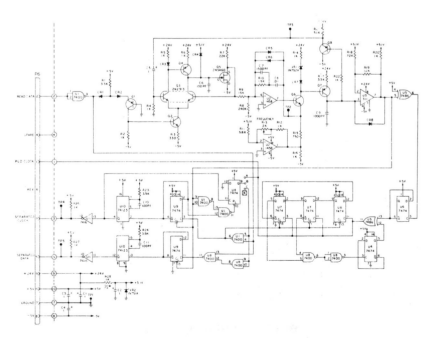

Bild 4-115: PLO-Schaltung zur Datenaufbereitung

MIKROPROZESSOR INTERFACE TECHNIKEN

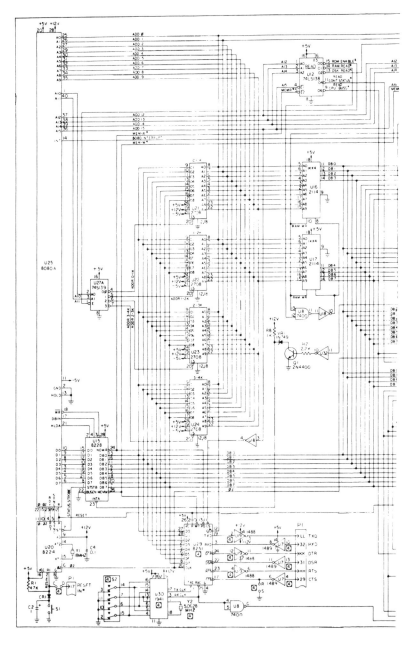

Bild 4-116: PROMs und CPU

ANSCHLUSS VON PERIPHERIEEINHEITEN

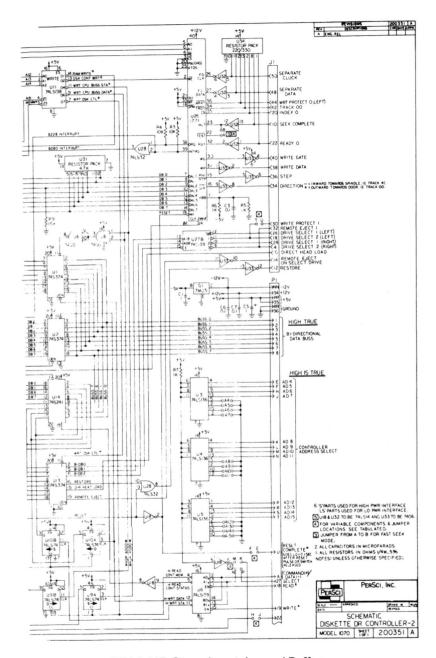

Bild 4-117: Steuerbausteine und Puffer

MIKROPROZESSOR INTERFACE TECHNIKEN

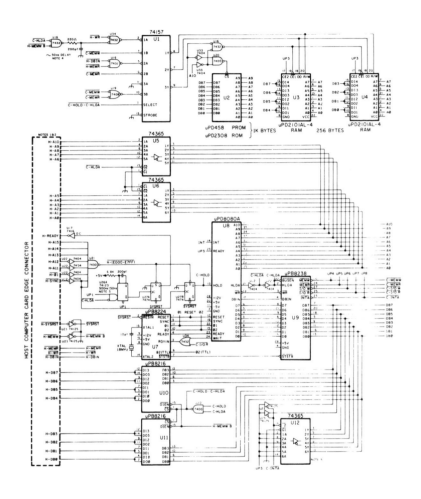

Bild 4-118: 8080-Diskettensteuerung von NEC

ANSCHLUSS VON PERIPHERIEEINHEITEN

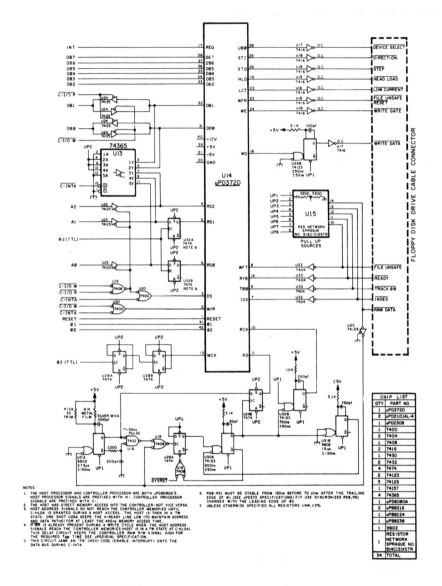

Bild 4-119: 8080-Diskettensteuerung (Fortsetzung)

MIKROPROZESSOR INTERFACE TECHNIKEN

Abschnitt V: Diskettensteuerbaustein μPD372 von NEC

Der FDC von NEC wird mit μPD372D bezeichnet. Er ist kompatibel sowohl mit IBM 3740 als auch mit der Minidiskettenstation von Shugart. Er bietet die üblichen Eigenschaften wie CRC-Erzeugung, programmierbare Schrittgeschwindigkeit, Spur-zu-Spur-Zugriffszeit, Sektorgröße, Übertragungsrate. Außerdem kann er bis zu 4 Diskettenstationen steuern, jedoch mit der Einschränkung, daß zu gleicher Zeit nur von einer Station Schreib/Leseoperationen ausgeführt werden können, während auf den anderen gleichzeitig Suchoperationen durchführbar sind.
Andere verwendbare Diskettenstationen sind:
CAL COMP 140, CDC BR 803, GSI 050 und 110, INNOVEX 210, ORBIS 74, PERSCI 75, PERTEC FD400, POTTER DD4740 und SYCOR 145.

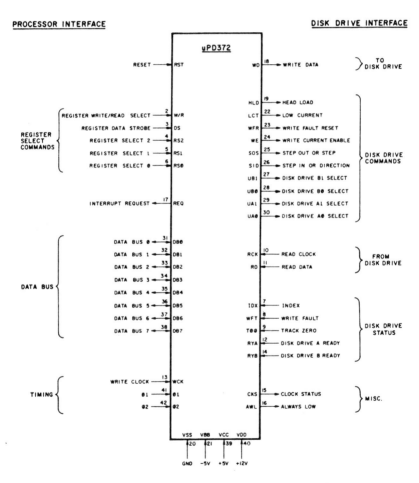

Bild 4-120: Diskettensteuerchip uPD372 von NEC

ANSCHLUSS VON PERIPHERIEEINHEITEN

Abschnitt VI: FDC 6843 von Motorola

Dieser FDC ist für direkten Anschluß an einen 6800 entworfen. Er führt 10 Makrobefehle aus:
1. Suche Spur 0 (STZ, seek track zero).
2. Suche (SEK, seek).
3. Schreiben eines Sektors (SSW, single-sector-write).
4. SSW mit Datenlöschmarkierung (SWD, SSW/deleted address mark).
5. Lesen eines Sektors (SSR, single-sector-read).
6. CRC lesen (RCR, read CRC).
7. Schreiben mehrerer Sektoren (MSW, multiple-sector-write).
8. Lesen mehrerer Sektoren (MSR, multiple-sector-read).
9. Freies Format schreiben (FFW, free-format-write).
10. Freies Format lesen (FFR, free-format-read).

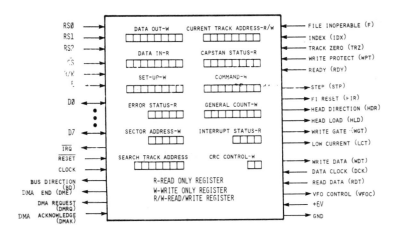

Bild 4-121: Registerformat

Der in 6800-Assemblersprache geschriebene Treiber für den 6843 findet sich in Bild 4-122. Das System benötigt einen DMA-Steuerbaustein. Die Routinen lesen und beschreiben die Diskette über den 6843 durch Benutzen der in Bild 4-121 angegebenen internen Register. Beachten Sie die dem Programm vorangestellten Angaben, wo diese Register stehen und wie sie im E/A-Raum adressiert werden. Um einen vollständigen Diskettenschreiber in Software zu erhalten, müssen noch Routinen zur Fehlerhandhabung und zum Filemanagement hinzugefügt werden.
Der Chip hat von der Konstruktion her zwei programmierbare Verzögerungen für die Suchzeit und für die Beruhigungszeit. Die Signale des Chips sind in Bild 4-121 wiedergegeben. Dieser FDC benötigt drei DMA-Kanäle. Er braucht im Schnitt drei Prozent der MPU-Zeit. Setzt man eine Übertragungsrate von 256 Kilobaud voraus, so wird maximal 12,5% der MPU-Zeit benötigt.

MIKROPROZESSOR INTERFACE TECHNIKEN

```
            ROUTINE TO WRITE TO, AND READ FROM
              ONE SECTOR OF THE FLOPPY DISK
                  USING THE MC 6843 FDC
                ORG              $0000

                     FDC REGISTERS

DORREC  EQU    $DFF0    W/O WRITE TO FLOPPY
DIRREQ  EQU    $DFF0    R/O READ FROM FLOPPY
CTAREQ  EQU    $DFF1    R/W CURRENT TRACK
CMRREQ  EQU    $DFF2    W/O MACRO COMND & IRQ MASK
                        STRB MASK; WRT CLK CNTRL;
                        DMA ENABLE

ISRREG  EQU    $DFF2    R/O IRQ REG. B3=I FROM STRB,
                        B2=STAT SEN. REQ., B1=STC.,
                        B0=MAC COM END.

SURREG  EQU    $DFF3    W/O B0-3=ST TM; B4-7=SEK TM
STAREG  EQU    $DFF3    R/O STRA 0-DTR; 1-DEL
                        DATA DETECT; 2-READY;
                        3-TRZ; 4-WPT; 5-TRK NOT EQUAL
                        6-INDEX; 7-BUSY;
SARREG  EQU    $DFF4    W/O START SEC ADD DB, 0-4

STBREG  EQU    $DFF4    R/O STAT B; 0-DTE; 1-CRC;
                        2-DTA MK NO DET; 3-NO SEC ADD;
                        4-SEEK ERROR; 5-FILE INOP;
                        6-WRITE ERROR; 7-HARD ERROR;

GCRREG  EQU    $DFF5    W/O GEN CNT REG;
                        TRK FOR SEK; ALSO SECT CNT
                        FOR MULTI SECT R/W

CCRREG  EQU    $DFF6    W/O SET CRC CONTROL
                        DB0=CRC SHIFT
                        DB1=CRC ENBLE
                        THIS IS FOR FREE FORMAT R/W

LTAREG  EQU    $DFF7    W/O TRK NO FOR TRK ADD SRCH
```

Bild 4-122: Assemblerprogramm für einen 6843-Treiber

ANSCHLUSS VON PERIPHERIEEINHEITEN

```
                              TO COMPARE TO ID FLD ON DSK
FDSELI  EQU      $DFF8        FL DSK SELECT ADD
                ADDITIONAL EQUATE STATEMENTS USED

XBPRNT  EQU      $F728        X-BUG LOC TO START PRINTNG
BEGADD  EQU      $FF0R        X-BUG BEGIN PRINT VECTOR
ENADD   EQU      $FF0C        X-BUG END PRINT VECTOR
IRQVEC  EQU      $FFF3        X-BUG IRQ VECTOR

                IMAGE STORAGE FOR FDC RESISTERS

DORIMG  RMB      1            W/ FLOP GETS DATA TO WRT HR
DIRIMG  RMB      1            R/ FROM FLOPPY
CMRIMG  RMB      1            MACRO COMM REG IMAGE

ISRIMG  RMB      1            INTERRUPT IMG
SURIMG  RMB      1            SETUP REG IMAGE
SARIMG  RMB      1            SECTO ADD IMG
STBIMG  RMB      1            STATUS REG B IMG

GCRIGM  RMB      1            GEN COUNT REG IMAGE
CCRIMG  RMB      1            CRC CONTROL REG IMAGE
SELIMG  RMB      1            DISK SELECT IMAGE

                    STATUS FLAG BUFFERS

RSTKPR  RMB      2            STR RCV DATA BUFF PTR
STKPTR  RMB      2            STR STK PTR IF DO PSH OR PULL
INXSTR  RMB      2            STORE THE INDEX REG HERE
SSRFLG  RMB      1            FLAG IF WE FIND STATUS SENSE

TOTSEC  RMB      1            TOTAL SEC TO BE R/W
STRPRT  RMB      2            START ADD TO PRINT A BUFFER
ENDPRT  RMB      2            END ADD OF BUFFER FOR PRINT

TRKNUM  RMB      1            TRACK NUMBER FOR LTAR & GCR
SECNUM  RMB      1            SECTOR NUMBER FOR SAR
```

Bild 4-122a: 6843-Treiber, Fortsetzung

MIKROPROZESSOR INTERFACE TECHNIKEN

```
                ORG       $0000
                DATA BUFFER FOR READ DATA
    REDBUF RMB  80        SAVE DEC 128 LOC FOR 1 SEC
                          OF READ STORAGE BUFFER

                ORG       $100
                PROGRAM AND FLOPPY DISK INITIALIZE

           SEI            SET THE INTERRUPT MASK
    FLZERO CLR  X
           DEX
           BNE            FLZERO LOOP UNTIL DONE

    CLRMEM LDX  #$00FF    CLR RD DATA STORAGE BUFF
           STX            RSTKPR USE AS RECV DATA PTR
    MEZERO CLR  X         CLEAR THE RECV BUFFER
           DEX
           CPX  #$0080    ARE WE TO ADDRESS 80
           BNE            MEZERO IF = 0 GO ON
    NXTVEC LDX  #$0080    SETUP BEG PRINTOUT VECTOR
           STX            STRPRT FOR EXBUG PRINT
           LDX  #$00FF    SETUP END PRINTOUT VECTOR
           STX            ENDPRT FOR EXBUG PRINT
           LDA A #$80     LOAD DATA FOR DOPREG
           STA A          DORIMG SO WE HAVE DATA TO WORK WITH
           LDA A #$03     SELECT FD #0
           STA A          FDSELI
           STA A          SELIMG
           LDA A #$30     SET FOR TRACK 30
           STA A          TRKNUM WE WILL START WITH THIS TRACK
           LDA A #$64     SETUP SEEK & SET TIMES
           STA A          SURREG SEEK=6MS=1M6
           STA A          SURIMG SETL=16MS=4X4
           LDA A #$5
           STA A          TOTSEC TOTAL SEC IN MULSEC R/W
           STA A          SECNUM ADD OF FIRST SECT TO BE READ
           LDS  #$0FFF    SET STACK POINTER FOR LOTS OF
                          STORAGE AREA IF NEEDED
```

Bild 4-122b: 6843-Treiber, Fortsetzung

```
         LDA A   STAREG
         BIT A   #$04     IS DRIVE READY?
         BNE     STZAGN   GO TO STZ IF WE ARE READY
         SWI              READY NOT THERE RETURN

                 ORG $0400
         SUBROUTINE TO REMOVE DATA TRANSFER
       ERRORS OF PREVIOUS OPERATION FROM REGISTERS

CLRERR   INC     DIRREG   REMOVE DIR FROM STRA
         TST     STBREG   REMOVE DTE FROM STRB
         TST     ISPREG   CLEAR ISR
         TST     STBREG
         BEQ     DONEOO
         SWI              LEAVE IF STRB WILL NOT CLR
DONEDO   RTS              RETURN NO ERRORS FOUND
         END
```

Bild 4-122c: 6843-Treiber, Schluß

MIKROPROZESSOR INTERFACE TECHNIKEN

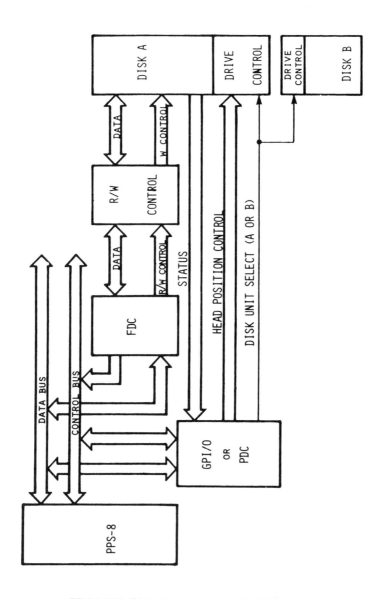

Bild 4-123: Diskettensteuerung für PPS-8

ANSCHLUSS VON PERIPHERIEEINHEITEN

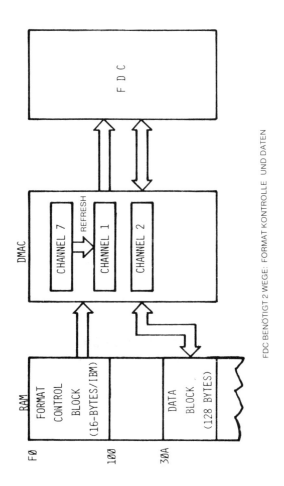

Bild 4-124: Diskettensteuerung für PPS-8: DMAC-Aufbau

MIKROPROZESSOR INTERFACE TECHNIKEN

```
0 1 S S 0 0 0 0      NOOP
0 1 S S 0 0 0 1      START
0 1 S S 0 0 1 0      LOAD
0 1 S S 0 0 1 1      CLEAR
0 1 S S 1 0 1 0      READ DATA
0 1 S S 1 1 0 0      READ STATUS
0 1 S S 1 1 0 1      READ STATUS
0 1 S S 0 1 0 0      NOOP
0 1 S S 1 1 1 0      NOOP
0 1 S S 1 0 0 -      UNDEFINED READ
0 0 0 0 1 0 0 0      READ INTERRUPT STATUS
```

Bild 4-125: Befehle

ANSCHLUSS VON PERIPHERIEEINHEITEN

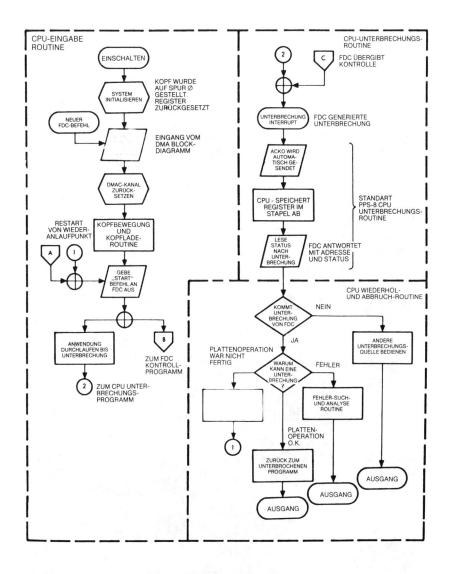

Bild 4-126: Flußdiagramm zur Diskettensteuerung

Bild 4-127: Ausschnitt aus einer doppelseitigen Diskettenstation: Kopfträger (Shugart)

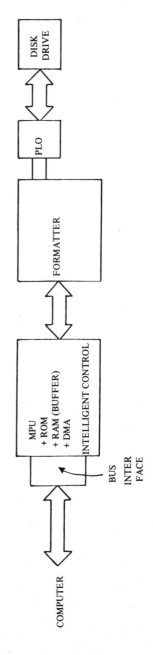

Bild 4-128: Ein intelligenter Diskettensteuerbaustein

MIKROPROZESSOR INTERFACE TECHNIKEN

Abschnitt VII: Diskettensteuerung von Rockwell

Der prinzipielle Anschluß dieses FDC an ein Rockwell-System findet sich in Bild 4-123. Er benutzt drei DMA-Kanäle (vgl. Bild 4-124), wobei Kanal 7 Kanal 1 auffrischt. Die E/A-Befehle für den FDC stehen in Bild 4-125. Typische Diskettenroutinen für den PPS-8 von Rockwell werden in Bild 4-126 gezeigt.

Intelligente FDC

Ein ,,intelligenter FDC" soll die Diskettenstation für den Benutzer durchsichtig machen, d.h. ihm die Mühe der Diskettensteuerung vollständig abnehmen. Die Eigenschaften einer ,,intelligenten" Diskettensteuerung können umfassen:
— Aufruf der Dateien (Files) unter symbolischen Namen (benötigt ein Diskettenoperationssystem).
— Automatische Belegung von Freiplätzen auf der Diskette (benötigt ein System zur Dateiverwaltung).
— Verwaltung der Dateivorspänne mit Angabe des Erstellungsdatums und des Datums der letzten Änderung.
— Verwaltung der Indexspur.
— Dateiausgabe.
— Ein/Ausgabepufferung.
— Verschiedene Interfaces (RS232, S-100, 8-Bit-parallel) als Option.
— Initialisieren der Diskettenformatierung (Lücken, Markierungen, ID-Felder, Datenfelder).
— Sektoraufteilung.
— Verwaltung der Dateiübersicht (file directory).
— Zusammenfassen der unbeschriebenen Sektoren (,,garbage collection").
— Verschiedene Zugriffsmethoden: sequentiell, unmittelbar, direkt, kontinuierlich (sequential, random, direct, stream).
— Erneuern/Löschen von Namen.
— Kopieren von Dateien.
— Fehlererkennung und automatische Lesewiederholung bei Softfehlern.
— Diagnostik.
— Kodebestimmung:
  — Schreibe ASCII, hexadezimal, gelöschte Daten.
  — Lese ASCII, hexadezimal.
— Puffer anzeigen.
— Eingabe in den Puffer.

In der Praxis führt ein intelligenter FDC dies über Software aus und enthält eine MPU auf der Karte, z.B. einen 8080 oder einen 6800.

Üblicherweise ist ein in zwei Richtungen zugreifbarer Speicher als Datenpuffer verfügbar, wodurch Überschneidungen mit dem Speicher des Systems verringert werden. Eine typische Puffergröße beträgt 256 Bytes pro Station. In einer typischen Konfiguration mit bis zu 4 Diskettenstationen sind es 1 K Pufferbytes.

Die Effektivität rührt aus in ROM gespeicherter Software: dem System zur Fileverwaltung (FMS, file management system) und dem Diskettenoperationssystem (DOS, disk

ANSCHLUSS VON PERIPHERIEEINHEITEN

operation system). Sie umfaßt typisch 4 KBytes. Eine vollständige ,,intelligente" Steuerung benötigt nur einen *Minimal*treiber für die CPU des Systems zur E/A-Operation (typisch weniger als 256 Bytes).
Die Indexspur auf der Diskette (*Spur 00*) wird zur Speicherung von (typisch 100) Indexadressen der Dateien benutzt. Sie wird im Wesentlichen als Inhaltsverzeichnis verwendet. Dessen erster Abschnitt ist eine ,,Band"-Kennzeichnung, die die Nummer der Diskette enthält. Der Rest enthält ein Verzeichnis der File-indizes.
Üblicherweise enthält die in einem *Indexverzeichnis* (index reference) stehende Information:
— Name und Versionsnummer der Dateien,
— Nummer der Diskettenstation,
— Typ der Datei,
— Startadresse und Länge,
— Lage der Dateiendmarkierung EOF (end of file),
— Erzeugungsdatum (Dateialter),
— Datum der letzten Änderung.

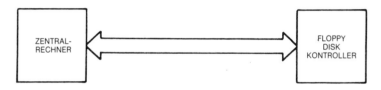

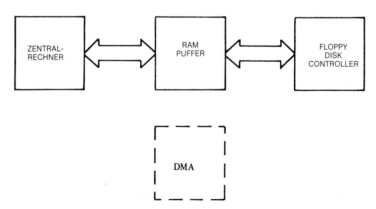

Bild 4-129: Datenverkehr mit einer intelligenten Diskettensteuerung

MIKROPROZESSOR INTERFACE TECHNIKEN

Speicherverwaltung

Für Dateien werden üblicherweise aufeinanderfolgende Sektoren verwendet, damit die Daten mit voller Geschwindigkeit gelesen oder geschrieben werden können. Wenn jedoch eine Datei gelöscht wird, so geschieht das durch für ungültig Erklären der zugehörigen Daten, was auf der Diskette Speicherlücken bewirkt. Derartige ungenutzte Speicherlücken verschwenden durch ihr Unterbrechen den Speicherraum der Diskette. Damit wird es in bestimmten Abständen oder, falls eine Speicheranforderung nicht erfüllt werden kann, notwendig, die Lücken auf der Diskette zu schließen. Dieser Prozeß wird als Kompaktifizierung (im Englischen auch als ,,garbage collection", Abfallbeseitigung) bezeichnet.

Das Dateiverwaltungssystem

Ein Dateiverwaltungssystem FMS (File management system) hat die Aufgabe, die anstehende Speicherverwaltung unsichtbar für den Benutzer durchzuführen. Ein typisches FMS enthält die folgenden Funktionen oder Befehle:
— Weise dem gegebenen Namen eine n Sektoren lange Datei zu.
— Lösche die Datei.
— Eröffne/schließe eine Datei.
— Kopiere die Datei.
— Schreibe/Lese (in verschiedenen Formaten).
— Ändere den Dateinamen (Filenamen) in ...
— Schreibe/Ändere die Dateibeschreibung.
— Diagnostischer Test.

Interface für eine intelligente Steuerung

Eine intelligente Steuerung benötigt ein Minimalinterface zu dem Computersystem und gar keines zur Diskettenstation. Das Hardwaresystem wird üblicherweise als RS232, S-100 oder in 8-Bit-paralleler (über einen Speicher zur Unabhängigkeit von dem verwendeten Prozessortyp) Form angelegt. (Eine Beschreibung für RS232 und S-100 findet sich in Kapitel 6).

Zugriff auf eine Datei (File)

1. Sequentiell (Kontinuierlich), (sequential, stream) das vollständige File ist kontinuierlich gespeichert. Das setzt die Verwendung aufeinanderfolgender Sektoren voraus. Die Methode ist einfach und, falls alle Daten gespeichert werden sollen, auch effektiv.
2. Variable Länge (Punktuell), (variable lenght, punctuated). Das File wird als eine Folge von Blöcken verschiedener Länge behandelt, um Teile einer Datei verändern zu können.
3. Unmittelbar (Relativ), (random, relative).
   Jedes beliebige Byte (auch mehrere Bytes) kann gelesen/geschrieben werden, selbst wenn die Sektorgrenzen überschritten werden.
4. Direkt, (direct)
   Auf jeden angegebenen Sektor, kann jede Spur direkt, unter Umgehung des Fileverwaltungsytems, zugegriffen werden.

ANSCHLUSS VON PERIPHERIEEINHEITEN

Literatur zur Diskettenformatierung

IBM Diskette for Standard Data Interchange, CA 21-9182-0, File No. GENL 03180.

Der Musiksynthesizer

Eine der wichtigsten Überlegungen bei diesem Interface ist der Entwurf der Hardware des Musiksynthesizers. Eine kurze Beschreibung des Synthesizers folgt: Dieser Musiksynthesizer besteht aus zwei Kanälen, einem rechten und einem linken. Der Tonumfang der beiden Kanäle ist verschieden, etwa so wie der für die rechte und linke Hand auf einem Klavier. Alle auf einem Klavier verfügbaren Töne, außer den 7 tiefsten Tasten, können mit diesem Synthesizer gespielt werden.

Die Hardware wird in den folgenden Unterabschnitten in dieser Reihenfolge eingehend besprochen werden: Der DCO, der Harmoniegenerator, der Artikulator und der Tempogenerator. Außer dem Unterschied im Tonumfang sind die beiden Kanäle gleich. Es soll daher hier nur ein Kanal besprochen werden.

Der DCO

Das Herz eines jeden Musiksynthesizers ist der Oszillator, der die Frequenz oder die Tonhöhe der gehörten Note bestimmt.

Bei diesem Musiksynthesizer hier wird die Steuerung von einem Mikrocomputer vorgenommen, dessen Ein- und Ausgänge von Natur aus völlig digital sind. Zur Erzeugung der benötigten Frequenzen wird daher eine digitale Methode verwendet. Der Mikrocomputer könnte diese Frequenzen selbst mit Hilfe eines Zeitgeberprogramms erzeugen; das würde jedoch die Zahl an anderen Operationen, die der Computer sonst noch ausführen könnte, wesentlich beschränken und seine Leistungsfähigkeit als rechnende und steuernde Maschine nicht ausschöpfen. Als Konsequenz daraus wurde ein externer *Datengesteuerter Oszillator* oder DCO (data controlled oscillator) entwickelt. Wie der Name sagt, wird die Ausgabefrequenz durch die ihm übergebenen digitalen Daten gesteuert.

Der DCO ist im Prinzip eine Kaskade von drei rücksetzbaren 4-Bit-Binäraufwärtszählern. Er arbeitet wie folgt: Der DCO erhält von dem Mikroprozessor eine 12-Bit-Zahl. Auf diese Zahl wird der Binärzähler gesetzt, der dann mit der am OSC-Eingang angelieferten Frequenz von da aus aufwärts zählt. Wenn der Zähler seinen höchstmöglichen Stand erreicht hat, wird ein Übertragungsimpuls (carry) erzeugt. Dieser Impuls wird als Ausgabe verwendet und dient außerdem zum neuen Setzen des Zählers auf die 12-Bit-Zahl.

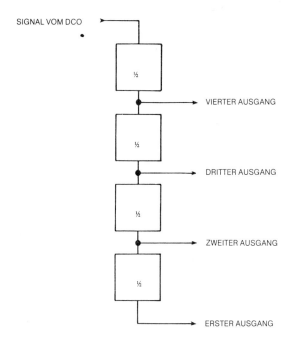

Bild 4-130: Teilerkette

Je größer daher diese Zahl ist, um so schneller erreicht der Zähler seinen Höchststand und um so häufiger wird ein Ausgabeimpuls abgegeben; also ist die Ausgabefrequenz abhängig von der eingegebenen 12-Bit-Zahl. Ist das Zweierkomplement dieser 12-Bit-Zahl mit N bezeichnet, so ergibt sich die Ausgabefrequenz zu
$$f_{aus} = OSC/N.$$

Beachten Sie, daß N nur ganzzahlige Werte annehmen kann. Das schränkt die Genauigkeit, mit der eine vorgegebene Frequenz erzeugt wird, ein. Es wurde daher untersucht, ob bei 12 Bit die Genauigkeit für Musikerzeugung ausreichend sei. Für einen Oszillator mit 5 MHz ergab sich über einen Umfang von 4 Oktaven ein möglicher Fehler von 2,25 Cent, wobei ein Cent 1/100 des logarithmischen Abstands zwischen je zwei aufeinanderfolgenden Noten (Halbschritt) ist. Das ist durchaus annehmbar. Als Ergebnis wird der vorgestellte 12-Bit-DCO zur Erzeugung der Grundfrequenzen für diesen Synthesizer eingesetzt.

ANSCHLUSS VON PERIPHERIEEINHEITEN

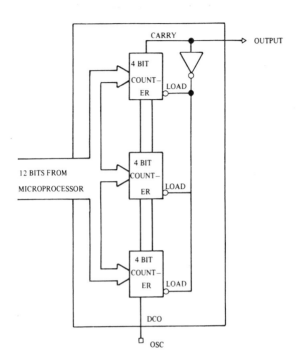

Bild 4-131: Der DCO

Der Harmoniegenerator

Würde der Ausgang des DCO unmittelbar an einen Lautsprecher angeschlossen, so ergäbe sich eine sehr unschöne Tonqualität. Dies liegt an der unzureichenden harmonischen Struktur. Eine Harmonische eines Tons ist ein ganzzahliges Vielfaches der Grundfrequenz. Die harmonische Struktur, d.h. Anteil und Stärke der Harmonischen gibt einem Musikinstrument seinen charakteristischen Klang. Um den harmonischen Inhalt variieren zu können, wird eine Anzahl von Rechteckwellen benutzt, deren Periodendauer, ausgehend von der Grundfrequenz, von Welle zu Welle halbiert wird.
Diese Funktionen werden durch eine Teilerkette aus D-Flipflops erreicht, die den Ausgang des DCO nacheinander durch 2 teilen.
Mit Hilfe der vier ersten Glieder dieser Basis kann jede Schwingungsform approximiniert d.h. annähernd genau erzeugt werden, obwohl ein beträchtlicher Fehler in Kauf genommen werden muß. Die Untersuchung der Schwingungsformen eines Cembalo und eines Klaviers ergab als einfachste Annäherung an deren Klangbild eine Sägezahn- bzw. eine verzerrte Rechteckschwingung.

MIKROPROZESSOR INTERFACE TECHNIKEN

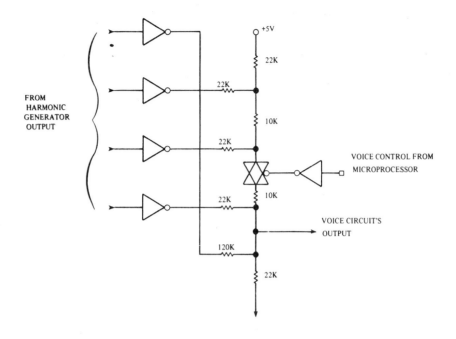

Bild 4-132: Stimmungserzeugung

Die vom Harmoniegenerator abgegebenen Signale können nicht unmittelbar zur Erzeugung dieser Schwingungsformen verwendet werden, da ihre Pegel ständig zwischen 2,2 V und 3,8 V schwanken. Daher wurden diese Ausgänge mit CMOS-Bausteinen gepuffert, denn die Ausgangspegel der CMOS-Familie unterscheiden sich von dem der Versorgungsspannung nur um einige Millivolt. Das in Bild 4-132 in der Widerstandsleiter auftauchende ungewöhnliche Schaltsymbol bezeichnet ein besonderes Mitglied der CMOS-Familie, genannt ,,zweiseitiger Analogschalter" (bilateral analogue switch). Ist sein Steuereingang an eine hohe Spannung gelegt, so stellt der Analogschalter einen Widerstand von 200 Ohm für die an ihn angeschlossenen Leitungen dar. Ist der Steuereingang auf niedrigem Pegel, so besitzt der Schalter einen Widerstand von 20 Megohm. Wir benutzen diesen Analogschalter zur Auswahl einer der beiden Stimmen.

Artikulator

Ein anderer Faktor, der die Klangfarbe eines gegebenen Musikinstruments bestimmt, ist die Abklingform des Tons. Wenn man z.B. eine Taste auf dem Cembalo drückt, so wird eine Saite angerissen, und der Ton klingt rasch aus. Beim Klavier dagegen klingt der Ton nur langsam ab, solange die Taste niedergehalten wird. Läßt man die Taste jedoch los, erstirbt der Ton sofort. Die Entsprechung dieser Funktionen wird in diesem Synthesizer hier durch den Artikulator gewährleistet.

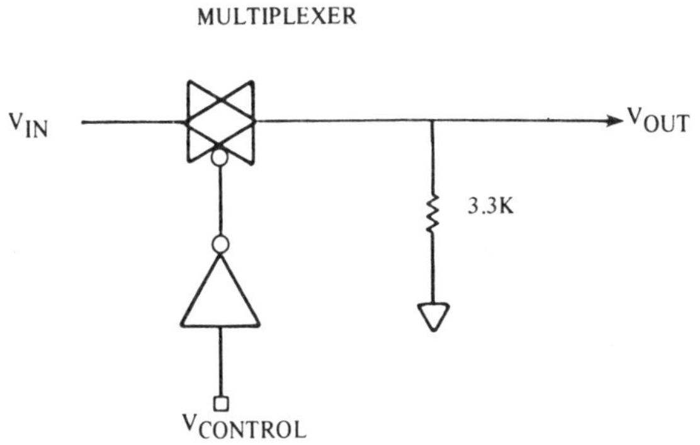

ANSCHLUSS VON PERIPHERIEEINHEITEN

MULTIPLEXER

Bild 4-133: Prinzip der Multiplizierschaltung im Artikulator

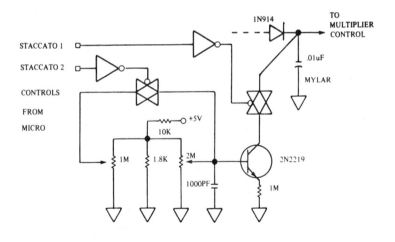

Bild 4-134: Vollständiger Artikulator

MIKROPROZESSOR INTERFACE TECHNIKEN

Der Artikulator ist seiner Grundkonstruktion nach ein analoger Multiplizierer. Über einen seiner Eingänge läuft die Ausgabe vom Harmoniegenerator, der andere wird mit der Einhüllenden des Schwingungszuges, d.h. mit der Anstiegs/Abfallfunktion der Lautstärke des Tons beaufschlagt. Die Multiplikation erfolgt hier, indem ein CMOS-Analogschalter der oben beschriebenen Art nicht digital sondern analog angesteuert wird. Unterschiedliche Einhüllende können durch andere Entladungswege für den Steuerkondensator gewonnen werden. Die Auswahl dieser Wege erfolgt durch den Mikroprozessor. Die Entladungsdauer wird durch Potentiometereinstellung bestimmt und kann von dem Benutzer nach seinem Geschmack eingestellt werden.

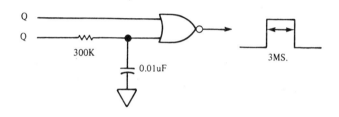

Bild 4-135: Tempooszillator

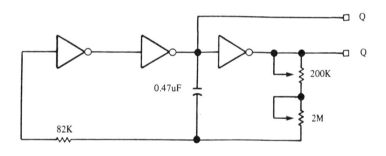

Bild 4-136: Monovibrator zum Tempogenerator

Tempogenerator

Der Tempogenerator basiert auf einem CMOS-Oszillator mit einer einstellbaren Frequenz von 0,25 Hz bis 15 Hz. Die Geschwindigkeit dieses Oszillators bestimmt die Geschwindigkeit, mit der in der Komposition von einer Note zur nächsten übergegangen wird. Der Oszillator ist an einen Monovibrator angeschlossen, der mit jeder negativen Taktflanke einen Impuls von 3 ms Dauer abgibt. Dieser Impuls wird gepuffert und auf eine

ANSCHLUSS VON PERIPHERIEEINHEITEN

Testleitung zum Mikroprozessor gegeben. Er signalisiert dem Mikroprozessor, daß die nächste Note gespielt werden soll. Bevor der Impuls an den Artikulator weitergegeben wird, erhält er eine Verzögerung von 1,5 ms. Damit erhält der Mikroprozessor genügend Zeit, dem Musiksynthesizer neue Daten zu übergeben. Für jede Note braucht der Synthesizer also Informationen über Tonhöhe, Stimmung und Einhüllende des Tons vom Prozessor.

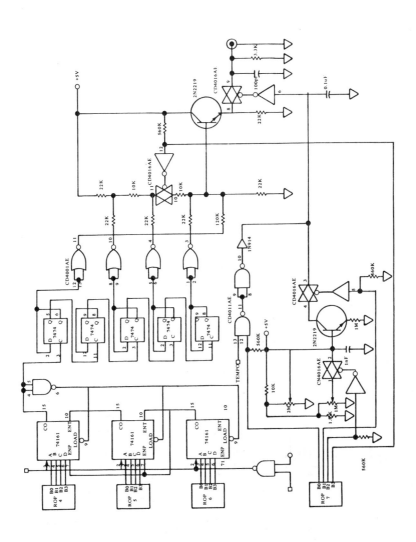

Bild 4-137: Schaltung des linken Kanals

MIKROPROZESSOR INTERFACE TECHNIKEN

Die Software

In diesem Musiksynthesizer spielt der Mikroprozessor die Rollen eines allgemeinen Steuerbausteins, einer Ablaufsteuerung für das Makroprogramm und eines Datenprozessors. Kurz gesagt geschieht folgendes:
Aus einer Tabelle, in der die zu spielende Musik kodiert ist, wird, nach Maßgabe eines Zeigers, ein Wort übernommen. Dieses Wort kann die Kodierung für eine Pause, für einen der 12 möglichen Notenwerte, zur Oktavenänderung oder zur Änderung von Stimmung

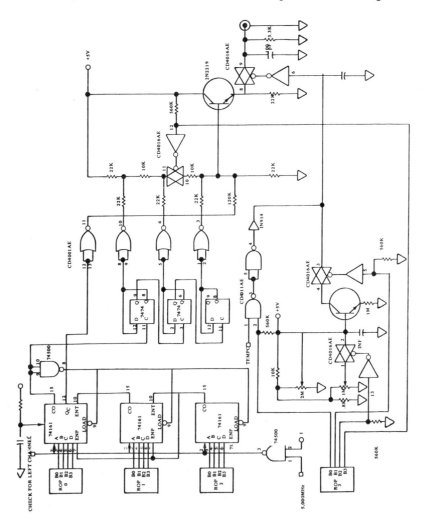

Bild 4-138: Schaltung des rechten Kanals

ANSCHLUSS VON PERIPHERIEEINHEITEN

und Artikulation sein. Befiehlt der Kode die Änderung von Oktave, Stimmung oder Artikulation, so wird das nächste Wort aus der Tabelle geholt und in die Speicherzelle zur Oktavensteuerung oder die zur Stimmungs- und Artikulationssteuerung gebracht. Stellt der Kode eine Note dar, so wird diese dekodiert und in den vorher bestimmten Oktavenbereich gebracht. Mit der Übernahme einer Note oder einer Pause ist die zum Spielen der nächsten Note für einen Kanal benötigte Information vollständig. Der Vorgang wiederholt sich für den anderen Kanal. Danach wartet der Mikroprozessor auf ein Signal aus der Hardware des Musiksynthesizers (den Impuls vom Tempogenerator), der diese dekodierte Information anfordert. Dieser Vorgang wiederholt sich über das ganze zu spielende Stück.

Die oben beschriebenen Funktionen werden von dem Mikroprozessor durch Abarbeiten eines Steuerprogramms zusammen mit einer Reihe von Unterprogrammen (Subroutinen) erledigt. Es folgt eine kurze Darstellung des Hauptprogramms, der Übernahmesubroutine, der Pausensubroutine, der Subroutinen zur Notendekodierung und zur Oktavbestimmung, der Synchronisationssubroutine und der Subroutinen zum Senden und zum Auffrischen.

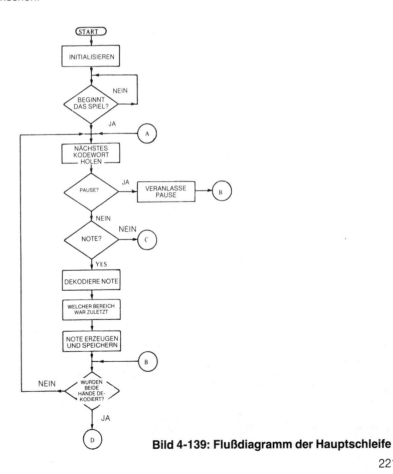

Bild 4-139: Flußdiagramm der Hauptschleife

MIKROPROZESSOR INTERFACE TECHNIKEN

Das Hauptprogramm (Bild 4-139) dekodiert die Worte und steuert gemäß dem Dekodierungsergebnis die Subroutinen. Es legt weiter fest, welcher Kanal gerade dekodiert werden soll und bestimmt damit im Zusammenhang die Speicherzellen, in denen die Information abzulegen ist. Wegen des ausgeprägten Einsatzes von Unterprogrammen, kann das Verhalten des Hauptprogramms am besten durch eine Betrachtung der Strukturen der verschiedenen Subroutinen verstanden werden.

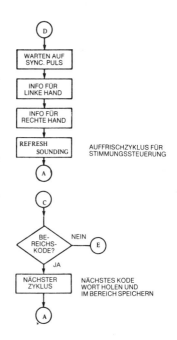

Bild 4-140: Flußdiagramm Senden und Datenübernahme

Wenn der übernommene Kode eine Pause festlegt, so setzt das Hauptprogramm in die Steuerzellen des DCO die Zahl 4095_{10}. Der DCO würde dies als Anforderung einer unendlichen Frequenz interpretieren. Wegen der besonders gearteten Empfindlichkeit des DCO bewirkt diese Zahl jedoch, daß er angehalten wird. Das Hauptprogramm ruft dann die Pausenroutine auf, die das Bit zur Steuerung des Sendegatters in der Speicherzelle zur Stimmungssteuerung löscht.

Bevor wir die Notendekodierung und Oktavenbestimmung besprechen, rufen wir uns noch einmal den DCO in die Erinnerung zurück. Erinnern Sie sich, daß die DCO-Frequenz durch die Formel

$$f_{aus} = 5,000 \text{ MHz} / N$$

bestimmt wird. Aus diesem Grund muß zur Erzeugung irgendeiner Note nichts weiter vorbereitet werden, als eine Tabelle von Zahlen N zu speichern, die den Frequenzen aller

ANSCHLUSS VON PERIPHERIEEINHEITEN

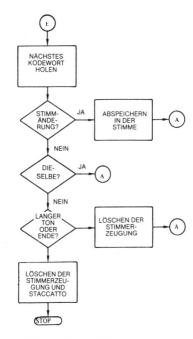

Bild 4-141: Ausschnitt: Datenübernahme, Stimmungserzeugung und Senden

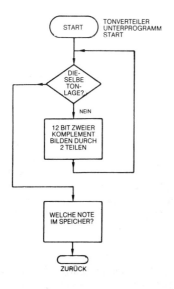

Bild 4-142: Flußdiagramm zur Oktavbestimmung

MIKROPROZESSOR INTERFACE TECHNIKEN

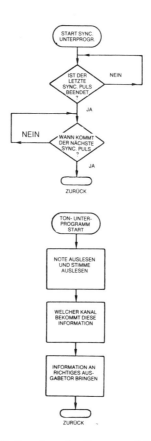

Bild 4-143: Synchronisations- und Sendesubroutinen

zu erzeugenden Noten entsprechen. Obwohl diese Methode recht einfach ist, ist sie kaum auszuführen, da die Zahl der zu speichernden Noten ziemlich groß ist. Wir können das Problem durch Ausnutzen eines besonderen musikalischen Gesetzes umgehen, das besagt, daß die Noten sich in Oktaven wiederholen. Das bedeutet, daß die zum großen C gehörende Frequenz (261,61 Hz) gerade das doppelte der zum Kontra-C gehörenden (130,81 Hz) ist. Ist daher die Frequenz und damit die Zahl N für die Noten einer Oktave bekannt, so lassen sich die Noten aller anderen Oktaven durch Multiplizieren oder Dividieren von N mit 2 erreichen, was für eine binär arbeitende Maschine eine triviale Aufgabe ist. Genau das geschieht nun in den Subroutinen zur Notendekodierung und Oktavenbestimmung. Wenn das Hauptprogramm einen Kode übernimmt, der eine Note angibt, so werden diese Subroutinen aufgerufen und die berechnete Zahl N in die Speicherzellen des DCO übertragen.

ANSCHLUSS VON PERIPHERIEEINHEITEN

Wenn beide Kanäle gesetzt sind, so ruft das Hauptprogramm die Synchronisations-Subroutine auf, die einen Impuls vom Tempogenerator erwartet. Dieser Impuls meldet der Software, daß es an der Zeit ist, die nächste Gruppe von Information zur Hardware des Musiksynthesizers zu senden. Das Hauptprogramm ruft dann die Senderoutine auf, die den Inhalt der Speicherzellen zur DCO-Steuerung und zur Stimmungssteuerung an den zugehörigen Kanal aussendet. Das geschieht für jeden Kanal. Schließlich ruft das Hauptprogramm die Auffrischsubroutine auf, die das Sendebit in der Speicherzelle zur Stimmungssteuerung rücksetzt, und kehrt dann zum Programmanfang für den nächsten Zyklus zurück.
Die Flußdiagramme stehen in Bild 4-139 bis 4-143.

Musiktabellen für den Musiksynthesizer

Die Software für diesen Musiksynthesizer ist so entworfen, daß die Eingabe und Befreiung von Fehlern eines Musikstückes relativ einfach ist. Die Kodes für die Töne werden für jeden Kanal getrennt angegeben.
Für jede Note werden, falls benötigt, die gewünschte Oktave, Stimmung und Artikulation zuerst festgelegt, worauf die Note, Pause oder ein Systembefehl kodiert folgen. Wenn weder für die Oktave noch für die Stimmung noch für die Artikulation eine Änderung gegenüber der vorherigen Festlegung nötig ist, entfällt das zugehörige Feld.
Ein vollständig kodiertes Musikstück ist in Bild 4-144 und 4-145 vorgestellt. Es handelt sich um ein Klavierstück von J.S. Bach.
Die Systembefehle werden genauso wie Noten behandelt, da sie nur kleine Änderungen in der zuvor angespielten Note bewirken. Die Befehle umfassen das Fortsetzen der angespielten Note, das Wiederholen dieser Note und das Beenden des Spiels am Ende des Musikstücks. Der Befehl zum Fortsetzen der angespielten Note besagt, daß die Note hörbar bleiben, d.h. nicht neu nachgespielt werden soll. Das wird durch Löschen des Sendebits im Speicherbereich zur Stimmungssteuerung erzielt. Der Befehl zur Wiederholung einer Note bedeutet, daß nichts zu ändern ist: die nächste zu spielende Note soll genau dieselbe wie die vorhergehende sein.

MIKROPROZESSOR INTERFACE TECHNIKEN

Inventio 1   J. S. Bach

Coded music for Right Hand

```
9:00, FF 09 BD 11 2D 0B 1D 1D 09 D1 4F F4 F4 49 3F F4
9:10, B4 68 96 84 BF 4D 24 F4 2F 44 F4 F4 16 6B 64 42
9:20, 1D 1B 9D 21 D1 BD 22 1D 1D 93 69 F4 8B 1D 69 93
9:30, 6F 4D 03 F4 24 9F 4B 4F 36 43 14 36 68 64 48 48
9:40, 21 D1 38 5D 00 D1 46 6F 44 F4 00 00 00 68 00 00
9:50, 34 3F 40 00 00 00 9B 63 09 68 F4 F4 BA 04 D1 00
9:60, 09 8B 9F F4 42 1F 00 D2 1D 1D F4 96 4F 0B 1D D2
9:70, AF 4B F4 D2 43 9F F4 D1 6F 43 13 F4 56 4F F4 1D
9:80, F4 6F 48 D2 39 93 F4 F4 F4 F4 D1 F4 35 D2 21 4F
9:90, D2 D1 6D 4F 14 42 D2 65 86 12 4F 4F D2 4F 21 D1
9:A0, F4 36 41 4F 4F 4F 4F 4F 4F 4F 4F 1B 4F 4F 4F 4F
9:B0, 39 62 2F 4F 4F 4F 4F 4F 4F 4F 4F 19 44 D2 2D 4F
9:C0, F4 24 2F 4F 4F 4F 4F 4F 4F 4D 4D 34 D2 12 BD 4D
9:D0, D2 1D 24 1D 4F 4F 4F 4F 4F 4D 63 92 1D BD 1F 4D
9:E0, 1D 19 3D 21 24 62 41 24 4D 96 0B 92 D1 BD 1F 4D
9:F0, 1D 99 76 64 76 89 1D 89 0B D1 36 F4 CC 36 3F F4
```

Bild 4-144: Beispiel einer Tabelle für ein Musikstück

ANSCHLUSS VON PERIPHERIEEINHEITEN

Coded Music for Left Hand

```
8:00,  FF 00 00 00 0D 00 BD 19 21 2D 1B 1D 19 D2 4F
8:10,  4D F4 00 00 0D 00 68 24 96 84 9F 9F F4 43 F4
8:20,  D3 1F 24 F4 6F 00 F4 48 9F 41 F4 3D F4 6F 48
8:30,  F4 9F 4F 4F 4D 1F D2 1B 13 41 24 F4 4F 4D 18
8:40,  4D 9F 4B F4 D2 1F 68 43 4F 41 9F 24 44 49 BF
8:50,  4D 0B F4 0D 14 68 1B 41 BF 41 F4 9F F4 F4 6D
8:60,  1B D2 0D 41 3D 1B 43 F4 4B 4D F4 F4 4D 34 21
8:70,  D2 BD F4 14 2F 41 96 D2 4D 40 2B 24 D2 14 26
8:80,  4F 42 32 4F 41 F4 D2 F4 26 58 26 BD 32 BF 14
8:90,  21 D2 F4 9D 8B F4 27 F4 86 9D 21 00 D3 1F 4F
8:A0,  4D B9 B9 D2 64 31 D2 64 8B 16 8F D2 46 01 4D
8:B0,  31 D2 D2 D3 4D 36 58 69 4D D2 4F 4F 4F 39
8:C0,  F4 D3 AD 4F 2F F4 31 4F 4F 4F 4F 4F 93 4F 4F 4F
8:D0,  BF AD 4F 4F BF F4 4F 4F 4F 47 4F 4F 47 44 44 2F
8:E0,  4F 4F 4F 4F 4F F4 44 6F 74 D4 4D 6F 9F 3F
8:F0,  F4 9F F4 4F F4 4F 6F F4 F4 1F D4 2D BF
A:00,  D3 1D 1D 1B 1D D2 2D 1B 12 41 1B 1D 1D 1D BF C0
A:10,  F4 2D 2D 2D 2D F4 4F 4F F4 F0 9F 4F 4F 4F 4F 21
```

Bild 4-145: Beispiel einer Tabelle für ein Musikstück (Fortsetzung)

MIKROPROZESSOR INTERFACE TECHNIKEN

AUFFRISCHEN DYNAMISCHER RAMS

Dynamische MOS-RAMs speichern die einzelnen Bits einer Information in der Form von Ladungen von MOS-Kondensatoren. Für jedes Bit wird ein Kondensator benötigt. Bei einer Leseoperation wird der Kondensator entladen und die Ladung mit einer Bezugsladung verglichen. Um den RAM-Inhalt zu bewahren, muß auf die Leseoperation ein Rückschreiben des Zelleninhalts erfolgen. Unglücklicherweise bewirken Leckströme innerhalb der MOS-Schaltkreise, daß die Kondensatoren innerhalb weniger Millisekunden entladen werden. Als Ergebnis davon muß die Ladung - üblicherweise alle 2 ms - wiederaufgefrischt werden. Dies wird als *Auffrischen* des RAMs bezeichnet. Dabei müssen *alle Speicherzellen* innerhalb des RAMs alle 2 ms aufgefrischt werden.
Diesem Umstand kann der Arbeitsweise eines statischen RAMs entgegengestellt werden. Ein statisches RAM speichert ein Informationsbit in einem Flipflop. Es benötigt keine Taktinformation und behält die Speicherdaten, solange die Versorgungsspannung anliegt (d.h. benötigt kein Auffrischen). Eine dynamische Speicherzelle jedoch kann mit einem einzelnen MOS-Transistor hergestellt werden, was eine höhere Speicherdichte ergibt. Typischerweise ist die Speicherdichte eines dynamischen RAMs viermal so groß wie die eines statischen, wodurch die Kosten spürbar geringer sind. Dynamische RAMs besitzen weiter eine geringe Leistungsaufnahme. Ihr Nachteil liegt darin, daß sie eine Auffrischsteuerung, meist recht komplexer Natur, benötigen. Dynamische RAMs werden üblicherweise in größeren Speichern (über 8 K oder 16 K) verwendet, während man in kleineren Systemen lieber statische RAMs benutzt.
Um die zum Auffrischen eines RAM-Speichers benötigten Zyklen möglichst klein zu halten, ist ein typisches 4 K RAM als eine Matrix aus 64 Zeilen mit 64 Spalten organisiert, wodurch nur 64 Auffrischzyklen nötig werden, da eine ganze Zeile (oder Spalte) auf einmal aufgefrischt werden kann. Eines der neueren 16 K RAMs, das 2116, ist als zwei Felder zu je 64 Zeilen und 128 Spalten organisiert. Da auf beide Felder gleichzeitig zugegriffen werden kann, benötigt man auch hier nur 64 Auffrischzyklen.

Auffrischsteuerung

Die Auffrischsteuerung hat die Aufgabe, das ganze RAM innerhalb von 2 ms aufzufrischen. Es werden zwei Methoden des Zugriffs auf den Speicher angewendet:
1. *Burstmodus:* Die Auffrischsteuerung frischt alle Zeilen ,,auf einmal", d.h. unmittelbar hintereinander auf. Das ist einfach zu verwirklichen, sperrt das RAM aber während 64 Zyklen für jeden Speicherzugriff durch den Prozessor. Der größtmögliche Warteanteil kann einfach berechnet werden. Setzten wir einen Taktzyklus von 500 ns voraus, so ergibt sich bei 64 Auffrischzyklen in 2 ms ein Verlust von 64 x 500 ns = 32 μs für den Prozessorzugriff. 32 Mikrosekunden alle 2 Millisekunden stellen aber einen Verlust von 32 / 2000 = 0,016 oder 1,6% dar.
2. *Verteilter* oder *Einzelzyklusmodus:* Die Auffrischsteuerung greift alle n Mikrosekunden auf den Speicher zum Auffrischen der nächsten Zeile zu. Diese Technik hat weniger Verzögerung der Prozessoroperation (im Mittel) zur Folge, wodurch der Verlust beim Speicherzugriff klein bleibt.

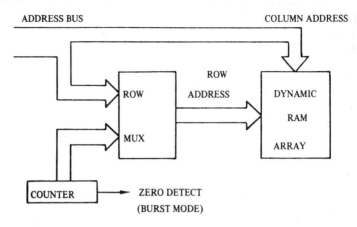

Bild 4-146: Prinzipielle Logik zur RAM-Auffrischung

Zugriffsynchronisation

Beide Techniken erfordern einen Zugriff auf den Speicher, während er nicht beschäftigt ist und mit einer höheren Priorität als der Zugriff durch den Prozessor. Man benutzt zur Erhaltung einer derartigen Synchronisation zwei Haupttechniken:

Asynchroner Zugriff

Die Speicheranforderungen werden mit festliegender Frequenz, etwa alle 31 μs (d.h. 64 mal innerhalb 2 ms), erzeugt, unabhängig vom Zustand des Mikroprozessors. Diese Methode ist unabhängig vom verwendeten Mikroprozessor, benötigt jedoch einen komplexen Steuerungsentwurf und bewirkt einen Zugriffsverzögerung für den Prozessor. Die Steuerung muß zwar auf die Beendigung eines angefangenen RAM-Zyklus warten, dies ist jedoch eine Auffrischverzögerung, keine Zugriffsverzögerung für den Prozessor. Man muß die Auffrischprioritäten festlegen und Laufzeitverzögerungen in der Steuerungslogik vorsehen.

Verdecktes Auffrischen

Diese Methode des ,,hidden refresh`` beruht darauf, das RAM aufzufrischen, wenn die MPU es nicht benötigt. Man bezeichnet das verdeckte Auffrischen auch als *transparentes Auffrischen* oder als *synchronen Zugriff*. Für jede MPU gibt es normalerweise Situationen, in denen garantiert kein Speicherbedarf für einen oder mehr Zyklen besteht. Wenn diese Zustände extern erkannt werden können, so kann ein Auffrischzyklus ohne jeden Test und ohne Verzögerung durch Multiplexer (d.h. ohne Auffrischzeitverlust) erfolgen. Die MPU erleidet keine Zugriffsverzögerung und hat so keinerlei Kenntnis von dem Auffrischungsvorgang, daher ist es ein ,,verdeckter`` oder ,,transparenter`` Vorgang.

MIKROPROZESSOR INTERFACE TECHNIKEN

Der Geschwindigkeitsvorteil dieser Methode fällt ins Auge. Der Steuerungsentwurf für die Auffrischung wird jetzt aber vollständig von dem verwendeten Prozessortyp abhängig. Zusätzlich muß ein Schutz gegen ,,unübliche'' Zustände vorgesehen werden, indem man eine Zusatzlogik einbaut, die den Auffrischvorgang alle 2 ms unter allen Umständen garantiert. Solche ,,außergewöhnlichen'' Umstände sind z.b. beim 8080: Anhalten des Prozessors, zu lange währendes Rücksetzen der MPU, lange Wartezyklen bei Zugriff auf langsame Speicher oder bei Einzelschrittabarbeitung während der Fehlersuche und schließlich das Anhalten des Prozessors bei DMA-Zugriff.

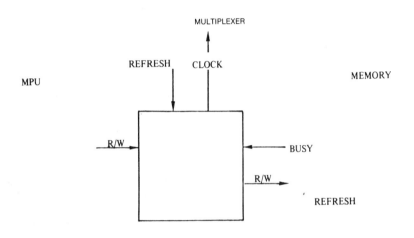

Bild 4-147: Asynchrone Auffrischsteuerung

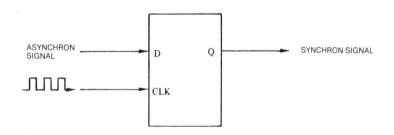

Bild 4-148: Synchronisation mit Flipflop

ANSCHLUSS VON PERIPHERIEEINHEITEN

Man kann zum Beispiel beim 8080 den Taktzyklus T4 im Maschinenzyklus M1 zum Auffrischen verwenden: Während T4 dekodiert der 8080 intern den übernommenen Befehl und führt ihn aus, wobei er keinen Speicherzugriff benötigt. Mit einem einfachen Viererzähler läßt sich das Ende von T3 erkennen und ein Auffrischzyklus freigeben (vgl. Bild 4-150). Entsprechend läßt sich für jeden Prozessor ein Auffrischzyklus für das RAM freigeben, wenn dieser auf das ROM zugreift. Ein Beispiel für einen vereinfachten synchronen Entwurf findet sich in Bild 4-149, in dem HOLD zur Steuerung der Busse herangezogen wird. (Diese Methode läßt sich nicht während RESET oder WAIT verwenden.)

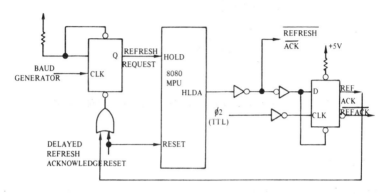

Bild 4-149: Verwenden des HOLD-Eingangs für einen Auffrischzyklus

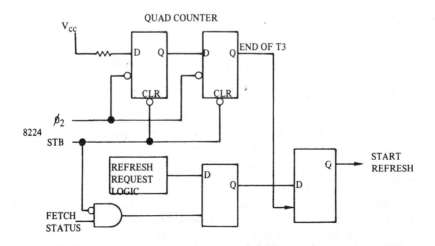

Bild 4-150: Prinzip der synchronen Auffrischsteuerung bei einem 8080

MIKROPROZESSOR INTERFACE TECHNIKEN

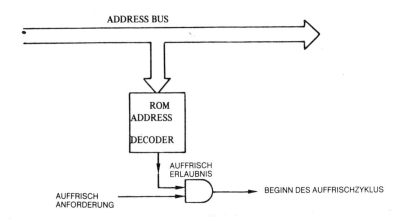

Bild 4-151: Auffrischen während Zugriff zum ROM-Bereich

Andere Methoden

Man kann noch eine Reihe anderer Methoden benutzen. Sie kombinieren die oben dargestellten Techniken, wobei oft Besonderheiten in der Ansteuerung des betreffenden Mikroprozessors ausgenutzt werden. Z.B. kann ein asynchroner Auffrischvorgang von der ansteigenden Flanke von Ø2 (Taktphase 2) gesteuert werden. Damit wird garantiert, daß der 8080 nicht gleichzeitig auf den Speicher zugreift und der Entwurf der Entscheidungslogik in der Auffrischsteuerung etwas vereinfacht.

Auffrischlogik

Ein vollständiger Auffrischsteuerbaustein kann, abhängig von der benötigten Effektivität und den Kostengrenzen, mehrere Elemente enthalten. Die üblichen derartigen Elemente sind:
— Auffrischzähler: ein 6- oder 7-Bit-Zähler, der nacheinander die 64 oder 128 Zeilenadressen erzeugt.
— Adressenmultiplexer: Er schaltet an die RAM-Chips eine entweder vom Auffrischzähler (bei einem Auffrischzyklus) oder vom Adreßbus (während eines normalen Speicherzyklus) stammende Zeilenadresse an.
— Verriegelungsschaltung: Ermöglicht einen Speicherzyklus für die zuerst anfragende Einheit (Auffrischsteuerung oder MPU), während Zugriffe von der anderen Einheit aus gesperrt werden (Bild 4-152).
— Prioritätslogik: Ermöglicht durchweg der Auffrischsteuerung einen Zugriff auf den Speicher, manchmal unter Einhaltung besonderer Bedingungen.
— Baudrategenerator: Eine Zeitsteuerung, die die Aufgabe hat, mit einer festgelegten Frequenz, wie z.B. 64 mal in je 2 ms, Anforderungsimpulse zu erzeugen.
— Zwischenspeicher: Sie sollen den jeweiligen Status festhalten.

ANSCHLUSS VON PERIPHERIEEINHEITEN

Chips zur Auffrischsteuerung

Um den Entwurf von Steuerschaltungen für dynamische RAMs zu vereinfachen, wurden Chips für die Auffrischsteuerung entwickelt. Ganz neu sind auch dynamische RAM-Bausteine, die die Auffrischlogik mit auf dem Chip enthalten. Derartige ,,pseudostatische RAM'' werden in Zukunft verstärkt auf den Markt kommen. Allerdings geht so etwas an Entwurfsflexibilität verloren, und da die neuen Bausteine noch teuer sind, wird man in der Regel doch extern auffrischen müssen. Für eine asynchrone Auffrischtechnik läßt sich der 3222 von Intel in Verbindung mit einem 2107B-RAM verwenden. Der 3222 benötigt für seine Signale eine externe Zeitsteuerung, enthält aber auf einem einzigen Chip: Zwischenspeicher, Oszillator (benötigt extern ein RC-Glied), Adreßmultiplexer, Auffrischzähler und Prioritätslogik. Er stellt eine Zeilenadresse mit 6 Bits zur Verfügung. (Siehe Bild 4-153).

Der 3242 ist ein einfacher Steuerchip zum Gebrauch mit den Speicherchips 2104A (4 K) und dem 2116 (16 K). Er gibt 6 oder 7 Bit aus und enthält den Adreßmultiplexer und den Auffrischzähler (siehe Bild 4-154).

Der nächste Abschnitt stellt den Entwurf einer dynamischen Speicherkarte für den S-100-Bus vor.

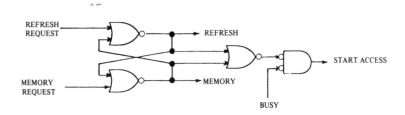

Bild 4-152: Entscheidungslogik für Speicherzugriff

MIKROPROZESSOR INTERFACE TECHNIKEN

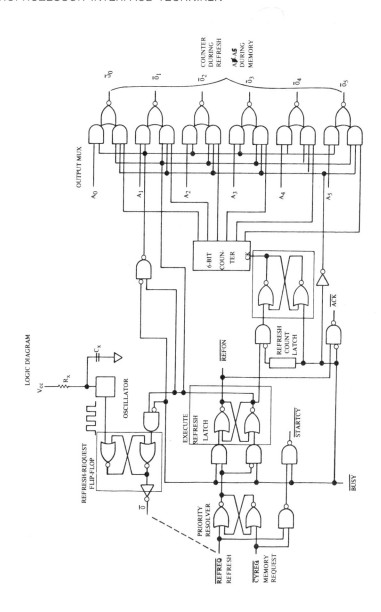

Bild 4-153: Auffrischsteuerchip von Intel für 6 Leitungen

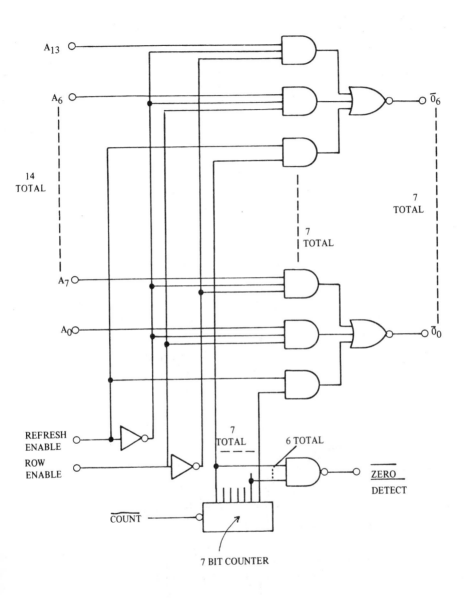

Bild 4-154: Auffrischsteuerchip von Intel für 7 Leitungen

MIKROPROZESSOR INTERFACE TECHNIKEN

Dynamische Speicher

Wiederholen wir: Zur Auffrischung lassen sich drei Methoden, *Gruppenauffrischung* (alle 64 Zeilen auf einmal alle zwei Millisekunden), *gezielte Auffrischung* (alle paar Mikrosekunden eine Zeile) und *transparente (verdeckte) Auffrischung* (Auffrischzyklen während vom System nicht zum Speicherzugriff verwendeten Zyklen) benutzen.

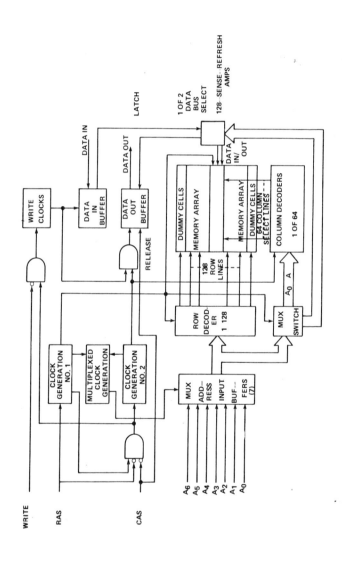

Bild 4-155: Innerer Aufbau des RAMs 4116

ANSCHLUSS VON PERIPHERIEEINHEITEN

Entwurf eines dynamischen Speichers für den S-100-Bus

Das anstehende Problem läßt sich in zwei Teile zerlegen: zum einen Untersuchung der Besonderheiten des speziellen dynamischen Speicherchips, der verwendet werden soll; zum anderen Untersuchung der Bedingungen für den S-100-Bus und seine Speichersignal-Zeitbeziehungen. Unglücklicherweise haben DMA-Zyklen und Zugriffszyklen von der Bedienerkonsole her nichts oder wenig mit den zugrundezulegenden Zeitbeziehungen in einem 8080-System zu tun.

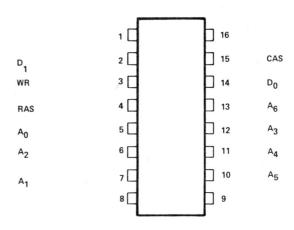

Bild 4-156: Anschlüsse beim 4116

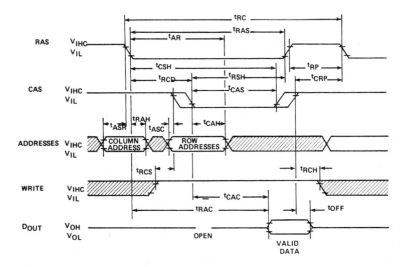

Bild 4-157: Zeitdiagramm für einen Lesezyklus

MIKROPROZESSOR INTERFACE TECHNIKEN

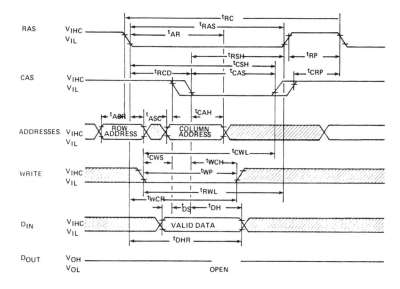

Bild 4-158: Zeitdiagramm für einen Schreibzyklus

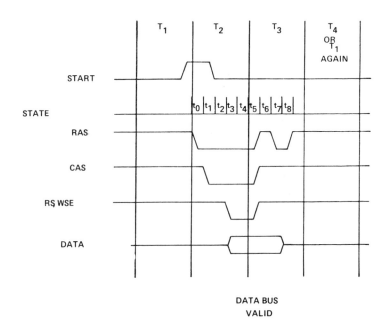

Bild 4-159: Zeitdiagramm der Zustandssteuerung

ANSCHLUSS VON PERIPHERIEEINHEITEN

Die in diesem Fall verwendeten Speicherchips sind die dynamischen, 16.384 mal 1 organisierten RAMs 4116 von Mostek. Das 16.384-Bit-RAM wird in einem Gehäuse mit 16 Anschlüssen vertrieben. Zur Adressierung einer Speicherzelle werden 14 Adreßbits benötigt, weshalb wegen der Beschränkung auf 16 Anschlüsse die Adresse in Gruppen zu zweimal sieben gemultiplext werden muß. Bild 4-157 zeigt das Zeitdiagramm für einen Lesezyklus im System. Bild 4-158 zeigt entsprechend das Zeitdiagramm für einen Schreibzyklus. Die Adressenmultiplexierung erfolgt mittels der Signale RAS (row adress strobe, Zeilenadreßübernahme) und CAS (column adress strobe, Spaltenadreßübernahme). Die einzige benötigte Information betrifft den Beginn eines Lese- oder Schreibzyklus. Sobald diese bekannt ist, können die übrigen Signale aus den Zeitdiagrammen ganz einfach mit Hilfe eines Synchronzählers gewonnen werden.
Der Synchronzähler erzeugt nacheinander acht Impulse von je 100 ns. Jeder dieser mit t0 bis t7 bezeichneten Zustände wird zur Erzeugung der Übernahme- (strobe) und Steuersignale für die dynamischen Speicherbausteine benutzt. In der Übersichtsschaltung in Bild 4-160 sind die acht Speicherchips, ein Ausgabedatenzwischenspeicher, ein Eingabedatenpuffer, der Adreßmultiplexer und der Auffrischzähler wiedergegeben. Alle der angegebenen Steuersignale werden durch die in Bild 4-161 dargestellte Zeitsteuerung erzeugt. In Bild 4-161 findet sich der Zustandszähler, der durch Lese- oder Schreibzyklus ausgelöst wird.
Der Entwurf folgt einer einfachen Überlegungskette. Der synchrone Zustandszähler gibt dem Entwickler ausreichende Flexibilität für die Zeitsteuerung ohne die beim Gebrauch asynchroner Zeitsteuerbausteine auftretenden Probleme. Die RAS- und CAS-Signale

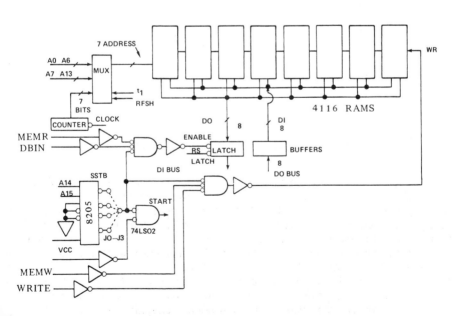

Bild 4-160: Schaltung der 16-K-Speicherkarte

239

MIKROPROZESSOR INTERFACE TECHNIKEN

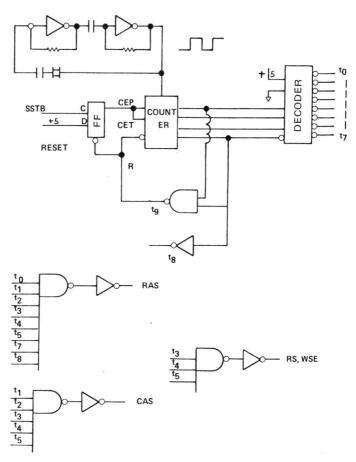

Bild 4-161: Steuerteil der 16-K-Speicherkarte

werden ebenso wie die anderen durch die entsprechende Zahl von Zyklen des Zählers erzeugt. Zum Beispiel ist das RAS-Signal falsch während t0, t1, t2, t3, t4, t5 und t6. Das CAS-Signal ist falsch während t1, t2, t3, t4, t5 und t6. Beachten Sie, daß RAS während t0 falsch, CAS dagegen während t0 wahr ist. Entsprechend dem Zeitdiagramm in Bild 4-159 wird dadurch die Zeilenadresse zuerst und dann die Spaltenadresse in die internen Adreßregister des Chips gemultiplext. Auf diese Weise fungiert das Signal t0 als Übernahmesignal für den Adreßmultiplexer vom Adreßbus.
Nun müssen wir uns für eine der Auffrischmethoden entscheiden. In unserem Fall ist die verdeckte Auffrischung am besten, da sie für den Prozessor vollständig transparent ist. Für die transparente Auffrischung wird der Speicher während jedem Lese- oder Schreibzyklus aufgefrischt. Betrachten wir einmal in Kapitel sechs in Bild 6-9 und 6-10 die Zeit-

ANSCHLUSS VON PERIPHERIEEINHEITEN

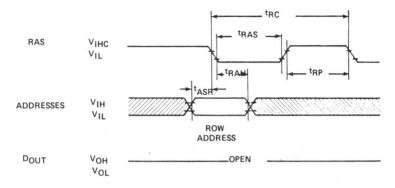

Bild 4-162: Zeitdiagramm der Speicherauffrischung

diagramme für einen Speicherlese- bzw. einen Speicherschreibzyklus, so muß unter ungünstigsten Umständen eine Lese- oder Schreiboperation innerhalb von 650 ns durchgeführt und dann vor Beginn des nächsten M-Zyklus mit einer Auffrischoperation abgeschlossen werden. Entsprechend den Zeitvorgaben nach Bild 4-159 haben wir genau 400 ns zur Ausführung des transparenten Auffrischens, vorausgesetzt, es treten keine Wartezyklen auf. Die hier ausgewählten dynamischen Speicher sind schnell genug, um innerhalb dieser 400 ns eine verdeckte Auffrischung durchführen zu können. Für diesen Zweck wird nach Beendigung jedes Lese- oder Schreibzyklus der Auffrischzähler weitergezählt und zur Auffrischung einer Zeile das RAS-Signal für 200 ns aktiviert. Schlimmstenfalls bleiben bis zum Beginn des nächsten möglichen Speicherzyklus noch 50 ns übrig.
Die grundlegenden Anforderungen für einen Lese- oder Schreibzyklus beim S-100-Bus sind damit erfüllt. Wir haben dazu das Signal SSTB (status strobe, Statusübernahme) verwendet. Soll anstelle des 8080 irgendein anderer Prozessor verwendet werden, so muß dieses Übernahmesignal ganz genau dieselben Anforderungen an seine Zeitbeziehungen erfüllen, wie in einem 8080-System. Außerdem muß jede andere Operation, wie ein Zugriff von der Bedienerkonsole aus oder durch DMA derselben Zeitabfolge genügen. Unglücklicherweise stimmen die verschiedenen Hersteller von S-100-kompatiblen Einheiten hinsichtlich der Lese- oder Schreibzyklusanforderungen unter diesen abweichenden Bedingungen nicht überein. Wegen dieser Nichtübereinstimmung in allen Zeitstrukturen können einige dynamische Speicher nicht in allen Systemen eingesetzt werden.
Als Beispiel für eine Speicherkarte, die dieselbe Methode der verdeckten Auffrischung benutzt, soll der 16-K-Speicher von Dynabyte dienen. Die Karte verwendet dynamische 4-K-RAM-Chips. Sie gestattet eine Einstellung der Zeitbeziehungen, wodurch sie in nahezu jedem anderen S-100-System eingesetzt werden kann, auch bei Verwendung anderer Prozessoren. Eine Fotografie der Karte findet sich in Bild 4-164. Ein Blockschaltbild

241

MIKROPROZESSOR INTERFACE TECHNIKEN

PARAMETER	SYMBOL	MK 4116-2 MIN	MK 4116-2 MAX	UNITS
RANDOM READ OR WRITE CYCLE TIME	t_{RC}	375		ns
READ–WRITE CYCLE TIME	t_{RWC}	375		ns
PAGE MODE CYCLE TIME	t_{PC}	170		ns
ACCESS TIME FROM RAS	t_{RAC}		150	ns
ACCESS TIME FROM CAS	t_{CAC}		100	ns
OUTPUT BUFFER TURN-OFF DELAY	t_{OFF}	0	40	ns
TRANSITION TIME (RISE AND FALL)	t_T	3	35	ns
RAS PRECHARGE TIME	t_{RP}	100		ns
RAS PULSE WIDTH	t_{RAS}	150	10,000	ns
RAS HOLD TIME	t_{RSH}	100		ns
CAS HOLD TIME	t_{CSH}	150		ns
CAS PULSE WIDTH	t_{CAS}	100	10,000	ns
RAS TO CAS DELAY TIME	t_{RCD}	20	50	ns
CAS TO RAS PRECHARGE TIME	t_{CRP}	-20		ns
ROW ADDRESS SET-UP TIME	t_{ASR}	0		ns
ROW ADDRESS HOLD TIME	t_{RAH}	20		ns
COLUMN ADDRESS SET-UP TIME	t_{ASC}	-10		ns
COLUMN ADDRESS HOLD TIME	t_{CAH}	45		ns
COLUMN ADDRESS HOLD TIME REFERENCED TO RAS	t_{AR}	95		ns
READ COMMAND SET-UP TIME	t_{RCS}	0		ns
READ COMMAND HOLD TIME	t_{RCH}	0		ns
WRITE COMMAND HOLD TIME	t_{WCH}	45		ns
WRITE COMMAND HOLD TIME REFERENCED TO RAS	t_{WCR}	95		ns
WRITE COMMAND PULSE WIDTH	t_{WP}	45		ns
WRITE COMMAND TO RAS LEAD TIME	t_{RWL}	60		ns
WRITE COMMAND TO CAS LEAD TIME	t_{CWL}	60		ns
DATA–IN SET-UP TIME	t_{DS}	0		ns
DATA–IN HOLD TIME	t_{DH}	45		ns
DATA–IN HOLD TIME REFERENCED TO RAS	t_{DHR}	95		ns
CAS PRECHARGE TIME (FOR PAGE-MODE CYCLE ONLY)	t_{CP}	60		ns
REFRESH PERIOD	t_{REF}		2	ms
WRITE COMMAND SET-UP TIME	t_{WCS}	-20		ns
CAS TO WRITE DELAY	t_{CWD}	70		ns
RAS TO WRITE DELAY	t_{RWD}	120		ns

Bild 4-163: Zeitdefinition für den 4116

der Steuereinheit steht in Bild 4-165. Beachten Sie, daß zur Festlegung des durchzuführenden Operationszyklus eine ganze Reihe von Statussignalen vom Bus benötigt werden. Das bedeutet, daß eine DMA-Einheit diese Signale ebenfalls erzeugen muß.
Fassen wir zusammen: Es wurde ein dynamischer Speicher gebaut, indem die Zeitanforderungen der Chips und die Zeitanforderungen des Systems untersucht und in Zusammenklang gebracht wurden. Durch die Verwendung einer Zeitbestimmung mit einem Synchronzähler werden die Zeitbeziehungen im System vereinfacht und definiert. so war hier z.b. angenommen, daß der Entwickler Zugriff auf den Takt des Systems hat, so daß in allen Lagen bekannt war, was der Prozessor gerade macht. Man kann auch einen funktionsfähigen Entwurf mit Hilfe von asynchronen Monovibratoren, RC-Zeitverzögerungsgliedern und Verzögerungsleitungen erhalten, derartige Entwürfe jedoch leiden beträchtlich an Problemen mit den Zeitbeziehungen der Signale, was aus Toleranzen der verwendeten Bauelemente, aus Temperaturschwankungen usw. folgt. Wegen der zusätzlichen Schwierigkeit durch Wartezyklen, verschiedenen Systemtakt und Fehlen vollständiger Statussignale bei einigen Bussen ergibt sich in der Praxis, daß es keinen Allgemeinentwurf für dynamische RAM-Karten gibt, die in jedem S-100-System verwendet werden

ANSCHLUSS VON PERIPHERIEEINHEITEN

Bild 4-164: 16-K-Speicherkarte von Dynabyte

MIKROPROZESSOR INTERFACE TECHNIKEN

können. Die besseren und teureren Karten, wie das Produkt von Dynabyte können vermittels Hardwarebrücken in verschiedenen Systemen laufen. Jedoch selbst hier gibt es einige Systeme, wo auch dieser Umfang an Flexibilität nicht ausreicht. Wenn wir zum Vergleich den 6800-Bus in dem Mikrocomputer Altair 680B betrachten, können wir sehen, daß hier die Zeitanforderungen für das System so gut definiert sind, daß Interfaceprobleme in hohem Maße vereinfacht werden. Das Problem dürfte sich allerdings mit Verabschiedung der S-100-Norm durch das IEEE-Komitee in Bälde ändern.

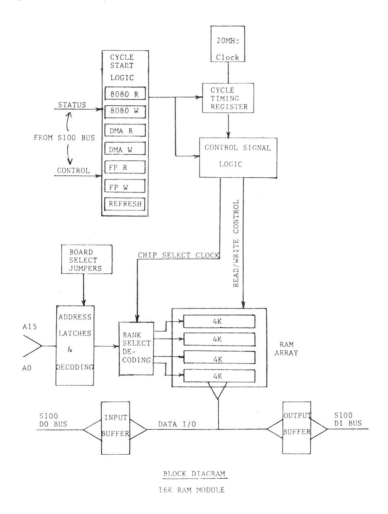

BLOCK DIAGRAM
16K RAM MODULE

Bild 4-165: Blockdiagramm der Karte von Dynabyte

ANSCHLUSS VON PERIPHERIEEINHEITEN

Der Entwurf einer Karte mit dynamischen Speichern wird sehr oft noch komplexer wegen der dreifachen Stromversorgung und wegen der Spannungsspitzen auf den Versorgungsleitungen beim Arbeiten der Speicherchips. Oft ergibt das in der Praxis einen Entwurf, der die Information nicht zuverlässig lesen und schreiben kann. Aus diesem Grunde sollte der Entwurf eines dynamischen Speichers sorgfältig unter allen angesprochenen Gesichtspunkten untersucht werden, einschließlich der Schwierigkeiten die aus den hohen Störspannungsspitzen bei normaler Chipoperation resultieren. Die beste Grundlage für den Entwurf eines dynamischen Speichersystems ist das Handbuch des Herstellers der Speicherchips. Da Speicher die Grundlage des Halbleitergeschäfts sind, sind die Hersteller mehr als glücklich, wenn sie den Entwicklern von Speicherkarten beim Einsatz ihrer Produkte helfen können.

Zusammenfassung

Der Fortschritt von PIAs, UARTs und anderen einfachen LSI-Chips zu FDCs und CRTCs zeigt einen Trend der technologischen Entwicklung auf. Mehr periphere Steuerungen werden in Zukunft auf einem einzigen Chip integriert werden, und mehr Steuerungen werden „intelligent" werden. Lokale Ediermöglichkeiten, Dateibibliotheken, Textverarbeitung werden in der Peripherie von morgen zum Standard gehören.

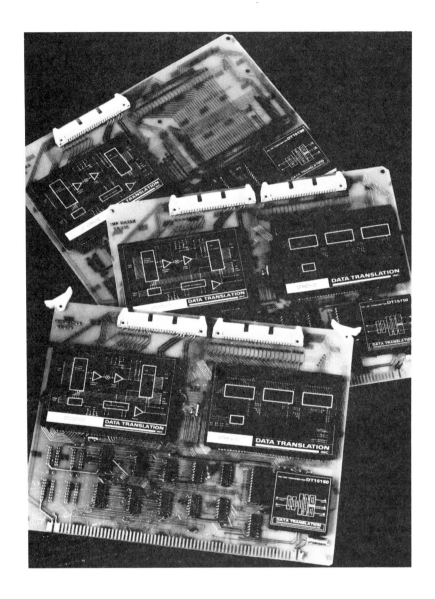

Bild 5-0: A/D- und D/A-Karten

KAPITEL 5
ANALOG/DIGITAL UND
DIGITAL/ANALOG WANDLER

Einleitung

In jedem System müssen zwei prinzipiell verschiedene Signalarten gemessen oder erzeugt werden. Es sind dies: *analoge* Signale und *digitale* Signale. *Analoge Signale* setzen *unendlich viele mögliche Zwischenwerte* im anzuzeigenden Bereich voraus, wohingegen *digitale Signale* nur *endlich viele Werte* umfassen. Zum Beispiel ist ein binäres Signal digitaler Natur, denn es kann nur einen von zwei möglichen Werten annehmen, entweder „Ein" oder „Aus" sein („1" oder „0"). Ein typisches Beispiel für ein analoges Signal ist die Temperatur eines Ofens. Die Temperatur ist hier eine analoge Variable, sie kann unendlich viele Zwischenwerte annehmen.
Ein Computer besitzt nur endliche Genauigkeit und begrenzten Speicherraum, daher benutzt man digitale Darstellung. Die Genauigkeit von Messungen wird als auf n Stellen begrenzt bezeichnet. Außerdem schränkt man den Gesamtspeicherbedarf für gemessene Größen ein, indem man nur *Stichproben* (samples) verwendet. Das Konzept der Stichprobenspeicherung wird unten vorgestellt werden.
In diesem Kapitel wird erklärt, wie man analoge in digitale und digitale in analoge Werte umwandelt (A/D- und D/A-Wandlung). Außerdem werden die für den Aufbau eines vollständigen Datensammelsystems notwendigen speziellen Bauteile eingeführt werden.
Wir werden nacheinander besprechen:
— einen D/A-Wandler (DAC, digital-to-analog converter),
— einen A/D-Wandler (ADC, analog-to-digital converter),
— den Abtastprozeß zur Stichprobenentnahme (sampling),
— analoge Multiplextechniken.
Schließlich sollen alle diese Techniken beim Entwurf eines vollständigen Datenerfassungssystems eingesetzt werden.

Prinzip eines D/A-Wandlers

Betrachten wir das Problem, eine Binärzahl in eine analoge Spannung zu übertragen. Dies ist das Grundproblem der Digital/Analog-Wandlung.
Eine einfache Lösung sieht so aus: Für jede Bitstelle der Zahl wird eine bestimmte Spannung erzeugt. Die Höhe dieser Spannung ist proportional zur binären Wertigkeit des Bits. Wird z.B. für Bit 0 die Spannung U erzeugt (2^0), so ergibt Bit 1 die Spannung 2 U (2^1), Bit 2 erzeugt 4 U (2^2) und Bit n eine Spannung von 2^n U. Die sich so ergebenden Spannungen werden einfach addiert. Das Ergebnis ist proportional zur ursprünglichen Binärzahl.
Ein einfacher D/A-Wandler für 4 Bit findet sich in Bild 5-1.

MIKROPROZESSOR INTERFACE TECHNIKEN

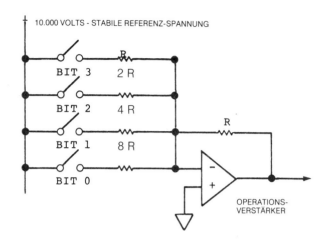

Bild 5-1: Ein einfacher 4-Bit-D/A-Wandler

Dieser D/A-Wandler besteht aus: vier Schaltern, vier proportional gestuften Widerständen zur Summenbildung, einem Operationsverstärker mit einem Widerstand der proportionalen Wichtung 1 im Gegenkopplungskreis. Die Widerstandswerte haben die Proportionen 1, 2, 4 und 8. Das ergibt die Verstärkung -1/8, -1/4, -1/2 und -1. Untersuchen wir die Funktion dieser Schaltung.
Beginnen wir mit allen Schaltern *geöffnet*. Da dem Operationsverstärker keine Spannung eingegeben wird, ist der Ausgang auf 0 V. Schließen wir den mit ,,Bit 0'' bezeichneten Schalter, so wird über den mit 8R bezeichneten Widerstand die Bezugsspannung von -10 V an den Eingang gelegt. Entsprechend der vorliegenden Verstärkung von 1/8 für diese Widerstandskombination ergeben sich am Ausgang 1,25 V. Schließen wir den Schalter ,,Bit 1'', so werden dazu, entsprechend für diesen Punkt vorhandenen Verstärkung von -1/4, 2,5 V addiert. Die Ausgangsspannung beträgt jetzt 3,75 V. Wenn alle Schalter *geschlossen* sind, so beträgt die Ausgangsspannung 10,00 V + 5,00 V + 2,50 V + 1,25 V = 18,75 V. Hiermit haben wir eine Binärzahl von 4 Bit, die durch vier Schalter dargestellt wird, in eine Spannung umgesetzt. Diese ist der analoge Gegenwert einer der 16 möglichen digitalen Werte.
Betrachten wir nun die Struktur eines praktisch eingesetzten D/A-Wandlers.

ANALOG/DIGITAL UND DIGITAL/ANALOG WANDLER

Ein ausgeführter D/A-Wandler

Der typische Aufbau eines monolithischen D/A-Wandlers ist in Bild 5-2 dargestellt. Dieser Baustein hier besitzt eine Auflösung von vier Bits. In der Praxis schaltet man anstelle der Spannungen lieber Ströme, die sich leichter mit der benötigten Präzision an- und abschalten lassen. Zur Ausgabe einer Spannung besitzt der Wandlerbaustein als letzte Stufe einen Strom/Spannungswandler. Diese Funktion wird einfach durch einen Operationsverstärker erfüllt. Typische Wandler besitzen eine Auflösung von acht bis zwölf Bits.

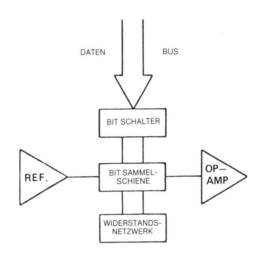

Bild 5-2: Typischer Aufbau eines D/A-Wandlers

Bild 5-3 gibt die Funktionselemente unseres Wandlers wieder. Es sind: die Bezugsstromquelle, die Transistoren zur Teilstrombestimmung, die R-2R-Widerstandsleiter, die Bitschalter und der Strom/Spannungswandler.
Die Bezugsstromquelle liefert einen stabilen Strom als Bezugsgröße für die Umformung. Die den einzelnen Bits zugeordneten Teilstromquellen sind zu diesem Bezugsstrom proportional. Der Strom durch jeden der Transistoren zur Teilstrombestimmung bestimmt sich aus dessen Stellung in der R-2R-Widerstandsleiter. Diese Widerstandsleiter begrenzt den Kollektorstrom des der Bitstelle n zugeordneten Transistors nach der Funktion 2^{-n}. Die Bitschalter leiten diesen Strom entweder auf die Sammelschiene zum Strom/Spannungswandler oder an Masse ab. (Das ergibt für die Stromquellentransistoren gleichbleibende Verhältnisse unabhängig von der Größe der umzuwandelnden Zahl. -A. d.Ü.) In unserem Beispiel haben wir Teilströme von 1/20 A, 1/40 A, 1/80 A und 1/160 A. Aus der Kombination dieser Teilströme ergibt sich nach der Strom/Spannungswandlung die analoge Spannung zur eingegebenen 4-Bit-Binärzahl.

249

MIKROPROZESSOR INTERFACE TECHNIKEN

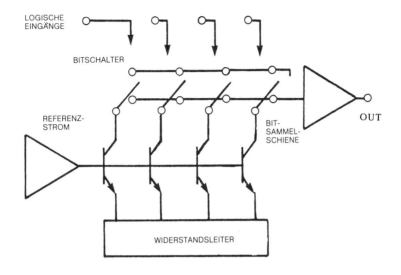

Bild 5-3: Funktionselemente eines monolithischen Wandlers

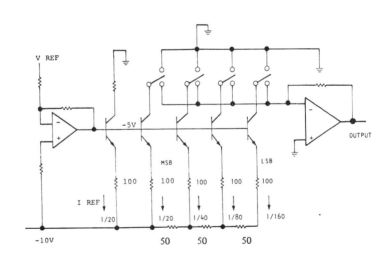

Bild 5-4: Vollständiger monolithischer Wandler

ANALOG/DIGITAL UND DIGITAL/ANALOG WANDLER

In der Praxis verwendet ein monolithischer Wandler Transistoren zur Umschaltung der Teilströme zwischen Verstärker und Masse. Bild 5-4 zeigt die Interfaceschaltung zur Umwandlung der logischen Eingangspegel in Strompfade. Wenn der Eingang log. ,,0'', was 0 V entspricht, ist, so treibt die Teilstromquelle den Strom über Q4 auf die Stromsammelschiene. Ist der Eingang auf log. ,,1'', entsprechend einer Eingangsspannung größer als 2 V, so treibt die Teilstromquelle den Strom über Q3 anstelle Q4, wodurch die Stromsammelschiene von diesem Bit abgetrennt wird. Die vier Binärsignale schalten derart die vier Teilstromquellen auf die Stromsammelschiene oder von ihr weg. Der sich dort ergebende Strom wird dann in die Ausgangsspannung umgewandelt.

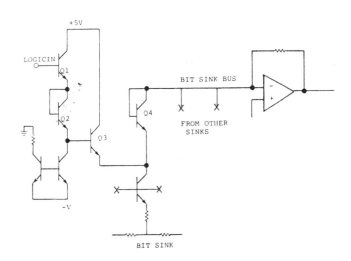

Bild 5-5: Ausschnitt: die Bitschalter

Durch Erweitern der R-2R-Widerstandsleiter und Hinzufügen weiterer Transistoren als Teilstromquellen läßt sich die Auflösung des Wandlers auf über 10 Bit steigern. Mehr als 14 Bit ergeben jedoch Stabilitätsprobleme, die sich mit dieser einfachen Schaltung nicht beherrschen lassen. In der Praxis werden 16-Bit-Wandler normalerweise anhand eines allgemeinen Standards abgeglichen. (Bedenken Sie, daß eine Auflösung von 16 Bit eine Genauigkeit von 1 Teil aus 65.000 erfordert!)

Einige vertriebene Produkte

Die Tabelle in Bild 5-6 ergibt einige der zur D/A-Wandlung erhältlichen Erzeugnisse an. Die Kosten wachsen mit der Umsetzgeschwindigkeit.

MIKROPROZESSOR INTERFACE TECHNIKEN

Bild 5-6: D/A-Wandler auf dem Markt

Manufacturer	Type #	Resolution	Speed
Motorola	MC1408	8	300ns
PMI	DAC-08	8	100ns
PMI	DAC-03	10	250ns
Analog Devices	AD7520	10	500ns
Datel	DAC-4Z12D	12	1us
Burr-Brown	DAC70/CSB	16	75us

Der A/D-Wandler

Nachdem wir nun eine Binärzahl in ein analoges Signal umwandeln können, müssen wir das umgekehrte Problem lösen. Wir messen eine analoge Größe und müssen sie in eine Binärzahl umwandeln. Es gibt dazu drei Wandlermethoden: schrittweise Annäherung, Integration und direkten Vergleich. Bevor wir dieses besprechen können, müssen wir zuerst das Prinzip der Abtastung (Stichprobenentnahme) untersuchen.

Abtastung

Die unser Analogsignal wiedergebende Binärzahl stellt einen Wert zu einem bestimmten Zeitpunkt dar. Man bezeichnet ihn als eine Stichprobe oder *Abtastung* (sample). In dem Bild 5-7 wiedergegebenen Schwingungszug werden an den bezeichneten Stellen derartige Abtastungen vorgenommen. Die erhaltenen Abtastwerte geben uns keine Information über die wahre Form des Signals. Wir müssen die Abtastung so vornehmen, daß sie das Signal genau wiedergeben. Die Frequenz, mit der wir abtasten, wird als *Abtastrate* (sampling rate) bezeichnet. Um eine genauere Wiedergabe zu erreichen, müssen wir öfter abtasten. Die Frage ist nun: Wie oft sollen wir abtasten?

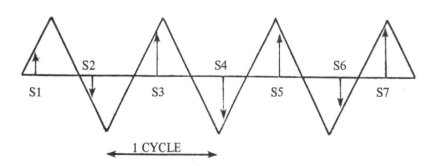

Bild 5-7: Kleine Abtastrate

ANALOG/DIGITAL UND DIGITAL/ANALOG WANDLER

Das Abtasttheorem

Die Antwort gibt uns das Abtasttheorem: *Wir müssen mindestens doppelt so schnell abtasten wie die höchste in unserem System auftretende Frequenz beträgt.* Eine Faustregel läßt sich so formulieren: Um unser Signal wiedergeben zu können, müssen wir es mindestens 10 mal schneller abtasten, als die durchschnittliche Grundfrequenz angibt. Bild 5-8 verdeutlicht das Ergebnis bei häufigerer Abtastung.

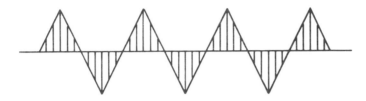

Bild 5-8: Große Abtastrate

Abtasten und Halten

Der Eingang in einen Wandler muß stabil bleiben, solange die Wandlung andauert. Das läßt sich durch eine *Abtast-und-Halte-Schaltung* (sample and hold) erreichen. Diese Einheit tastet den analogen Eingang ab und hält den gefundenen Wert konstant bis zur nächsten Abtastung. Dazu wird der Wert in einem Kondensator hoher Qualität gespeichert, der von einem Operationsverstärker gepuffert wird. Abtast-und-Halte-Schaltungen sind sowohl in monolithischer als auch in hybrider Bauform erhältlich.

12 Bit A/D und D/A Converter

MIKROPROZESSOR INTERFACE TECHNIKEN

Techniken zur Analog/Digital-Wandlung

Zur Analog/Digital-Wandlung sind verschiedene Techniken entwickelt worden. Jede von ihnen hat ihre Vorzüge und ihre Nachteile. Die Hauptkriterien zur Beurteilung ihrer Brauchbarkeit für einen gegebenen Anwendungsfall sind in der Regel Geschwindigkeit, Preis und Genauigkeit.

Man benutzt vier Grundmethoden: Schrittweise Annäherung, Integration (Ein-, Zwei- oder Vierflankentechnik), Zähler- und Servomethode sowie parallele Wandlung. Alle diese Techniken sollen im folgenden untersucht und erklärt werden.

Nach Darstellung dieser vier Grundmethoden sollen Einchip-Implementationen von ihnen vorgestellt werden. Darauf werden die Techniken und Bauteile zur Datenerfassung untersucht.

A/D-Wandler mit schrittweiser Annäherung

Im Zusammenhang mit Mikroprozessoren wird vermutlich die Technik der schrittweisen Annäherung (successive approximation) am häufigsten eingesetzt, da sie sich durch hohe Geschwindigkeit, große Auflösung und geringe Kosten auszeichnet.

Das Prinzip dieser Methode besteht darin, zunächst einmal den Eingangswert abzuschätzen, in analoge Form zu bringen und mit dem tatsächlich vorliegenden Eingangswert zu vergleichen. Je nach Vergleichsergebnis wird die Schätzung dann erhöht oder erniedrigt. Bild 5-9 zeigt die notwendige Hardware.

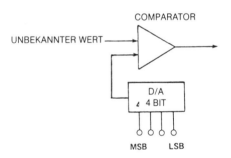

Bild 5-9: Hardware für schrittweise Annäherung

Bei einer Auflösung von 8 Bit kann man z.B. als ersten Schätzwert ,,10000000'' annehmen. Ist der Eingangswert größer als die analoge Entsprechung von ,,10000000'', dann wird das von links als nächstes folgende Bit gesetzt.
Als nächstes wird also der Wert ,,11000000'' angenommen. Ist auch er zu klein, so folgt ,,11100000''.
Nehmen wir an, der umzuwandelnde Eingangswert sei kleiner als unser letzter Versuch. Dann muß das zuletzt auf ,,1'' gesetzte Bit wieder gelöscht und statt dessen das ihm folgende gesetzt werden, was den Versuchswert ,,11010000'' ergibt. Und so geht das weiter. Die ersten Schritte lassen sich so veranschaulichen:

254

ANALOG/DIGITAL UND DIGITAL/ANALOG WANDLER

Schritt	angenommener Wert	zu hoch	genau	zu niedrig
1:	10000000	ja	—	—
2:	11000000	ja	—	—
3:	11100000	—	—	ja
4:	11010000	—	—	—

Mit anderen Worten: Immer, wenn der tatsächlich anliegende Wert größer als die Näherung ist, dann bleibt das betrachtete Bit an, und das nächste wird „probiert". Ist er dagegen nicht größer, dann wird das zuletzt gesetzte Bit wieder gelöscht und das nächstfolgende gesetzt.
Bild 5-10 zeigt formal den Algorithmus, die zugehörige Hardware ist in Bild 5-11 wiedergegeben.

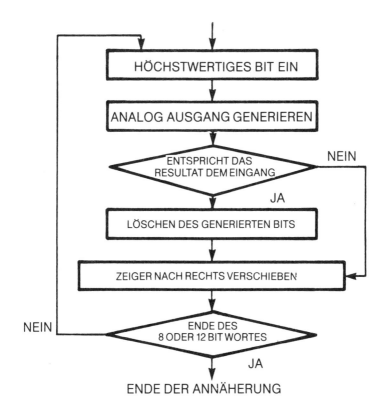

Bild 5-10: Schrittweise Annäherung ADC

MIKROPROZESSOR INTERFACE TECHNIKEN

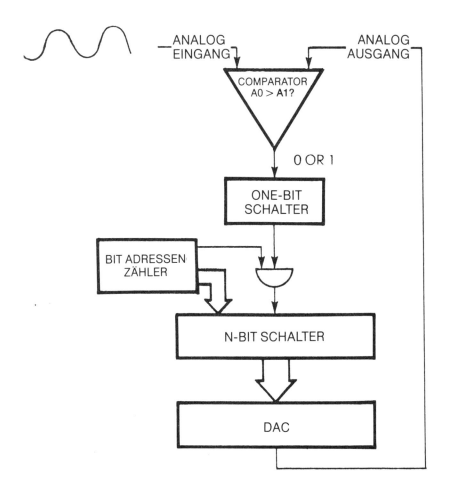

Bild 5-11: Detaillierte Hardware für schrittweise Annäherung

Sehen wir uns anhand von Bild 5-12 ein Beispiel für eine solche schrittweise Annäherung an.
Zuerst wird das höchstwertige Bit N auf „1" gesetzt. Der sich daraus ergebende Analogwert V1 ist kleiner als das Eingangssignal INPUT. Damit muß das nächstfolgende Bit gesetzt werden (N-1), wie es Bild 5-12 zeigt. Diesmal ist die Näherung V2 aber größer als das Eingangssignal. Das zuletzt gesetzte Bit N-1 muß also gelöscht werden. Das ist am Fuß von Bild 5-12 wiedergegeben, wo die Folge der Bits dargestellt ist (zwischen „Bit N-1" und „Bit N-2"). Als nächste Annäherung für die höherwertigen Bits wird also „101" versucht, dem Nullen folgen. Das ergibt den Wert V3. Dieser ist kleiner als INPUT, womit

ANALOG/DIGITAL UND DIGITAL/ANALOG WANDLER

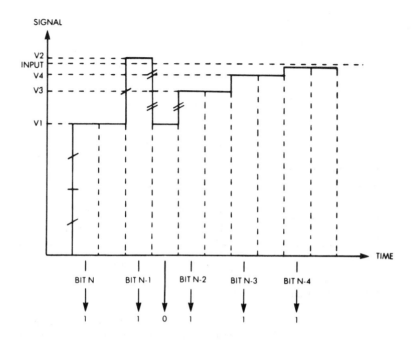

Bild 5-12: Eine Beispiel Annäherung

Bit N-2 auf „1" gesetzt bleibt und das nächste Bit gesetzt werden kann. Das ergibt die digitale Näherung „1011", gefolgt von Nullen, was dem Analogwert V4 entspricht usw. Aus Bild 5-12 geht hervor, daß die ersten fünf Bits die Näherung „10111" ergeben. Je nach der benötigten Genauigkeit wird das endgültige Ergebnis 8, 10 oder mehr Bits enthalten.

Einbezug eines Mikroprozessors

Anstatt die Steuerlogik in Hardware zu verwirklichen, kann man auch einen Mikroprozessor verwenden, der die Vergleichsergebnisse untersucht und die nächste digitale Näherung bestimmt. Das ergibt eine Prinzipschaltung wie in Bild 5-13 wiedergegeben. Die Hardwarelogik wird dabei durch ein einfaches Programm ersetzt.

MIKROPROZESSOR INTERFACE TECHNIKEN

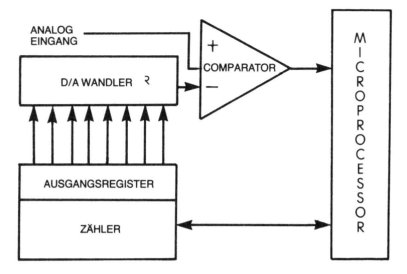

Bild 5-13: Verbindung zum Prozessor

Veränderliche Eingangsspannung

Bis jetzt haben wir angenommen, daß sich die Eingangsspannung während des Umwandlungsprozesses nicht verändert. Würde es sich verändern, dann würde man unter Umständen ein ungenaues Ergebnis erhalten. Die einfachste Lösung diese Problems ist, eine *Abtast-und-Halte-Schleife* (sample-and-hold, S/H) zum ,,Einfrieren" des anliegenden Eingangssignals zu verwenden. Bild 5-14 zeigt die Arbeitsweise einer solchen S/H-Schaltung, Bild 5-15 die sich daraus ergebende Schaltung selbst. Man muß eine solche Abtast-und-Halte-Schaltung dann einsetzen, wenn das Signal sich relativ schnell ändert und wenn es obendrein noch verrauscht ist.

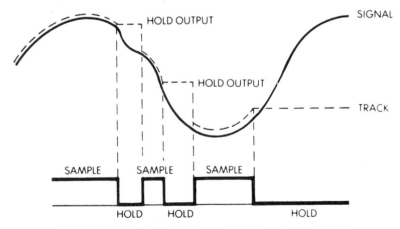

Bild 5-14: Abtast-und-Haltetechnik (Sample and Hold)

ANALOG/DIGITAL UND DIGITAL/ANALOG WANDLER

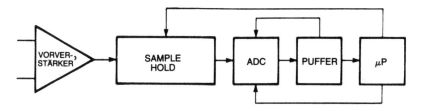

S/H-Schaltung bestimmt den Ablauf der Abtastung

Bild 5-15: Abtast-und-Halte-Zusatz macht die Wandlung schneller

Bild 5-16 zeigt, was für ein Fehler ohne Einsatz einer Abtast- und Halte-Schaltung bei schrittweiser Näherung durch eine rasch steigende Eingangsspannung erzeugt wird. Links im Bild ergibt eine 5-Bit-Näherung von ,,01111" eine richtige Umsetzung. Die darauffolgende Umwandlung ergibt ebenfalls ,,01111" — diesmal aber ist der Wert falsch. Das hat seinen Grund in der Tatsache, daß der Eingangswert während des Näherungsvorgangs weiter angestiegen ist und die zweite Umwandlung mit einem nahezu genauen Wert gestartet wurde. Das Beispiel ist ein typischer Fehlerfall, der durch Vorschalten einer Abtast-und-Halte-Schaltung vor die Wandlungslogik ausgeschaltet werden kann.

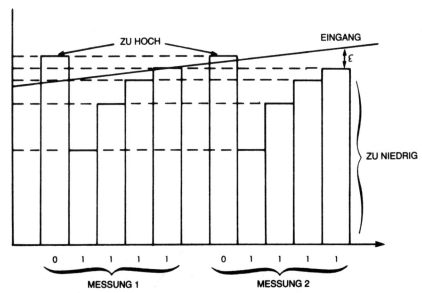

Schrittweise Annäherungsfehler mit schnell ansteigendem Eingangssignal

Bild 5-16: Eingangsfehler durch schrittweise Annäherung

MIKROPROZESSOR INTERFACE TECHNIKEN

Zusammenfassung zur schrittweisen Annäherung

Die Methode der Umwandlung durch schrittweise Annäherung ist der „logarithmischen" Suchmethode analog, die oft beim Aufsuchen eines Werts aus einem (geordneten) Intervall eingesetzt wird. Das Prinzip beruht darauf, in die Mitte des Intervalls zu springen, dann in die Mitte des höheren oder niedrigeren Intervalls, je nachdem, wie der Vergleich ausgefallen ist. Das garantiert, daß der gesuchte Wert bei N Elementen im Intervall in höchstens $\log_2 N$ Schritten erreicht wird. Beim Programmieren benutzt man eine solche logarithmische Suche z.b. zum Auffinden eines Elements in einem File. Eine einfachere Vergleichsmethode besteht darin, in der Mitte einen Block zu eröffnen und dann in die Mitte der ersten oder zweiten Hälfte zu springen, je nachdem, ob das gesuchte Element vor oder nach der Blockmitte steht, und so weiter. Man nennt dieses Verfahren auch eine *binäre Suche*. Ziel ist es dabei, die Suchzeit zu verkürzen.

Die Technik der schrittweisen Annäherung beruht auf einfachen Grundlagen und eignet sich sehr gut zur Implementation auf einem einzigen Chip. Sie wird daher oft zusammen mit Mikroprozessoren eingesetzt und ergibt preiswerte A/D-Wandler auf LSI-Chips, die mit guter Genauigkeit arbeiten können.

Die Integrationsmethode

Grundprinzip der Wandlung durch Integration ist es, einen (durch einen Kondensator gebildeten) Integrator von der Eingangsspannung laden zu lassen und die dazu nötige Zeit zu messen. Durch Vergleich mit einer bekannten Bezugsspannung ist es möglich, den Wert der Eingangsspannung zu bestimmen. Es gibt dabei hauptsächlich das *Zwei- und Vierrampenverfahren* , daneben auch noch ein Einrampenverfahren und Spannungs/ Vierrampenverfahren, daneben auch wird auch noch ein Einrampenverfahren und Spannungs/Frequenzwandlung eingesetzt. Wir wollen diese vier Methoden im Folgenden betrachten.

Zweirampenintegration (dual slope integration)

Diese Methode beruht darauf, einen Kondensator von der unbekannten Spannung aufzuladen und von einer bekannten Bezugsspannung wieder entladen zu lassen. Das Verhältnis zwischen bekannter und unbekannter Spannung ergibt sich dann aus dem Verhältnis der beiden Ladezeiten.

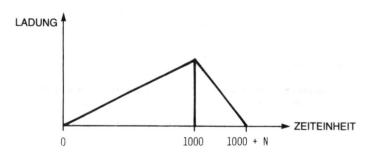

Bild 5-17: Zeitablauf bei Integration

ANALOG/DIGITAL UND DIGITAL/ANALOG WANDLER

Diese Technik hat den Vorzug der Rauschverminderung, da ein Mittelwert des Signals gemessen wird. Man erreicht mit ihr ausgezeichnete Genauigkeiten, braucht aber längere Wandlungszeiten als bei der Methode der schrittweisen Annäherung. Die Methode ist jedoch preiswert. Sie wird vor allem in Digitalvoltmetern eingesetzt.
Bild 5-17 verdeutlicht das Prinzip, Bild 5-18 zeigt die zugehörige Hardware.

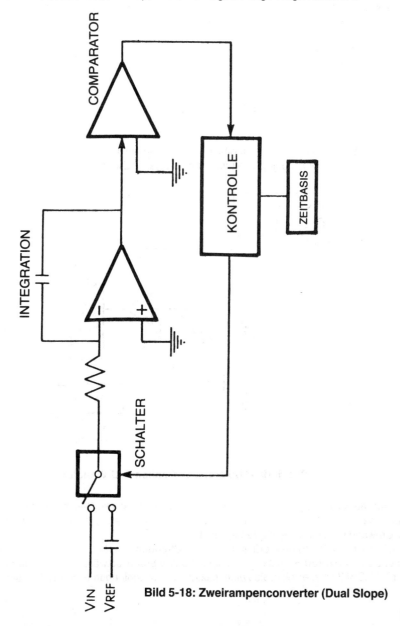

Bild 5-18: Zweirampenconverter (Dual Slope)

MIKROPROZESSOR INTERFACE TECHNIKEN

Man kann beim Wandlungsvorgang zwei Phasen unterscheiden. In der ersten Phase wird der Kondensator mit der (positiven) Eingangsspannung für eine Dauer von N Impulsen (z.B. 1000 Stück) aufgeladen. Der Kondensator wird mit einer der angelegten Spannung proportionalen Geschwindigkeit geladen, oder – genauer gesagt – er wird über die Zeit T auf eine bestimmte Ladung gebracht. Diese Aufladezeit T ist dabei vorgegeben.
In der zweiten Phase wird der Kondensator durch eine genau bekannte negative Bezugsspannung wieder entladen, d.h. es wird die entgegengesetzte zu V_{in} gepolte Spannung V_{ref} angeschaltet. Dann wird die Zeit t gemessen, die man bis zum völligen Entladen des Kondensators benötigt.
Bei Einsatz mit einem Mikroprozessor wird der Eingang in der Regel passend heruntergeteilt und durch $V_{ref}/2$ verschoben, so daß gilt:

$$\frac{t-T}{T} = \frac{1}{2}\left(\frac{V_{in}}{V_{ref}} + 1\right)$$

Mit anderen Worten: Der Zählerwert gibt im Prinzip den digitalen Wert von V_{in} wieder.
Bild 5-19 zeigt die vollständige Schaltung eines bipolaren Zweiflanken-A/D-Wandlers.

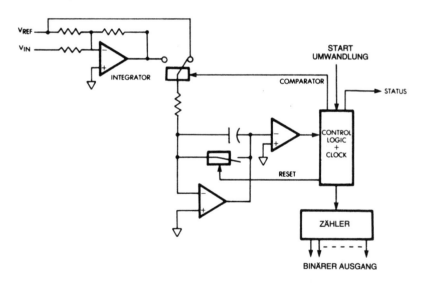

Bild 5-19: Bipolarer Zweiflanken A/D Wandler

Linearität wie Auflösung dieser Methode sind ausgezeichnet. Die Geschwindigkeit allerdings ist begrenzt. Der Durchsatz, d.h. die maximal zu erzielende Wandlungszahl ist auf 1/2T Umwandlungen pro Sekunde begrenzt.
Man wählt T nach der zu unterdrückenden Grundfrequenz im Signal. Soll z.B. die Netzfrequenz von 50 Hz (60 Hz in den USA) unterdrückt werden, so wählt man als Untergrenze für T 1/50 = 20 ms, erreicht also eine maximale Umwandlungsrate von 25 Messungen pro Sekunde.

ANALOG/DIGITAL UND DIGITAL/ANALOG WANDLER

Damit ist das Integrationsverfahren für Datenerfassungssysteme in der Regel zu langsam. Man findet es aber häufig in Digitalvoltmetern, Thermokopplern und ähnlichen Situationen mit sich langsam ändernden Meßwerten.

Vierflankenintegration (quad slope)

Die Vierflankentechnik leitet sich unmittelbar aus der Zweiflankentechnik her. Vor jeder Messung wird hier zusätzlich eine Lade- und Entladephase mit bekannten Werten durchgeführt, um gerätespezifische Fehler ausschalten zu können. Diese Technik erfaßt Ungenauigkeiten durch Offset- und Massebezugsfehler. Bild 5-20 zeigt einen solchen Wandlungszyklus. Die Methode hat ihren Namen von den vier bei jeder Messung auftretenden Spannungsflanken am Kondensator.

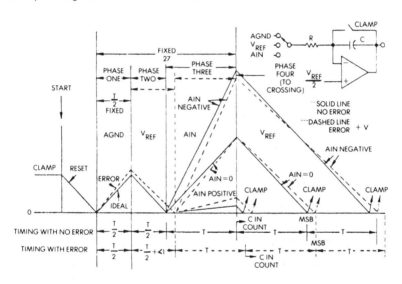

Bild 5-20: Prinzip der Vierflankenintegration (Quad Slope)

Einrampenverfahren

Beim Einrampenverfahren wird eine Bezugsspannung mit entgegengesetzter Polung der Eingangsspannung benutzt. Sie wird integriert bis der Integrationskondensator die gleiche Spannung wie der Eingang aufweist. Genau wie oben werden auch hier die Zeitimpulse aufgezählt, die verstreichen, bis Gleichheit erreicht ist. Die Genauigkeit der Methode hängt sowohl vom Kondensator (da keine Ausgleichsmessung durch Entladen erfolgt) wie von der verwendeten Taktfrequenz ab. Man kann allerdings hierbei etwas schneller arbeiten als in der vorher erwähnten Technik, da nur ein Ladevorgang benötigt wird.

MIKROPROZESSOR INTERFACE TECHNIKEN

Spannungs/Frequenz-Umsetzung (V/F-Wandlung)

Bei dieser Methode wird die Eingangsspannung in eine ihr proportionale Frequenz umgesetzt. Diese wird dann mit einem Zähler gemessen, wodurch man eine digitale Entsprechung erhält.
Diese Technik findet manchmal Anwendung, wenn die Information über Leitungen übertragen werden muß. Man kann so die Kosten für einen A/D-Wandler einsparen, wenn keine besonders hohe Genauigkeit benötigt wird.

Die Zählermethode

Diese Technik ist dem Einrampenverfahren ähnlich, hängt aber nicht von der gewählten Taktfrequenz ab. Es ist in Bild 5-21 dargestellt, die Art der Näherung zeigt Bild 5-22.

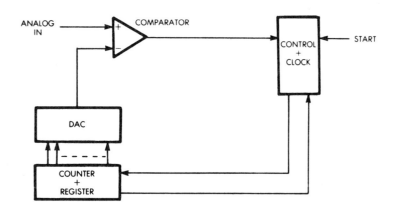

Bild 5-21: Zählermethode arbeitet wie Einrampenverfahren, ist aber Zeitunabhängig

Der Eingang wird mit dem Ausgang eines D/A-Wandlers verglichen, der den Wert eines einfachen Binärzählers umsetzt. Dieser zählt solange aufwärts, bis sein analoges Äquivalent größer als die Eingangsspannung wird.
Die Methode ist sehr einfach, arbeitet dafür aber auch recht langsam. Es kann lange dauern, bis der Zähler den Eingangswert erreicht hat. Das kommt daher, weil keine besonderen Maßnahmen zur Verringerung der Suchzeit im möglichen Intervall eingesetzt werden. In einigen Fällen (bei kleinen Eingangswerten) erreicht man die Näherung recht schnell. Im allgemeinen Fall jedoch benötigt die Methode N/2 Zählschritte, wobei N der vom Zähler erreichbare Maximalwert ist ($N = 2^P$, mit P als der Zahl der Bits im Zähler).

ANALOG/DIGITAL UND DIGITAL/ANALOG WANDLER

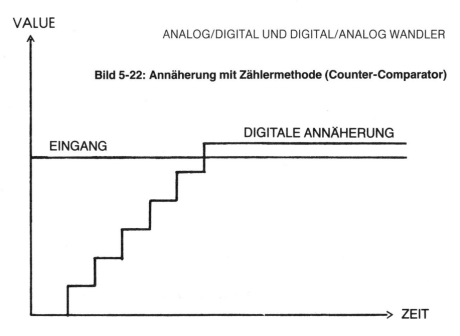

Bild 5-22: Annäherung mit Zählermethode (Counter-Comparator)

Die Servotechnik

Diese Technik entspricht im Prinzip der Zählermethode, wobei allerdings ein Auf/Ab-Zähler verwendet wird, der einem *sich ändernden* Eingangssignal folgen kann. Immer wenn der Eingangsspannungswert erreicht ist, springt hier der Zähler vor und zurück im Bestreben, eine exakte Näherung zu finden. Er kann so kleinen Änderungen recht rasch folgen und die Funktion einer Abtast-und-Halte-Schaltung mit übernehmen. Die Grundschaltung ist in Bild 5-23 wiedergegeben, ein Beispiel zur Funktion findet sich in Bild 5-24.

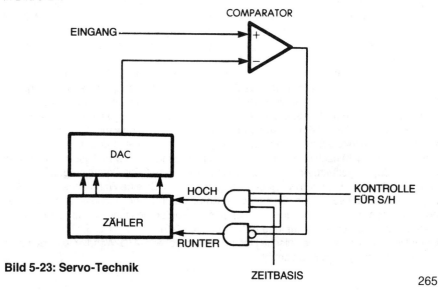

Bild 5-23: Servo-Technik

MIKROPROZESSOR INTERFACE TECHNIKEN

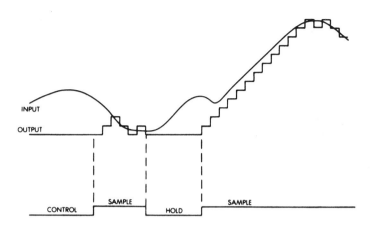

Bild 5-24: Annäherung mit Servo-Technik

Parallelumwandlung

Das Prinzip der *Parallelumwandlungstechnik,* auch *direkter Vergleich* genannt, besteht darin, die möglichen digitalen Werte *gleichzeitig* in Analogform zu bringen und mit dem Eingangssignal zu vergleichen. Auf diese Art und Weise kann man eine Übereinstimmung in der Zeit entdecken, die für die Umwandlung eines einzigen digitalen Werts notwendig ist. Bild 5-25 illustriert das Verfahren. Es hat den Vorzug sehr hoher Geschwindigkeit, benötigt aber eine große Zahl von Bauelementen. Die Schaltung in Bild 5-26 zeigt den Aufwand, der bereits für eine Genauigkeit von 3 Bit benötigt wird. Die Bauteilzahl steigt geometrisch mit der Bitanzahl. Für eine Auflösung von N Bit braucht man 2^{N-1} Komparatoren, die jeweils um den Analogwert gegeneinander versetzt sind, der dem niedrigstwertigen Bit im Binärwort entspricht.
Sehen wir uns an, wie so etwas arbeitet. Setzen wir einen direkten 3-Bit-Wandler voraus. Die Eingangsspannung kann dann in acht verschiedenen Stufen gemessen werden. Bild 5-25 gibt die Struktur des Wandlers wieder. Die sieben Komparatoren stellen fest, ob die Eingangsspannung größer oder kleiner als die jeweilige Bezugsspannung ist. Diese Information wird in einem Prioritätskodierer in eine Binärzahl umgewandelt. Wenn zum Beispiel alle Komparatoren bis zum fünften von unten eingeschaltet und die von Nummer fünf (einschließlich) nach oben hin alle ausgeschaltet sind, dann wird diese Information in die Zahl 100_2 umgesetzt. Andere Eingänge liefern andere 3-Bit-Darstellungen.
Derartige Systeme besitzen bei einer Auflösung von fünf Bit eine Wandlungszeit von weniger als 100 Nanosekunden. Da aber viele Komparatoren und Bezugsspannungen benötigt werden und man überdies ein komplexes Kodierungsschema braucht ist diese Methode die teuerste Form für jede Auflösung über 3 Bit.
Es gibt jedoch bereits monolithische Hochgeschwindigkeits-A/D-Wandler, die nach dem Parallelumsetzungsverfahren arbeiten.

ANALOG/DIGITAL UND DIGITAL/ANALOG WANDLER

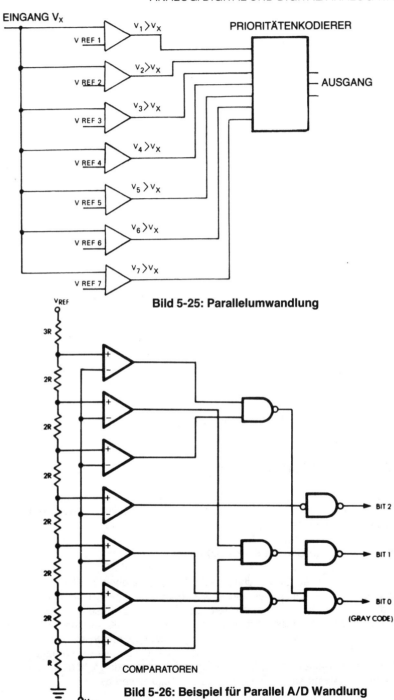

Bild 5-25: Parallelumwandlung

Bild 5-26: Beispiel für Parallel A/D Wandlung

MIKROPROZESSOR INTERFACE TECHNIKEN

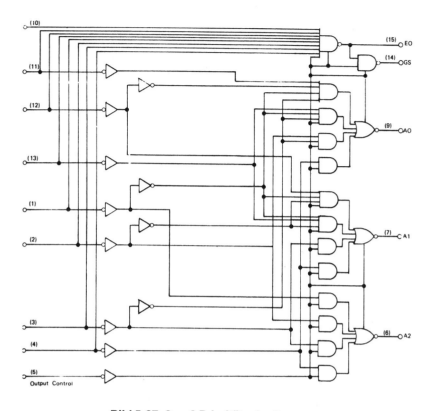

Bild 5-27: 8 zu 3 Prioritätenkodierer

Multiplizierende Digital/Analogwandler

Die Bezeichnung „multiplizierender D/A-Wandler" taucht häufig auf und bezieht sich einfach auf einen D/A-Wandler, der mehrere Eingangsgrößen gleichzeitig verarbeitet. Er kann in einem, zwei oder vier Quadraten arbeiten.

Zusammenfassung der Umwandlungstechniken

Damit sind die wichtigsten Umwandlungstechniken beschrieben worden. Man findet auch Kombinationen verschiedener solcher Methoden. Die Eigenschaften eines jeden A/D-Wandlers müssen als Funktion von Genauigkeit, Linearität, Geschwindigkeit, Preis, Stabilität, Auflösung, Eingangsspannungsbereich und anderer technischer Eigenschaften (wie z.b. der Abmessungen oder der Leistungsaufnahme) ermittelt werden.
Mit Hilfe eines Mikroprozessors läßt sich hin und wieder die Bauteilzahl verringern. Der Mikroprozessor kann außerdem die Verstärkung und die Vorspannung von Ein- und Ausgängen steuern sowie durch ein Programm die Genauigkeit verbessern.

ANALOG/DIGITAL UND DIGITAL/ANALOG WANDLER

Monolithische A/D-Wandler

Man kann mittlerweile die gesamte Schaltung eines A/D-Wandlers auf einem Chip unterbringen. Die untenstehende Tabelle führt einige typische Einchip-A/D-Wandler auf.

Manufacturer	Type #	Resolution	Speed	Type of Conversion	Cost
National	MM5357	8	40us	SA	$10
PMI	AD-02	8	8us	SA	
Analog Devices	AD7570	10	18us	SA	$70
Datel	ADC-EK12B	12	24ms	Integrating	
Analog Devices	AD7550	13	40ms	Integrating	$25
National	ADC 0816	8	114ms	SA	$20

Als monolithische LSI-Moduln erhält man A/D-Wandler in den drei Techniken der schrittweisen Annäherung, der Integration und des direkten Vergleichs. Die Unterschiede sind einfach zu erfassen. Ein Parallelwandler ist am schnellsten, besitzt aber nur relativ geringe Auflösung. Ein Wandler nach dem Zweiflanken-Integrationsverfahren hat die größte Genauigkeit, braucht dafür aber auch die längste Zeit. Zusätzlich kann eine Abtast-und-Halte-Schaltung notwendig werden, was sich aus der Zeit ergibt, die das Analogsignal stabil anliegen muß und der Zeit, die die Umwandlung selbst dauert.

Anschluß von A/D-Wandlern an Mikroprozessoren

Wenn man einen A/D-Wandler mit einem Mikroprozessor verbinden will, braucht man mindestens zwei Steuersignale (siehe Bild 5-28).

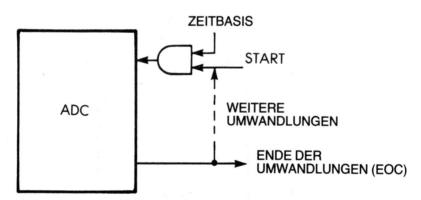

Bild 5-28: ADC Kontroll Signale

SC (start conversion) ist das Signal, mit dem der Mikroprozessor dem A/D-Wandler den Befehl zur Einleitung eines Umwandlungszyklus gibt.
EOC (end of conversion) bezeichnet das Wandlungsende, bzw. dient als Belegtsignal (busy) des A/D-Wandlers.

MIKROPROZESSOR INTERFACE TECHNIKEN

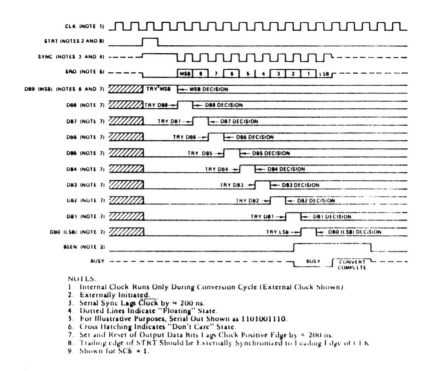

Bild 5-30: Zeitbeziehungen bei der Umwandlung mit AD7570

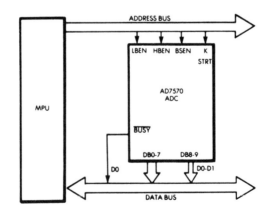

Bild 5-31: Verbindungen des 7570

ANALOG/DIGITAL UND DIGITAL/ANALOG WANDLER

Außerdem werden Überlaufsituationen durch ein Signal gemeldet, das die Bereichsüberschreitung anzeigt (overrange signal). Des weiteren braucht man immer dann, wenn die Auflösung mehr als 8 Bit beträgt, zwei Signale, die die beiden Ergebnisbytes nacheinander auf den Datenbus legen. Sie können z.b. mit LBEN (low byte enable – niederwertiges Byte aktivieren) bezeichnet sein.
Zur direkten Verbindung des A/D-Wandlers mit dem Bus muß der Wandler mit Tri-State-Ausgängen und internen Puffern versehen sein.

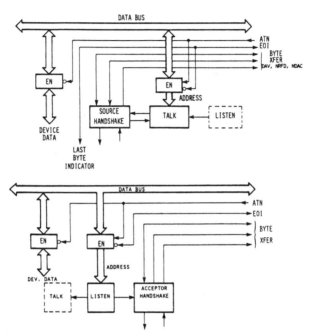

Bild 5-29: Monolithisches CMOS ADC des Typs AD7570

Ein A/D-Wandler mit schrittweiser Annäherung (Modell 7570 von Analog Devices)

Dies ist ein monolithischer Wandler in CMOS-Technik, der in einem keramischen Gehäuse mit 28 Anschlüssen eine Auflösung von 10 Bit liefert. Er benötigt eine Wandlungszeit von 10 Mikrosekunden und besitzt Tri-State-Ausgänge. Bild 5-30 zeigt die Zeitbezeichnungen in einem Wandlungszyklus.
Bild 5-31 zeigt eine Möglichkeit, den AD7570 in ein Mikroprozessorsystem einzubinden. Die Umwandlung wird normalerweise durch Aktivieren von STRT eingeleitet. Darauf wird BSEN (bus enable – Bus aktivieren) aktiviert und das BUSY-Signal („belegt") auf den Datenbus (hier Leitung D0) gelegt. Das Ende der Umwandlung wird durch BUSY = 0 angezeigt. Daraufhin kann BSEN deaktiviert werden, wodurch der BUSY-Anschluß freigegeben wird (er wird in hohe Impedanz geschaltet). Damit können die Ergebnisse aus dem internen Register in den Prozessor gelesen werden.

271

MIKROPROZESSOR INTERFACE TECHNIKEN

LBEN (low byte enable) wird aktiviert und dadurch das niederwertige Ergebnisbyte auf Leitungen D0 bis D7 gelegt. Nach dieser Übertragung muß LBEN wieder deaktiviert werden.

Hierauf wird HBEN (high byte enable) aktiviert, was die höherwertigen Ergebnisbytes DB8 und DB9 auf Leitung D0 und D1 des Datenbusses legt. Wie oben muß HBEN nach Übernahme der Information wieder deaktiviert werden.

Nach dem gleichen Prinzip lassen sich auch mehrere AD7570-Bausteine in ein System einbauen, wie das Bild 5-32 zeigt.

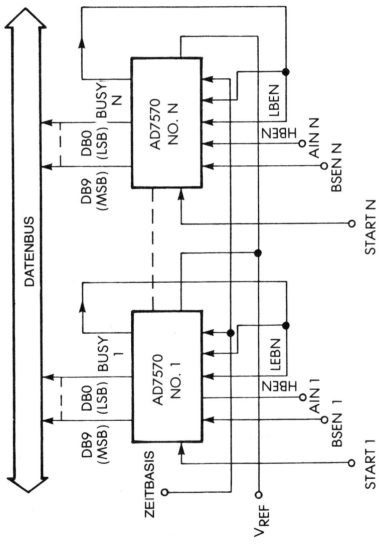

Bild 5-32: Mehrere A/D Wandler des Typs AD7570

ANALOG/DIGITAL UND DIGITAL/ANALOG WANDLER

Ein multiplizierender D/A-Wandler (7522 von Analog Devices)

Dies ist ein 10-Bit-Wandler auf CMOS-Basis, der mit einem R-2R-Netzwerk in Dünnschichttechnologie ausgerüstet und in einem 28-poligem DIP-Gehäuse untergebracht ist. Er hat zweifach gepufferte Eingänge und gestattet sowohl parallele wie serielle Dateneingabe. Bild 5-33 zeigt seinen inneren Aufbau.

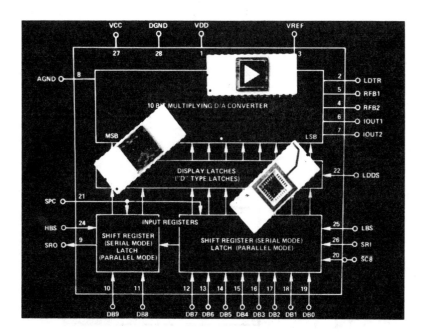

Bild 5-33: AD7522: Doppelt gepufferter A/D Wandler

Die Einbindung des AD7522-Bausteins in ein Mikroprozessorsystem zeigt Bild 5-34. Man kann ihn auch an ein serielles Datentor anschließen, wenn es der Anwendungsfall erfordert. Dies zeigt Bild 5-36 und Bild 5-37 die dabei zu beachtenden Zeitbeziehungen. Wie im vorangegangenen Beispiel kann man auch mehrere AD7522-Bausteine an den Mikroprozessorbus anschließen, wie das Bild 5-38 zeigt.

MIKROPROZESSOR INTERFACE TECHNIKEN

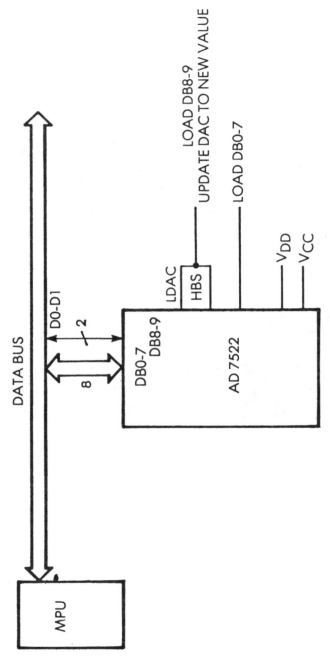

Bild 5-34: Anschluß des AD7522 an Byte-Serial Updating

ANALOG/DIGITAL UND DIGITAL/ANALOG WANDLER

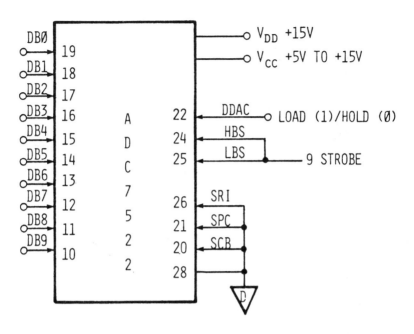

Bild 5-35: AD7522 Verbindung bei 10 Bit Parallel Einsatz

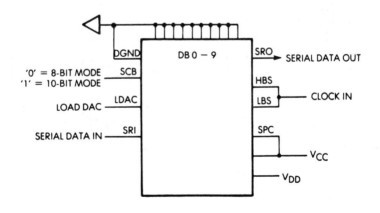

Bild 5-36: Serieller Einsatz

275

MIKROPROZESSOR INTERFACE TECHNIKEN

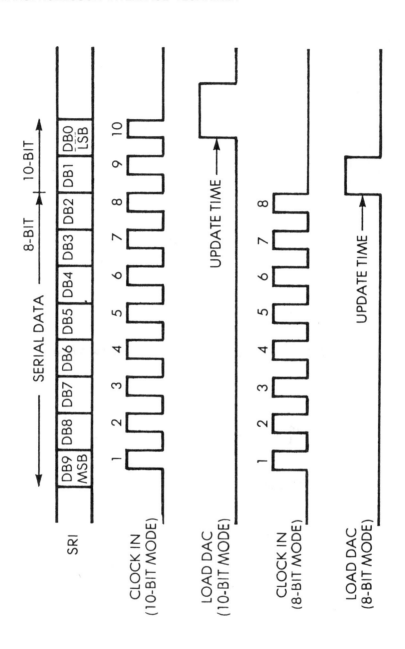

Bild 5-37: Zeitdiagramm Seriell

ANALOG/DIGITAL UND DIGITAL/ANALOG WANDLER

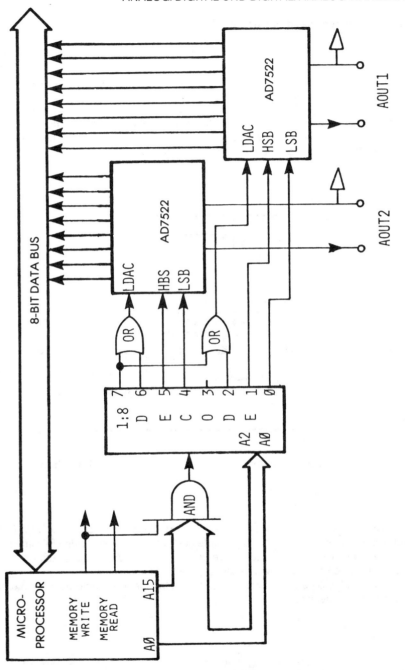

Bild 5-38: Interface mehrerer AD7522 an Mikroprozessoren

MIKROPROZESSOR INTERFACE TECHNIKEN

Ein Vierflanken-Wandler (AD7550)

Dies ist ein integrierter 13-Bit-Wandler in einer monolithischen CMOS-Einheit. Er liefert eine Digitalausgabe im Zweierkomplementformat und belegt ein 40-poliges DIP-Keramik-Gehäuse. Bei einem 1-MHz-Takt benötigt er eine Wandlungszeit von 40 Millisekunden, wobei das Ergebnis an Tri-State-Ausgängen bereitgestellt wird.
Der Anschluß des AD7550 an einen 8-Bit-Mikroprozessor ist genauso einfach wie in den vorigen Beispielen auch und in Bild 5-39 wiedergegeben. Dabei werden im Prinzip die gleichen Steuersignale verwendet, die der 7570-Baustein benötigt. Zusätzlich wird ein Signal OVRG (overrange) bei Bereichsüberschreitung abgegeben.

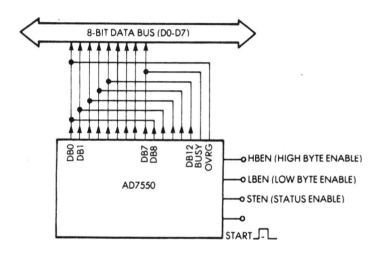

Bild 5-39: Interface eines AD7550 am 8 Bit Datenbus

Aus Bild 5-39 geht hervor, daß die Anschlüsse BUSY und OVRG an Bit 0 bzw. 7 des Datenbuses angeschlossen sind. Das wurde gemacht, weil diese beiden Bits im Mikroprozessor am einfachsten getestet werden können (alle anderen Bits brauchen entweder zusätzliche Schiebe- oder Maskierungsoperationen).
Der Anschluß mehrerer AD7550-Bausteine bietet ebenfalls keine Schwierigkeiten und ist in Bild 5-40 gezeigt.

ANALOG/DIGITAL UND DIGITAL/ANALOG WANDLER

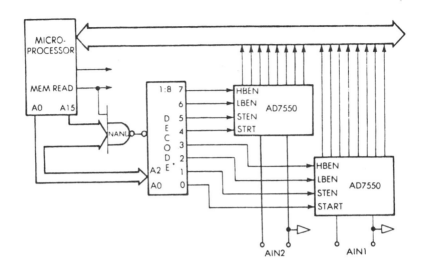

Bild 5-40: Interface mehrerer AD7550 an einen Mikroprozessor

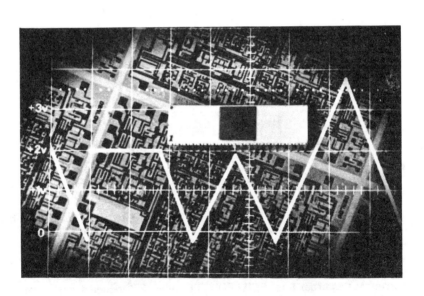

Ein Vierflanken Konverter (AD 7550)

MIKROPROZESSOR INTERFACE TECHNIKEN

Ein einfacher A/D-Wandler mit schrittweiser Annäherung (MM4357 von National Semiconductor)

Dies ist ein preiswerter und schneller (20 µs) Baustein mit einer Auflösung von 8 Bit. Bild 5-41 zeigt seine Beschaltung. Die Steuersignale sind unkompliziert und entsprechen den oben gegebenen Definitionen.

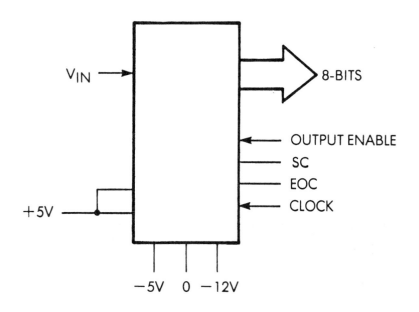

Bild 5-41: Beschaltung des MM4357

Die meisten Systeme benötigen mehr als einen Eingang. Zu diesem Zweck kann man mehrere A/D-Wandler an denselben Bus anschließen und mit einem *Dekodierer* auswählen. Jeder Eingang hat dann seinen eigenen Wandler. Bild 5-42 zeigt die Schaltung für den Anschluß von vier Wandlern in einem 8080-System. Der 8205-Dekodierer wählt aus, von welchem der Tore ,,F8", ,,F9", ,,FA" oder ,,FB" (hexadezimal) die Daten gelesen werden. Auslesen der Tore ,,FC", ,,FD", ,,FE" oder ,,FF" triggert den SC-(start conversion)-Eingang des zugeordneten A/D-Wandlers. Das Eingabetor ,,F0" trägt den EOC-(end of conversion)-Status der vier Wandler in den vier niederwertigen Bits. Er wird vom Steuerprogramm für die A/D-Wandler abgefragt.

ANALOG/DIGITAL UND DIGITAL/ANALOG WANDLER

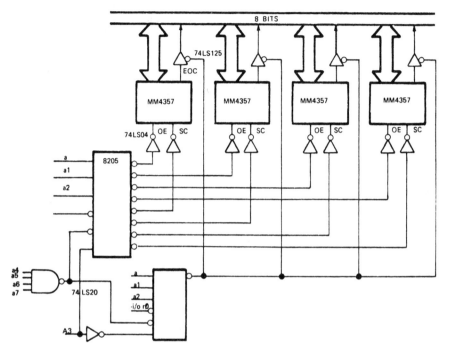

Bild 5-42: Vier MM5357 an einem 8080 Bus

Hybridbausteine

Man implementiert die Analog/Digital-Umwandlungstechniken häufig als hybride Dickschichtschaltungen in einem gemeinsamen Gehäuse. Das hat den Vorteil größerer Zuverlässigkeit, weniger Anschlüsse, geringer Größe und besserer Widerstandsfähigkeit gegen Umwelteinflüsse (Stoß, Vibration) als bei diskretem Aufbau. Diese Hybridbausteine können hohe Auflösung mit großer Geschwindigkeit kombinieren. Z.B. benutzt der Baustein 87378 von Beckmann schrittweise Annäherung für eine Auflösung von 12 Bit in 25 μs Wandlungszeit (bei einer Linearität von ± 1/2 LSB). Bild 5-43 zeigt seine interne Organisation.

MIKROPROZESSOR INTERFACE TECHNIKEN

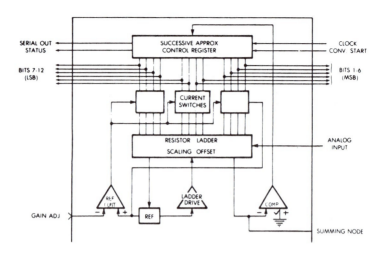

Bild 5-43: Ein Hybrid A/D-Wandler mit 12 Bit

Der MP21

Das Modul MP21 enthält alle Bausteine für ein vollständiges A/D-System für einen 6800-Mikroprozessor. Die Blockschaltung in Bild 5-44 zeigt seine internen Funktionen. Das Modul besitzt einen 16-Kanal-Multiplexer, der auch für acht Differenzeingänge beschaltet werden kann.
Ein Operationsverstärker wandelt (falls notwendig) die Differenz- in einfache massebezogene Spannungen um und kann durch externe Widerstände für verschiedene Verstärkungen und Offsetspannungen programmiert werden. Wenn notwendig, läßt sich zwischen Multiplexer und Operationsverstärker eine Abtast-und-Halte-Schaltung einfügen.
Zur Erweiterung der Eingangszahl lassen sich an dieser Stelle noch weitere Multiplexer zuschalten.
Herzstück der Schaltung ist ein 8-Bit-A/D-Wandler. Sein Fertigsignal unterbricht über eine interne Steuerlogik auf dem Hybridmodul die Programmabarbeitung des 6800-Prozessors.
Alle notwendigen Interfaceschaltung sind einbezogen worden, um den Einsatz des Moduls für den Anwender so einfach wie möglich zu machen. Bild 5-45 gibt die Signale wieder, die man in einer typischen Anwendung mit einem 650X- oder 6800-Prozessor benötigt.

ANALOG/DIGITAL UND DIGITAL/ANALOG WANDLER

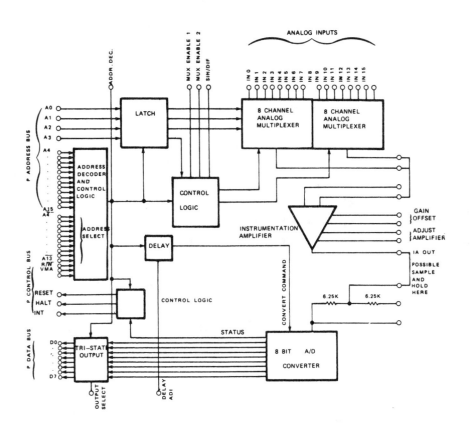

Bild 5-44: Blockschaltbild des MP21

MIKROPROZESSOR INTERFACE TECHNIKEN

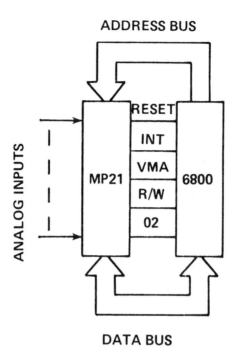

Bild 5-45: 6800 und 650X Interface

Techniken zur Verbesserung der Auflösung

Es gibt zwei Haupttechniken, mit deren Hilfe sich die Auflösung einer A/D-Umwandlung ohne Ändern der Grundgenauigkeit des A/D-Wandlers verbessern läßt: *Bereichsverschiebung* (scaling) und *Differenzmessung*.

Bereichsverschiebung

Wenn das Eingangssignal 1,0 Volt beträgt und der A/D-Wandler einen Eingangsspannungsbereich von 10,0 Volt hat, dann sollte man die Verstärkung der Schaltungen vor dem Wandler erhöhen, so daß man den Eingangsspannungsbereich voll ausnutzen kann. Wenn man die Verstärkung um einen bekannten Betrag anhebt, dann kann man kleinere Signale mit größerer Genauigkeit messen, dann muß man die Verstärkung dagegen 20,0 Volt betragen, dann muß man die Verstärkung dagegen absenken, um so das Eingangssignal passend abzuschwächen. Auf diese Weise lassen sich größere Signale als sonst möglich verarbeiten. Diese Beispiele zeigen den Nutzen einer Bereichsverschiebung. *Man wählt den Bereich so, daß man aus dem Wandlungsergebnis die größtmögliche Information erhält.*

ANALOG/DIGITAL UND DIGITAL/ANALOG WANDLER

Differenzmessung

Wenn man den Ausgang eines zusätzlichen D/A-Wandlers mit dem Offseteingang des Verstärkers verbindet, dann kann man Offsetfehler automatisch korrigieren. Man kann aber noch mehr tun, indem man die Eingangsspannung so versetzt, daß man die Genauigkeit weiter vergrößern kann. Wenn die Eingangsspannung beispielsweise 10,0 Volt beträgt und man nur an den kleinen Schwankungen um diesen Wert herum interessiert ist, dann kann man den Eingang durch eine Offsetspannung gleichen Betrags, aber entgegengesetzter Polung passend verschieben. In unserem Beispiel muß der Offset-D/A-Wandler −10,0 Volt liefern. Addiert man Eingangs- und Offsetspannung, so erhält man einen bestimmten kleinen Wert, der die Abweichung des Eingangssignals von der Offsetspannung angibt. Dann erhöht man die Eingangsverstärkung in den Wandler so, daß diese Differenz mit dem vollen Bereichsumfang erfaßt werden kann.

Zusammenfassung der Techniken zur Auflösungsverbesserung

Durch diese Methoden läßt sich ein A/D-Wandler mit einer Auflösung von 8 Bit so verbessern, daß er viel mehr Bits an Information über die Größe der Eingangsspannung erfaßt. Ein Beispiel für ein vom Wandler geliefertes solches Datenwort zeigt Bild 5-46.

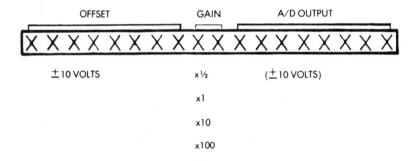

Bild 5-46: Datenformat für A/D-Wandlung mit Bereichsverschiebung und Differenzmessung

Natürlich müssen hierbei Verstärker und Offset-D/A-Wandler so genau arbeiten, daß durch sie keine wesentlichen Zusatzfehler in die Messung eingehen.

D/A-Wandler Interfaces

Ein D/A-Wandler benötigt ein parallel anliegendes Binärwort, das so lange stabil bleiben muß, wie der analoge Ausgangswert benötigt wird. Für acht oder weniger Bits läßt sich das einfach erreichen, da die meisten Mikrocomputer Zwischenspeicher (latches) mit acht Bits Breite in der Ausgabeeinheit besitzen. Bild 5-47 zeigt ein solches Interface. Falls der D/A-Wandler aber mehr als acht Bits auflöst, müssen einige Zusatzanforderungen erfüllt werden.

MIKROPROZESSOR INTERFACE TECHNIKEN

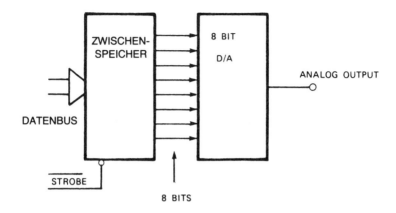

Bild 5-47: Parallel Ausgang D/A Interface

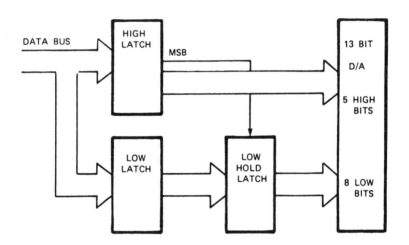

Bild 5-48: Zuschalten eines weiteren Zwischenspeichers

Sehen wir uns z.B. den Fall an, in dem ein 12-Bit-D/A-Wandler mit dem System verbunden werden soll. Wenn wir hier zwei getrennte 8-Bit-Speicher, mit den niederwertigen 8 Bits vom ersten, den höherwertigen 8 Bits vom zweiten von ihnen einsetzen, dann entsteht ein Problem. Wenn der erste Zwischenspeicher geladen ist, dann beginnt der D/A-Wandler sofort mit seiner Arbeit. Ein paar Mikrosekunden später allerdings ändern wir auch den zweiten Zwischenspeicherinhalt, womit erst der Wert vorliegt, den der Wandler eigentlich umsetzen soll. Das ergibt einen sogenannten *Glitch,* einen Störspannungssprung, am D/A-Ausgang. Dieser läßt sich nur vermeiden, wenn sich für den Wandler

ANALOG/DIGITAL UND DIGITAL/ANALOG WANDLER

aller Eingangsbits zugleich ändern. Bild 5-48 zeigt, wie man einen weiteren Zwischenspeicher in den Datenpfad der niederwertigen acht Bits einfügt, durch den diese erst verändert werden, wenn man einen neuen Wert in den höherwertigen Teil einschiebt. Zuerst sendet der Computer das niederwertige, erst danach das höherwertige Byte, wobei dessen höchstwertiges Bit auf ,,1" gesetzt ist. Dieses Bit wirkt als Übernahmeimpuls (strobe) für den eingefügten Zusatzspeicher im niederwertigen Teil, wodurch dieser gegenüber dem höherwertigen Teil nur durch die Durchlaufszeit des Zusatzspeichers verzögert am D/A-Eingang anlangt. Wenn auch diese Verzögerung zu groß ist, kann man auch in den höherwertigen Teil einen solchen Hilfsspeicher einbauen, durch den die Verzögerung ausgeglichen wird und die Bits alle genau gleichzeitig eintreffen.
Die neuen D/A-Wandler besitzen bereits passende Speicher auf dem Chip, was das Interface weiter vereinfacht.

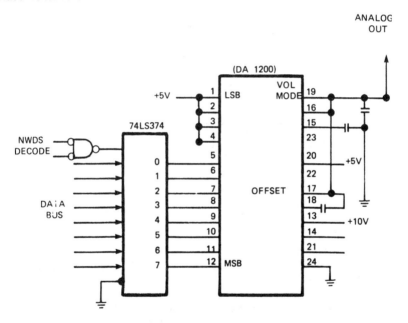

Bild 5-49: SC/MP/ D/A Interface

Ein Beispiel für ein D/A-Interface

Bild 5-49 enthält die Schaltung für ein D/A-Interface für einen SC/MP-Mikroprozessor. Das Achtfach-Latch 74LS374 speichert die Information, die vom D/A-Wandler umgesetzt werden muß. Obwohl dieser Wandler eine Auflösung von 12 Bits bietet, werden in diesem Beispiel hier nur 8 Bits verwendet. Die *unbenutzten Eingänge* sind auf +5 Volt gezogen. Das ist nicht zwingend. Man kann ungenutzte D/A-Eingänge auf +5 oder auf 0 Volt legen, je nach eingesetztem Kodierungsschema.

287

MIKROPROZESSOR INTERFACE TECHNIKEN

Datenerfassungssysteme

Datenerfassung bedeutet gleichzeitiges Übernehmen der Daten aus mehreren Analogeingängen. Dabei liefern Eingangswandler ein Rohsignal, das geglättet und schließlich in digitale Form gebracht werden muß. Das Flußdiagramm einer typischen Datenerfassungsschleife zeigt Bild 5-50.

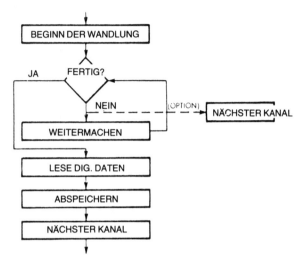

Bild 5-50: Typische Datenerfassungsschleife

Datenerfassung ist durch die folgenden Punkte gekennzeichnet:
— Mehrere Sensoren liefern analoge Daten in verschiedenen Formaten und mit unterschiedlichen Geschwindigkeiten.
— Schnelle Signale müssen gespeichert werden.
— Wegen der hohen Kosten für die Hardwareelemente und die Verbindungsleitungen müssen mehrere Einheiten dieselbe Leitung und dieselbe Hardware miteinander teilen, was Multiplextechniken erfordert.
— Außerdem können Methoden zur Signalformung und -verarbeitung (wie z.B. Filterung) notwendig werden.

Einsatz von Multiplexern

Ein *Multiplexer* ist ein Gerät, das N Eingangssignale übernimmt, aber nur eines von ihnen, abhängig von einem Auswahlkode, weitergibt. Man setzt einen Multiplexer ein, wenn mehrere Eingangssignale von derselben Hardware verarbeitet werden sollen. Im Fall von A/D-Wandlern in Datenerfassungssystemen kann ein solcher Multiplexer vor oder nach der Abtast-und-Halte-Schaltung (S/H-Schaltung) eingesetzt werden (vorausgesetzt, man setzt solche ein).

ANALOG/DIGITAL UND DIGITAL/ANALOG WANDLER

Am preiswertesten ist es, wenn man den Multiplexer wie in Bild 5-51 gezeigt, vor die S/H-Schaltung setzt. Dabei benutzt man einen einzigen A/D-Wandler zusammen mit einer einzigen S/H-Schaltung für alle Eingangssignale.

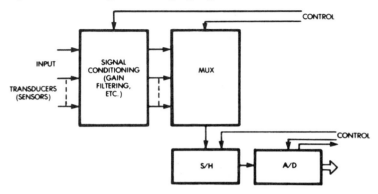

Bild 5-51: Einsatz eines Multiplexers zur Datenerfassung

Leider muß man in Hochgeschwindigkeitssystemen und in Systemen, in denen alle Daten zugleich abgetastet werden müssen, für jeden Eingang eine eigene Abtast-und-Halte-Schaltung vorsehen. (Das tritt z.B. bei der Erfassung impulsartig auftretender physikalischer Phänomene ein, wo die Information auf allen Eingängen nur einen kurzen Moment zur selben Zeit anliegt und deshalb zugleich ,,eingefroren" werden muß.) Bild 5-52 gibt die Schaltung für einen solchen Fall wieder.

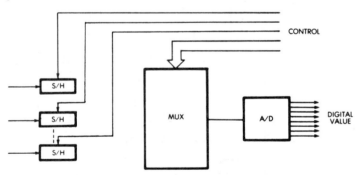

Bild 5-52: Einsatz mehrerer Sample and Hold um die Geschwindigkeit zu erhöhen

Ein 8-zu-1-Multiplexer

Bild 5-53 zeigt, wie ein 8-zu-1-Multiplexer aufgebaut sein kann. Je nach dem an den Auswahleingängen S_0 bis S_2 anliegenden Kode wird eine der acht Eingangsinformationen an den Ausgang weitergegeben. So bewirkt der Kode ,,000" z.b. die Auswahl der Daten von Eingang D_0, während z.B. ,,110" (mit S_0 als niederwertigstem Bit!) die Daten von Eingang D_6 an den Ausgang weiterleitet.

289

MIKROPROZESSOR INTERFACE TECHNIKEN

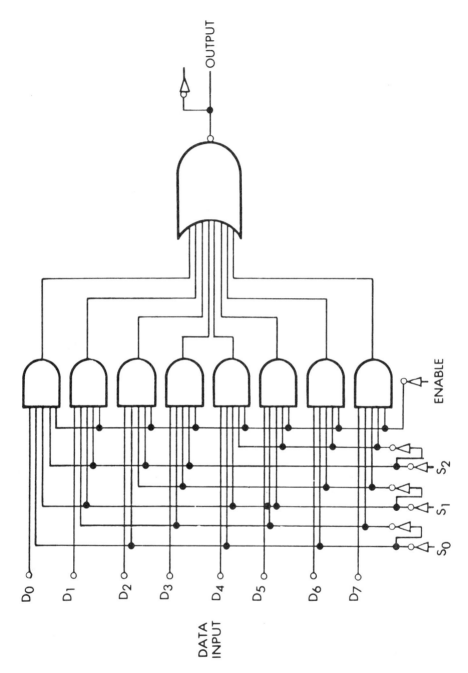

Bild 5-53: Ein 8 Leitungs-Multiplexer

ANALOG/DIGITAL UND DIGITAL/ANALOG WANDLER

Bild 5-54 zeigt, wie man einen derartigen 8-zu-1-Multiplexer in einem Wandler mit schrittweiser Annäherung einsetzen kann. Bild 5-55 gibt an, wie man einen solchen Multiplexer zusammen mit einem monolithischen A/D-Wandler und einer einzigen Abtast- und-Halte-Schaltung einsetzt. Hier ist es Aufgabe des Mikroprozessors, den Auswahlkode an den Leitungen S_0 bis S_2 zu erzeugen. Zumeist werden diese Signale auf den Adreßbus gelegt.

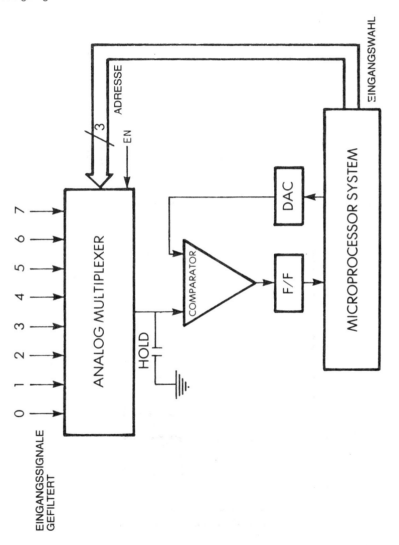

Bild 5-54: Multiplexer für Analogen Eingang

MIKROPROZESSOR INTERFACE TECHNIKEN

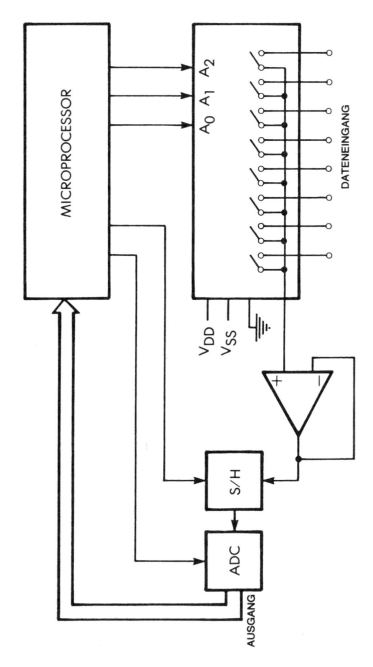

Bild 5-55: 8 oder 16 Bit Multiplexer im Datenerfassungssystem

ANALOG/DIGITAL UND DIGITAL/ANALOG WANDLER

Ein 16-Kanal-Multiplexer

Ganz entsprechend kann man bei einem 16-Kanal-Multiplexer einen von 16 Eingängen durch einen 4-Bit-Kode auswählen. Dabei wird der Kode in der Regel über die Adreßleitungen A_0 bis A_3 übermittelt und aus den höheren Adreßbits passend ein Aktivierungssignal für den Multiplexer (ENABLE) abgeleitet. Bild 5-56 zeigt die Struktur eines solchen Multiplexers.

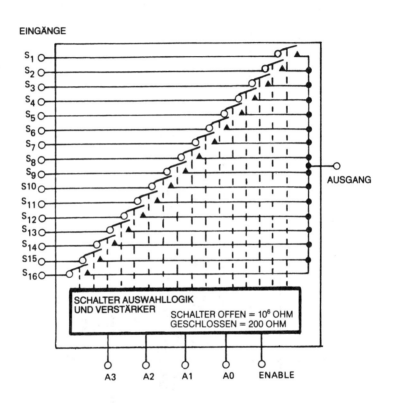

Bild 5-56: Ein Analoger Multiplexer

Wenn alle 16 Leitungen nacheinander abgetastet werden müssen, dann kann ein Hardwarezähler den Programmaufwand reduzieren. Bild 5-57 zeigt eine solche Schaltung und Bild 5-58 den Ablauf der Umschaltung zwischen den Eingangsleitungen.

MIKROPROZESSOR INTERFACE TECHNIKEN

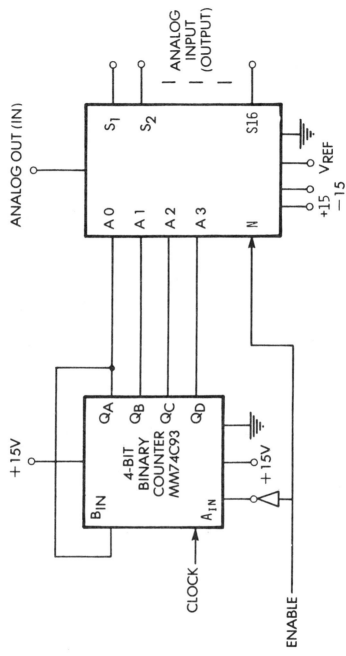

Bild 5-57: 16 Kanal Sequentieller Multiplexer

ANALOG/DIGITAL UND DIGITAL/ANALOG WANDLER

ENABLE	MUX SEQUENCE RATE	MUX INPUTS				DG506 SWITCH STATES (- DENOTES OFF)															
		A_0	A_1	A_2	A_3	S_1	S_2	S_3	S_4	S_5	S_6	S_7	S_8	S_9	S_{10}	S_{11}	S_{12}	S_{13}	S_{14}	S_{15}	S_{16}
0	0	X	X	X	X	-	-	-	-	-	-	-	-	-	-	-	-	-	-	-	-
1	0	0	0	0	0	-	-	-	-	-	-	-	-	-	-	-	-	-	-	-	-
1	1 PULSE	1	0	0	0	ON	-	-	-	-	-	-	-	-	-	-	-	-	-	-	-
1	2 PULSES	0	1	0	0	-	ON	-	-	-	-	-	-	-	-	-	-	-	-	-	-
1	3 PULSES	1	1	0	0	-	-	ON	-	-	-	-	-	-	-	-	-	-	-	-	-
1	4 PULSES	0	0	1	0	-	-	-	ON	-	-	-	-	-	-	-	-	-	-	-	-
1	5 PULSES	1	0	1	0	-	-	-	-	ON	-	-	-	-	-	-	-	-	-	-	-
1	6 PULSES	0	1	1	0	-	-	-	-	-	ON	-	-	-	-	-	-	-	-	-	-
1	7 PULSES	1	1	1	0	-	-	-	-	-	-	ON	-	-	-	-	-	-	-	-	-
1	8 PULSES	0	0	0	1	-	-	-	-	-	-	-	ON	-	-	-	-	-	-	-	-
1	9 PULSES	1	0	0	1	-	-	-	-	-	-	-	-	ON	-	-	-	-	-	-	-
1	10 PULSES	0	1	0	1	-	-	-	-	-	-	-	-	-	ON	-	-	-	-	-	-
1	11 PULSES	1	1	0	1	-	-	-	-	-	-	-	-	-	-	ON	-	-	-	-	-
1	12 PULSES	0	0	1	1	-	-	-	-	-	-	-	-	-	-	-	ON	-	-	-	-
1	13 PULSES	1	0	1	1	-	-	-	-	-	-	-	-	-	-	-	-	ON	-	-	-
1	14 PULSES	0	1	1	1	-	-	-	-	-	-	-	-	-	-	-	-	-	ON	-	-
1	15 PULSES	1	1	1	1	-	-	-	-	-	-	-	-	-	-	-	-	-	-	ON	-
1	16 PULSES	0	0	0	0	-	-	-	-	-	-	-	-	-	-	-	-	-	-	-	ON

Bild 5-58: Wahrheitstabelle sequentieller Mux

MIKROPROZESSOR INTERFACE TECHNIKEN

Hybride Datenerfassung

Man kann mit Hilfe hybrider Technologien ein vollständiges Datenerfassungssystem mit 8 oder 16 Kanälen in einem DIP-Gehäuse unterbringen. Solche Geräte sind von einer Vielzahl von Anbietern erhältlich und bieten in der Regel auf kleinstem Raum eine Genauigkeit von 8 bis 12 Bits und mehr.
So ist z.b. der in Bild 5-59 dargestellte 8-Bit-D/A-Wandler von Micronetworks ein DIP-Gehäuse mit 32 Anschlüssen untergebracht.

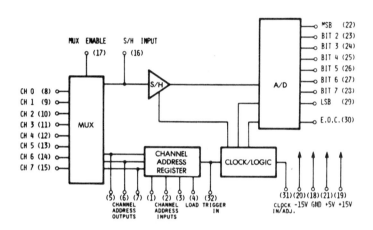

Bild 5-59: Micronetworks 8-Bit 8-Kanal DAS
in einem Dual inline Gehäuse

Data Translation und andere Firmen bieten ebenfalls eine breite Auswahl von hybriden Bausteinen für die meisten Mikroprozessoren auf dem Markt und die vielfältigsten Kombinationen von Genauigkeit und Geschwindigkeit an.

Erfassung mittels Programmen

Wir haben gezeigt, daß man alle diese Umwandlungstechniken in Hardware oder einer Kombination aus Hardware und Software implementieren kann. Außerdem läßt sich mit Hilfe von Multiplextechniken Hardware einsparen.
Man kann den Mikroprozessor zur Verbesserung dieser Methoden einsetzen, indem man in Software einige Zusatzfunktionen realisiert, wie z.b. automatischer Abgleich, Datenkomprimierung, Datenfilterung, Gewichtung, Durchschnitts- und Mittelwertsbildung, Speichern von Werten zum späteren Vergleich, Test, ob die Messwerte sich im sinnvollen Rahmen bewegen (sog. ,,reasonableness testing''), automatische Bereichsumschaltung, Möglichkeiten, die Funktionsfähigkeit mit Hilfe von Werttabellen beschränkt aufrechtzuerhalten (sog. ,,soft-fail''-Verhalten) und schließlich Maßnahmen zur einfachen Abänderung des Systems und zur Fehlerdiagnose.

ANALOG/DIGITAL UND DIGITAL/ANALOG WANDLER

Das Softwareinterface

In den meisten Anschlußsituationen kann man das benötigte Interface durch Hardware, Software oder eine Kombination beider erstellen. In fast allen Fällen wird ein Teil durch Hard-, ein anderer durch Software implementiert. Man hat dabei immer abzuwägen zwischen der durch Software möglichen Verringerung der Bauteilzahl und der auf der anderen Seite durch sie bewirkten Verlangsamung der Systemarbeit. In dem Maße, in dem die Technologie voranschreitet, kann man mehr und mehr Funktionen mit geringen Kosten auf einem einzigen Chip unterbringen. Das bedeutet unter anderem, daß die Funktion gebräuchlicher Softwarealgorithmen auf den Interfacechip übertragen werden kann. Auf diese Weise enthalten komplexe Interfacechips nicht nur die vom Interface bisher benötigten Hardwareeinheiten, sondern auch noch die ein Hardwareversion des vorher zum Programm zu vollziehenden Interfacealgorithmus. Das trifft z.b. bei Analog/Digital-Wandlern nach dem Prinzip der schrittweisen Annäherung oder für Floppy-Disk-Steuerbausteine zu. Im Zuge des technologischen Fortschritts werden mehr und mehr Funktionen in Silizium übertragen werden.

Wir wollen hier dennoch einige der wichtigen Softwaretechniken ansprechen, die in jedem mit Mikroprozessoren erstellten Steuersystemen Verwendung finden dürften. Diese Techniken sind sowohl notwendig als auch nützlich. Sie wurden in der Vergangenheit auf Groß- wie auf Minicomputern implementiert. Jetzt kann man sie mit geringen Kosten in einem Mikrocomputersystem einsetzen, so daß jeder Entwickler zumindest von ihnen gehört haben sollte. Wir werden sie hier als notwendigen Bestandteil des Gesamtentwurfes betrachten, als Teil des Interfaces zwischen der Außenwelt und dem Steuerprogramm selbst.

Programmierte Ausfallkompensation

Ausfallkompensation (soft-fail) bezeichnet die bewußte Herabminderung der Systemarbeit für den Fall, daß eine der Systemkomponenten ausfallen sollte. Im Idealfall sollte ein System so lange wie möglich arbeiten und dabei nur einen Teil seiner Leistungsfähigkeit verlieren, entsprechend dem aufgetretenen Fehler. Es sollte nicht total ausfallen, wenn eine beschränkte Fehlfunktion auftritt.

Vier Haupttypen von Ausfällen lassen sich unterscheiden, je nach betroffener Systemeinheit: *Sensor*ausfälle, *Steuergerät*ausfälle, *Versorgungs*ausfälle und *System*ausfälle. Wir wollen sie uns im folgenden der Reihe nach ansehen.

Sensorausfälle

Jeder dieser Ausfälle kann vorübergehender Natur oder dauernd sein. Sehen wir uns beide Fälle an:

Vorübergehend

Ein Sensorfehler kann durch eine *Plausibilitätsprüfung* entdeckt werden. Die Plausibilitätsprüfung ist ein Test, bei dem untersucht wird, ob der gemessene Wert in ein vorgegebenes Intervall sinnvoller Meßwerte fällt. Wenn man z.b. unter Normalbedingungen die Temperatur von Wasser mißt, so gilt eine Temperatur zwischen 0 und 100° C

MIKROPROZESSOR INTERFACE TECHNIKEN

als ,,plausibel". Entsprechend würde der Plausibilitätsbereich einer Geschwindigkeitsmessung im städtischen Straßenverkehr das Intervall von 0 bis vielleicht 100 oder 150 km/h (um auch die schlimmsten Temposünder noch zu erfassen) beinhalten.
,,Nicht plausible" Daten werden automatisch verworfen und können so keine fehlerhafte Reaktion des Systems hervorrufen.
Betrachten wir z.b. eine mikroprozessorgesteuerte Waschmaschine. Wenn wir hier vorgeben, daß Buntwäsche gewaschen werden soll, dann wird beispielsweise die Fehleinstellung die Wäsche solle gekocht werden, automatisch unterdrückt. Auf diese Weise können die Kleider nicht beschädigt werden.
Und bei der Bedienung eines Mikrowellenherds sollte die Aufforderung, ein 20-Kilo-Huhn zu kochen, als ,,nicht plausibel" verworfen werden.
In diesen Fällen handelt es sich in der Regel um Bedienungs- oder um Sensorfehler. Der Hauptvorteil dieser Methode ist, daß Rauschstörungen auf den Eingabeleitungen ausgefiltert und alle Eingabewerte, die unter Umständen die Systemoperation gefährden könnten, unterdrückt werden.
Bild 5-60 zeigt die Arbeitsweise eines Plausibilitätstests auf einem Plausibilitätsintervall. Diese umfaßt im Zeitintervall T0 bis T1 die Werte im Bereich von L0 bis H0 und im darauffolgenden Zeitintervall (nach T1) die Werte von L1 bis H1.
Die gestrichelte Linie in der Zeichnung zeigt den jeweiligen Mittelwert an und gilt als Ersatzwert für den Fall, daß keine brauchbaren Eingabedaten vorliegen.
Man kann also jeden Sensorausfall durch Vergleich des von ihm gelieferten Werts mit einem vordefinierten Plausibilitätsintervall entdecken (das sich mit fortschreitender Zeit verändern kann). Immer wenn der Wert die Intervallgrenzen verläßt, wird er unterdrückt und bei Bedarf eine Operation zur Ermittlung des Fehlers eingeleitet.

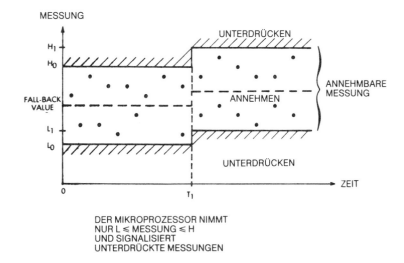

Bild 5-60: Plausibilitätstest

ANALOG/DIGITAL UND DIGITAL/ANALOG WANDLER

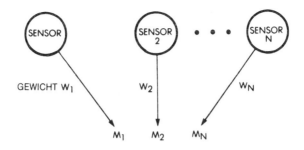

GEWOGENE MESSUNG = $\dfrac{w_1 . M_1 + w_2 . M_2 + ... + w_N M_N}{w_1 + w_2 + ... + w_N}$

AUTOMATISCHE UNTERDRÜCKUNG
WENN W_1 = 0 (SENSOR 1 WIRD ALS
UNMÖGLICHER WERT ANGESEHEN
ODER DEFEKT

Bild 5-61: Optimierung durch Sensoren die Gewichte aufnehmen

Dauernder Ausfall

Ein dauernder Ausfall läßt sich ebenfalls mit Hilfe einer Plausibilitätsprüfung entdecken. Man kann den Fehler als *dauernd* bezeichnen, wenn derselbe Sensor in einem gegebenen Zeitintervall mehr als N mal ausgefallen ist (wobei N irgendeinen vordefinierten Wert darstellt). Von diesem Moment an sollte der Sensor nicht mehr benutzt werden. Man kann ihn *durch Software abtrennen,* wenn man die Technik der Sensorgewichtung einsetzt:

Die Technik der Sensorgewichtung

Bild 5-61 soll diese Technik verdeutlichen. Jedem Sensor wird eine Gewichtung W_i zugemessen. Der Wert der Gesamtmessung ergibt sich dann aus der Formel:

$M_w = \dfrac{W_1 M_1 + W_2 M_2 + ... + W_i M_i + ... : W_n M_n}{W_1 + W_2 + ... + W_i + ... + W_n}$

In der Regel wählt man die Gewichtungen derart, daß die Summe aller Einzelgewichtungen W_i den Wert 1 ergibt.
Wenn z.B. drei Sensoren die Temperaturen in einem Zimmer messen, so kann man alle drei mit der Gewichtung 0,333 versehen. Wenn sich nun aber im Verlauf der Verwendung herausstellt, daß einer der Sensoren ungünstig plaziert ist und seine Meßwerte daher nicht so stark in den Gesamtwert eingehen sollen wie die der beiden anderen, so kann man ihm z.B. die Gewichtung 0,1 und den beiden die Gewichtung 0,45 zuweisen.

MIKROPROZESSOR INTERFACE TECHNIKEN

Bei dieser Methode läßt sich ein Sensor ganz einfach ,,abschalten", indem man seine Gewichtung auf ,,0" setzt. Aus der Formel ergibt sich, daß alle von ihm kommenden Daten unterdrückt werden. Wenn er sich später erholen oder ausgewechselt sein sollte, kann man ihn wieder einblenden, indem man seine Gewichtung auf einen Wert ungleich Null setzt.

Sollte der vom Sensor gelieferte Wert für die Operation des Systems von Bedeutung gewesen sein, so kann man bei seinem Ausfall anstelle der von ihm übernommenen Meßwerte auch für einige Zeit einen Mittelwert über die letzten Werte annehmen und so die Systemoperation aufrechterhalten. Natürlich kann in so einem Fall zusätzlich ein Alarm gegeben werden, der auf den Ausfall hinweist.

Ausfall einer Steuereinheit

Vorübergehender Ausfall

Der einzig brauchbare Weg, den Ausfall einer Steuereinheit festzustellen, bevor irgendwelche Störungen aufgetreten sind, besteht darin, ihre Arbeit ständig zu überwachen. Man braucht eine *Zustandsrückmeldung.* Man braucht in der Regel ein *Toleranzfeld,* um die richtige Arbeitsweise einer Steuereinheit feststellen zu können. Wenn z.b. ein Relais geschlossen werden soll, so kann man ein bestimmtes Zeitintervall bestimmen, in dem das Relais schließen muß.

Hat man eine vorübergehende Störung entdeckt, so besteht die einfachste Methode darin, es ,,noch einmal zu versuchen". Man wiederholt einfach den Befehl ein paarmal (bis zu einer bestimmten Höchstzahl), bis die Steuereinheit ihm Folge leistet. Wenn dies nach N Versuchen noch nicht der Fall ist, oder wenn dieser Fehler innerhalb einer bestimmten Überwachungsperiode zu oft auftritt, dann muß man einen *dauernden Ausfall* annehmen. Man kann diese Methode mit dem Bearbeiten eines Zigarettenautomaten mit den Fäusten vergleichen, in dem die Münze steckengeblieben ist. In den meisten Fällen führt diese einfache Wiederholungsmethode zum gewünschten Ergebnis.

Dauernder Ausfall

Wegen der hohen Kosten von Steuereinheiten hat man in der Regel keine Ersatzeinheiten verfügbar, die bei jedem Ausfall einspringen könnten. Ist eine solche dennoch verfügbar, dann muß sie aktiviert werden. Ist das nicht der Fall, so braucht man irgendeine Form von ,,back-up"-Strategie, bei der das System in eine Betriebsart versetzt wird, die es mit verminderter Leistung weiterlaufen läßt. Gleichzeitig sollte eine Diagnoseroutine und/oder ein Alarm eingeleitet werden.

Versorgungsausfall

Man kann für diesen Fall ein Bootstrap-Programm vorsehen, durch welches das Programm in einer *tabellengesteuerten* Methode gestartet wird. In dieser Betriebsart sind die vom System auszuführenden Aktionen in einer Tabelle gespeichert. Immer wenn die Stromversorgung ausgefallen war, kehrt das System zu dieser Tabelle zurück, um die Aktivitäten in der gegebenen Betriebsart so rasch wie möglich wieder aufnehmen zu können. Es kann auf einen anderen Modus umschalten, wenn genug Daten für weitere sinnvolle Arbeit vorliegen.

ANALOG/DIGITAL UND DIGITAL/ANALOG WANDLER

Natürlich kann man eine Hilfsversorgung aus Batterien vorsehen, um kurzfristige Ausfälle der Versorgung zu überbrücken.

Systemausfälle

Ein Systemausfall ist ein Ausfall des Mikroprozessorsystems oder eines seiner Untersysteme. Hier kann ein anderer Prozessor oder eine andere Reserveeinheit die Arbeit (mit) übernehmen.

Zusammenfassung zur Softwareabsicherung

Bild 5-62 zeigt verschiedene Ebenen der Absicherung von und durch Software. Links im Bild finden sich die Sensoren und Steuereinheiten. Die Meßergebnisse der Sensoren werden wie die Aktionen der Steuereinheiten auf Plausibilität überprüft. Außerdem werden die Sensorinformationen vor ihrer Weitergabe als Steuerparameter gewichtet und möglicherweise der Durchschnitt aus ihnen gebildet. Bei den Steuereinheiten wird der Status überwacht, um mögliche Fehlfunktionen entdecken zu können.

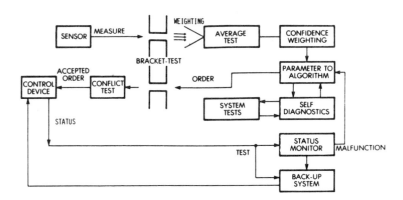

Bild 5-62: Mehrfach Sicherung des A/D Systems

Einsatz der Softwareabsicherung

Die oben beschriebenen Techniken sollten in jedem Steuersystem eingesetzt werden, um eine zuverlässige, sichere und effiziente Operation zu gewährleisten. Wenn man sie systematisch in alle Ein- und Ausgabeoperationen des Systems einbezieht, so läßt sich die Leistungsfähigkeit des Gesamtsystems verbessern, insbesondere in den Fällen, in denen ein oder mehrere Hardwareinterfaces fehlerhaft arbeiten sollten. Der Softwareentwurf sollte in den Gesamtentwurf der Interfaces integriert werden.

MIKROPROZESSOR INTERFACE TECHNIKEN

Zusammenfassung

Unser Mikroprozessor kann mit Hilfe dieser Wandler zu Übernahmen, Verarbeitung und Ausgabe von analoger Information eingesetzt werden. Durch Digital/Analog-Wandler (D/A-Wandler) erhält der Mikroprozessor die Möglichkeit, analoge Signale zu erzeugen, und Analog/Digital-Wandler (A/D-Wandler) setzen ihn in die Lage, analoge Signale von außen zu übernehmen. D/A- und A/D-Wandler bilden die Basis eines jeden Wandlersystems. Durch Einsatz von Abtast-und-Halte-Schaltungen, von Multiplexern und Techniken zur Bereichsanpassung kann man jedes Signal quantifizieren, verarbeiten und in fast jeder benötigten Form wieder zurückgeben. Am Ende von Kapitel 6 ist eine detaillierte Fallstudie zum Entwurf einer Analog-Karte wiedergegeben.

KAPITEL 6
STANDARDS UND TECHNIKEN
ZUR BUSERSTELLUNG

Einführung

Die Verwendung von mehreren Moduln in einem System verlangt einen besonders ausgebildeten Kommunikationspfad. Jedes Modul muß in der Lage sein, von seinen Nachbarn zu empfangen und an sie zu senden. Die Komponenten auf dem Modul selbst müssen miteinander verkehren können. Das Problem der Verbindung von Komponenten innerhalb eines Moduls ist in Kapital 2 und 3 behandelt worden. Die Techniken der Kommunikation zwischen Moduln und Systemen wird in diesem Kapitel über *Bustechniken* behandelt.
Wir unterscheiden zwei Bustypen: parallele und serielle Busse. Sie umfassen:
— parallel:
  — S-100-Bus für Mikroprozessoren,
  — 6800-Bus für Mikroprozessoren,
  — allgemeiner Interfacebus IEEE-488,
  — Interfacesystem IEEE-583 CAMAC.
— seriell:
  — Asynchrone Kommunikation über EIA-RS232C,
  — Asynchrone und synchrone Kommunikation über EIA-RS422&423,
  — ASCII-Standard zum Informationsaustausch,
  — Synchrone Kommunikation.

Parallele Busse sind nützlich bei Datenverkehr mit hohen Geschwindigkeiten zwischen Moduln im Fall von Mikroprozessorbussen und für Systemkommunikation im Fall des IEEE-488-Busses. CAMAC ist die einzige Ausnahme - der CAMAC-Standard behandelt alle Kommunikationspfade von der Komponentenebene an aufwärts.
Serielle Busse benötigen weniger Leitungen und werden zum Anschluß von Terminals für den Datenverkehr an das Computersystem eingesetzt. Terminals (Datenstationen) wie Bildschirmgeräte (CRT, cathode-ray-tube terminal), Zeilen- und Matrixdrucker, Fernschreiber und ferngesteuerte Datenüberwachungsgeräte, alle beruhen auf einer Form von bitserieller Kommunikation.
Serielle Standards umfassen Übertragungsraten, elektrische Eigenschaften und Datenformate. Es gibt zwei Grundformen serieller Standards: asynchrone und synchrone. Der asynchrone Standard wird für Übertragungsraten von weniger als 20.000 Bit/s eingesetzt, der synchrone Standard für Übertragungsraten über 10.000 Bit/s. Es lassen sich beide Standards einsetzen.
Ein Beispiel eines Interfaces für einen preiswerten Analog/Digitalwandler an den S-100-Bus wird am Ende des Kapitels vorgestellt.

MIKROPROZESSOR INTERFACE TECHNIKEN

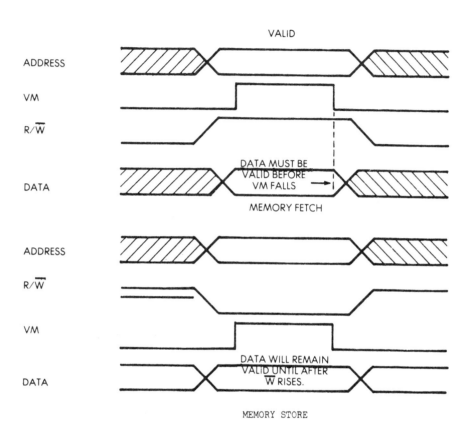

Bild 6-1: Zeitablauf auf dem Steuerbus

STANDARDS UND TECHNIKEN ZUR BUSERSTELLUNG

Parallele Busse

Parallele Busse transportieren zur selben Zeit über verschiedene Leitungen alle Bits der Information. Man muß Leitungen für den Datenbus, für den Adreßbus und für den Steuerbus vorsehen. Jede Gruppe von Busleitungen trägt dann die zu dem gerade laufenden Arbeitszyklus gehörende Information.
In einem typischen Mikroprozessorsystem benötigen wir 8 Daten-, 16 Adreß- und 5 bis 12 Steuerleitungen.
— Die 8 Datenleitungen dienen zum Datentransfer vom und zum Prozessor.
— Die 16 Adreßleitungen bestimmen die Speicherstelle oder das E/A-Tor, für die die Information bestimmt ist oder von der sie kommen soll.
— Die 5 grundlegenden Steuerleitungen dienen zur Festlegung eines Schreib/Lesezyklus, zur Angabe, daß eine gültige Adresse anliegt, als Unterbrechungsanforderung, zur DMA-Anforderung und zur Anforderung von Wartezyklen.
Der Steuerbus in diesem Grundsystem gehorcht dann den in Bild 6-1 angegebenen Zeitbeziehungen.
Die oben angegebenen 29 Signale werden alle für die meisten einfachen Busse benötigt. Zwar können die Zeitbeziehungen anders definiert sein und getrennte Schreib- und Leseleitungen Verwendung finden, jedoch arbeiten alle Busse in prinzipiell der gleichen Art.
Zukünftige Systeme werden mindestens 16 Datenleitungen und möglicherweise bis zu 24 Adreßleitungen benötigen. Außerdem sind eine Reihe zusätzlicher Steuerleitungen für eine flexible Handhabung der verschiedenen Ein/Ausgabeoperationen wünschenswert.

Der S-100-Bus

Der „Hobbycomputermarkt" wurde im August 1976 auf einer Konferenz in Atlantic-City entdeckt. Zu jener Zeit jedoch war die Stellung eines Herstellers stärker als die aller anderen. Dieser Hersteller war MITS, eine Gesellschaft, die einen Mikrocomputer namens Altair herausgebracht hatte. Der Bus, den sie verwendeten, umfaßte 100 Leitungen. Andere Hersteller (vor allem IMSAI) stellten rasch fest, daß sie am einfachsten in diesen neuen Markt einsteigen könnten, wenn sie ihre Speicher und anderen Peripherieeinheiten kompatibel zu diesem Bus machen würden. Die Gruppe von Herstellern derartiger Erzeugnisse wuchs bis heute auf mehr als 100 an, die über 600 verschiedene Karten und Systeme für diesen Bus anbieten. Damit war der MITS-Entwurf zu einem de-facto-Standard geworden und erhielt die Bezeichnung S-100, d.h. Standard-100-(Leitungs-)Bus.
Die Bussignale und -definitionen sind in Tabelle 6-2 bis 6-8 wiedergegeben.
Der Bus ist nicht ideal. Einiger seiner Schwachstellen sind: Die Taktleitungen verlaufen unmittelbar neben den Steuersignalen, es gibt Probleme mit der Kontaktanordnung und der Verteilung der Stromversorgung.

MIKROPROZESSOR INTERFACE TECHNIKEN

Die Taktleitungen für die Signale ∅1, ∅2 und den Ursprungstakt (2 MHz) verlaufen in unmittelbarer Nachbarschaft von neun anderen Steuersignalen. Alle diese Taktimpulse haben steile Flanken und sind ständig vorhanden. Aus diesem Grund werden die Taktinformationen sehr leicht in die anderen Leitungen eingekoppelt (Übersprechen benachbarter Leitungen), falls nicht besondere Abschirmmaßnahmen (Masseleitungen zwischen den einzelnen Signalleitungen zusätzlich eingefügt) durchgeführt werden. Da ständig ein 2-MHz-Takt anliegt, muß der Bus für Widerstandsfähigkeit gegen 4-MHz-Störungen ausgelegt werden, obwohl keines der anderen Signale mit dieser Frequenz auftritt.

Was würde geschehen, wenn man eine Karte bei eingeschalteter Stromversorgung aus der Fassung zu ziehen versuchte? Die Wahrscheinlichkeit, daß die -18 V Versorgung den Anschluß für 8 V berührt, ist sehr groß. Wenn dies passiert..., nun, hoffen wir, es passiert nicht! Im besten Fall werden nur die Spannungsregler zerstört, im schlimmsten ist jeder an +5 V angeschlossene Chip beschädigt.

Idealerweise sollten die Karten gegen versehentliches Herausnehmen oder Einstecken bei eingeschalteter Stromversorgung und gegen Richtungsvertauschung geschützt sein. Symmetrische Anordnung der Versorgungsanschlüsse, wodurch bei falsch eingesetzter Karte die Versorgung ausgeschaltet wird, sind eine gute Idee, und sorgfältiges Heranführen der Versorgungsspannung zwischen Masseanschlüssen ist eine andere gute Idee. Schwankungen der Versorgungsspannung von Modul zu Modul setzen die Störfestigkeit herab und bewirken viele Schwierigkeiten. Als Abhilfe könnte man hochwertige Spannungsregler verwenden, die mehr kosten, als die eingesetzten (was allerdings wieder unzumutbar ist). Es gibt kein Patentrezept für derartige Probleme - eine zentrale Stromversorgung hat wieder ihre eigenen Tücken.

Die Unterbrechungsleitungen (interrupt) sind für Unterbrechungsanforderungen an eine spezielle Unterbrechungssteuerkarte auf dem Bus vorgesehen. Man hat für ihren Einsatz keinen allgemein verbindlichen Weg standardisiert, da auch Z-80, 6502 (und sogar 6800) in S-100-Systemen benutzt werden können (und benutzt werden).

Eine andere Verschwendung liegt bei den Steuersignalen vor. Der S-100-Bus hat wesentlich mehr als irgendeiner überhaupt jemals benötigen wird, was daher kommt, daß der Bus entworfen wurde, bevor ein Systemsteuerchip für den 8080 erhältlich war. Viele der Signale sind in dem ursprünglichen Problem von Intel, der Begrenzung der Anschlußzahl bei den Chips, wie in Kapitel 2 diskutiert, begründet.

Diesem und ähnlichen Mängeln soll durch eine Standardisierung des S-100-Bus durch das amerikanische Normenkomitee IEEE abgeholfen werden.

Der vorgesehene Standard wird fast alle 100 Busleitungen benutzen und für 16-Bit-Prozessoren ausgelegt sein. Er definiert 24 Adreßleitungen, mit denen 16 Megabytes angesprochen werden können. Der Steuerbus wurde etwas vereinfacht und zugleich für Multiprozessorbetrieb (mehr als eine CPU im System) ausgelegt. Außerdem wurden die Zeitbeziehungen, insbesondere für den DMA-Verkehr, exakter definiert. Diese neue Norm verspricht ausreichende Flexibilität für die Zukunft und wird voraussichtlich Ende 1980 freigegeben werden.

Der Bus enthält folgende Leitungsgruppen: 8 x Dateneingang, 8 x Datenausgang, 16 x Adressen, 3 x Stromversorgung, 8 x Unterbrechung und 39 x für Steuerungen. Andere Anschlüsse sind nicht belegt oder für zukünftige Anwendungen reserviert.

Der *Datenbus* wird aus dem normalen bidirektionalen Bus beim 8080 in zwei unidirektionale Busse umgesetzt. Der eine davon dient zur Dateneingabe in den Prozessor, der andere zur Ausgabe von Daten aus dem Prozessor. In diesem System bringt das keine be-

STANDARDS UND TECHNIKEN ZUR BUSERSTELLUNG

sonderen Vorteile, da die meisten Peripherieeinheiten die beiden Busse wieder zu einem verbinden. Es ist allerdings auch nicht unbedingt ein Nachteil, sieht man einmal von dem Bedarf von zusätzlich acht Leitungen ab.
Der *Adreßbus* ist der übliche Satz von 16 gepufferten Adreßleitungen, wie wir sie in jedem Standardmikroprozessorsystem finden.

PIN NUMBER	SYMBOL	NAME	FUNCTION
1	+8V	+8 Volts	Unregulated voltage on bus, supplied to PC boards and regulated to 5V.
2	+18V	+18 Volts	Positive pre-regulated voltage.
3	XRDY	EXTERNAL READY	External ready input to CPU Board's ready circuitry.
4	VI0	Vectored Interrupt Line 0	
5	VI1	Vectored Interrupt Line 1	
6	VI2	Vectored Interrupt Line 2	

Bild 6-2: Der S-100-Bus (Altair-Bus), Fortsetzung

MIKROPROZESSOR INTERFACE TECHNIKEN

PIN NUMBER	SYMBOL	NAME	FUNCTION
7	VI3	Vectored Interrupt Line 3	
8	VI4	Vectored Interrupt Line 4	
9	VI5	Vectored Interrupt Line 5	
10	VI6	Vectored Interrupt Line 6	
11	VI7	Vectored Interrupt Line 7	
12	*XRDY2 *New bus signal for 8800b.	EXTERNAL READY 2	A second external ready line similar to XRDY.
13 to 17	TO BE DEFINED		
18	STAT DSB	STATUS DISABLE	Allows the buffers for the 8 status lines to be tri-stated.
19	C/C DSB	COMMAND/CONTROL DISABLE	Allows the buffers for the 6 output command/control lines to be tri-stated.
20	UNPROT	UNPROTECT	Input to the memory protect flip-flop on a given memory board.
21	SS	SINGLE STEP	Indicates that the machine is in the process of performing a single step (i.e., that SS flip-flop on D/C is set).
22	ADD DSB	ADDRESS DISABLE	Allows the buffers for the 16 address lines to be tri-stated.
23	DO DSB	DATA OUT DISABLE	Allows the buffers for the 8 data output lines to be tri-stated.

Bild 6-2: Der S-100-Bus (Altair-Bus), Fortsetzung

STANDARDS UND TECHNIKEN ZUR BUSERSTELLUNG

PIN NUMBER	SYMBOL	NAME	FUNCTION
24	ϕ 2	PHASE 2 CLOCK	
25	ϕ 1	PHASE 1 CLOCK	
26	PHLDA	HOLD ACKNOWLEDGE	Processor command/control output signal that appears in response to the HOLD signal; indicates that the data and address bus will go to the high impedance state and processor will enter HOLD state after completion of the current machine cycle.
27	PWAIT	WAIT	Processor command/control signal that appears in response to the READY signal going low; indicates processor will enter a series of .5 microsecond WAIT states until READY again goes high.
28	PINTE	INTERRUPT ENABLE	Processor command/control output signal; indicates interrupts are enabled, as determined by the contents of the CPU internal interrupt flip-flop. When the flip-flop is set (Enable Interrupt instruction), interrupts are accepted by the CPU; when it is reset (Disable Interrupt instruction), interrupts are inhibited.
29	A5	Address Line 5	
30	A4	Address Line 4	

Bild 6-2: Der S-100-Bus (Altair-Bus), Fortsetzung

MIKROPROZESSOR INTERFACE TECHNIKEN

PIN NUMBER	SYMBOL	NAME	FUNCTION
31	A3	Address Line 3	
32	A15	Address Line 15	(MSB)
33	A12	Address Line 12	
34	A9	Address Line 9	
35	DO1	Data Out Line 1	
36	DO0	Data Out Line 0	(LSB)
37	A10	Address Line 10	
38	DO4	Data Out Line 4	
39	DO5	Data Out Line 5	
40	DO6	Data Out Line 6	
41	DI2	Data In LIne 2	
42	DI3	Data In Line 3	
43	DI7	Data In Line 7	(MSB)
44	SM1	MACHINE CYCLE 1	Status output signal that indicates that the processor is in the fetch cycle for the first byte of an instruction.
45	SOUT	OUTPUT	Status output signal that indicates the address bus contains the address of an output device and the data bus will contain the output data when PWR is active.
46	SINP	INPUT	Status output signal that indicates the address bus contains the address of an input device and the input data should be placed on the data bus when PDBIN is active.

Bild 6-2: Der S-100-Bus (Altair-Bus), Fortsetzung

STANDARDS UND TECHNIKEN ZUR BUSERSTELLUNG

PIN NUMBER	SYMBOL	NAME	FUNCTION
47	SMEMR	MEMORY READ	Status output signal that indicates the data bus will be used to read memory data.
48	SHLTA	HALT	Status output signal that acknowledges a HALT instruction.
49	CLOCK	CLOCK	Inverted output of the 02 CLOCK'
50	GND	GROUND	
51	+8V	+8 Volts	Unregulated input to 5 volt regulators.
52	-18V	-18 Volts	Negative pre-regulated voltage.
53	SSWI	SENSE SWITCH INPUT	Indicates that an input data transfer from the sense switches is to take place. This signal is used by the Display/Control logic to:
		b) Enable the Display/Control Board driver's Data Input (FDI0-FDI7);	a) Enable sense switch drivers; c) Disable the CPU Board Data Input Drivers (DI0-DI7).
54	EXT CLR	EXTERNAL CLEAR	Clear signal for I/O devices (front-panel switch closure to ground).
55	*RTC	REAL-TIME CLOCK	60HZ signal is used as timing reference by the Real-Time Clock/Vectored Interrupt Board.
56	*STSTB	STATUS STROBE	Output strobe signal supplied by the 8224

Bild 6-2: Der S-100-Bus (Altair-Bus), Fortsetzung

MIKROPROZESSOR INTERFACE TECHNIKEN

PIN NUMBER	SYMBOL	NAME	FUNCTION
			clock generator. Primary purpose is to strobe the 8212 status latch so that status is set up as soon in the machine cycle as possible. This signal is also used by Display/Control logic.
57	*DIGI	DATA INPUT GATE 1	Output signal from the Display/Control logic that determines which set of Data Input Drivers have control of the CPU board's bidirectional data bus. If DIGI is HIGH, the CPU drivers have control; if it is LOW, the Display/Control logic drivers have control.
58	*FRDY	FRONT PANEL READY	Output signal from D/C logic that allows the front panel to control the READY lines to the CPU.
59 to 67	TO BE DEFINED		
68	MWRITE	MEMORY WRITE	Indicates that the data present on the Data Out Bus is to be written into the memory location currently on the address bus.
69	PS	PROTECT STATUS	Indicates the status of the memory protect flip-flop on the memory board currently addressed.

Bild 6-2: Der S-100-Bus (Altair-Bus), Fortsetzung

STANDARDS UND TECHNIKEN ZUR BUSERSTELLUNG

PIN NUMBER	SYMBOL	NAME	FUNCTION
70	PROT	PROTECT	Input to the memory protect flip-flop on the board currently addressed.
71	RUN	RUN	Indicates that the 64 /RUN flip-flop is Reset; i.e., machine is in RUN mode.
72	PRDY	PROCESSOR READY	Memory and I/O input to the CPU Board wait circuitry.
73	PINT	INTERRUPT REQUEST	The processor recognizes an interrupt request on this line at the end of the current instruction or while halted. If the processor is in the HOLD state or the Interrupt Enable flip-flop is reset, it will not honor the request.
74	PHOLD	HOLD	Processor command/control input signal that requests the processor enter the HOLD state; allows an external device to gain control of address and data buses as soon as the processor has completed its uses of these buses for the current machine cycle.
75	PRESET	RESET	Processor command/

Bild 6-2: Der S-100-Bus (Altair-Bus), Fortsetzung

MIKROPROZESSOR INTERFACE TECHNIKEN

PIN NUMBER	SYMBOL	NAME	FUNCTION
			control input; while activated, the content of the program counter is cleared and the instruction register is set to 0.
76	PSYNC	SYNC	Processor command/control output; provides a signal to indicate the beginning of each machine cycle.
77	PWR	WRITE	Processor command/control output; used for memory write or I/O output control. Data on the data bus is stable while the PWR is active.
78	PDBIN	DATA BUS IN	Processor command/control output; indicates to external circuits that the data bus is in the input mode.
79	A0	Address Line 0	(LSB)
80	A1	Address Line 1	
81	A2	Address Line 2	
82	A6	Address Line 6	
83	A7	Address Line 7	
84	A8	Address Line 8	
85	A13	Address Line 13	
86	A14	Address Line 14	
87	A11	Address Line 11	
88	DO2	Data Out Line 2	

Bild 6-2: Der S-100-Bus (Altair-Bus), Fortsetzung

STANDARDS UND TECHNIKEN ZUR BUSERSTELLUNG

PIN NUMBER	SYMBOL	NAME	FUNCTION
89	DO3	Data Out Line 3	
90	DO7	Data Out Line 7	
91	DI4	Data In Line 4	
92	DI5	Data In Line 5	
93	DI6	Data In Line 6	
94	DI1	Data In Line 1	
95	DI0	Data In Line 0	(LSB)
96	SINTA	INTERRUPT ACKNOWLEDGE	Status output signal; acknowledges signal for INTERRUPT request.
97	SWO	WRITE OUT	Status output signal; indicates that the operation in the current machine cycle will be a WRITE memory or output function.
98	SSTACK	STACK	Status output signal; indicates that the address bus holds the pushdown stack address from the Stack Pointer.
99	POC	POWER-ON CLEAR	
100	GND	GROUND	

Bild 6-2: Der S-100-Bus (Altair-Bus), Fortsetzung

MIKROPROZESSOR INTERFACE TECHNIKEN

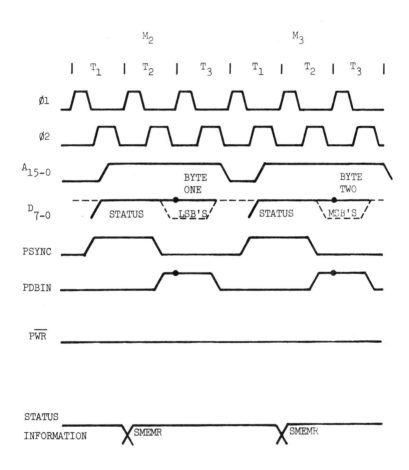

Bild 6-9: Speicherlesezyklus auf dem S-100-Bus

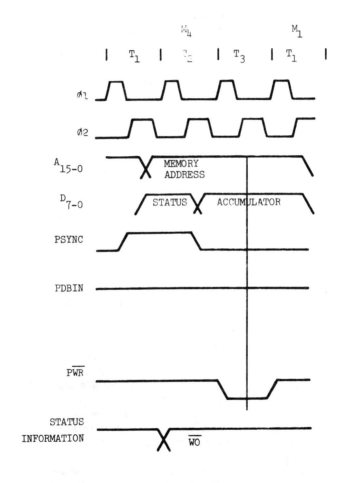

Bild 6-10: Speicherschreibzyklus auf dem S-100-Bus

MIKROPROZESSOR INTERFACE TECHNIKEN

Die *Stromversorgung* ist besonders interessant. Es gibt für ihren Entwurf zwei verschiedene Grundprinzipien: Entweder regelt man die Spannung in einem zentralen Versorgungsmodul, oder man verwendet eine einfache unstabilisierte Versorgung und regelt die Spannungen auf den Karten selbst. Altair entschied sich für das Letztere. Es ist im Großen und Ganzen eine gute Entscheidung, da sie die Versorgung der einzelnen Module vereinfacht und Kopplungen über die Versorgungsleitungen weitgehend unterbunden sind. Allerdings steigen dadurch die Kosten, weil die vielen Spannungsregler wesentlich teurer sind als ein guter zentraler Regler. In Anbetracht der vielen verschiedenen Spannungen, die einzelne Module benötigen, ist der Entwurf aber wieder von Vorteil. (Ein anderer - wesentlicher - Nachteil liegt in der starken Wärmebelastung zwischen den meist dicht gepackten Karten. Es ist daher unbedingt auf gute Wärmeabführung zu achten. - A.d.Ü.)

Am Ende diese Kapitels werden wir den Entwurf einer S-100-kompatiblen Peripherieeinheit besprechen.

In Bild 6-9 und 6-10 sind die Zeitdiagramme für Schreib- und Lesezyklen für den Speicher angegeben. Sie verdeutlichen die grundlegenden Zeitbeziehungen in einem 8080-System und die für diese Übertragung benutzten grundlegenden Signale. Beachten Sie, daß PWR und PDBIN die wichtigsten unter den Steuersignalen sind. Diese beiden Signale steuern die Richtung des Datenübertrags auf den Bussen: Lesen oder Schreiben. Zusammen mit der Statusinformation können alle Speicheroperationen durch diese paar Leitungen festgelegt werden.

Ein Systembus für den 6800

Hierzu soll der Systemsteuerbus des 6800-Mikrocomputers Altair-680B betrachtet werden. Im Vergleich zu den Problemen mit dem S-100-Bus ist dieser Bus gut entworfen. Das System besitzt acht bidirektionale Datenleitungen, sechzehn unidirektionale Adreßleitungen und neun Steuerleitungen.

Daten- und Adreßbus entsprechen den in anderen Systemen verwendeten Bussen. Die Steuerleitungen bieten das Minimum der benötigten Steuerfunktionen. Es sind: Takt $\emptyset 2$ (CLOCK), Rücksetzleitung RESET/HALT, Schreib/Leseleitung, R/W, Adreßfreigabe VMA, Datenbusfreigabe DBE, Schreib/Lesefreigabe R/W-P, Busfreigabe BA und Tri-State-Steuerung TSC. Die Unterbrechungsanforderungen IRQ (interrupt request) für normale und NMI (non-maskable interrupt) für nichtmaskierbare Unterbrechungen sind in Bild 6-11 bei der Besprechung der Steuersignale nicht mit aufgeführt. Sie sind jedoch ebenfalls Bestandteil des Steuerbusses.

Dieser Bus liefert saubere übersichtliche Signale zum Lesen und Schreiben von Informationen. Er stellt ein Beispiel eines durchdachten Busentwurfes dar. Unglücklicherweise jedoch werden auf ihm ohne ersichtlichen Grund noch die Taktsignale $\emptyset$ und $\emptyset 1$ durch das System geführt, es sei denn, die Konstrukteure wollten die Störsicherheit des Systems etwas senken. Alle Taktinformation, die ein Bus benötigt, ist ein gut von den anderen Leitungen isolierter Hochgeschwindigkeitstakt, wenn man die Notwendigkeit umgehen will, zu unüblichen und teueren abgeschirmten Busplatinen (backplanes, motherboards) greifen zu müssen.

STANDARDS UND TECHNIKEN ZUR BUSERSTELLUNG

Tabelle 6-11: Steuerbus für 6800-Systeme

Der Steuerbus des Systems besteht aus den folgenden Signalleitungen:
CLOCK: Taktsignal. Der Systemtakt ist ein asymmetrisches, nichtüberlappendes Zweiphasensignal von 500 kHz, das auf V_{cc}-Pegel arbeitet. Phase eins ($\varnothing$ 1) wird für interne Operationen der Chips verwendet. Phase zwei ($\varnothing$2) steuert alle Datenübertragungen. Aus diesem Grund wird im ganzen System nur $\varnothing$2 zur Schaltung des Speichers und der Interfaces, wie des asynchronen seriellen Interfaces ACIA (Asynchronous Communication Interface Adapter), verwendet.
RESET: Rücksetzleitung. Dieser Eingang dient zur Initialisierung des Systems nach einem Versorgungsspannungsfehler (power down condition), der entweder nach dem Ersteinschalten oder nach einem Versorgungsspannungszusammenbruch aufgetreten ist. Man benutzt den Eingang weiter zur Neuinitialisierung der MPU während des Betriebs. Die MPU beginnt mit der positiven Flanke von RESET, ausgelöst durch Betätigen eines Konsolenschalters, eine Rückstartsequenz. Während dieser Folge von Rückstartoperationen wird der Programmzähler mit dem Inhalt des Rücksetzzeigers (reset vector) in hexadezimal FFFE, FFFF geladen, der die Startadresse des Systemmonitors enthält.
HALT: Die Haltleitung dient zur externen Steuerung der Programmabarbeitung. Ist sie (bei RUN) auf H-Pegel, so holt die MPU den vom Programmzähler adressierten Befehl und beginnt mit der Programmabarbeitung. Ist die Haltleitung auf L-Pegel, so wird jede Aktivität in der MPU gestoppt. Das Busfreigabesignal BA (Bus Available) geht dann auf H-Pegel und zeigt an, daß die Schreib-Leseleitung R/W, die Daten- und die Adreßleitungen alle abgeschaltet, d.h. im Zustand hoher Impedanz sind. Solange BA auf H-Pegel liegt, sind die Konsolenfunktionen zur Adressierung und Dateneingabe eingeschaltet.
R/W: Schreib/Leseleitung (read/write). Diese Leitung steuert die Richtung des Datenverkehrs. Liegt sie auf H-Pegel (READ), so werden die Daten aus Speicher oder Peripherieeinheiten in die MPU eingelesen. Hat sie L-Pegel (WRITE), so werden die Daten aus der MPU in den Speicher oder die Peripherieeinheiten eingeschrieben. Solange der Prozessor angehalten ist, befindet sich R/W im abgeschalteten Zustand hoher Impedanz.
VMA: Speicherbestimmung (Valid Memory Address). Der VMA-Ausgang zeigt dem Speicher oder den Peripherieeinheiten, wie einer ACIA, an, daß der Adreßbus eine stabile, gültige (valid) Speicheradresse trägt.
DBE: Datenbusfreigabe (Data Bus Enable). Der DBE-Eingang ist das Steuersignal für die Tri-State-Puffer des Datenbusses in der MPU. Es schaltet die Bustreiber des 6800 ein, wenn es auf H-Pegel liegt. Dieser Eingang wird unmittelbar von Phase 2 ($\varnothing$2) des Taktsignals getrieben. Während eines Lesezyklus der MPU (READ) sind die Bustreiber innerhalb der MPU so abgeschaltet.
R/W-P: Schreib/Lesefreigabe (Read/Write-Prime). Dieses Signal wird durch NAND-Verknüpfung des Schreib/Lesesignals R/W und von $\varnothing$2 erzeugt. Das Signal R/W-P gewährleistet, daß die Daten immer nur dann gelesen oder geschrieben werden, solange der Datenbus eingeschaltet ist und nicht während der Dauer ungültiger Daten auf dem Bus.
BA: Busfreigabe (Bus Available). Dieses Signal zeigt an, daß der Prozessor angehalten und alle Adreß- und Datenleitungen einschließlich der Schreib/Leseleitung R/W für einen Zugriff von außen frei sind. Insbesondere dient BA dazu, die

MIKROPROZESSOR INTERFACE TECHNIKEN

Bedienerkonsole für einen Zugriff von außen zu aktivieren. BA ist auch während eines Wartezyklus der MPU auf H-Pegel, d.h. aktiv.

TSC: Tri-State-Steuerung (Tri-State-Control). Der TSC-Eingang arbeitet ähnlich wie DBE, nur mit dem Unterschied, daß, wenn er auf H-Pegel liegt, hier die Adreßstatt der Datenleitungen und die Schreib/Leseleitung R/W verfügbar, d.h. innerhalb des 6800 abgeschaltet werden. Man kann dieses Signal z.b. für DMA-Zugriffe benutzen.

IEEE-488-1975 (IEC-Bus)

Dieser Bus ist weniger zur Verbindung einzelner Moduln als vielmehr zur Verbindung ganzer Systeme gedacht. Mit einem IEC-Bus lassen sich solche Einheiten wie Computer Voltmeter, Stromversorgungen, Frequenzgeneratoren u.a. ausrüsten. Der IEC-Bus ist das Ergebnis einer dreijährigen Diskussion in der IEC (International Electrotechnical Commission). Der IEC-Entwurf wurde 1974 vom Institut für Elektronik- und Elektroingenieure (IEEE, Institute of Electronic and Electrical Engineers) verbessert und als IEEE-488-1975 übernommen. Die Entwicklung dieses Busses wurde in erster Linie von Hewlett-Packard beeinflußt. Diese Firma ist auch im Besitz des Patents für die verwendete Quittungstechnik (handshake technique). Alle Hersteller von IEC-kompatiblen Interfaces müssen daher eine Lizenz von HP zur Anwendung dieser Quittungstechnik besitzen. (Der Bus wird manchmal auch als HPIB oder Hewlett-Packard Interface Bus bezeichnet.)

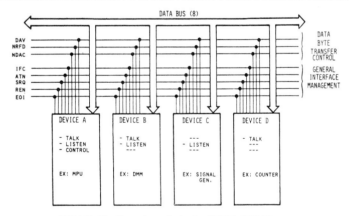

Bild 6-12: Bussignale beim IEEE-488-Bus

In der Grunddefinition verbindet der Bus Einheiten, die eine oder mehrere der folgenden Funktionen ausführen können:
1. Steuern anderer Einheiten - *controller,*
2. Information von der Steuereinheit übernehmen („hören") - *listener,*
3. Information an die Steuereinheit abgeben („sprechen") - *talker.*
Der Bus besteht aus acht bidirektionalen Datenleitungen, drei Steuerleitungen für die Byteübertragung und fünf allgemeinen Steuerleitungen.
Die acht Datenleitungen übertragen: Befehle für die angeschlossenen Einheiten (nur 7 Bit breit), Adressen und Daten (8 Bit).

STANDARDS UND TECHNIKEN ZUR BUSERSTELLUNG

Da dieses System keinen Adreß- oder vollständigen Steuerbus besitzt, wird der Datenbus für alle diese Funktionen mit herangezogen. Der Rest der Leitungen steuert die Funktion und den Einsatz des Datenbusses.

Die Leitungen zur Übertragungssteuerung werden zur Durchführung des Quittungsbetriebes herangezogen, der zur Datenausgabe aus einer und Dateneingabe in die andere Einheit notwendig ist.
Die restlichen fünf Leitungen steuern den Allgemeinzustand des Systems. Es handelt sich dabei um: das Aufforderungssignal Attention, Das Rücksetzsignal Interface Clear, das Bedienungsanforderungssignal Service Request, die Fernsteuerschaltung Remote Enable und das Übernahmesignal End-or-Identify.

Attention: Ist dieses Signal inaktiv, so wird angezeigt, daß der Datenbus ein bis acht Bits Daten überträgt. Ist es aktiv, so enthält der Datenbus einen Befehl oder eine Adresse von sieben Bits Breite.

Interface Clear: Dient dazu, das System in einen festgelegten Anfangszustand zu bringen. Es entspricht den Systemrücksetzsignalen in anderen Bussen.

Service Request: Dieses Signal wird von einer der gesteuerten Einheiten benutzt, um der Steuerung mitzuteilen, daß sie bedient werden will.

Remote Enable: Bestimmt, ob die adressierte Einheit selbständig oder ferngesteuert (remote) arbeiten soll. Arbeitet in Verbindung mit anderen Kodes.

End-or-Identify: Dient zur Übergabe von Flaggen an die Steuereinheit, wie z.B. ,,Ende der Datenübertragung''.

Der Quittungsverkehr tritt ein, wenn eine Einheit auf neue Information warten muß. Eine Leitung fragt dann an:,,Wie geht's?''. Die andere erwidert:,,Gut, ich habe etwas für dich.''. Darauf erfolgt die Antwort:,,Bitte gib es mir, ich bin fertig.''. Der Dialog setzt sich dann fort mit ,,Gut, hier ist es.'' und endet ,,Danke, fein dich getroffen zu haben.''.
In unserem Fall haben wir drei Leitungen:,,Gültige Daten auf den Datenleitungen'' DAV (data valid on data lines), ,,Nicht für Datenübernahme bereit'' NFRD (not-ready-for-data; diese Leitung ist aktiv, wenn die Daten übernommen worden sind und intern verarbeitet

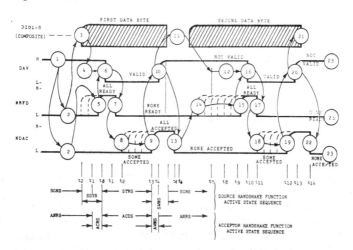

Bild 6-13: Zeitablauf beim Quittungsbetrieb auf dem IEEE-488-Bus

MIKROPROZESSOR INTERFACE TECHNIKEN

werden) und ,,Noch keine Daten übernommen'' NDAC (not-data-accepted; hier bezeichnet ein aktiver Zustand, daß das Modul bereit ist, Daten zu übernehmen). Das Zeitdiagramm der Quittungsoperationen findet sich in Bild 6-13. Beachten Sie, daß *alle* ,,hörenden'' Einheiten die Übertragung bestätigen müssen, bevor die nächste Datenübertragung auf dem Bus eingeleitet werden kann. Falls Ihnen dies kompliziert vorkommen sollte - es ist kompliziert! Der Einsatz dieses Standards erfordert die vollständige Kenntnis aller von der Vorschrift zugelassenen Zustände des Systems. In Bild 6-14 und 6-15 sind einige einfache Beispiele vorgestellt. Im ,,Talker''-Beispiel sendet die Steuerung an den Talker über ATN und den Datenbus die Adresse und den ,,Sprech''-Befehl. Nachdem er seine Adresse und den Befehl erkannt hat, sendet der Talker an einen Listener über den Datenbus und die Quittungssignale die bei ihm anstehende Information aus. Am Ende der Übertragung kann die EOI-Leitung (end-of-identify) zur Signalisierung des Blockendes herangezogen werden.

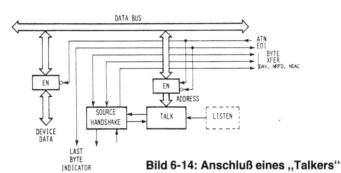

Bild 6-14: Anschluß eines ,,Talkers''

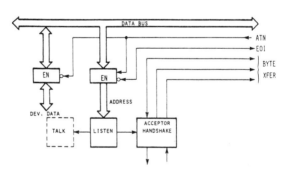

Bild 6-15: Anschluß eines ,,Listeners''

Das ,,Listener''-Beispiel arbeitet entsprechend. Die Steuerung sendet über den Datenbus seine Adresse aus, wobei wie oben die ATN-Leitung (attention) zur Signalisierung des Beginns einer Information herangezogen wird. In diesem Fall bestimmt der folgende Befehl, daß die adressierte Einheit von dem Talker Daten zu übernehmen, also ihm ,,zuzuhören'' hat. Dann erfolgt über den Datenbus die Informationsübertragung Byte für Byte, wobei die Quittungssignale entsprechend der obigen Darlegung eingesetzt werden. Das EOI-Signal gibt dann die Beendigung der Übertragung an.

322

STANDARDS UND TECHNIKEN ZUR BUSERSTELLUNG

Zusammengefaßt läßt sich sagen, daß der IEEE-488-Bus für intelligente Datenerfassungssysteme einen beachtlichen Fortschritt darstellt. Wenn mehr Hersteller dazu kompatible Einheiten erzeugen, wird der Standard auch größere Verbreitung erlangen. Tatsächlich enthält der Heimcomputer PET von Commodore ein Interface für den IEC-Bus. Das zeigt einen neuen Trend im Heimcomputerbereicht wie bei industriellen Anwendungen auf.
Als Beispiel soll hier gezeigt werden, wie man ein 6800-System an den IEC-Bus anschließen kann. Die Schaltung in Bild 6-16 enthält die 6800-CPU, den neuen Businterfacechip 68488 von Motorola und die für den IEC-Bus benötigten Sender und Empfänger (bus transceivers).
Dieser Chip ermöglicht einen einfachen Anschluß des 6800 an den IEC-Bus. Die Einheit kann sowohl als Talker als auch als Listener arbeiten. In Bild 6-17 ist ein kleines 6800-System mit einem derartigen GPIA-Interfacechip dargestellt. Das ROM-Programm übernimmt vom seriellen RS232C-Kanal die Daten und gibt sie im Bedarfsfall auf den 488-Bus weiter. Wenn über den 488-Bus Daten empfangen werden, werden sie über das ACIA auf den seriellen Kanal weitergegeben.
Bild 6-18 ist eine Subroutine für die Listenerfunktion und ACIA-Ausgabe. Die Routine setzt voraus, daß der Talker die Daten nicht schneller sendet, als sie das ACIA ausgeben kann. Das System läßt sich weiter ausbauen, etwa zum Puffern der Daten, zur Umwandlung in ASCII-Kode, falls sie nicht ohnehin schon diese Form haben, zur Anfügung von EOI-Meldungen usw.
Setzt man mehr Logikbausteine ein, läßt sich dem System die volle Steuerfunktion hinzufügen.

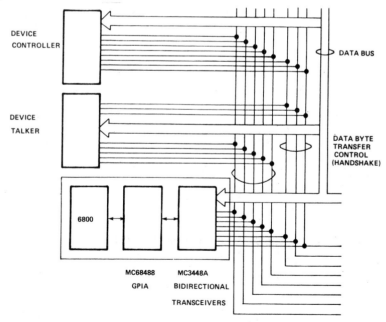

Bild 6-16: Blockschaltung für ein IEEE-488-Interface

MIKROPROZESSOR INTERFACE TECHNIKEN

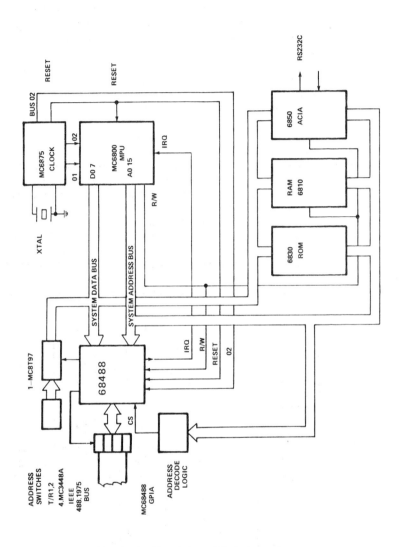

Bild 6-17: Ein kleines GPIB-6800-System

STANDARDS UND TECHNIKEN ZUR BUSERSTELLUNG

Bild 6-18: Software für die „Listener"-Funktion

LDAA	#$XX	Load ACIA control to ACC A.
STAA	$5008	Store baud rate, parity and number of characters to ACIA control.
LDAA	$5004	Read the device's address on the ADDRESS SWITCHES.
STAA	$5004	Write the address into the ADDRESS REGISTER.
LDAA	#$00	Load ACC A with zeros.
STAA	$5003	This clears the reset bit.
STAA	$5000	Mask all interrupts (if desired) in the INTERRUPT MASK REGISTER.
STAA	$5002	Select no special features in the ADDRESS MODE REGISTER.

NOTE: At this time the controller will address the device to LISTEN in the following manner: ENABLE ATN and send mla (my listen address) on the D101-8 lines which would be X0100110 ($26). Now DISABLE ATN. A READ of $5002 ADDRESS STATUS REGISTER will show $86 ma (Bit 7), LACS (Bit 2), and LPAS (Bit 1) will be set HIGH. At this time the device is ready to LISTEN. B1 (Bit 0) of the INTERRUPT STATUS REGISTER will be LOW. B1 will go HIGH to indicate that a data byte is available in the DATA-IN REGISTER at $5007. Reading the DATA-IN REGISTER will reset B1 (Bit 0).

LOOP 1	LDAA	$5000	Load ACC A with contents of INTERRUPT STATUS REGISTER.
	TAP		Transfers ACC A contents to CONDITION CODE REGISTER.
	BCC	LOOP 1	Loop until carry bit is set. This indicates B1 is set in ROR.
	BVS	LOOP 2	Branch to LOOP1 if overflow is set, indicating END, bit 1, of ROR has set (i.e., Controller has sent EOI).
	LDAA	$5007	Load DATA-IN REGISTER into ACC A. This resets bit B1.
	STAA	$5009	Store the data byte in the ACIA.
	INX		Increment pointer.
	BRA	LOOP 1	Branch back to LOOP 1 and check to see if B1 is set.

MIKROPROZESSOR INTERFACE TECHNIKEN

```
LOOP 2  INX            Increment pointer.
        LDAA   $5007   Get the last byte of data from the
                       DATA-IN REGISTER.
        STAA   $5009   Put last byte in the ACIA.
        RTS            End of Subroutine; block has beer.
                       transferred.
```

ADDRESS MAP

Hexadecimal Address	MC68488 Registers (R/$\overline{W}$)
$5000	Interrupt Status/Interrupt Mask
$5001	Command Status/–
$5002	Address Status/Address Mode
$5003	Auxiliary Command/Auxiliary Command
$5004	Address Switch/Address
$5005	Serial Poll/Serial Poll
$5006	Command Pass-thru/Parallel Poll
$5007	Data In/Data Out
$5008	ACIA Control
$5009	ACIA Data

CAMAC

Im IEEE-583-Standard wird der sogenannte ,,Computer-Automated-Measurement-and-Control-Standard", CAMAC, dargestellt. Dieser Standard zur computergesteuerten automatisierten Messung und Steuerung enthält auch Einzelheiten über einige aus CAMAC abgeleitete Standards.
Das CAMAC-Konzept umfaßt alle Bereiche von Verbindungen zwischen Instrumenten. Er enthält Vorschriften über die physikalischen Abmessungen für Gestelle und solche für den Datenverkehr zwischen den einzelnen Karten, den sogenannten ,,dataway" (Datenpfad). Zusätzlich gibt es Festlegungen für den zwischen den einzelnen Gestelleinheiten verlaufenden Bus, den ,,parallel highway" und für den seriellen Datenverkehr zwischen Gestelleinheiten, den ,,serial highway", beides also ,,Schnellstraße" für den Datenaustausch zwischen größeren Einheiten.
Der CAMAC-Standard ist für die Nuklearindustrie entwickelt worden und enthält in allen seinen Teilen daher strenge Festlegungen. CAMAC-Systeme werden eingesetzt, wenn sehr exakte Übereinstimmungen nötig sind.

STANDARDS UND TECHNIKEN ZUR BUSERSTELLUNG

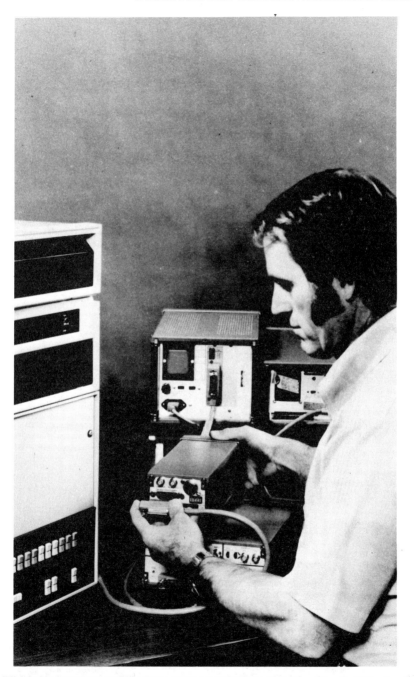

Bild 6-19: Instrumente für Anschluß an den IEEE-488-Bus (Hewlett-Packard)

MIKROPROZESSOR INTERFACE TECHNIKEN

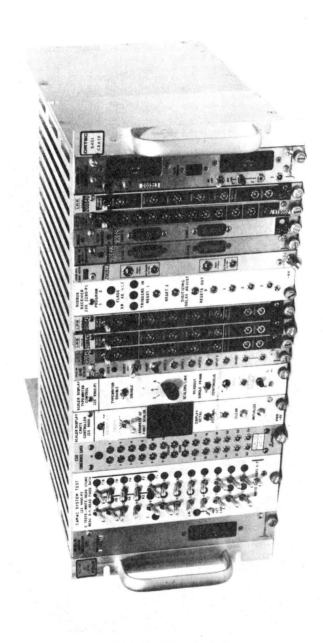

Bild 6-21: CRATE mit Stromversorgung

Bild 6-21: CRATE mit Stromversorgung und Lüfter

MIKROPROZESSOR INTERFACE TECHNIKEN

Physikalische Abmessungen

In Bild 6-20 ist ein CAMAC-,,CRATE" (eigentlich eine ,,Lattenkiste" zum Einschub von Fahrrädern, hier im übertragenen Sinne ein Gehäuse zur Aufnahme von Einschüben, aber als vollständige Einheit betrachtet) wiedergegeben. Ein CRATE ist die Grunduntereinheit im System. Es enthält eine Steuerung und bis zu 24 Peripherieeinheiten. Dabei ist sowohl die Größe jeder Karte als auch die Art der Stecker festgelegt.

Stromversorgung

Die Stromversorgung produziert vier stabilisierte Spannungen: ± 6 V und ± 24 V. Der Standard umfaßt Stabilität, Regelung und Störspitzenunterdrückung. Bedenken Sie, daß die Stromversorgung, obwohl zumeist ignoriert, doch die wichtigste Einheit im ganzen System ist. Alle Fehler in der Stromversorgung zeigen sich an irgendeiner anderen Stelle im System. Daher tut CAMAC etwas, was kein anderer Standard tut: es garantiert, daß von allen Problemen, die im System auftauchen können, die Stromversorgung das geringste ist. Bild 6-21 zeigt CRATE und Stromversorgung. (Die Bilder werden mit Genehmigung des Lawrence Berkeley Laboratory wiedergegeben.)

Dataway

Der CAMAC-Dataway-Bus enthält die folgenden Leitungen: drei Steuerleitungen, fünf Befehlsleitungen, fünf Adreßleitungen, 24 Lese- und 24 Schreibleitungen, zwei Leitungen zur Zeitsteuerung (timing) und vier Statusleitungen. Die Leitungen sind in Tabelle 6-22 beschrieben.

Die *drei-Steuerleitungen* sind: Initialisieren (initialize), Sperren (inhibit) und Löschen (clear). Diese Signale dienen dazu, alle Einheiten am Dataway in einen bekannten Status zu bringen.

Die *fünf Befehlsleitungen* bestimmen die auszuführende Funktion. Die damit möglichen 32 Funktionen sind im Standard alle festgelegt. Einige der Funktionen dienen zum Schreiben, Lesen oder Statusübertragung. Andere sind zukünftigem Einsatz vorbehalten oder nicht definiert.

Die *24-Lese- und Schreibleitungen* formen den Datenbus. Falls zusätzliche Adreßinformation notwendig ist, kann der Datenbus zu deren Übertrag herangezogen werden. Die 24 Bits gestatten durch den gleichzeitigen Übertrag von drei 8-Bit-Bytes einen wirkungsvollen Einsatz des Busses. Da einige CAMAC-Systeme Mikroprozessoren enthalten, können diese 24 Leitungen die Adressen und die Daten vom Prozessor parallel übertragen. Der Datenverkehr kann bis zu 10^6 Einheiten pro Sekunde erreichen. Damit hat der Bus die größte Bandbreite aller bis jetzt besprochenen Busse.
CAMAC kann 24 Bit x 10^6 Übertragungen pro Sekunde ausführen, das sind 24 Millionen Bit/s. In nuklearen Anwendungen ist das wichtig, da hier in jedem Experiment große Datenmengen rasch übertragen werden müssen.

Die *zwei Zeitsignale (timing)* enthalten die zur Festlegung, wann die Daten gültig sind, notwendige Information.

Die *vier Statusleitungen* werden zur Überwachung der Bedienungsanforderungen der Peripherieeinheiten an die Steuerung verwendet. In jedem CRATE können 24 verschiedene Anforderungen ausgegeben werden.

STANDARDS UND TECHNIKEN ZUR BUSERSTELLUNG

A list of Dataway Signals Avaialble at Each of the Normal
Stations 1 through 24 of a 25-Station CMAC Crate

Title	Designation	Use in Module
Common Control Signals		
Initialize	Z	Sets registers or control functions in a module to an initial state, particularly when power turned on.
Inhibit	I	Disables features for duration of signal.
Clear	C	Clears registers, or resets flip-flops.
Commands, addressed		
Function codes	F1,2,4,8,16	Carried on Dataway in binary code. Defines the function to be performed in a module during command operations.
Addressing		
Station number	N	Selects the module. There is an individual line from crate controller to each station.
Subaddress	A1,2,4,8	Also binary coded. Selects a location, within the module, to which the command is directed. There are 16 possible subaddresses.
Data		
Read bus	R1-R24	Transmits digital information from module to Crate Controller. Format is bit-parallel words, 24 bits maximum.
Write bus	W1-W24	Transmits digital information from Crate Controller to module. Format is same as for Read bus.
Timing		
Strobe 1 and Strobe 2	S1,S2	These strobes are generated by CC during every Dataway operation. Used by modules for timing acceptance of data or execution of features of an operation.
Status		
Look-at-Me	L	A signal from module to Crate Controller indicating request for service or attention. There is an individual line from each module to control station.
Q-Response	Q	A one-bit reply by module to certain commands issued by Crate Controller.
Command Accepted	X	Indicates the ability of a module to execute the current command operation.
Busy	B	Indicates a Dataway operation is in progress.

Bild 6-22: Signale auf dem CAMAC-„Dataway"

Zusammengefaßt kann festgestellt werden, daß der CAMAC-Standard ein *vollständiges Konzept* verkörpert. Er umfaßt alle Aspekte des Kommunikationsproblems. Er enthält sowohl Standards zur Datenformatierung und zur Kommunikation zwischen CRATEs als auch Softwareübereinkünfte.

MIKROPROZESSOR INTERFACE TECHNIKEN

Serielle Standards

Serielle Datenübertragung benötig nur eine oder zwei Leitungen, um alle notwendigen Signale zwischen verschiedenen Moduln oder Systemen zu übertragen. Zum Transfer von Adressen, Daten und Steuerinformation muß die Information Bit für Bit gesendet werden.
Es sollen hier die asynchronen und synchronen seriellen Standards RS232C, RS422 und 423 beschrieben werden. Daneben werden Datenstandards wie ASCII und das Datenübertragungsprotokoll SDLC behandelt.

EIA-RS232C

Der RS232C-Standard der Electronics Industry Association (EIA) umfaßt sowohl die elektrischen Voraussetzungen für die bitserielle Übertragung als auch die physikalischen Festlegungen, die dafür notwendig sind. Er ist (mit unwesentlichen Abweichungen) in Europa als V-24-Standard übernommen. Er definiert die Quittungssignale zur Steuerung der Standardeinheiten zum Anschluß an Telefonleitungen und der Standardmodems (Modulatoren:Demodulatoren).
Elektrisch basiert der Standard auf Impulsen von plus und minus 12 V, in denen die Information verschlüsselt wird. Mechanisch werden vom RS232C-Standard Stecker mit 25 Anschlüssen vorgeschrieben (meist sogenannte Subminiatur D-Stecker), mit den in Tabelle 6-23 gezeigten Festlegungen für die Leitungen. Es sind nur die ersten 15 in der Tabelle beschrieben, obwohl der Standard alle 25 Leitungen festlegt.

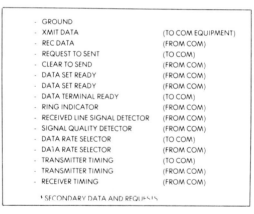

Bild 6-23: EIA-RS232C-Signale

Der Standard unterscheidet zwischen einem primären und einem sekundären Kanal. Die Leitungen im sekundären Kanal umfassen Daten- und Steuersignale mit einer wesentlich niedrigerer Übertragungsrate. Bis auf die Geschwindigkeit sind primärer und sekundärer Kanal gleich aufgebaut. Der sekundäre Kanal wird kaum je benutzt, wird er aber eingesetzt, so trägt er Steuerinformationen für die an die Enden der Kommunikationsleitungen angeschlossenen Modems.

STANDARDS UND TECHNIKEN ZUR BUSERSTELLUNG

Die Hauptsignalleitungen sind die Sendeleitung (transmit data) und die Empfangsleitung (receive data). Diese Leitungen werden zur Übertragung serieller Information zwischen den beiden Systemen benutzt. Dabei kann die Übertragungsrate einer der folgenden Standardraten (in Bit/s) entsprechen:

19.200	1.200	110
9.600	600	75
4.800	300	50
2.400	150	

Hin und wieder benutzt man auch andere Geschwindigkeiten. Fernschreiber (8-Kanal-Versionen) arbeiten mit 110, 150 oder 300 Bit/s. Bildschirmgeräte (CRT terminals) benutzen üblicherweise eine der über 1.200 Bit/s liegenden Geschwindigkeiten.
Sehr oft werden serielle Daten über Telefonleitungen übertragen. Damit die Daten gesendet werden können, müssen sie erst in den Tonfrequenzbereich umgesetzt, moduliert, werden. Bei Übertragungsraten unter 300 Bit/s benutzt man die als Frequenzumtastung (FSK, frequency shift keying) bezeichnete Technik. Ein ,,Markbit", d.h. eine logische ,,1" wird dabei durch einen Ton bestimmter Frequenz wiedergegeben, eine als ,,Spacebit" bezeichnete logische ,,0" durch eine zweite, davon verschiedene Frequenz. Wegen der kleinen verfügbaren Bandbreite setzt man für Übertragungsraten oberhalb 300 Bit/s Phasenumtasttechniken ein. Zumeist ist der Störpegel auf Telefonleitungen für hohe Übertragungsraten jedoch einfach zu hoch. Es müssen dann teurere speziell für den Datenverkehr ausgelegte Leitungen verwendet werden.
Die restlichen Signalleitungen werden zur Angabe des Zustands der Modemzwischenglieder (Modulatoren/Demodulatoren) bei der Übertragung verwendet. Zur Steuerung der Modems benutzt man Signale wie die Sendeanforderung ,,request-to-send", Sendebereitschaftsanzeige ,,clear-to-send", die Anzeige der Verfügbarkeit eines Datenblocks im Computer ,,data-set-ready" oder die Bereitschaftsanzeige zur Übernahme des Blocks aus dem Computer ,,data-terminal-ready".

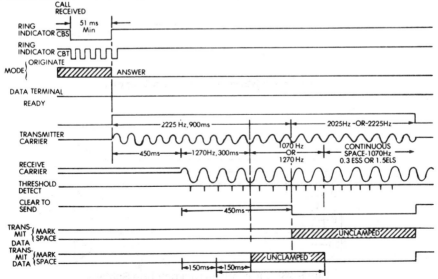

Bild 6-24: EIA-232C: Modem-Quittungsbetrieb

MIKROPROZESSOR INTERFACE TECHNIKEN

Der in Bild 6-24 gezeigte Zeitablauf soll einen typischen Übertragungsvorgang verdeutlichen. Beachten Sie, daß die Signale zwischen Modem (der Übertragungseinheit) und dem Computer (oder dem Terminal) einen ähnlichen Quittungsbetrieb wie bei den meisten anderen Bussen - insbesondere im IEC-Bus - ausführen. In unserem Fall liegt der Unterschied darin, daß die Quittungsoperationen nur am Anfang und am Ende eines ganzen Blocks seriell übertragener Daten erfolgen.

RS232C ist ein bekannter Standard, da ihn die meisten über Telefon anwählbaren Timesharingsysteme verwenden. Ein ähnlicher Standard arbeitet mit *Stromschleifen*. Dieser wird bei mechanisch arbeitenden Fernschreibern eingesetzt. Es ist eine gute Praxis, alle Einheiten, die Stromschleifenbetrieb haben, über einen speziellen Wandler an den EIA-RS232C-Standard anzupassen. Auf diese Weise lassen sich alle Übertragungsarbeiten standardisieren. In Bild 6-25 ist ein Stromschleifen/EIA-Wandler für eine Teletype gezeigt. Weiter ist es sinnvoll, die sogenannte *,,automatisch rückgeführte Schleife''* (auto-loop back) aus Bild 6-26 einzusetzen. In diesem Fall setzt der Computer, das Terminal oder das Modem nicht den vollen Umfang des Standards ein. Die angegebenen Brücken dienen dazu, den Einheiten ein ,,OK'' auf den entsprechenden Steuerleitungen vorzutäuschen, damit die Daten weitergegeben werden können.

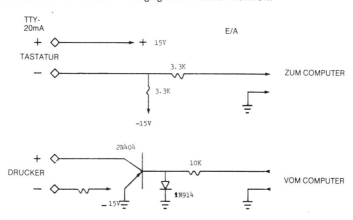

Bild 6-25: Stromschleifen/EIA-Wandler

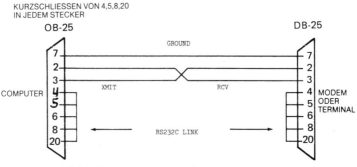

Bild 6-26: Automatisch rückgeführte Schleife

STANDARDS UND TECHNIKEN ZUR BUSERSTELLUNG

RS422 und 423

Der RS232C-Standard überträgt die Daten in Form von auf eine gemeinsame Masse bezogenen Spannungen. Empfänger- und Sendeteil haben so nur je einen Anschluß zur unmittelbaren gegenseitigen Verbindung (XMIT (exmit, senden) und RCV (receive, empfangen). Die Standards RS422 und RS423 arbeiten dagegen mit differentiellen Spannungen. Hier werden auf der Empfangsseite außer Masse zwei Leitungen eingesetzt, und die Differenz der Spannungspegel auf ihnen zur Signaldekodierung verwendet. Der Vorteil liegt in der Tatsache, daß auf dem Übertragungsweg Einstrahlstörungen auf beide Signalleitungen gleichzeitig und in gleicher Weise einwirken. Der Unterschied in den Signalpegel bleibt also im wesentlichen (vom individuellen Rauschen auf den Leitungen abgesehen) gleich. Auf diese Weise lassen sich wesentlich längere Leitungen einrichten. Außerdem wird wegen der Einschränkung der Störeffekte auch die mögliche Übertragungsrate höher.

CHARACTERISTIC	RS232	RS422	RS423
MAXIMUM LINE LENGTH	100 ft.	5000 ft.	5000 ft.
MAXIMUM BITS/SEC.	2×10^4	10^6	10^5
DATA "1" = MARKING DATA "0" = SPACING	$-1.5V \rightarrow -36V$ $+1.5V \rightarrow +36V$	$V_A > V_B$ $V_A < V_B$	$V_A = -$ $V_B = +$
SHORT CIRCUIT	100 mA	100 mA	100 µA
POWER-OFF LEAKAGE, MAXIMUM VOLT APPLIED TO UNPOWERED	300 µA	100 µA	100 µA
RECEIVER INPUT, MINIMUM	1.5V (single-ended)	100 mV (differential)	100 mV (differential)

Bild 6-27: Vergleich: RS232C, RS422 und RS423

Die Unterschiede zwischen den drei Standards sind in Bild 6-27 dargestellt. Bild 6-28 zeigt die Art der für die Verbindung eingesetzten Sendetreiber und Empfänger. RS422 und 423 werden aufgrund der weiten Verbreitung von RS232C und dem geringen Bedarf für derart hohe Übertragungsraten und Leitungslängen nur selten eingesetzt.
Natürlich können die übertragenen Daten in vielerlei Art formatiert sein. Die Prinzipien der asynchronen und synchronen Datenübertragung und die Standards für den Informationsaustausch sollen als nächstes betrachtet werden.

Asynchroner Datenverkehr

Wenn die Daten in kleinen Einheiten gleicher Länge, ohne zusätzliche Taktinformation, übertragen werden, spricht man von *asynchronem,* taktfreiem Datenverkehr. Wenn die Daten mit synchronisierenden Zeichenkodes im Datenblock gesendet werden, dann spricht man von *synchronem* Datenverkehr, bei dem der Takt mit in die Übertragung einbezogen ist.

MIKROPROZESSOR INTERFACE TECHNIKEN

Die gebräuchlichste asynchrone Datenstruktur findet sich in (8-Kanal-) Fernschreibern und den meisten Bildschirmgeräten. Sie besteht aus 10 (oder 11) Bit langen Folgen, wie sie in Kapitel 4 beschrieben sind. Das Startbit, acht Datenbits und ein oder zwei Stoppbits stellen ein *Zeichen* (character) dar. Die bekanntesten Zeichenkodes sind der ASCII- und der EBCDIC-Kode.

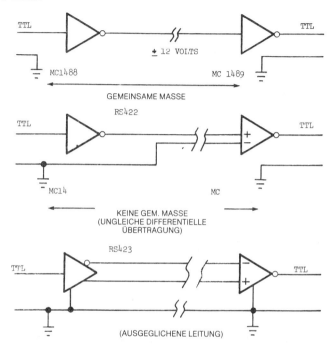

Bild 6-28: Treiber für RS422 und RS423

ASCII bedeutet „American Standard Code for Information Interchange" (amerikanischer Standardkode für den Informationsaustausch). Er ist international genormt und hier auch unter der Bezeichnung ISO-7-Bit-Kode (Internationales Telegraphenalphabet Nr. 5) bekannt. Bei ihm werden 7-Bit-Worte zur Verschlüsselung von 128 Zeichen verwendet. Ein zusätzliches achtes Bit kann zur Paritätsinformation eingesetzt werden. Beachten Sie, daß viele der kodierten Zeichen zur Steuerung der Datenverbindung dienen. Man benutzt Kodes wie STX (start-of-text, Textanfang), ETX (end-of-text, Textende) usw. für die Formatierung und Übertragung von Zeichenblocks.

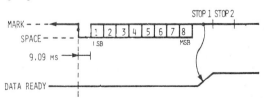

Bild 6-29: Datenformat für asynchronen seriellen Datenverkehr

STANDARDS UND TECHNIKEN ZUR BUSERSTELLUNG

EBCDIC ist ein 8-Bit-Kode, in dem im wesentlichen dieselben Zeichen wie im ASCII verschlüsselt sind. Er bedeutet „Extended Binary-Coded-Decimal Information Code" (Erweiterter BDC-Kode zum Informationsaustausch) und ist von IBM entwickelt worden. Man kann ASCII in EBCDIC einfach durch ein Kode-ROM umwandeln. Das Prinzip lautet: man adressiert mit den Worten des einen Kodes Worte im ROM, deren Inhalt der Darstellung des Zeichen im anderen Kode entspricht. So braucht man zur Umsetzung von ASCII- in EBCDIC-Zeichen ein ROM mit sieben Adreßeingängen und 8-Bit-Worten am Ausgang, also ein 128 x 8 ROM. Dieses enthält dann zu jeder ASCII-Adresse die zugehörige EBCDIC-Darstellung, insgesamt 128 Zeichen. Will man umgekehrt EBCDIC in ASCII auf die gleiche Weise umsetzen, so bräuchte man den ASCII-Zeichenvorrat entsprechend auch nur 128 Bytes. Da der EBCDIC-Kode aber die betreffenden Zeichen in 8 Bits verschlüsselt und da beispielsweise in EBCDIC das Zeichen „{" die binäre Darstellung 1100 0000, der Leerschritt „ " dagegen den Kode 0100 000 besitzt, die Zeichen also nicht ohne zusätzliche Maßnahmen auf 7 Bits reduzierbar sind, muß man hier ein 256 x 8 ROM verwenden. Inhaltlich bräuchte man nur die 128 Bytes für die ASCII-Darstellung zu berücksichtigen. Davon stellen 7 Bits den eigentlichen Kode dar, während das achte Bit

BIT NUMBERS									0	0	0	0	1	1	1	1
									0	0	1	1	0	0	1	1
									0	1	0	1	0	1	0	1
b_7	b_6	b_5	b_4	b_3	b_2	b_1	HEX 1 / HEX 0		0	1	2	3	4	5	6	7
			0	0	0	0	0		NUL	DLE	SP	0	@	P	`	p
			0	0	0	1	1		SOH	DC1	!	1	A	Q	a	q
			0	0	1	0	2		STX	DC2	"	2	B	R	b	r
			0	0	1	1	3		ETX	DC3	#	3	C	S	c	s
			0	1	0	0	4		EOT	DC4	$	4	D	T	d	t
			0	1	0	1	5		ENQ	NAK	%	5	E	U	e	u
			0	1	1	0	6		ACK	SYN	&	6	F	V	f	v
			0	1	1	1	7		BEL	ETB	'	7	G	W	g	w
			1	0	0	0	8		BS	CAN	(	8	H	X	h	x
			1	0	0	1	9		HT	EM	)	9	I	Y	i	y
			1	0	1	0	10		LF	SUB	*	:	J	Z	j	z
			1	0	1	1	11		VT	ESC	+	;	K	[	k	{
			1	1	0	0	12		FF	FS	,	<	L	\	l	|
			1	1	0	1	13		CR	GS	-	=	M	]	m	}
			1	1	1	0	14		SO	RS	.	>	N	^	n	~
			1	1	1	1	15		SI	US	/	?	O	_	o	DEL

Bild 6-30: Kodetabelle für ASCII-Zeichen

ACK	Acknowledge
BEL	Bell
BS	Backspace
CAN	Cancel
CR	Carriage return
DC1	Direct control 1
DC2	Direct control 2
DC3	Direct control 3
DC4	Direct control 4
DEL	Delete
DLE	Data link escape
EM	End of medium
ENQ	Enquiry
EOT	End of transmission
ESC	Escape
ETB	End transmission block
ETX	End text
FF	Form feed
FS	Form separator
GS	Group separator
HT	Horizontal tab
LF	Line feed
NAK	Negative acknowledge
NUL	Null
RS	Record separator
SI	Shift in
SO	Shift out
SOH	Start of heading
SP	Space
STX	Start text
SUB	Substitute
SYN	Synchronous idle
US	Unit separator
VT	Vertical tab

Bild 6-30a: (Fortsetzung) Bedeutung der ASCII-Abkürzungen

STANDARDS UND TECHNIKEN ZUR BUSERSTELLUNG

HEXA-DECIMAL	EBCDIC 3 BIT HEXA-DECIMAL	EBCDIC 8 BIT HEXA-DECIMAL		EBCDIC 8 BIT HEXA-DECIMAL		EBCDIC 8 BIT HEXA-DECIMAL		EBCDIC 8 BIT HEXA-DECIMAL	
0	2D	5A	$	88	h	B6		E3	T
1	2E	5B	*	89	i	B7		E4	U
2	2F	5C		8A		B8		E5	V
3	30	5D	)	8B		B9		E6	W
4	31	5E	;	8C		BA		E7	X
5	32	5F		8D		BB		E8	Y
6	33	60		8E		BC		E9	Z
7	34	61		8F		BD		EA	
8	35	62		90		BE		EB	
9	36	63		91	j	BF		EC	
A	37	64		92	k	C0		ED	
B	38	65		93	l	C1	A	EF	
C	39	66		94	m	C2	B	F0	0
D	3A	67		95	n	C3	C	F1	1
E	3B	68		96	o	C4	D	F2	2
F	3C	69		97	p	C5	E	F3	3
10	3D	6A		98		C6	F	F4	4
11	3E	6B		99		C7	G	F5	5
12	3F	6C	%	9A		C8	H	F6	6
13	40 BLANK	6D	—	9B		C9	I	F7	7
14	41	6E		9C		CA		F8	8
15	42	6F	?	9D		CB		F9	9
16	43	70		9E		CC		FA	
17	44	71		9F		CD		FB	
18	45	72		A0		CE		FC	
19	46	73		A1		CF		FD	
1A	47	74		A2	s	D0		FE	
1B	48	75		A3	t	D1	J	FF	
1C	49	76		A4	u	D2	K		
1D	4A	77		A5	v	D3	L		
1E	4B	78		A6	w	D4	M		
1F	4C	79		A7	x	D5	N		
20	4D	(	7A	:	A8	y	D6	O	
21	4E	+	7B	#	A9	z	D7	P	
22	4F		7C	@	AA		D8	Q	
23	50	&	7D	'	AB		D9	R	
24	51		7E	=	AC		DA		
25	52		7F	"	AD		DB		
26	53		80		AE		DC		
27	54		81	a	AF		DD		
28	55		82	b	B0		DE		
29	56		83	c	B1		DF		
2A	57		84	d	B2		E0		
2B	58		85	e	B3		E1		
2C	59		86	f	B4		E2	S	
			87	g	B5				

Bild 6-31: Kodetabelle für EBCDIC-Zeichen

der Information darüber dient, ob der ausgegebene Kode ein gültiges ASCII-Zeichen darstellt oder nicht. Das ist notwendig, weil der EBCDIC-Kode mehr Zeichen als der ASCII-Kode umfaßt, einige Zeichen also nicht unmittelbar wiedergegeben werden können. Man kann für diese Zeichen ein ASCII-Äquivalent definieren und das achte Bit zur Signalisierung der Umschaltung vom ,,normalen" ASCII-Kode weg benutzen.

Aber, wer benutzt eigentlich noch EBCDIC? IBM. Und wer setzt ASCII ein? Im Grunde alle anderen. Man verwendet zwar auch noch andere Kodes zur Informationsweitergabe, wie den fünf Bits umfassenden Baudot-Kode, aber deren Bedeutung nimmt ständig ab. Im Prinzip lassen sich diese Kodes auch mit ROMs ineinander übersetzen. Man muß jedoch wie oben den verschiedenen Umfang der Definition der Kodes berücksichtigen. Auch auf Eigenheiten in der Darstellung der Kodes ist zu achten. So wird ein Zeichen im Baudot-Kode zwar durch fünf Bits weitergegeben, was $2^5 = 32$ Zeichen entspräche. Das ist jedoch zuwenig für die meisten Anforderungen. Also hat man zwei Zeichen zur ,,Walzenumschaltung" definiert und belegt fast jedes Bitmuster im Kode doppelt: einmal mit einer Buchstaben-, einmal mit einer Zeichenbedeutung. Praktisch bedeutet das für das Umsetzungs-ROM von Baudot in ASCII, daß es über sechs Adreßeingänge verfügen muß, von denen fünf die eigentliche Kodierung, der sechste aber Informationen über die Walzenstellung tragen. Dieses sechste Bit muß von einer Zusatzlogik noch ein- oder ausgeschaltet werden, je nachdem ob ein Befehl zur Buchstabenumschaltung (11111_2) oder zur Zeichenumschaltung (11011_2) ausgegeben worden ist. Ferner muß man Sorge tragen, daß diese in ASCII nicht wiedergebbaren Umschaltkodes bei der Umsetzung unterdrückt werden.

Natürlich läßt sich die Umsetzung von einem Kode in den anderen auch durch Software vornehmen.

Synchroner Datenverkehr

Ein asynchrones Übertragungsformat enthält mindestens zwei zusätzliche Bits pro Zeichen: Start und Stopp. Werden die Daten in einem kontinuierlichen Bitstrom, ohne diese Start- und Stoppinformation gesendet, so kann der Empfänger die Synchronisation verlieren und die ankommenden Daten verfälschen. Dies zu verhüten, setzt man etwa alle hundert Bits in den Datenstrom ein Synchronisierzeichen ein. An der Empfängerseite wird dieses Zeichen durch eine besondere Logik erkannt und mit seiner Hilfe die Dekodierschaltung wieder einsynchronisiert. Dieser Vorgang muß so oft geschehen, daß der Empfänger auf den Sendetakt eingerastet bleibt. Mit Hilfe dieser als *synchroner Datenverkehr* bezeichneten Methode werden alle 800 Bits nur 8 zusätzliche Bits benötigt. Das sind nur 1% zusätzliche Daten gegenüber 20% bei asynchroner Übertragung.

Verschiedene Formen derartiger synchroner Datenverkehrsprinzipien (SDLC, synchronous data link control), auch Datenübertragungsprotokoll, genannt, sind entwickelt worden. Die bekanntesten der derzeit benutzten stammen von IBM, Borroughs und anderen. Alle diese Steuergrundsätze benutzen die gleichen Grundformate.

Die Daten werden in Blöcken aus mehreren Zeichen übertragen, die man *Rahmen* (frames) nennt. Jeder Rahmen besteht aus einzelnen *Feldern* (fields). Jedes Feld enthält seinerseits ein oder mehrere Datenbytes. In unserem betrachteten Beispiel enthält ein Rahmen sieben Felder. Die Struktur eines derartigen Rahmens ist in Bild 6-32 wiedergegeben.

STANDARDS UND TECHNIKEN ZUR BUSERSTELLUNG

Alle Sender und Empfänger belegen dieselbe Leitung. Es kann nur eine Einheit zur Zeit senden, mehrere jedoch empfangen. Jede Einheit, die Daten aussenden möchte, muß warten, bis die Leitung wieder frei ist.
Der Anfang eines Rahmens wird durch ein Startzeichen dem Empfänger signalisiert. Alle SDLC-Interfaces beginnen dann mit der Übernahme. Falls nicht ihre Adresse übermittelt wird, schalten sie in Wartezustand zurück. Finden sie ihre Adresse vor der eigentlichen Datenübertragung vor, so wird der ganze Rahmen übernommen und auf Fehlerfreiheit überprüft. Die empfangende Einheit sendet dann ihrerseits einen Rahmen an den Sender zurück, mit dem sie angibt, ob die Daten fehlerfrei übernommen worden sind oder wieviele Fehler entdeckt wurden und ob Wiederholung der Übertragung notwendig ist.
Es könne zwei oder mehr Arten von Rahmen übermittelt werden. Sie unterscheiden sich in der verschiedenen Information der in ihnen enthaltenen Steuerbytes. Ein *Informationsrahmen* enthält Daten für den Empfänger. Ein *Protokollrahmen* enthält Daten, die die Überwachung und Verwaltung der Übertragungen im Netzwerk betreffen.
Der Datenteil eines Rahmens enthält ein ganzzahliges Vielfaches von 8-Bit-Bytes von Daten. Diese Daten können binär, in ASCII oder sonstwie formatiert sein.
Die Prüfzeichen CRCC und LRCC dienen zur Erkennung und Korrektur von Einzelbitfehlern und zur Erkennung von Zweibitfehlern. Ihre 32 Bit enthalten genug redundante Information hierfür.
Als Stoppzeichen dient dasselbe Zeichen wie für den Start des Rahmens verwendet worden ist. Es gibt das Ende des Rahmens an.

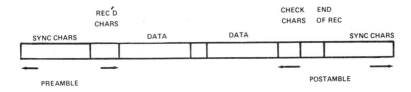

Bild 6-32: Datenformat für synchrone Übertragung

Im Übertragungsprozeß können automatisch Synchronisationszeichen oder -bits zur Aufrechterhaltung geordneter Zeitbeziehungen in die Datenblöcke eingefügt werden. Wie im Fall der Adreßmarkierungen bei Disketten, werden als Start- und Stoppzeichen spezielle, einfach erkennbare Bitkombinationen eingesetzt.
Die neuen integrierten Steuerbausteine zur synchronen seriellen Datenübertragung wie der SDLC-Steuerbaustein von Intel, der XDSA von Motorola oder das SSI (synchronous serial interface) von Zilog können alle die verschiedenen Übertragungsarten durch die Kombination von Prozessorsoftware und Steuerchiphardware handhaben. Ein typischer Steuerbaustein erkennt Startzeichen, fügt Synchronisationsbits automatisch in den Text ein oder entfernt sie aus ihm und führt die Überprüfung der gesendeten Blöcke durch. Die Software muß die Rahmen aus den einzelnen Feldern zusammensetzen oder die empfangenen Rahmen in die einzelnen Felder zerlegen. Außerdem muß das Programm für die Protokollrahmen zur Initialisierung einer Übertragung sorgen.

MIKROPROZESSOR INTERFACE TECHNIKEN

Fehlererkennung und Fehlerkorrektur

Die meisten Einheiten wie Kassetten, Disketten, dynamische Speicher und Modeme machen beim Lesen oder Schreiben der Daten Fehler. Zur Erkennung dieser Fehler gibt es drei Grundmethoden: *Paritätsbits, Prüfsummen* und *Cyclic-redundancy-check-Zeichen.* Um die Fehler nicht nur zu erkennen sondern auch korrigieren zu können, wird zusätzliche Information benötigt. Hier sollen zwei Fehlerkorrekturmethoden beschrieben werden: der *Hamming-Kode* und die *Kreuzparität.*

Parität

In jedem Datenbit ist die Zahl der auftretenden Einsen entweder gerade oder ungerade. Man kann zu der Information nun ein achtes oder neuntes Bit hinzufügen, mit dem die Zahl der Einsen immer gerade oder immer ungerade gesetzt wird. Dieses Zusatzbit heißt Paritätsbit.
Durch das Aufnehmen oder Speichern von mit Paritätsbits versehenen Bytes lassen sich Fehler erkennen. Nachdem das Byte gelesen worden ist, erzeugt man aus der Information ein neues Paritätsbit. Stimmt diese nicht mit den aufgenommenen überein, so muß wenigstens in einem Bit des Bytes ein Fehler aufgetreten sein. *Beachten Sie aber, daß Bitpaare, die beide ihren Wert von 0 in 1 oder von 1 in 0 geändert haben, auf diese Weise nicht erkannt werden können (die Parität bleibt hier unverändert).*

Prüfsummen

Zum Test, ob ein ganzer Datenblock fehlerfrei ist, erzeugt man ein oder zwei Testzeichen und fügt sie am Ende des Blocks an. Zur Überprüfung liest man den ganzen Block (außer den Testzeichen) und berechnet daraus die Testzeichen neu. Stimmen diese nicht mit den vorher aufgenommenen überein, so muß ein Fehler im Block aufgetreten sein.
Eine Prüfsumme läßt sich durch Aufaddieren aller Bytes im Block durch einen ,,add-with-carry''-Befehl, d.h. Addition mit Übertrag, erstellen. Man erhält dann eine Achtbitzahl, die zur Information in dem Block in einem engen Verhältnis steht. Eine andere Möglichkeit besteht durch EXKLUSIV-ODER-Verknüpfen aller Bytes des Blocks. Als Ergebnis erhält man die Parität über den ganzen Block anstatt über ein Einzelbyte. (Beim 8080 läßt sich auch die Möglichkeit der 16-Bit-Addition im HL-Registerpaar zur Prüfsummenerstellung nutzen. - A.d.Ü.) Je mehr Prüfsummeninformation man bereitstellt, um so zuverlässiger arbeitet die Fehlererkennung.

Cyclic Redundancy

Dies ist im Abschnitt über Diskettenspeicherung erklärt. Außer den dort vorgestellten Algorithmen für das Diskettenformat werden auch noch andere Algorithmen eingesetzt.

Hamming-Kode

Fügt man dem gespeicherten Byte gezielt redundante Information bei, so lassen sich Einzelbitfehler nicht nur erkennen, sondern auch korrigieren.

STANDARDS UND TECHNIKEN ZUR BUSERSTELLUNG

Bei N Bit in einem Byte muß man nach dem Hamming-Verfahren noch ($\log_2 N$) + 1 Bit hinzufügen. Das bedeutet, daß für acht Datenbits ein Zwölfbitwort gespeichert werden muß. Die vier zusätzlichen Bits dienen für die verschiedenen Untergruppen des ursprünglichen acht Bits als Paritätsinformation nach folgendem Schema:

```
b0      b3      b6→     h2
↓       ↓       ↓       ↓       Zeilenparität
b1      b4      b7 →    h3
b2      b5
↓       ↓
h0      h1
Spaltenparität
```

b0 b1 b2 b3 b4 b5 b6 b7 = Informationsbits
h0 h1 h2 h3 = Hammingbits
Die Korrekturschaltung erzeugt zu jedem Informationsbyte die zugehörigen Hammingbits. Stimmt nun z.B. h1 nicht mit dem aufgezeichneten h1 überein, ist aber der Rest in Ordnung, so muß in b5 ein Fehler aufgetreten sein. Also wird b5 invertiert. Sind h1 und h2 falsch, so muß b3 invertiert werden. Auf diese Weise lassen sich alle Einzelbitfehler korrigieren und Zweibitfehler erkennen.

Kreuzparität

Erweitert man das Hamming-Konzept auf Datenblocks, so lassen sich durch Paritätsbildung über den Block (EXKLUSIV-ODER-Verknüpfung der einzelnen Bytes) und Hinzufügen von Paritätsbits zu jedem Byte alle Einzelbitfehler im Block lokalisieren und korrigieren.

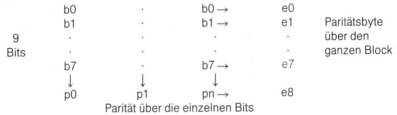

```
            b0      ·       b0 →    e0
            b1      ·       b1 →    e1       Paritätsbyte
  9         ·       ·       ·       ·        über den
  Bits      ·       ·       ·       ·        ganzen Block
            b7      ·       b7 →    e7
            ↓       ↓       ↓
            p0      p1      pn →    e8
         Parität über die einzelnen Bits
```

Sind 10 und p0 falsch, so muß bei b0 im ersten Byte invertiert werden.
Diese Fehlererkennungs- und -korrekturtechniken sind hier vereinfacht dargestellt. Es gibt eine ganze Reihe von Problemen, die besondere Untersuchungen nötig machen. Darunter fallen Situationen wie: Was ist, wenn in dem obigen Beispiel e8 und p0 falsch sind - welches Bit muß dann korrigiert werden? Über Fehlerkorrekturtechniken sind viele mathematische Untersuchungen geschrieben worden, auf die der Leser in Problemfällen verwiesen werden soll.

Eine Fallstudie: Eine preiswerte Analogkarte für den S-100-Bus

Die Schaltung in Bild 6-33 zeigt einen Digital/Analogwandler mit der Möglichkeit, auch Analog/Digitalumwandlungen durchführen zu können. Die Schaltung besteht aus 6 ICs: ein dreifach-NAND-Gatter mit je drei Eingängen, einem Dekodierer 74LS138, einem Tri-State-Bustreiber 74LS125, einem Achtfachzwischenspeicher 8212, einem D/A-Wandler

MIKROPROZESSOR INTERFACE TECHNIKEN

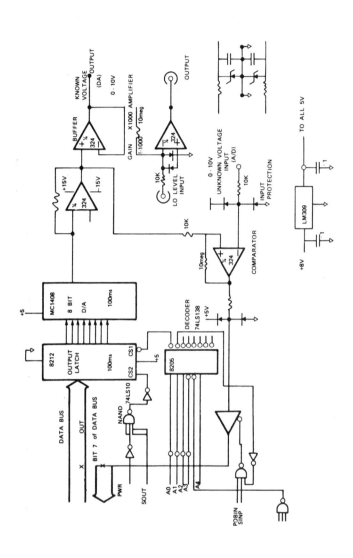

Bild 6-33: A/D-, D/A-Karte für den S-100-Bus

STANDARDS UND TECHNIKEN ZUR BUSERSTELLUNG

MC 1408 und einem Vierfachoperationsverstärker LM324. Mit diesen Bauteilen wurde ein S-100-kompatibler Aufbau für analoge Messungen entworfen.
Eigenschaften dieses Moduls sind:
— S-100-Bus kompatibel durch eine Belastung jeder Leitung mit nur einem LSI-TTL-Eingang,
— Auflösung für D/A- und A/D-Wandlung jeweils 8 Bit,
— D/A-Wandlung in 20 μs,
— A/D-Wandlung in 1 ms,
— Eingang und Ausgang überstreichen einen Bereich von 0-10 V, wobei für niedrige Eingangspegel eine zusätzliche Verstärkung von 1 bis 1000 vorgesehen ist.
Die Schaltung soll nun Stück für Stück beschrieben werden, mit Erklärung der Funktion jedes Bauteils.

Die Hardware

Der Datenausgangsbus, der den Datenverkehr zu den Speichern und zu den Ausgabetoren vollzieht, ist an einen Zwischenspeicher 8212 angeschlossen. Jedes Bit des Busses wird nur mit einem Eingang des Speichers belastet. Jeder Speichereingang stellt ein fan-in von 2/3 eines Low-Power-Schottky-TTL-Eingangs dar.
Der Dekodierer 74LS138 dekodiert zusammen mit dem 74LS10 und dem 74LS04 die Ausgabe auf die hexadezimale Toradresse ,,F8''. Die Adresse wird durch 1/3 des 74LS10 teilweise dekodiert derart, daß der Dekodierer durch eine ,,1'' im Bit A7, A6 und A5 angewählt wird. Die Bits A0, A1, A2, A3 und A4 werden dann durch den 74LS138 dekodiert. Der erste Ausgang stellt auf den niederwertigen Adreßbits ,,F0'' dar. Damit wird einer der Auswahleingänge des Zwischenspeichers 8212 angesteuert.
Der andere Wahlausgang wird durch die Bedingung PWR falsch und SOUT wahr angesteuert. Das geschieht durch Invertieren von PWR und anschließende NAND-Verknüpfung mit SOUT. Der Ausgang des NAND-Gatters durchläuft einen Invertierer und gelangt an den zweiten Auswahleingang des 8212.
Auf diese Weise wird der Inhalt des Datenausgangsbusses in den Zwischenspeicher übernommen, wenn Adresse F0 anliegt und die Steuersignale angeben, daß eine Ausgabeoperation stattfinden soll. Der Zeitablauf findet sich dazu in Bild 6-34.
Die gespeicherten Daten werden an einen D/A-Wandler MC1408 weitergegeben. Am Ausgang dieses Wandlers entsteht dann ein dem binären Eingang entsprechender Strom. Um diesen in eine Spannung umzuformen, setzt man einen Strom/Spannungswandler aus 1/4 des Vierfach-Operationsverstärkers LM324 ein.
Am Ausgang liegt nun eine Spannung zwischen 0 und 10 Volt für die hexadezimalen Eingaben ,,00'' bis ,,FF''. Der folgende Operationsverstärker aus dem LM324 dient zur Pufferung des Ausgangs gegen Belastungsschwankungen, die jetzt den Wandlerteil nicht mehr beeinflussen können.
Der dritte Operationsverstärker wird zur Analog/Digitalumwandlung herangezogen. Der Operationsverstärker vergleicht den unbekannten Eingang mit dem Ausgang des D/A-Wandlers. Ist das Signal am unbekannten Eingang zu klein, so wird ein aus dem vierten Operationsverstärker gebildeter einstellbarer Verstärker zur Anpassung des Signals herangezogen. Beachten Sie die bei ihm verwendeten Schutzdioden, die ein Zerstören der Eingangskomponenten verhindern, solange die Eingangsspannungssprünge unter 100 V bleiben.

345

MIKROPROZESSOR INTERFACE TECHNIKEN

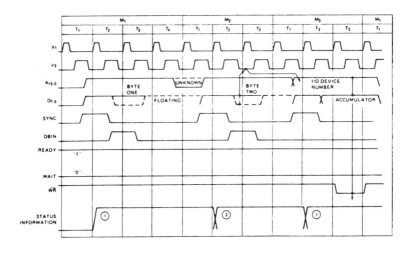

Bild 6-34: Ausgabezyklus auf dem S-100-Bus

Der Ausgang des Komparators wird durch ein Widerstands/Diodennetzwerk auf TTL-Pegel begrenzt, womit die Tri-State-Treiber im 74LS125 angesteuert werden können. Der Treiber selbst wird durch einen Eingabebefehl und die hexadezimale Adresse ,,F9" aktiviert. Die Dekodierung geschieht entsprechend der für das Ausgabetor, mit der Ausnahme, daß über den zweiten Ausgang des 74LS138 die Adresse ,,F1" dekodiert wird. Zusätzlich werden die Signale PDBIN und SINP mit der Adresse UND-verknüpft, mit deren Ergebnis dann der Treiber auf Bit 7 des Eingabebusses geschaltet werden kann.
Über dieses Bit 7 können wir über ,,F1" eine Eingabe abrufen, das Bit in die Carry-Flagge schieben und damit testen, ob wir unter oder über dem unbekannten Eingangspegel liegen. Durch Ausgeben eines neuen Wertes an ,,F0" und erneutes Testen von ,,F1" erhalten wir die Grundlage der Analog/Digitalwandlung. Der Zeitablauf für eine Eingabeoperation findet sich in Bild 6-35.
Die Stromversorgung erfolgt über einen +5 V-Regler für alle V_{cc}-Anschlüsse und Zenerdioden für die von den Operationsverstärkern benötigten ± 15 V.
Beachten Sie, daß drei der Bustreiber als Inverter benutzt werden. Bild 6-36 zeigt das Vorgehen dafür.
Wenn der Eingang auf L-Pegel liegt, wird der Treiber eingeschaltet und der Ausgang auf eine logische ,,1" gezogen. Liegt der Eingang auf H-Pegel, so ist der Treiber abgeschaltet und sein Ausgang durch den Widerstand von 240 Ohm auf den logischen Wert ,,0" gebracht. Wir hätten für diesen Zweck auch einen Sechsfach-Inverter einsetzen können, das hätte jedoch die Bauteilzahl erhöht.

STANDARDS UND TECHNIKEN ZUR BUSERSTELLUNG

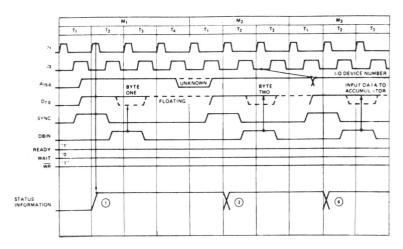

Bild 6-35: Eingabezyklus auf dem S-100-Bus

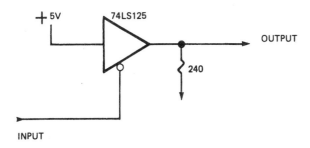

Bild 6-36: Verwendung eines 74LS125 als Invertierer

Die Software

Bei Digital/Analogwandlung wird der auszugebende binäre Wert an das Ausgabetor „F0" gegeben. Jeder Schritt gibt 10,0 V / 256 = 39,0625 mV wieder. Das heißt, daß für eine Ausgabe einer bestimmten Spannung U_{aus}, die Binärzahl sich aus:

$$\frac{U_{aus}}{39,0625 \times 10^{-3}} = Num_{10} \xrightarrow[\text{in}]{\text{konvertiert}} Bin_2$$

errechnet. Für 2,5 V Ausgabe sind das:

$$\frac{2,5}{39,0625 \times 10^{-3}} = 64_{10} \longrightarrow 0100\ 0000_2 = 40_{16}$$

MIKROPROZESSOR INTERFACE TECHNIKEN

Hexadezimal 80 ergeben 5 V, da der Wandler linear arbeitet. Zur Umwandlung von im Speicher abgelegten Werten brauchen wir an Software für einen Wert:
  MOV A,M   : den auszugebenden Wert vom Speicher holen
  OUT OFOH : und ausgeben
FRAGE: Was ist die höchste Frequenz, die wir mit diesem Wandler erzeugen können?
ANTWORT: Aus dem Abtasttheorem ergibt sich die Forderung, daß wir - in unserem Fall - mindestens doppelt so rasch die Meßwerte ausgeben müssen, wie die Höchstfrequenz des Signals beträgt. Daraus erhalten wir:

$$\frac{1}{\text{Wandlungszeit}} \cdot 1/2 = f_{max}$$

oder:

$$\frac{1}{20 \times 10^{-6}} \cdot 1/2 = 250 \text{ kHz}.$$

In der Praxis läuft unser Programm nicht schnell genug, um die auszugebenden Werte der möglichen Bandbreite entsprechend zu übertragen; wir können mit dem Wandler aber Musik oder Geräusche aus dem Sprachbereich erzeugen.

Analog/Digitalwandlung

Um A/D-Umwandlungen durchführen zu können, müssen wir eine Softwareroutine zur schrittweisen Annäherung schreiben. Man kann auch eine andere Technik, Umwandlung durch Zählen, benutzen.
Die Technik der schrittweisen Annäherung ist in Kapitel 5 besprochen worden. Um sie in ein 8080-Programm umsetzen zu können, müssen wir das zugehörige Flußdiagramm in Bild 6-37 untersuchen.
Ein Programm zur Ausführung dieser Umwandlung findet sich in Bild 6-38. Beachten Sie, daß wir in ihm die Befehle „NOP" und „CMP E,M" zum Ausgleich für den Zeitbedarf des Befehls „JC" verwenden. Auf diese Weise braucht die Umwandlung für jeden Zweig des Flußdiagramms dieselbe Zeit.
Aus den Abarbeitungszeiten für die einzelnen Befehle ergibt sich eine Umwandlungszeit von 373,5 μs, vorausgesetzt, daß kein Wartezyklus benötigt wird. Wir können nur ungefähr alle 380 μs eine Abtastung vornehmen.

FRAGE: Wie groß ist die höchste noch erfaßbare Frequenz?
ANTWORT: Aus dem Abtasttheorem ergibt sich wieder:

$$\frac{1}{\text{Umwandlungszeit}} \cdot 1/2 = f_{max}$$

oder:

$$\frac{1}{380 \times 10^{-6}} \cdot 1/2 = 1316 \text{ Hz}$$

Das bedeutet, daß unser Wandler kaum schnell genug ist, um Sprache digital erfassen zu können.

STANDARDS UND TECHNIKEN ZUR BUSERSTELLUNG

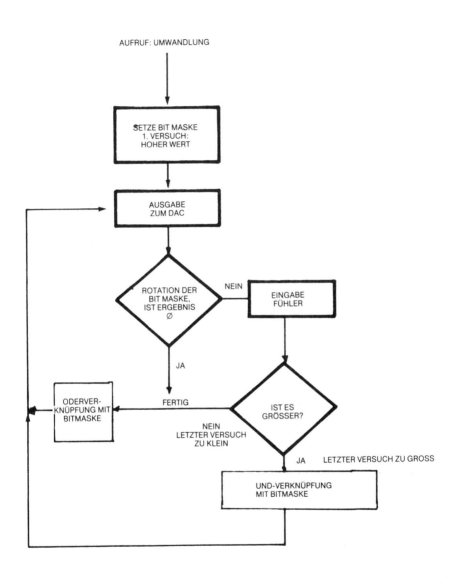

Bild 6-37: Flußdiagramm zur Schrittweisen Annäherung

```
            MVI      D, 80H :  temp mask in D
            MVI      B, 80H :  mask in B
            MVI      C, 80H :  guess in C
GUESSOUT:   MOV      A,C

            OUT      DAC    :  OUTPUT GUESS

            MOV      A,B
            RRC
            RC              :  done if carry bit
                               set
            MOV      B,A

            IN       SENSE
            RLC
            JC       bigger
            MOV      A,D
            RRC
            MOV      D,A
            MOV      A,C
            ORA      B
            MOV      C,A
            CMP      E,M
            JMP      GUESSOUT

BIGGER:     MOV      A,D
            CMP
            AND      C
            MOV      A,D
            RRC
            MOV      D,A
            NOP
            JMP      GUESSOUT
```

Bild 6-38: Programm zur A/D-Wandlung

STANDARDS UND TECHNIKEN ZUR BUSERSTELLUNG

Stromversorgungen

Nachdem wir nun die einzelnen Schaltungen fertig aufgebaut haben, stellt sich das Problem, woher die benötigten +5,0 V (±5%) mit einer Belastung von 10 A zu nehmen sind. Die *Stromversorgungen,* die das Herz eines jeden Systems sind, werden in der Regel am ehesten beim Aufbau eines Systems übersehen. Ist aber die Stromversorgung nicht richtig ausgelegt, so hat das System kaum eine Chance, jemals richtig zu arbeiten. Die Güte einer Stromversorgung bemißt sich einfach aufgrund der folgenden Kriterien:

— Größe von Strom und Spannung,
— Stabilisierung
— Wirkungsgrad.

Um den Entwurf einer Stromversorgung zu beschreiben, wäre noch ein Buch dieser Größe notwendig. Der Bau von Stromversorgungen ist in der Praxis sehr viel schwieriger zu erlernen als es der Entwurf digitaler Schaltungen oder des Programmierens ist. Es gibt eine Reihe guter Fachbücher zum Entwurf von Stromversorgungen, die zur Vertiefung des hier angerissenen geeignet sind.

Höhe von Strom und Spannung

Stromversorgungen bemessen sich nach der Leistung, die sie bei gegebenen Strom- und Spannungsvoraussetzungen liefern können.
So liefert z.B. eine Stromversorgung mit fünf Volt bei maximal fünf Ampere eine Maximalleistung von 25 Watt.
Zur Bestimmung der im System benötigten Spannungen genügt es, kurz in den Datenblättern nachzuschlagen. Die Frage ist nur, wieviel Strom das Gesamtsystem benötigen wird. Auch die Anforderungen an die Größe des zu liefernden Stroms lassen sich aus den Datenblättern entnehmen. In der Regel findet man dort Mindest-, typische und Höchstanforderungen angegeben, manchmal für den zu liefernden Strom, manchmal einfach in der Form der Verlustleistung (power dissipation). Für eine grobe Schätzung des benötigten Gesamtstroms braucht man nur die Angaben für alle einzusetzenden Komponenten zusammenzuzählen. Die Stromversorgung sollte aber in der Lage sein, doppelt so viel Strom wie der ermittelte Durchschnitt aller typischen Anforderungen zu liefern. Für die Güte der Stabilisierung empfiehlt es sich, noch die Maximal- und die Minimalanforderungen zu ermitteln, aus denen sich die Grenzanforderungen des Systems ergeben.

Stabilisierung

Stromversorgungen sind nicht vollkommen. Sie können nicht unter allen Umständen, was auch immer angeschlossen ist, immer genau 5,000 V liefern. Aus diesem Grund beurteilt man ihre Güte auch nach der *Stabilisierung,* d.h. Konstanthaltung der Ausgangsspannung unter wechselnden Bedingungen.
Man unterscheidet dabei folgende Anforderungen: die *Langzeitstabilität* und den *Lastausregelungsfaktor.* Diese sind Antworten auf äußere Faktoren. Daneben sind noch zwei Punkte wesentlich, die vom inneren Aufbau der Versorgung abhängen, nämlich die Größe des *Überschwingens* beim Ein- oder Ausschalten der Versorgung und die *Schwingneigung* bei bestimmten Lastverhältnissen.

MIKROPROZESSOR INTERFACE TECHNIKEN

Ist die Belastung konstant und bewegt sich die Netzspannung, an die das Stromversorgungsgerät angeschlossen ist, im Rahmen der vom Hersteller zugelassenen Toleranzgrenzen, so ergibt die Änderung der Ausgangsspannung, gemessen über einen längeren Zeitraum und für verschiedene Temperaturbereiche das Kriterium der *Langzeitstabilität* des Netzteils.

Besteht unser System z.b. aus dem Einchipmikrocomputer 8085, so benötigt man eine Versorgungspannung von 5 V, die maximal um ±5% abweichen darf: der garantierte Arbeitsbereich der Versorgung liegt zwischen 4,75 und 5,25 V. Um wirklich sicherzugehen, muß die Stromversorgungseinheit doppelt so gut sein, wie hier gefordert wird. Wählt man sie nicht sorgfältig genug aus, so kann es sein, daß das System gerade an der Grenze des erlaubten Bereichs arbeitet. Zusammen mit anderen Grenzwerten, wie z.b. der Belastung der Busse, der Temperatur oder der Taktfrequenz kann es sein, daß das System niemals richtig arbeitet!

Ein anderer wichtiger Punkt ist die Änderung der Ausgangsspannung bei Belastungsänderungen. Man ermittelt das durch Messen des Unterschiedes der Ausgangsspannung unter Vollast und bei Leerlauf oder durch schrittweises Verändern des Laststroms. Die gemessenen Werte geben Auskunft über den *Lastausregelungsfaktor* des Netzgerätes. Wenn man z.b. eine Stromversorgung hat, die 5 A bei 5 V liefern soll und an ihre Ausgänge einen Widerstand von 1 Ohm anschließt, so sollte sie auch einen Strom von 5 A mit 5 V Ausgangsspannung liefern. Mißt man diese Ausgangsspannung und entfernt dann den Widerstand, so sollte eigentlich eine neue Messung *keinen Unterschied* der Ausgangsspannungen zeigen. In der Wirklichkeit sind Spannungsänderungen von maximal 0,5% übliche Werte.

Außer diesen Regeleigenschaften sind die Kriterien des *Überschwingens* und der *Schwingneigung* äußerst wichtig. Das Überschwingen ist der Faktor, um den die Ausgangsspannung beim Ein- oder Ausschalten der Versorgungseinheit kurzfristig den festgelegten Wert überschreitet. Die Schwingneigung gibt an, ob und wie das Gerät bei bestimmten Lastbedingungen ins Schwingen gerät oder nicht.

Bei Versorgung von Standard-TTL-Schaltungen darf das Überschwingen 8 V nicht überschreiten, andernfalls würden die Bausteine zerstört. Die meisten kommerziellen Stromversorgungen zeigen wenig oder gar kein Überschwingen.

Dagegen tendieren die meisten selbstgebauten Netzgeräte zur Unstabilität. Das liegt am Entwurf und den Aufbautechniken. Bedenken Sie, daß die höchste Frequenz in einem geregelten Netzgerät nicht die Netzfrequenz ist, sondern daß die Regelschaltungen Rückkoppelungen auf den Eingang im Megahertzbereich zulassen. Woher das? Nun, um die oben aufgestellten Anforderungen erfüllen zu können, muß die Regelschaltung sehr rasch auf alle Last- und Eingangsänderungen reagieren können. Je genauer die Stabilisierung sein soll, um so schneller muß die Regelschaltung arbeiten. Je schneller sie aber arbeitet, um so größer wird die Schwingneigung aufgrund von Entwurfsfehlern.

Wirkungsgrad

Wenn eine Stromversorgung an den Verbraucher 25 W liefert, wieviel Leistung entnimmt sie ihrerseits dafür dem Netz? Das Verhältnis von Abgabeleistung zu Aufnahmeleistung bezeichnet man als *Wirkungsgrad*. Übliche Stromversorgungen besitzen einen Wirkungsgrad von 40%. Das heißt für unsere 25-Watt-Versorgung, daß sie dem Netz 62,5 W

STANDARDS UND TECHNIKEN ZUR BUSERSTELLUNG

entnimmt. Es gibt unter den sogenannten *Schaltnetzteilen* Ausführungen mit sehr hohem Wirkungsgrad bis 90%, jedoch sind derartige Geräte beachtlich teuerer als linear geregelte Netzteile.

Auswahl des geeigneten Netzteils

Die meistgenannte Frage in diesem Zusammenhang ist:,,Soll ich es kaufen oder selber bauen?". Betrachten wir erst das Kaufen.
Die besten Einheiten sind als OEM-Einheiten bezeichnet. OEM (Original Equipment Manufacturer) bezeichnet Hersteller, die vorgefertigte Geräte beziehen, um sie in ihre Endprodukte einzubauen. OEM-Geräte sind teuer, bei Stromversorgungen rechnet man mit 50 Dollar für ein 35-Watt-Gerät (5V, 7A). Der Vorteil eines OEM-Netzteils liegt darin, daß der Käufer den Gegenwert von einigen hunderttausend Dollars Forschungs- und Entwicklungsarbeit im Netzteilbau erhält. Das Herz seines Systems wird gesund sein. Allgemein kann man die Kosten für eine OEM-Stromversorgung mit 1,50 Dollar pro Watt ansetzen.
Wenn man das Netzteil selbst bauen möchte, so sind viele Entwurfsentscheidungen zu machen. Man muß den Transformator, die Gleichrichter, die Kondensatoren alle nach bestimmten Richtlinien und Formeln auswählen. Der Reglerbaustein selbst muß zu der Transformator/Gleichrichter/Kondensatorkombination passen, um Stabilitäts- und Wirkungsgradprobleme von vornherein auszuschalten.
Für alle Anforderungen von weniger als 3A bei 5V sind einfache monolithische Reglerbausteine erhältlich, wie der bekannte LM309 oder die 78XX-Serie. Die Datenblätter für diese Spannungsregler enthalten Schaltungsvorschläge für die wesentlichsten Anwendungen. Bei mehr als 15 W kann man nur empfehlen, die einschlägige Fachliteratur zu Rate zu ziehen - und für den Aufbau selbst Glück wünschen. Und falls das Netzteil arbeiten sollte, seien Sie nicht zu stolz - hätten Sie einige Hundert davon herzustellen, mit Bauteilen, deren Genauigkeit begrenzt ist: möglicherweise würde die Hälfte von ihnen nicht arbeiten, weil die Grenzeffekte sich gegenseitig verstärken.
Bild 6-39 zählt die wichtigsten Eigenschaften eines OEM-Netzteils der Power-One Corporation auf. In Bild 6-40 ist das Gerät selbst zu sehen.

Bild 6-39: Merkmale einer Stromversorgung von PowerOne

AC Input:	105 - 125 VAC, 47 - 440 HZ (Derate output current 10% for 50 HZ operation.)
DC Output:	See Voltage/Current Rating Chart. Adjustment range, $\pm$ 5% minimum.
Line Regulation:	$\pm$ .01% for a 10% line change.
Load Regulation:	$\pm$ .02% for a 50% load change.
Output Ripple:	1.5 mv PK-PK, 0.4 mv RMS max.
Transient Response:	30 seconds for 50% load change.

Short Circuit & Overload Protection:	Automatic current limit/foldback.
Reverse Voltage Protection:	Provided on output and pass element.
Remote Sensing:	Provided, open sense lead protection built-in.
Stability:	$\pm$ .05% for 24 hours after warm up.
Temperature Rating:	0° C to 50° C full rated, derated linearly to 40% at 70°C.
Temp. Coefficient:	$\pm$.01%/°C maximum, .002% typical.
Efficiency:	5V units: 45%, 12 & 15V units: 55%, 20 & 24V units: 60%.
Vibration:	Per Mil-Std-810B, Method 514, procedure 1, curve AB (to 50 HZ).
Shock:	Per Mil-Std-810B, Method 516, procedure V.

Zusammenfassung

Wir haben eine Karte zur Erfassung und Ausgabe analoger Daten gebaut. Sie ist zum Anschluß an den S-100-Bus entworfen. Software zur Anwendung der Möglichkeiten dieses D/A- und A/D-Wandlers wurde erstellt.
Die hier beschriebenen Busse und Standards sollen die Arbeit der Interfaceerstellung einfacher machen. Eine Einheit in ein bestehendes System einfügen zu können, ohne zusätzliche Arbeit aufwenden zu müssen, ist der Traum eines jeden Konstrukteurs von Interfaces. Wir haben gesehen, daß die vielen Anwender des S-100-, CAMAC-, IEEE-488- und EIA-RS232C-Standards eine große Nachfrage nach kompatiblen Einheiten, Moduln und ganzen Systemen für diesen Standard erzeugen. Wenn immer möglich: *Arbeiten Sie mit standardisierten Geräten!* Und bleiben Sie bei dem einmal gewählten Standard! Sie machen sich den Aufbau einfacher und gewinnen Zeit, sich den eigentlichen Problemen Ihrer Anwendung zuzuwenden.
Wir haben Standards für parallele und serielle Busse, Kommunikationsmethoden zwischen Moduln und Beispiele zur praktischen Anwendung von Businterfaces vorgestellt. Der S-100-Bus ist der mit mehr als 600 verschiedenen kompatiblen Karten am weitesten verbreitete parallele Bus. Der serielle Standard RS232C ist der verbreiteste Standard für den Datenverkehr, und es gibt verschiedene Arten der Datenformierung, die in Zusammenarbeit mit Modemen die Datenspeicherung auf Tonbandkassetten, wie in Kapitel 4 beschrieben, ermöglichen.
Das Herz des Systems bilden die Stromversorgungseinheiten. Wir haben einige der Entwurfsprobleme, insbesondere die Anforderungen an die Stabilisierung besprochen. Der Einsatz eines OEM-Gerätes ist möglicherweise die beste Lösung, da die Hersteller der Stromversorgungen Spezialisten für die Anforderung an derartige Einheiten sind.

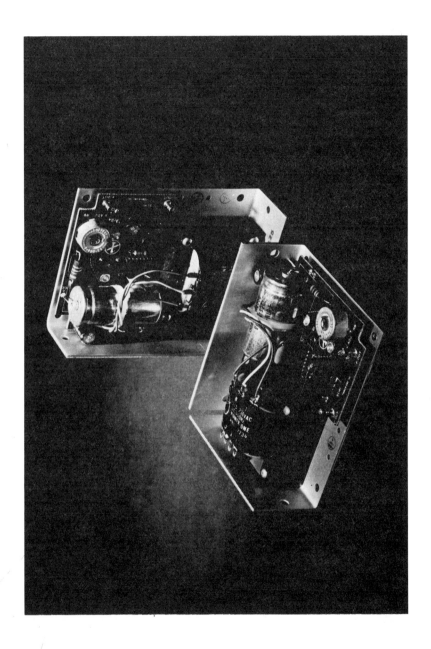

Bild 6-40: Stromversorgung von Power-One (OEM-Gerät)

KAPITEL 7
DER MULTIPLEXER - EINE FALLSTUDIE

Einführung

Dieses System ist gedacht, 32 EIA-RS232C-kompatible Terminals auf einer einzigen bidirektionalen Hochgeschwindigkeitsübertragungsleitung zusammenzufassen. Jedes Terminal besitzt einen gepufferten Ausgang und zeichenweise Eingabe von der Übertragungsleitung her. Auf diese Weise kann der Zentralcomputer Zeit bei der Durchführung der Multiplexaufgaben einsparen.
Obwohl für eine PDP-11/70 entworfen, kann das System auch, nur durch Änderung im Kode des Zentralcomputers, mit nahezu allen anderen Maschinen zusammen betrieben werden. Diese Funktion wird für ungefähr 50 Dollar pro Kanal geboten, im Vergleich zu sonst üblichen runden 250 Dollar. Das System ist auch noch kosteneffektiv bei Zusammenfassung von weniger als 32 Terminals.

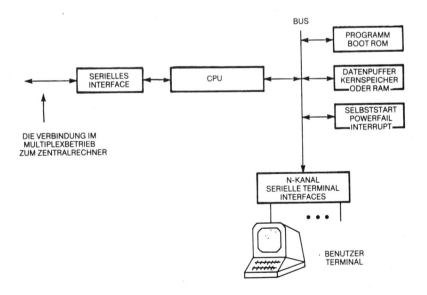

Bild 7-0: Ein 32-Kanal-Multiplexer

357

MIKROPROZESSOR INTERFACE TECHNIKEN

Das System benutzt einen 8080-Mikroprozessor, ein USART 8251, eine Unterbrechungssteuerung 8259 und andere Bausteine aus der 8080-Familie. Es besitzt keine Möglichkeit zur Modemsteuerung, da es zum Betrieb auf der Terminalseite vorgesehen ist, was noch mehr Mannstunden an Zeit spart und die Kosten für die Anschlußleitungen weiter senkt. Darin sind sogar noch nicht die Ersparnis für die Notwendigkeit von weniger Telefonleitungen und Modemen als sonst berücksichtigt.

Die Eigenschaften

Die Aufgabe, eine größere Zahl von Terminals an ein Time-Sharing-System anzuschließen, stellt den Ingenieur immer vor eine große Zahl von Problemen. Die meisten davon beziehen sich auf Schwierigkeiten bei der Verbindung von Modemen, der Belegung von Telephonleitungen, Einfügen von speziellen Testinterfaces und den Verbindungen innerhalb der Maschinen.
Ferngesteuerte Datenkonzentratoren, die außerhalb des Zentralsystems liegen, lassen viele der Probleme gar nicht erst aufkommen. Allerdings taucht dann ein neues Problem auf: die Kosten. Die Entwicklungsvorgabe lautet hier, 32 Terminals mit einer Eingaberate von immer unter 30 Zeichen pro Sekunde und einer möglichst großen Ausgaberate zu bedienen. Nehmen wir an, daß der 8080A grob gesehen bei einer Zeichenübertragungsrate von 9600 Baud zwischen den einzelnen Zeichen 300 Befehle ausführen kann, wenn 32 Terminals zu bedienen sind, so muß die Abfrageschleife für die Terminals mit weniger als 300 Befehlen ausgelegt sein. Alle dabei verbleibende Zeit muß für die Ausgabe verwendet werden. Der Kode muß daher Byte für Byte erstellt und insgesamt sorgfältig optimiert werden. Es wurde ein Prototyp mit der Vorgabe entworfen, daß in einer vereinfachten Betriebsart mindestens 16 Terminals bedient werden können.
Typische Eingabeeigenschaften sind eine maximal auftretende Übertragungsrate von 150 Baud, bei Zusammenfassung aller 32 Terminals eine solche von 50 Baud. Von daher kann der Multiplexer nach seiner Fertigstellung ein Maximum von 150 Baud bei Bearbeitung aller Terminals auf einmal oder von 300 Baud bei der Bearbeitung eines einzigen Terminals übertragen. Für die Ausgabe wurde ein Minimum von 300 Baud für alle Terminals auf einmal oder typisch 6000 Baud für den Fall einer speziellen Anforderung durch einen einzigen Benutzer vorgesehen.

Aufbau

Ein Blockdiagramm des Aufbaus findet sich in Bild 7-1. Jedes Terminal besitzt sein eigenes USART, da jedes von ihnen ein ihm zugeordnetes serielles Interface braucht. Die USARTs sind in Gruppen von je vier zusammengefaßt und dann auf Karten, die auf dem Systembus des 8080A liegen, aufgebaut. Es stehen im System 8 192 Bytes RAM für den Datenspeicher und 1.024 Bytes EPROM für Programme zur Verfügung. Außerdem befinden sich auf dem Bus noch eine Unterbrechungssteuerung und eine Karte für den Hochgeschwindigkeitskanal.
Zur Aufnahme der an das Terminal gerichteten Ausgabe besitzt jedes von ihnen über sein USART einen Pufferspeicher von 128 Zeichen. Das belegt 4.096 Bytes des verfügbaren Speicherraums im RAM. Der Durchgangspuffer von den Terminals zum Zentralrechner ist 256 Zeichen lang. Diese Längen wurden zur Optimierung der Übertragung über den Kommunikationskanal gewählt. Die zugrundeliegende Methode soll allerdings hier nicht weiter besprochen werden.

DER MULTIPLEXER – EINE FALLSTUDIE

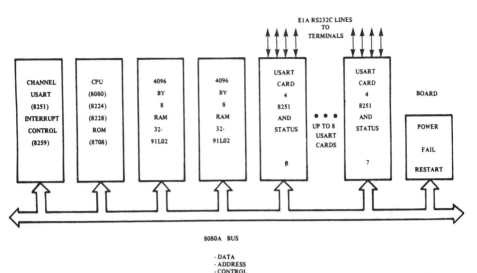

Bild 7-1: Blockschaltung des Multiplexers

Es gibt drei gleichzeitig ablaufende Prozesse im System: die Abfrageroutine zur Ein/Ausgabebedienung der Terminals, den Unterbrechungsprozeß für den Übertragungsvorgang Zentralrechner/Terminal und den Unterbrechungsprozeß zur Ausgabe des Datenpuffers an den Zentralrechner. Sie sollen im folgenden Abschnitt besprochen werden.

Software

Flußdiagramme zur eingesetzten Software finden sich in Bild 7-2 bis 7-5. Die Sofware läßt sich in vier Teile gliedern: Die Initialisierungsroutine, die Abfrageroutine, die Unterbrechungsroutine zum Füllen der Terminalpuffer aus dem Zentralrechner und die Routine zum Entleeren des Datenpuffers an den Zentralrechner.
Die Initialisierung wird nur beim Rücksetzen durchgeführt. Danach folgen die anderen Prozesse, davon aber immer nur einer zur gegebenen Zeit. Sie stehen untereinander nur über die Ausgabedatenpuffer in Verbindung und belegen außer Zeigertabellen keinen anderen gemeinsamen Speicherplatz.
Die *Initialisierungsroutine* löscht den gesamten Speicher, setzt die Tabellen, sucht alle in das System eingesteckten Karten, setzt die USARTs zurück und druckt Fehlermeldungen aus, wenn eine Karte zur Fehlersuche eingesetzt ist. Grob gesehen ist dies die ganze Verwaltungsarbeit. Der Stapelzeiger wird definiert, die USARTs werden rück- und dann neu in Arbeitsart (mode), Geschwindigkeit und Bitzahl pro Wort gesetzt. Dieser Teil des Programms belegt 60% des gesamten Kodes in dieser Anwendung.

MIKROPROZESSOR INTERFACE TECHNIKEN

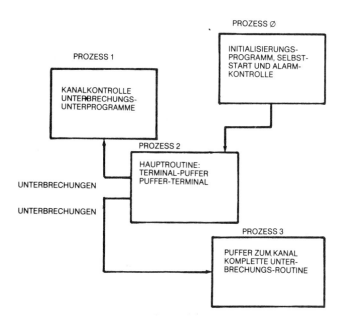

INSGESAMT WERDEN 526 BYTES (WENIGER ALS EIN 3/4 DES 2708 ROM)
FÜR DAS 8080A PROGRAMM GEBRAUCHT

Bild 7-2: Multiplexersoftware: Programmablauf insgesamt

DER MULTIPLEXER – EINE FALLSTUDIE

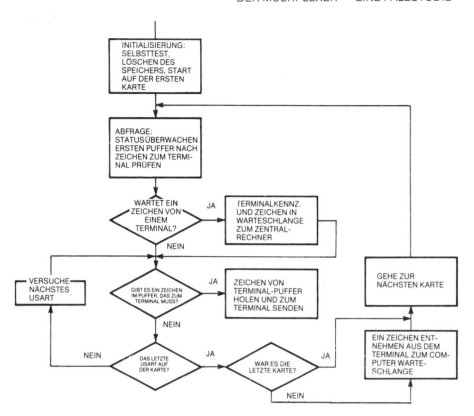

Bild 7-3: Multiplexersoftware: Abfrageschleife

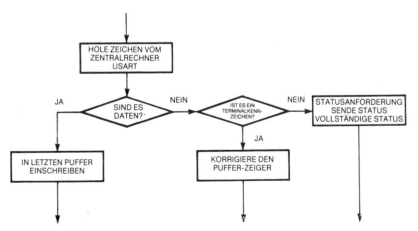

Bild 7-4: Multiplexersoftware: Unterbrechung für Übertragung vom Zentralrechner

MIKROPROZESSOR INTERFACE TECHNIKEN

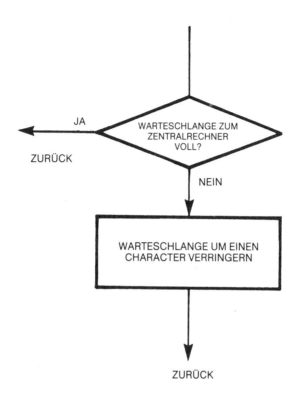

Bild 7-5: Multiplexersoftware: Unterbrechung für den Durchlaufspeicher zur Ausgabe an den Zentralrechner

DER MULTIPLEXER — EINE FALLSTUDIE

Die *Abfrageroutine* arbeitet mit einer durch die Initialisierung gesetzten Liste. Sie testet, ob auf einem Terminal ein Zeichen eingegeben worden ist oder ob in einem der Ausgabepuffer ein Zeichen zur Ausgabe an das Terminal vorliegt. Damit werden alle 32 Terminals in einem Durchlauf bedient. Wenn der Kanal zum Zentralrechner aktiv ist (es braucht eine Millisekunde, um bei 9600 Baud ein Zeichen zu übertragen), so werden die Zeichen in einen Durchlaufspeicher geschoben, der bearbeitet wird, wenn die Unterbrechungsmeldung „Kanal ist nicht aktiv" auftritt. Ist der Kanal nicht aktiv, so wird dem Durchlaufspeicher ein Zeichen entnommen und das nächste auszugebende Zeichen an das Ende des Textes im Durchlaufspeicher gesetzt. Dadurch besitzt die Routine zur Bearbeitung des Durchlaufspeichers Priorität vor den anderen und fährt mit der Unterbrechungsarbeit fort, solange der Kanal nicht vom Zentralrechner her belegt wird, um auf diese Art alle Zeichen aus dem Durchgangspuffer über den Kanal auszusenden. Für die Datenübertragung wird folgendes Format benutzt: zuerst wird die Terminalkennzeichnung gesendet und dann über den Durchlaufspeicher ein Zeichen an den Zentralrechner ausgegeben. Jede Karte besitzt ihre eigene Prioritätstabelle, so daß in jedem Durchlauf für jede Karte nur eine Eingabe ausgeführt wird. Ist ein Zeichen ausgesendet worden oder liegen keine Zeichen auf der Karte vor, so wird der Pufferspeicher des Terminals getestet, ob ein Zeichen zur Ausgabe an es vorliegt. Diese Zeichen sind durch die Unterbrechungsroutine zum Füllen der Terminalpuffer dort abgelegt worden. Liegt ein Zeichen vor, so wird es aus dem Puffer an das USART gegeben, damit es an das Terminal weitergegeben werden kann. Zudem werden alle Zeiger auf einen neuen Wert gesetzt. Liegen keine Zeichen von den Terminals her vor und ist keiner der Puffer belegt, so fragt das System weiter jede Karte nach seiner Eingabe und jeden USART-Puffer nach einer Ausgabe ab.

Die *Unterbrechungsroutine für den Durchlaufspeicher* testet diesen, ob ein Zeichen vorliegt und gibt es im Bedarfsfalle weiter. Sonst kehrt sie zum unterbrochenen Programm zurück. Diese Routine wird dann solange nicht durch eine Unterbrechung neu aufgerufen, bis die Abfrageroutine ihr durch Senden eines Zeichens Priorität gibt.

Die *Unterbrechungsroutine vom Zentralrechner* wartet, bis die 11/70 oder sonst eingesetzte Zentralmaschine eine Information übermittelt, bevor sie mit der Abarbeitung einsetzt. Wurde ein Zeichen übernommen und freigegeben, so wird eine Unterbrechungsanforderung erzeugt, die dann diesen Unterbrechungsprozeß einleitet. Hier wird das übernommene Zeichen geprüft und, falls es sich um Daten handelt, in den zugehörigen Pufferspeicher weitergegeben. Danach wird mit der Abfrage fortgefahren. Andere vom Zentralrechner kommende Zeichen betreffen Statusanforderungen, Datenzielbestimmungen und Rückstartbefehle für die Software.

Die Unterbrechungsroutine vom Zentralrechner kann die Abfrageroutine jederzeit unterbrechen. Sie rettet erst den Statuszeiger der Maschine und übernimmt dann das die Unterbrechung auslösende Zeichen. Ist das höchstwertige Bit (MSB, most significant bit) eine „1", so handelt es sich bei dem Zeichen um eine Zielbestimmung oder um einen Befehl. Ist es eine Zielbestimmung, so wird sie gespeichert, damit die folgenden Daten in den von dem letzten derartigen Zeichen angelegten Puffer geladen werden können.

Das höchstwertige Bit kann auch einen Befehl anzeigen. Die zugelassenen Befehle sind: „Statusanforderung", „Statusänderung" und „Softrückstart". Die „Statusanforderung" bewirkt, daß eine Statuskennzeichnung, gefolgt vom Status des betreffenden USART ausgesendet wird. „Statusänderung" übernimmt das nächste Zeichen und überträgt es in das Steuerregister des USART. Das kann zum Ein- oder Ausschalten von Toren benutzt werden oder zum Ändern der Baudrate um den Faktor Vier dienen. „Softrückstart"

MIKROPROZESSOR INTERFACE TECHNIKEN

führt zur Neuinitialisierung des ganzen Systems. Beim Einsatz dieser Steuerbefehle ist Vorsicht angebracht: Man darf nicht annehmen, daß die Datenpuffer von ihnen unberührt bleiben! Das liegt daran, daß diese Befehle mehr Ausführungszeit benötigen, als für die Abfrage der Terminals vorgesehen ist. Das kann zum Unterdrücken von Unterbrechungsanforderungen führen, wodurch Zeichen verlorengehen können. Man benutzt diese Befehle normalerweise nach einem Zusammenbruch des Zentralrechners zur Neuinitialisierung des Systems.
Lautet das höchstwertige Bit ,,0'', so heißt das, daß es sich bei dem Zeichen um Daten handelt. Dieses Zeichen wird dann in den letzten Platz in dem durch die Datenzielbestimmung angegebenen Puffer eingeschrieben. Alle folgenden Zeichen werden, bis das Ziel neu bestimmt wird, ebenfalls in diesem Puffer abgelegt.

CPU und PROM-Moduln

In Bild 7-6 finden wir die Schaltung der 8080-CPU-Karte. Die Karte enthält alle notwendigen CPU-Interfaceschaltungen, ein programmierbares ROM 2708 und die benötigten Buspuffer.

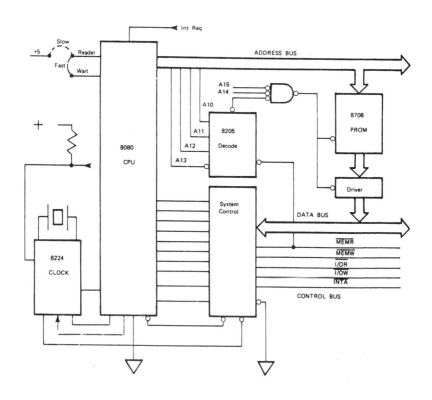

Bild 7-6: Schaltung der CPU-Karte

364

DER MULTIPLEXER – EINE FALLSTUDIE

Der 8080 benötigt einen Taktgeber und einen Systemsteuerbaustein. Diese Funktionen werden von den Chips 8224 und 8228 durchgeführt. Der 8228 liefert die benötigten Zweiphasentaktsignale für den 8080 mit Hilfe eines 18 MHz-Quarzes. Außerdem führt er die nötige Synchronisation für das RESET-Signal aus.

Der Systemsteuerbaustein 8228 liefert die Steuerbussignale an das System und puffert gleichzeitig den Datenbus, so daß alle Moduln im System ohne Beschränkungen durch Überlast des Busses betrieben werden können.

Die Karte enthält auch ein EPROM 2708 mit 1.024 Bytes. Beachten Sie, daß dessen Anwahl voll dekodiert geschieht. Das EPROM antwortet nur auf eine Adressierung im Bereich von hexadezimal „0000" bis 03FF". Hier befindet sich das Multiplexerprogramm. Die Auswahl geschieht folgendermaßen: Die Adreßbits A10 bis A15 müssen auf L-Pegel sein, damit zusammen mit $MEMR = L$ das EPROM aktiviert werden kann. Die ersten vier dieser Signale gehen zusammen mit $MEMR$ an einen 1-aus-8-Dekodierer, einem 8205. Sind alle von ihnen auf Null, so wird dessen erster Ausgang aktiviert. Dieser Ausgangspegel wird mit den verbliebenen zwei Adreßbits verknüpft. Sind alle gleich Null, wird das CS-Signal auf L-Pegel gezogen und damit das EPROM aktiviert. Zur gleichen Zeit wird auch der EPROM-Bustreiber aktiviert, ein 8212. Dieser legt den Inhalt der EPROM-Zellen auf den Datenbus, von wo sie vom Prozessor gelesen werden können.

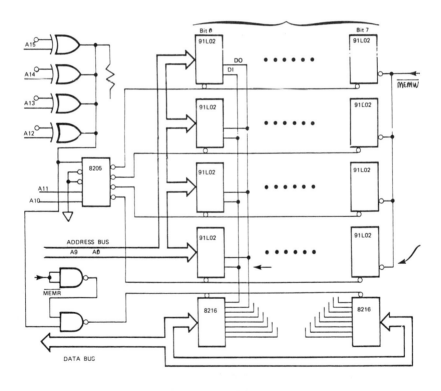

Bild 7-7: RAM-Karte

MIKROPROZESSOR INTERFACE TECHNIKEN

RAM-Moduln

In diesem System gibt es zwei Speicherkarten. Sie sind beide identisch mit der Ausnahme, daß die eine auf den Adressen ,,1000" bis ,,1FFF" (hexadezimal), die andere im Bereich ,,2000" bis ,,2FFF" arbeitet. Diese beiden Karten bieten 8.192 Bytes RAM-Speicher.
Jede der Karten enthält 32 statische RAM-Chips zu je 1.024 x 1 Bit, Bustreiber und Adreßauswahllogik.
Ein einzelnes RAM kann 1.024 Bit Information speichern. Um 4.096 x 8 Bit speichern zu können, müssen wir diese Chips in Form einer *Speichermatrix* anordnen. Beachten Sie, daß wir für jedes Bit pro Byte einen separaten Chip benötigen und daß wir für 4.096 Bytes vier solcher Achtergruppen einsetzen müssen.

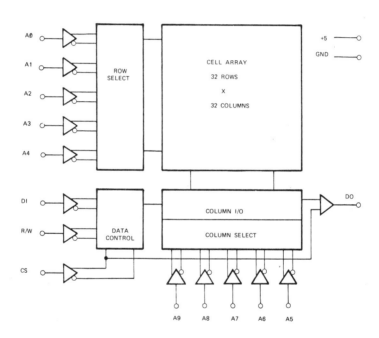

Bild 7-8: Innenschaltung des 91L02C

Da für jede Gruppe von 1.024 Bytes acht 21L02-Chips aktiviert werden müssen, sind die Auswahlleitungen jeder Achtergruppe zusammengeschaltet. Diese vier Gruppenauswähleingänge werden dann von einem 1-aus-8-Dekodierer getrieben.

DER MULTIPLEXER – EINE FALLSTUDIE

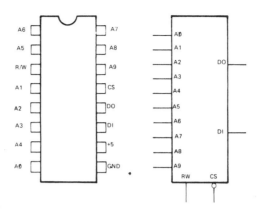

Bild 7-8a: Anschlüsse des 91L02C

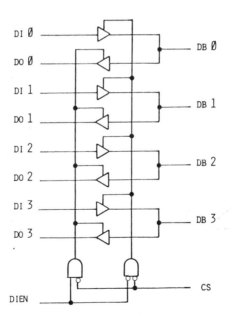

Bild 7-9: Bidirektionaler Bustreiber 8216

MIKROPROZESSOR INTERFACE TECHNIKEN

Betrachtet man die Chipauswahlleitungen als gruppenorientiert in einer „Richtung" laufend, so werden die Datenbits senkrecht dazu, nämlich bitorientiert, zusammengefaßt. Alle Anschlüsse für Bit 0 werden zusammengefaßt, ebenso alle für Bit 1 usw., wobei zwischen einzuschreibenden (DI, data in) und ausgelesenen (DO, data out) Bits beim 21L02 zu unterscheiden ist (vgl. Bild 7-8 und 8a). Da die 21L02-Chips den Bus nicht unmittelbar treiben können, laufen alle Datenausgänge über einen bidirektionalen Bustreiber (Empfänger und Sender) auf den Bus. Dieser trennt die Datenbusleitungen nach Dateneingabe und Datenausgabe (vom Prozessor aus gesehen) auf. Daher gehen auch alle Leitungen der DI-Bits auf den 8216. Die Innenschaltung des 8216 findet sich in Bild 7-9. Da der 8216 nur vier Bit des Datenbusses bearbeitet, benötigen wir zwei dieser Bausteine. Damit haben wir eine Standardmethode, den Bus zu treiben oder von ihm Daten zu empfangen. Das Signal *DIEN* (data in enable, Dateneingabe aktivieren) bestimmt, ob der Bus vom 8216 getrieben oder ob der 8216 vom Bus Daten übernimmt. Beachten Sie, daß die Anschlußkennzeichnung der 8216 auf die CPU bezogen und damit der der 21L02-Chips entgegengesetzt ist: DI beim 8216 bedeutet Daten *in den Bus* eingeben und entspricht so DO (Daten *aus dem Speicher* ausgeben) beim 21L02 und umgekehrt. Der Auswahleingang *CS* schaltet die Treiber für den Datenbus und die DO-Anschlüsse ein, wenn er auf L-Pegel liegt. Ist *CS* auf H-Pegel, so sind die DB- und DO-Anschlüsse alle im Zustand hoher Impedanz, d.h. abgeschaltet.

Die Richtung des Datenflusses wird vom *MEMR*-Signal bestimmt. Hat dieses L-Pegel, so gibt das RAM seine Daten an die DI-Anschlusse der 8216 aus. Dort werden die Bustreiber aktiviert, die die Daten auf den Datenbus des 8080 legen. Sonst ist die Speichermatrix immer auf Datenübernahme vom Bus geschaltet. Diese Daten werden aber nur dann in den Speicher eingeschrieben, wenn das Schreibsignal *MEMW* (memory write) auf L-Pegel geht und die Chips angewählt sind.

Die Adreßauswahl erfolgt derart, daß der Speicherbereich der Karte durch Drahtbrücken ausgewählt werden kann. Die zehn niederwertigen Adreßbits gehen unmittelbar auf die Adreßeingänge der 21L02s. Die beiden nächsten Bits sind auf einen 1-aus-8-Dekodierer geführt, der eine der vier Chipgruppen aktiviert. Der Auswahleingang dieses Dekodierers 8205 wird von einigen EXKLUSIV-ODER-Gattern, deren Ausgänge zusammengefaßt sind (wired AND, verdrahtetes UND-Gatter), gesteuert.

Die Speicherkarte ist nur dann aktiviert, wenn alle Ausgänge dieser vier EKLUSIV-ODER-Gatter auf H-Pegel liegen. Jedes dieser Gatter vergleicht ein Adreßbit mit einem Pegel „0" oder „1", der durch die Drahtbrücke festgelegt ist. Sind beide gleich, so ist der Ausgang auf „0". Sind sie verschieden, erhalten wir „1" am Ausgang. Zur Festlegung des Adreßbereichs der Karte müssen diese Drahtbrücken auf die den benötigten Adreßbits entgegengesetzten Pegel gelegt werden. Wenn wir z.B. für A15 - A12 den Kode „0010" benötigen, so müsssen die Drahtbrücken entsprechend auf „1", „1", „0" und „1" gelegt werden. Die Karte antwortet dann nur, wenn die Adresse im Bereich von 0100 XXXX XXXX XXXX$_2$ liegt. Das sind die Seiten „20" bis „2F" hexadezimal oder der Adreßbereich von hexadezimal „2000" bis „2FFF".

Übung für den aufmerksamen Leser: Wie müssen die Brücken für den Bereich „1000" bis „1FFF" liegen?

DER MULTIPLEXER – EINE FALLSTUDIE

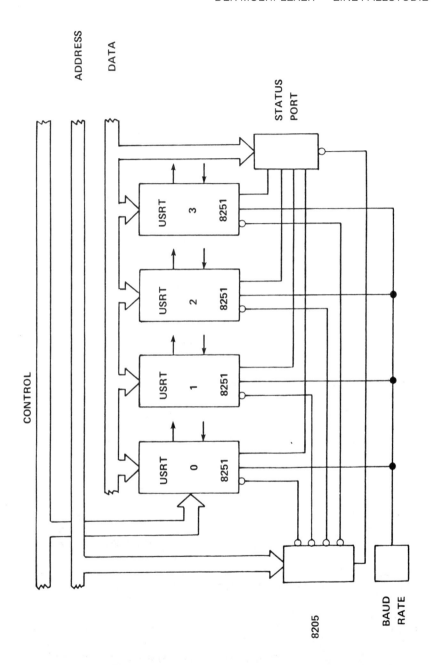

Bild 7-10: USART-Karte

MIKROPROZESSOR INTERFACE TECHNIKEN

Die USART-Karte

In Bild 7-10 ist die zentrale Karte für jedes Interface gezeigt. Diese Karte enthält vier USARTs 8251, einen Taktgenerator für die Übertragungsrate und ein PROM zur Statuserzeugung.
Der 8251 ist das Grundelement des seriellen Interfaces. Zu je vieren auf einer Karte zusammengefaßt, sind ihre Datenbusanschlüsse zu einem gemeinsamen Kartenbus zusammengefaßt. Dieser Bus ist entsprechend den Speicherkarten über einen Puffertreiber aus 8216s an den Systemdatenbus gelegt. Dies wird gemacht, weil ein 8251 nicht mehr als acht andere LS-TTL-Eingägne treiben kann. Ein 8251 wird durch eine mit einem 8205 arbeitende Adreßkodierung angewählt. Beachten Sie, daß diese Einheiten Ein/Ausgabetore in Memory-Mapping-Technik darstellen. Das geschieht dadurch, daß dieselben Signale, die zur Speichersteuerung dienen (*MEMW, MEMR*), auch die USARTs steuern, so daß diese wie Speicherstellen erscheinen. Entsprechend unserer Speicheraufteilung adressieren wir die Ein/Ausgabeeinheiten, wenn Adreßbit A15 auf H-Pegel liegt. Das entspricht den Speicherstellen ,,8000`` bis ,,8FFF`` hexadezimal. Beachten Sie, daß die niederwertigen acht Adreßbits, weil nicht dekodiert, in unserer in den Speicher eingefügten E/A-Verteilung als ,,don't cares``, d.h. für die Adressierung belanglos auftreten.
Die erste Karte beginnt bei ,,80XX`` (wobei XX besagt, daß diese Adreßbits keine weitere Wirkung haben) und endet, da jedes USART zwei Register (Ein/Ausgabe und Steuerung) besitzt, bei hexadezimal ,,87XX``. Die nächste Karte erstreckt sich von ,,88XX`` bis ,,8FXX`` usw., bis die letzte Karte den Bereich ,,B8XX`` bis ,,BFXX`` belegt. Die geraden Seitenadressen sind die Statusregister, die ungeraden die Register zur Daten-Ein/Ausgabe.
Beachten Sie, daß die Karte auch ein spezielles PROM trägt, das über einen eigenen Dekodierer dekodiert wird. Es hat die Adressen ,,70XX`` für die erste und ,,77XX`` für die letzte Karte. Das PROM hat die Aufgabe, die Adresse desjenigen USART auf den Datenbus zu geben, das ein Zeichen von seinem Terminal übernommen hat. Das geschieht so: Jede der ,,RxRDY``-Leitungen (Receive Ready, Empfang fertig) der USARTs zeigt an, ob ein Zeichen empfangen worden ist. Diese vier Leitungen, von jedem USART eine, sind an die *Adreßeingänge* des PROMs angeschlossen.

Durch die Dekodierung wird eines von 16 möglichen Bytes angewählt. Das fünfte Adreßbit wird durch eine Drahtbrücke auf entweder ,,0`` oder ,,1`` gelegt. Damit kann dasselbe PROM in Karte 0 und in Karte 1 eingesetzt werden, indem für Karte 1 die verbliebenen 16 Bytes im PROM entsprechend programmiert werden. Legt die Drahtbrücke Adreßbit 5 auf Null, so werden die 16 ersten Speicherstellen angewählt, liegt sie (bei Karte 1) auf ,,1``, die 16 folgenden Speicherstellen. Was steht nun in den Bytes? Sie sind einfach eine Tabelle der USART-Adressen ,,81``, ,,83``, ,,85`` und ,,87`` hexadezimal für Karte 0 und ,,89``, ,,8B``, ,,8D``, ,,8F`` für Karte 1. Für die anderen sechs Karten müssen entsprechende PROMs eingesetzt werden.
Die Werte sind derart angeordnet, daß die erste Speicherstelle im PROM ein Nullbyte darstellt. Wenn eines der USARTs ein Zeichen empfangen hat, sind alle RxRDY-Leitungen auf L-Pegel, womit das Statusbyte aus lauter Nullen besteht, was angibt, daß ,,nichts`` auf der Karte zu tun vorliegt. Hat es nicht den Wert Null, so wartet ein Zeichen auf Abruf. Die nächste Speicherstelle enthält den Wert ,,81``, womit einfach mitgeteilt wird, welches USART wartet: Hat das erste USART ein Zeichen übernommen und alle ande-

370

DER MULTIPLEXER – EINE FALLSTUDIE

ren nicht, so empfängt das Programm aus dem Status-PROM eine hexadezimale ,,81" als Adresse. Das Programm kann diesen Wert unmittelbar zur Adressierung des wartenden Zeichens verwenden. Mehr noch kann der Wert ,,81" in die Datenadresse für den Zentralrechner einmaskiert werden, um ihm die Datenherkunft beim Senden des Bytes anzugeben.
Die beiden nächsten Speicherstellen enthalten ,,83", die nächsten vier ,,85" und die nächsten acht ,,87". Auf diese Weise wird eine Prioritätstabelle derart gebildet, daß nach Bedienen eines USARTs im folgenden Arbeitsgang das nächste wartende an die Reihe kommt.
Durch dieses Adressieren des Status-PROMs wird gewährleistet, daß das Programm zur Entscheidung, welches der 32 USARTs ein Zeichen übernommen hat, zur Übernahme dieses Zeichens und Erzeugung der richtigen Herkunftsinformation nur wenige Befehle benötigt.
Zwei weitere Interfacechips zur Übernahme der seriellen TTL-Ein/Ausgabedaten der USARTs und deren Umformung in EIA-RS232C-Signale sind noch hinzugefügt. Es handelt sich bei ihnen um einfache ICs zur Pegelumsetzung.

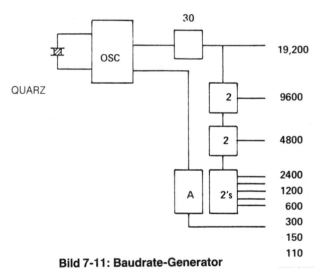

Bild 7-11: Baudrate-Generator

Der verbleibende Teil besteht aus einem astabilen Multivibrator, der durch einen Quarz synchronisiert wird und zur Takterzeugung für die serielle Ausgabe über die USARTs dient. Auf jeder Karte befinden sich zwei einfache Teilerschaltungen, die den USARTs alle gebräuchlichen seriellen Übertragungsraten zur Verfügung stellen. Dies ist in Bild 7-11 dargestellt.

Das Interface zum Zentralrechner

Dieses Modul enthält: das USART für die Verbindung zum Zentralrechner, die Unterbrechungssteuerung und einen Baudratengenerator für die Übertragungsraten beim Verkehr zwischen Zentralrechner und Multiplexer. Es findet sich in Bild 7-12.

MIKROPROZESSOR INTERFACE TECHNIKEN

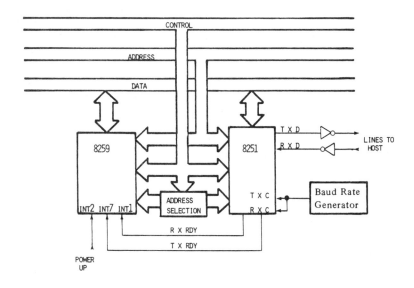

Bild 7-12: Interfacekarte zum Zentralrechnerverkehr

Die Einheiten auf dieser Karte werden als E/A-Tore adressiert und nicht als Speicherstellen. Das USART belegt die hexadezimalen Adressen ,,F9" und ,,FA" für Steuerung und Datenverkehr.
Ferner ist hier ein weiteres Exemplar des oben beschriebenen Taktgenerators für die Übertragungsrate, der Baudrate-Generator. Er erzeugt die Signale für die Eingänge TxC (transmitter clock, Sendertakt) und RxC (receiver clock, Empfängertakt) der USART für den Datenverkehr zwischen Zentralrechner und Multiplexer, da dessen Übertragungsraten von allen anderen im System benutzten verschieden sind.
Der Unterbrechungssteuerbaustein 8259 übernimmt die Signale RxRDY (receiver ready, Empfänger bereit) und TxRDY (transmitter ready, Sender bereit) und erzeugt zwei Unterbrechungszeichen (interrupt vectors), Nummer 1 und Nummer 7. Nummer 1 dient dazu, die Übernahme eines Zeichens vom Zentralrechner anzuzeigen und seine Verarbeitung anzufordern. Nummer 7 zeigt an, daß das USART mit einem neuen an den Zentralrechner zu sendenden Zeichen geladen werden kann.
Der Unterbrechungssteuerbaustein wird von der Initialisierungsroutine so programmiert, daß er die Unterbrechungsprogramme an deren richtigen Platz aufruft und die Unterbrechungen mit abwechselnder Priorität (rotating priority mode) bearbeitet. Wenn eine Unterbrechung bearbeitet worden ist, setzt die Software die zugehörige Bitflagge im 8259 zurück und fährt mit der Abfrageschleife fort, bis eine neue Unterbrechungsanforderung eintrifft.
Bild 7-13 zeigt den Initialisierungsprozeß für diesen programmierbaren Unterbrechungssteuerbaustein PIC (programmable interrupt controller) und Bild 7-14 stellt den am Speicheranfang stehenden Kode zur Unterbrechungshandhabung vor.

372

DER MULTIPLEXER – EINE FALLSTUDIE

```
PORTs F7 and F8 are PIC
```

CONTROL	ADDRESS	DATA	OPERATION	
WRITE I/O	F8	32	sets low address for call	for INT 1
WRITE I/O	F7	ØØ	sets high address for call	
WRITE I/O	F8	F2	sets low address for call	for INT 7
WRITE I/O	F7	ØØ	sets high address for call	
WRITE I/O	F7	70	enables only INT 1 and INT 7	
WRITE I/O	F8	AØ	sets rotating priority reset mode	

Bild 7-13: Ladeformat für die PIC-Initialisierung

```
0000                       ORG  0H         ;INITIALIZATION STARTS
0000 00         RST0:      NOP
0001 31FF2F                LXI  SP,2FFFH   ;SET THE STACK POINTER
0004 F3                    DI              ;DISABLE THE INTRRUPTS
0005 C3D700                JMP  INIT       ;SYSTEM RESTART UPON RESET
0008 C5         RST1:      PUSH B          ;HOST TO MUX RST VECTOR
0009 D5                    PUSH D          ;PUSH STATUS VECTOR
000A E5                    PUSH H
000B F5                    PUSH PSW
000C CD4900                CALL INT70      ;INT70 GETS THE CHARACTER FROM
000F 3E08                  MVI  A,0008H    ;HOST--DECODES IT AND RETURNS.
0011 D3F8                  OUT  00F8H      ;INTERRUPT CONTROLLER RESET INT 1
0013 F1                    POP  PSW
0014 E1                    POP  H
0015 D1                    POP  D          ;FLAG
0016 C1                    POP  B          ;POP STATUS VECTOR
0017 EF                    RST  5          ;PRIME QUEUE
0018 FB                    EI

0019 C9                    RET
0020                       ORG  0020H
0020 CDC700     RST4:      CALL SND50      ;SOFTWARE RESET
0023 C7                    RST  0

0028                       ORG  0028H
0028 F5         RST5:      PUSH PSW        ;SAVE A AND FLAGS
0029 DBFA                  IN   00FAH      ;READ THE USRT STATUS
002B E601                  ANI  0001H      ;CHK FOR TXRDY
002D CA3100                JZ   POPAF      ;IF USRT IS BUSY RETURN
0030 FF                    RST  7          ;ELSE CALL RST7 FOR FIFO SERVICE
                                           ;TO CHK IF ANYTHING IS IN THE
                                           ;FIFO TO SEND TO 11/70

0031 F1         POPAF:     POP  PSW
0032 C9                    RET
0038                       ORG  0038H
0038 C5         RST7:      PUSH B          ;MUX TO HOST RST VECTOR
0039 D5                    PUSH D
003A E5                    PUSH H          ;CHANNEL NOT BUST
003B F5                    PUSH PSW
003C CD1802                CALL OINT       ;OINT IS OUTPUT A CHARACTER
003F 3E08                  MVI  A,0008H
0041 D3F8                  OUT  00F8H      ;FROM QUEUE
0043 F1                    POP  PSW
0044 E1                    POP  H
0045 D1                    POP  D
```

Bild 7-14: Beispiel zur Unterbrechungssteuerung

RST∅; Hardware-Initialisierung

RST1; Zeichen vom Zentralrechner
ist angekommen.

RST4; Reset für Software, wenn Programm
im ROM ausfällt.

RST5; Busy-Prüfung für Kanal
zum Zentralrechner
Multiplexer-Warteschlange
zum Zentralrechner
soll übertragen werden.

RST7; Kanal zum Zentralrechner ist frei,
prüfe die Warteschlange im Puffer
nach neuen Zeichen,
wenn neue da sind, übertrage sie,
wenn nicht, Sprung zurück.

Bild 7-15: Softwarezeiger

DER MULTIPLEXER – EINE FALLSTUDIE

Der Kanal zum Zentralrechner ist in beiden Richtungen auf eine Übertragungsrate von 9.600 Baud gesetzt. Die von jedem Terminal eingegebenen Zeichen müssen zurück an den Bildschirm gegeben werden, da es sich um ein Vollduplexsystem handelt. Für jedes empfangene Zeichen muß der Zentralrechner eine entsprechende Ausgabe zurücksenden. Es werden 24 Terminals ADM-3 von Lear-Siegler eingesetzt, die auf einen Übertragungsrate von 9.600 Baud für Ein- und Ausgabe eingestellt sind. Ferner sind vier mit 300 Baud arbeitenden Terminals und vier mit 300 Baud arbeitende Telefonanschlüsse an den Multiplexer angeschlossen.

Die typische durchschnittliche Eingabe beträgt 10 Zeichen pro Sekunde. Die durchschnittliche Ausgaberate liegt bei 200 Zeichen pro Sekunde. Die Puffer im Zentralrechner, die Zeichen zur Ausgabe bereithalten, sind zu 95% der Zeit leer, was anzeigt, daß der Zentralrechner seine Daten so rasch weitergeben kann, wie der Kanal es ermöglicht, anstatt nur so rasch, wie die Terminals es erlauben. Maximal sind Eingaberaten von 15 Zeichen pro Sekunde und Ausgaberaten von 620 Zeichen pro Sekunde gemessen worden. Die Maximal- und typischen Werte wurden über eine 17-Stunden-Betriebszeit gemessen, in der die meisten der am Multiplexer angeschlossenen Terminals benutzt worden sind.

Die aufgetretenen Fehler waren ganz auf den Kanal zurückzuführen, oder doch zumindest nicht von anderen Fehlern, wie Benutzerfehlern und Zentralrechnerfehlern, zu unterscheiden.

Fotografien der gedruckten Schaltungen finden sich in Bild 7-16, 7-17, 7-18 und 7-19.

Bild 7-16: CPU-Karte

MIKROPROZESSOR INTERFACE TECHNIKEN

Bild 7-17: RAM-Karte

Bild 7-18: USART-Karte für die Terminals

DER MULTIPLEXER – EINE FALLSTUDIE

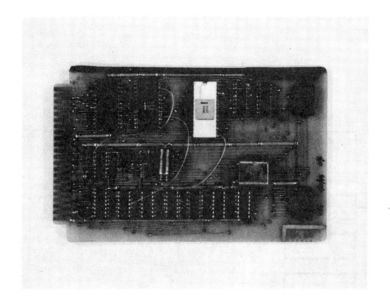

Bild 7-19: Interfacekarte zum Zentralrechnerverkehr

Schlußbemerkungen

In diesem Kapitel wurde ein vollständiges Interface beschrieben. Durch ein schrittweises Vorgehen, bei dem dargestellt wurde, wie jedes Bauteil in ein Modul eingefügt ist, wie die einzelnen Moduln ein Unter- und dann das Gesamtsystem bilden, sollte der Leser in die Lage versetzt werden, die meisten anderen Mikroprozessoranwendungen zu verstehen. Die hier behandelte Anwendung setzt die meisten in den vorhergehenden Kapiteln besprochenen Techniken ein: Unterbrechungen, Speicher- und E/A-Verwaltung, Einfügen spezieller Techniken zur Verringerung des Softwareaufwandes durch Hardwarelösungen und ein Interface zu einer externen Einheit.

MIKROPROZESSOR INTERFACE TECHNIKEN

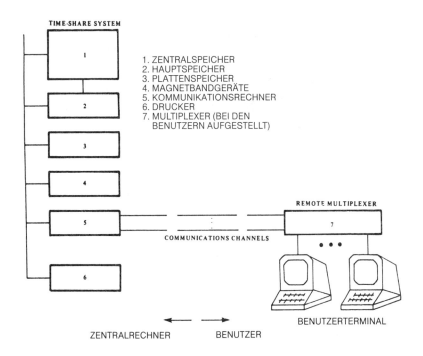

Bild 7-20: Struktur des Gesamtsystems

KAPITEL 8
TESTEN

Einführung

Was tun Sie, wenn Ihr Gerät nicht arbeitet? Was ging daneben und warum? Der Fehlersuchprozeß, auch als Testlauf oder ,,debugging" (entwanzen) bezeichnet ist ein integraler Bestandteil im Entwurf und Aufbau eines jeden Gerätes. Üblicherweise gilt das Gesetz von Murphy: Wenn irgendetwas schiefgehen kann, so wird es auch schiefgehen! Gegenüber einem falschen oder garnicht arbeitenden System hat der Entwickler eine Reihe von Techniken zur Verfügung, die ihm helfen, die Probleme aufzufinden und zu beseitigen. In diesem Kapitel hier sollen die Ursachen der verbreitetsten Probleme und ihre Beseitigung dargestellt werden. Probleme wie der Ausfall von Bauteilen, Fehler in der Software oder durch Störspannungen hervorgerufene Fehler werden untersucht und Methoden, sie aufzufinden, werden vorgestellt werden.
Es werden auch die Instrumente beschrieben, die zum Erkennen und Einkreisen dieser Probleme notwendig sind: Voltmeter, Logiktester, Inhaltsanalysatoren, Oszilloskop, Digitalanalysatoren, In-Circuit-Emulatoren, Emulatoren und Simulatoren.
Zum Schluß soll die Geschichte eines Testfalls, das Problem ,,Ein Bit aus 16.384" zu finden, vorgestellt werden, Das Beispiel beschreibt die Fehlersuchphase beim Aufbau des in Kapitel 7 beschriebenen Multiplexers.

Was funktioniert nicht?

In einem System können vier grundlegende Probleme auftreten: Verdrahtungsfehler - Kurzschlüsse und Unterbrechungen, Bauteilfehler - einschließlich falsch dimensionierter Bauteile, Softwarefehler (die eigentlichen ,,Bugs") und Störspannungsprobleme - entweder intern oder extern hervorgerufen.
Verdrahtungsfehler lassen sich durch Widerstandsmessungen von Punkt zu Punkt im System auffinden. Testen Sie jede Leitung: *Stellen Sie sicher, daß sie zum richtigen Anschluß und zu keinem anderen der Integrierten Schaltung führt.* Überprüfen Sie den Verdrahtungsplan zweimal. *Vertrauen Sie nicht darauf, daß die Schaltzeichnung fehlerfrei ist, bis das System arbeitet.*
Verdrahtungsfehler sind die am häufigsten auftretenden und unangenehmsten Probleme. Sie sind leicht zu beheben - aber sie gehen in die Zeit. Die meisten Schaltkarten werden ,,durchgeklingelt" mit einem einfachen Durchgangsprüfer, der einen Ton abgibt, wenn der Stromkreis geschlossen ist und der stumm bleibt, wenn eine Unterbrechung vorliegt. Ein derartiger Tester läßt beide Hände und Augen frei für die Verfolgung der Leiterbahnzüge.

MIKROPROZESSOR INTERFACE TECHNIKEN

Bauteilfehler

Bauteile wie Widerstände, Kondensatoren, Spulen, Transformatoren und Übertrager, Transistoren, Dioden, Integrierte Schaltkreise und Stecker können alle erfahrungsgemäß Fehler verursachen. Widerstände brennen durch, Kondensatoren laufen aus oder verlieren sonst ihre Kapazität. Kurz gesagt, *kein Bauelement ist vollkommen. Ein jedes fällt früher oder später aus.* Jedes Bauelement besitzt eine Zuverlässigkeitsgröße, bekannt als *MTBF (mean time between failures,* mittlere Arbeitszeit zwischen Ausfällen). Dies ist eine statistische Angabe, bei der in Stunden festgehalten wird, *wie lange das Bauteil in einer gegebenen Umgebung arbeiten kann.* Die Fehlerrate üblicher Bauelemente, eine Tabelle, in der die Ausfälle in Prozent auf 1000 Stunden Betriebsdauer verzeichnet sind, zeigt Bild 8-1 für Bauteile, die zum Einsatz in der Militärluftfahrt vorgesehen sind.

Component	(%/1,000 hr) Failure Rate
1. Capacitor	0.02
2. Connector contact	0.005
3. Diode	0.013
4. Integrated circuits, SSI, MSI, and LSI	0.015
5. Quartz crystal	0.05
6. Resistor	0.002
7. Soldered joint	0.0002
8. Transformer	0.5
9. Transistor	0.04
10. Variable resistor	0.01
11. Wire-wrapped joint	0.00002

Bild 8-1: Ausfallrate

Einige Teile halten länger, andere kürzer als dieser Durchschnitt. Natürlich setzt diese Tabelle voraus, daß *alle Teile sachgerecht verwendet* werden. Die Zahlen sind aus beschleunigten Lebensdauerprüfungen über große Mengen eines jeden Teils ermittelt. Die *Fehlerrate* ist definiert als 1/MTBF. Kennt man die Fehlerrate eines jeden Bauteils in einem System, so kann man die Fehlerrate des gesamten Systems ermitteln. Als Regel gilt, die Fehlerraten aller im System eingesetzten Bauteile zu addieren. Das ergibt die Fehlerrate des Systems - deren Kehrwert den MTBF-Wert des Systems ergibt.

Ein Beispiel: Nehmen wir an, wir haben drei LSI-Chips, einen Quarz, zehn Widerstände, zehn Kondensatoren, eine Schaltkarte mit Steckanschlüssen, einen Transformator, vier Dioden und einen IC-Spannungsregler. Dieses System soll in derselben Umgebung eingesetzt werden, in der die Bauelemente getestet worden sind. Wie groß ist dann die Fehlerrate des Systems? Aus Tabelle 8-1 erhalten wir:

TESTEN

vier ICs 0,06
Quarz 0,05
zehn Widerstände 0,02
zehn Kondensatoren 0,50
Schaltkarte (10 Anschlüsse, 500 Lötstellen) ca. 0,60
Transformator 0,50
Dioden 0,052

Insgesamt also etwa 1,82% / 1000 h
Das ergibt für das System einen MTBF-Wert von:
1 / 1,82% / 1000 h = ca. 60.000 h
Nehmen wir an, wir haben 1000 dieser Systeme hergestellt und in einer bestimmten Umgebung benutzt. Nach 1000 Stunden sind dann ziemlich sicher 18 von ihnen ausgefallen. Nach 10.000 Stunden werden es 180 sein.
Wie oft fällt ein Teil nun aus? Diese einfache Frage, die wir oben auf einer Durschnittsbasis beantwortet haben, sagt uns nichts über die *Fehlerverteilung*. Sie gibt nur den *Mittelwert* wieder. Die meisten Bauelemente haben eine Ausfallcharakteristik, wie in Bild 8-2 gezeigt.

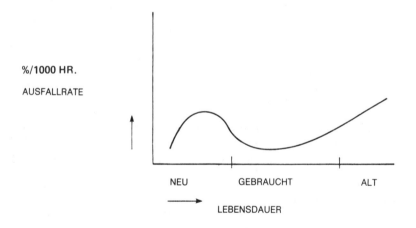

Bild 8-2: Verhältnis von Ausfallrate und Lebensdauer

Die meisten Ausfälle treten ein, wenn die Bauteile neu oder wenn sie alt sind. In der ,,Zwischenzeit" fallen weniger Bauelemente aus.
,,Neu" und ,,alt" sind für jede Bauteilart anders. Eine genauere Untersuchung der Systemzuverlässigkeit erfordert einfache, aber zeitraubende Rechnungen, in die die Ausfallverteilung eines jeden Bauelementes eingehen muß.
,,Einbrennen" (burn-in) der Bauteile reduziert die ,,Jugendausfälle" des Systems, also den Teil der Kurve, der vor dem Ausliefern der Bauteile an den Käufer liegt.

MIKROPROZESSOR INTERFACE TECHNIKEN

Die Ausfallangaben sind nur für die angegebenen Umgebungsverhältnisse zutreffend. Es gibt verschiedene Methoden, die MTBF-Werte zu bestimmen, je nachdem ob es sich um kommerzielle, industrielle oder militärische Anwendungen handelt. Eine für ein Kinderspielzeug entwickelte Einheit mag fünf Jahre halten, solange sie als Spielzeug verwendet wird, in den Weltraum geschossen fällt sie möglicherweise nach fünf Minuten schon aus. Die Umgebung, in der die Elemente eingesetzt werden, bestimmt die statischen Grundlagen zur Festlegung ihrer Zuverlässigkeit.
Wir haben bis jetzt nur den Gesichtspunkt der *Zuverlässigkeit* untersucht. Ein davon verschiedenes Problem ist die *Qualität*. Entgegen dem ersten Eindruck bedeutet hohe Qualität nicht unbedingt auch hohe Zuverlässigkeit. Qualität bezieht sich darauf, wie gut sich ein Bauteil während seiner Lebensdauer verhält. Das Teil kann stark rauschen und Unmengen Hitze erzeugen - aber es kann länger arbeiten als ein Teil das schön ruhig ist und weniger warm wird. Zuverlässigkeit kann nur aufgrund einer vollkommen statistischen Untersuchung bestimmt werden. Qualität ist einfach durch Vergleich einzelner Bauteile zu messen.

Software

Software kann fehlerhaft sein. Nehmen wir z.b. an, in einem Programm ist eine spezielle Routine für den Fall eines Versorgungsspannungsfehlers. Das Problem ist, daß beim Kodieren ein Fehler in dem Programmteil gemacht wurde, der die Maschine in den alten Zustand zurückversetzt, wenn die Versorgungsspannung zurückkehrt. *Wenn diese Routine niemals getestet worden ist, wird sie wahrscheinlich nie auffallen, bis einmal die Versorgungsspannung ausfällt. Erst dann wird man wissen, daß die Maschine die Anforderungen nicht erfüllt.*
Ein weiteres Beispiel, eine arithmetische Operation, die einen Überlauffehler feststellt, wenn eine bestimmte Eingabe den Wert ,,0'' hat, und die daraufhin das System anhält. Das System kann über Monate gut arbeiten und dann aus undurchsichtigen Gründen alle zwei Tage anhalten. Derartige Softwareprobleme, sogenannte ,,Bugs'' (Wanzen) sind oft am schwersten zu finden.
Geräte, mit denen sich herausfinden läßt, wer an dem Fehler schuld trägt, Ingenieur oder Programmierer, werden nach der Besprechung des Einflusses von Störspannungen vorgestellt werden. Trotzdem läßt sich sagen, daß in Mikrocomputersystemen die meisten Fehler auf Softwareprobleme zurückzuführen sind. Kein Programm ist jemals vollkommen. Ein Programm wird in Genauigkeit, Geschwindigkeit und Flexibilität eingeschränkt. Ein guter Programmierer traut der von ihm geschriebenen Software nicht, solange sie nicht eine Reihe von Jahren gelaufen ist.

Störspannungen

Störspannungen gibt es überall. Immer wenn ein Leiter von einem Strom durchflossen wird, tritt auch ein elektromagnetisches Feld auf. So sind überall Felder von Transformatoren, Motoren und elektrischen Leitungen herrührend zu finden. Darüberhinaus wird jeder Draht bei der Überfülle von Rundfunksendern, Fernschreibsendern, CB-Funkstationen und Amateurfunksendern, wie kurz er auch sein mag, zur Antenne. *Aber Störspannungen können nicht nur von der Außenwelt kommen, sie können auch in dem Gerät selbst erzeugt werden.*

TESTEN

Vier Beispiele dazu:
1. Wenn integrierte Schaltkreise umschalten, so erzeugen sie auf ihren Versorgungsleitungen kleine Stromschwankungen wegen bestimmter Eigenschaften ihres inneren Aufbaus. Schalten nun zu viele ICs auf einmal, so kann die Versorgungsspannung sich kurzfristig so stark ändern, daß der Zustand anderer Teile der Schaltung beeinflußt wird. Zur Unterdrückung derartiger Störimpulse schaltet man Pufferkondensatoren hoher Güte (keramische Scheibenkondensatoren o.ä.) zwischen die Versorgungsleitungen in unmittelbarer Nähe eines jeden derartigen ICs (oder zumindest jeder kleinen Gruppe von ihnen; besonders wichtig bei TTL-ICs, die diesen Effekt sehr stark ausgeprägt haben.).
2. Liegen zwei Leitungen nahe nebeneinander, so induziert ein Impuls auf der einen Leitung wegen der kapazitiven und induktiven Kopplung beider Leitungen in der anderen ebenfalls einen Impuls. Dieser Effekt ist um so stärker, je höher die Frequenz der Signale und je größer die Flankensteilheit der Impulse ist. Der induzierte Impuls kann z.B. ein Flipflop irgendwo an unerwarteter Stelle in der Schaltung umstellen oder vorhandene Daten auf der Leitung verfälschen. Zur Abhilfe kann man die Leitungen mit Masseschirmen versehen oder mit Masseleitungen paarweise verdrillt über längere Strecken führen.
3. Die Stromversorgungseinheit kann nicht richtig ausgelegt sein. Ist sie zu schwach oder schlecht stabilisiert, so liegt z.B. auf der 5-V-Leitung ein Brummanteil von 50 Hz, der mit steigender Belastung des Netzteils sich rasch verstärkt. Das kann den Inhalt des Speichers beeinflussen und fehlerhafte Lese- und Schreiboperationen hervorrufen. Ein richtig ausgelegtes Netzteil berücksichtigt den Brummanteil bei hoher Belastung durch entsprechende Kondensatordimensionierung schon vor der Regelungseinheit.

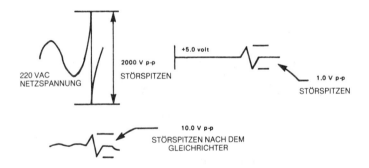

Bild 8-3: Störspannungsspitze auf der Netzleitung

4. In Bild 8-3 ist ein typischer Störimpuls auf der Netzleitung gezeigt, der z.B. vom Anschalten eines Fernschreibers kommen kann. Beachten Sie, was damit in einem einfachen Netzteil ohne Netzstörfilter geschieht (Bild 8-4). Wenn dieser Spannungssprung in einem kritischen Moment im System auftritt, so können Daten verlorengehen und so Arbeitsfehler des Systems bewirken. Als Abhilfe sollte man ein Netzfilter und einen Transformator mit Schutzwicklung zwischen Primär- und Sekundärseite vorsehen, wie in Bild 8-5 gezeigt. Damit werden derartige Störimpulse aus dem Niederspannungsteil weitgehend ferngehalten.

MIKROPROZESSOR INTERFACE TECHNIKEN

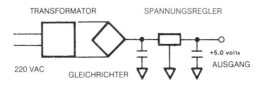

Bild 8-4: Stromversorgung ohne Netzstörfilter

Zusammenfassung der üblichsten Fehlerursachen

Bauelemente fallen mit einer vorhersagbaren Rate aus, Software kann unzuverlässig sein und Störspannungen können durch unser System vagabundieren. Wie soll man diese Fehler alle in einer rationalen Art und Weise auffinden?
Der nächste Abschnitt behandelt die zum Aufspüren und Identifizieren von Fehlern notwendigen Geräte. Zusammen mit dieser Werkzeugbesprechung sollen die charakteristischen Merkmale eines jeden Problems behandelt werden.

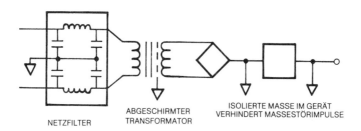

Bild 8-5: Stromversorgung mit Netzstörfilter

Die Geräte zur Fehlersuche

Wir werden hier die derzeit erhältlichen Geräte und die Art der mit ihnen auffindbaren Fehler besprechen. Die Grenzen ihres Einsatzes werden dabei berücksichtigt.
Tabelle 8-6 bringt eine kurze Zusammenfassung der Probleme und für sie geeigneten Geräte. Die Besprechung wird sich an diese Tabelle halten und bei jedem Problem näher darauf eingehen, was ein Gerät zu seiner Einkreisung beitragen kann und wieviel Zeit es dabei bedarf.

TESTEN

Einfache Probleme

Die häufigsten Fehler sind Kurzschlüsse und Unterbrechungen in Kondensatoren und falsche Spannungen. Glücklicherweise sind sie am einfachsten zu finden. Für die groben Fehler, wie Unterbrechungen und Kurzschlüsse kann ein Ohmmeter dienen, und zur Prüfung von Spannungen und Strömen kann man ein digitales oder analoges Multimeter einsetzen. Wenn Sie Ihre Bauteile und Schaltungen kennen, ist es einfach (wenngleich zeitraubend) zu prüfen, daß alle Signale dahin gehen, wo sie hingehören und die Schaltung die richtigen Ströme bei den richtigen Spannungen zieht.

FEHLERSUCHE: PROBLEME + WERKZEUGE

VORHANDENE MESSGERÄTE

Damit können Sie folgende Probleme lösen:	Multim.	L.T.	I.A.	Oszillosk.	dig. B.A.	I.C.E.	EMU
Kurzschluß offene Verbindungen falsche Spannungen	ja	vielleicht	nein	ja	vielleicht	vielleicht	nein
defekte Widerstände Kondensatoren	ja	nein	nein	ja	nein	nein	nein
unbekannte Logik-Signale Fehlerbaum vorhanden	ja	ja	ja	ja	ja	nein	nein
unbekannte Logik-Signale Fehlerbaum verfügbar	ja	ja zeitraubend	nein	ja zeitraubend	ja	ja	nein
Softwareproblem	nein	nein	nein	vielleicht	ja	ja	ja

UM EIN TYPISCHES PROBLEM ZU LÖSEN BENÖTIGT MAN ZUMINDEST:

langsam		ja	ja		ja		
in durchschnittlicher Zeit		ja			ja	ja	
so schnell es geht	ja				ja	ja	ja

TABELLE MIT ABKÜRZUNGEN

L.T.   LOGIKTESTER
I.A.   INHALTSANALYSATOR
DIG.B.A.   DIGITALER BEREICHSANALYSATOR
I.C.E.   IN-CIRCUIT-EMULATOR
EMU   SOFTWARE EMULATOR ODER SIMULATOR

Bild 8-6: Fehlerarten und Geräte zur Fehlersuche

MIKROPROZESSOR INTERFACE TECHNIKEN

Das Multimeter

Zur Spannungsmessung wird das Instrument parallel zu dem entsprechenden Schaltungsteil gelegt. Bild 8-7 zeigt das Messen der Versorgungsspannung am Reglerausgang. Mit dem Multimeter lassen sich alle derartigen Spannungen messen, man sollte aber bedenken, daß die Messung nichts aussagt über einen starken Brumm- oder Störpegel auf den Versorgungsspannungsleitungen.

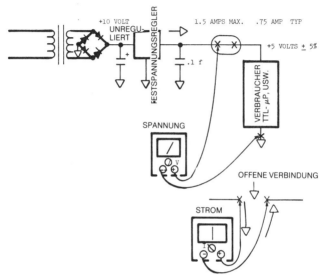

Bild 8-7: Messen von Strom und Spannung mit einem Multimeter

Um einen Strom zu messen, muß das Instrument in Reihe mit dem Bauteil geschaltet werden. Das heißt, daß der Stromkreis unterbrochen werden muß. Falls möglich, sollten auftrennbare Brücken dafür vorgesehen werden, damit für Strommessungen keine Drähte oder Leiterbahnzüge beschädigt zu werden brauchen. Es ist jedoch keinerlei dynamisches Verhalten der Schaltung meßbar, obwohl dies Probleme verursachen kann. Im Beispiel der Netzteilprüfung haben wir zuerst mit dem Instrument die Spannung über dem Verbraucher gemessen und ihn dann abgetrennt, um ihn über das auf Strommessung geschaltete Instrument wieder anzuschließen. Vergewissern Sie sich, daß die Meßwerte im vorgegebenen Rahmen liegen. Abweichungen hier können Fehler sonstwo im System anzeigen.

Fehlerhafte Bauteile

Widerstände, Kondensatoren, Dioden und Transistoren können alle durch Vergleich mit einem funktionierenden Bauelement überprüft werden. Sie können mit dem Multimeter vermessen werden, um ihre prinzipiell richtige Funktionsweise sicherzustellen. Für Transistoren und Dioden sind zusätzliche Testeinrichtungen zur Aufnahme ihrer Grundeigenschaften notwendig.

TESTEN

Integrierte Schaltungen sind schwierig zu testen, wenn man nicht über teure Spezialgeräte verfügt. Während des Reparaturprozesses sollte man immer einige Exemplare jedes Bauteils in Reserve haben, um bei Verdacht auf fehlerhafte Funktion das IC einfach auswechseln zu können. Wenn die Schaltung dann insgesamt richtig funktioniert, sollten sämtliche Lagerbauteile in den Prototyp eingesetzt werden, um sicherzustellen, daß Grenzeffekte keine Produktionsprobleme aufwerfen können, die auf Toleranzabweichungen der Bauelemente beruhen.

Üblicherweise treten einfache Probleme auf, die das System völlig außer Betrieb setzen. Aussetzfehler sind gewöhnlich auf Steckerprobleme oder kalte Lötstellen zurückzuführen. Diese sollten zuerst überprüft werden, bevor man annimmt, daß irgendetwas anderes defekt ist. Alle Aussetzprobleme erfordern ein Oszilloskop (vorzugsweise mit Speicherröhre) oder einen Logikanalysator zur raschen, wirkungsvollen Fehlersuche. *Alle statischen Probleme lassen sich lösen.* Das ist der erste Schritt: Vergewissern Sie sich vollständig über die richtige statische Funktion Ihres Gerätes, bevor Sie weitergehen!

Entwurfsprobleme

Man denkt, man wüßte, was man braucht - aber in der Regel tut man es doch nicht. Jeder von uns macht Fehler, und jeder sollte bereit sein, sie sich einzugestehen. Das gilt auch für den Entwurf elektronischer Geräte. Entwurfsfehler lassen sich in zwei Hauptgruppen aufteilen: *Falsche Auslegung* und *falscher Einsatz*. Beispiele zu beiden werden folgen.

Falscher Einsatz

Zu großer Stromfluß durch einen Widerstand bewirkt, daß er verschmort. Zu hohe Spannung an einem Kondensator führt zum Kurzschluß. Jedes Bauelement hat seine Grenzen. Das Problem des „zu viel" ist weit verbreitet. So bewirken z.b. zu viele Eingangsbelastungen auf einer einzigen Ausgabeleitung, daß das System scheinbar zufällig und temperaturabhängig hin und wieder falsche Daten liest oder schreibt.

Falsche Auslegung

Wenn man glaubt, daß ein Bauteil 30 Lasteinheiten auf dem Bus treiben könne, während es in Wirklichkeit nur 20 sind, so ist dies ein Fall falscher Bauteilauslegung. Es war bei der Auswahl des Bauteils im Datenblatt einfach übersehen worden.
Nicht so offensichtlich ist es, wenn die Zeitbeziehungen für die in Frage kommenden Signale im Datenblatt falsch verstanden worden sind. Z.B. kann die Forderung, daß bei einem Speicherchip die Adreßinformation 20 ns vor Eintreffen der Daten und des Schreibimpulses stabil sein muß, im Datenblatt übersehen worden sein und zu Widersprüchen mit dem Zeitablauf im System führen, was das Bauteil unbrauchbar macht.
Die Beseitigung von Entwurfsfehlern erfordert einen großen Meßgerätepark für wirkungsvolle Arbeit. Ist jedoch der Zeitbedarf zweitrangig, so kann man mit einem Multimeter und einem Oszilloskop auskommen. Diese Probleme äußern sich in erster Linie durch Aussetzfehler im Fall von überlasteten Busleitungen und durch brennende oder schmorende Bauteile, wenn Spannung oder Strom zu hoch sind.

387

MIKROPROZESSOR INTERFACE TECHNIKEN

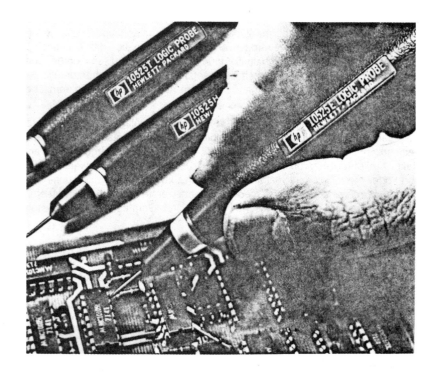

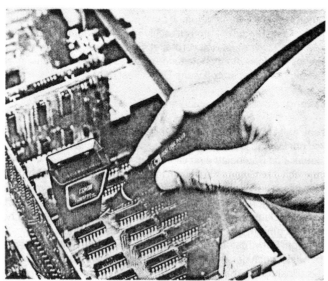

Bild 8-8: Logiktester

TESTEN

Brennende und schmorende Teile sind rasch erkannt und der Fehler leicht zu beheben: man fügt ein belastungsfähiges Bauteil ein oder verbessert die Schaltung bzw. den Aufbau.

Die Aussetzfehler erfordern, daß alle Treiber- und Lasteinheiten überprüft, daß die Eigenschaften der Bauelemente kontrolliert werden und das System verschiedenen Temperaturen ausgesetzt wird, um die ausfälligen Komponenten auffinden zu können. Kältespray und eine Glübirne zum punktuellen Aufheizen verdächtiger Stellen können die empfindlichen Bauteile rasch und einfach auffinden helfen, indem man sie abwechselnd erhitzt und abkühlt.

Logiktester

Mit *Logiktestern* lassen sich logische Pegel überprüfen und damit statische Probleme wirkungsvoll einkreisen. Die Tester geben an, ob ein Signal eine ,,1'', eine ,,0'' oder im undefinierbaren Zustand ist. Dazu dient eine LED-Anzeige oder ein Glühlämpchen. Achten Sie auf die undefinierbaren Zustände: Wenn nicht gerade ein Tri-State-Bus abgeschaltet ist, so ist mit Sicherheit etwas falsch. Bild 8-8 zeigt einige Logiktester im Einsatz.

Dynamische Probleme

Das System läuft nicht richtig, obwohl es statisch in Ordnung ist. *Mit dem Multimeter, dem Logiktester usw. erhalten wir keinen Aufschluß über das Zeitverhalten. Daher sind sie bei dynamischen Fehlern nicht sehr viel wert.* Wir benötigen hier Instrumente, die die Richtigkeit im logischen Zeitablauf anzeigen.

Das Oszilloskop

Für alle Zeitabläufe wird das *Oszilloskop* am häufigsten verwendet. Über eine oder mehr Leuchtspuren lassen sich Ereignisse genau in Amplitude und Dauer messen, als Funktion der Zeit dargestellt. In Mikroprozessorsystemen sollten Ereignisse mit einer Dauer von 10 ns noch darstellbar sein. Auf einem 10-MHz-Oszilloskop erscheint eine Rechteckwelle von 10 MHz als Sinuskurve. Um daher diese Ereignisse genau verfolgen zu können, empfiehlt sich ein Oszilloskop mit einer Bandbreite von 50 oder 100 MHz. Bild 8-9 veranschaulicht eine oszillographische Darstellung eines typischen TTL-Steuersignals.
Die Definitionen der Logikbereiche entsprechen den Standard-TTL-Bedingungen. Eine logische Null entspricht einer Spannung im Bereich von $-0,6$ bis $+0,8$ V. Eine logische Eins liegt im Bereich von $+2,0$ bis $+5,5$ V. Alle Ereignisse im Bereich von $+0,8$ bis $+2,0$ V werden als undefinierbar betrachtet. Zur Ausschaltung von Störproblemen müssen Übergänge von einem Pegel zum anderen in sehr viel weniger als einer Mikrosekunde stattfinden. Das Oszilloskop zeigt an, ob falsche Logikpegel anliegen. Sind z.B. zwei normale TTL-Ausgänge miteinander verbunden, so ist eine Entwurfsregel verletzt worden. Im Fall, daß die beiden Ausgänge verschiedene Pegel annehmen, wird ein Baustein von beiden zerstört. Tritt dies nur für wenige Mikrosekunden und nur selten ein, so kann möglicherweise nicht dergleichen passieren. Trotzdem aber entstehen dadurch Probleme. In

MIKROPROZESSOR INTERFACE TECHNIKEN

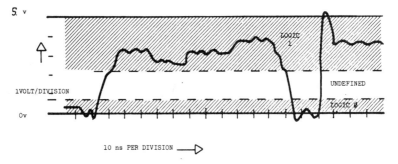

Bild 8-9: Oszillogramm eines TTL-Signals

Bild 8-10 ist der Signalverlauf in so einem Fall dargestellt. Beachten Sie, daß der Pegel für logisch ,,0" inkorrekt ist.
Derartige Messungen zeigen zusammen mit der Kenntnis über die Arbeitseigenschaften der eingesetzten Logikfamilie dem Prüfer, wo der Fehler liegt.

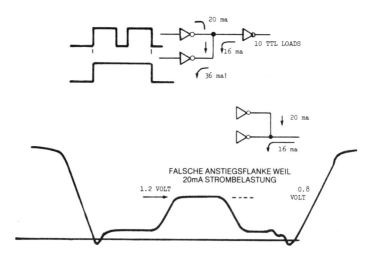

Bild 8-10: Ausgangsfehler bei TTL-Schaltungen

Durch Überwachen von Chipauswahleingängen, von Steuer- und Busleitungen mit dem Oszilloskop werden Belastungsfehler, Fehler im Zeitablauf und Problemen durch Störspannungen deutlich gemacht. Überzeugen Sie sich, daß die Logikpegel richtig eingehalten werden. Eine ,,0" für TTL muß zwischen −0,6 und +0,8 V liegen, eine ,,1" zwischen 2,0 und 5,5 V. Alles andere löst irgendwann Fehler aus.

Bild 8-11: Analysator HP 1600S

MIKROPROZESSOR INTERFACE TECHNIKEN

Zustandsmessung

Es kommt vor, daß bei Betrachtung eines einzigen Bits oder einzigen Signalstroms alle logischen Pegel und der Zeitablauf korrekt sind, das System aber trotzdem nicht arbeitet. In diesem Fall müssen wir alle betreffenden Leitungen zugleich beobachten können. Wir könnten 16 Oszilloskope dafür zusammenfassen, und frühe Analysatoren waren in der Tat im Grunde Mehrkanalgeräte, aber es ist nicht sehr einfach, 32 winzige Signalzüge auf einem Oszilloskopschirm zu verfolgen. Aus diesem Grund wurden *Logikanalysatoren,* genauer eigentlich *digitale Bereichsanalysatoren* entwickelt.

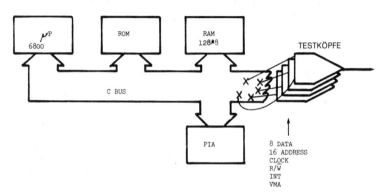

Bild 8-12: Anschluß eines Analysators

Logikanalysatoren

Was macht nun ein Logikanalysator? Er ermöglicht die *gleichzeitige* Überwachung von bis zu 32 Punkten im System auf ihren logischen Zustand im Zeitablauf hin. Diese Bits werden binär, oktal, hexadezimal oder in der Form von oszillographischen Signalpegeln dargestellt. Er beginnt mit der Anzeige von Information, wenn eine vorgegebene Bitkombination an einer bestimmten Stelle im System, die *Triggerinformation,* auftritt. Er speichert bei jedem Taktzyklus oder öfter eine neue Gruppe von Signalpegeln und ist in der Lage, einige Taktzyklen *vor* und *nach* dem Triggerzeitpunkt auf dem Schirm darzustellen. Jede Einzelgruppe derartiger Signalpegel wird als *Zustand* (state) bezeichnet.
Die derzeit erhältlichen Analysatoren lassen sich in zwei Gruppen einteilen: Die einen legen den Schwerpunkt auf die *Zeitbeziehungen,* die anderen auf die *Zustandsinformation.*
Zeitorientierte Analysatoren sind eine Form von Mehrkanaloszilloskopen. Diese Geräte sind nützlich, wenn logische Zufallssprünge (glitches), Störspannungen, oder Probleme mit den logischen Pegeln erwartet werden.
Zustandsorientierte Analysatoren sind gedacht, den Programmfluß im System durch Überwachen aller wesentlichen Punkte der Schaltung darzustellen. Statusanalysatoren sind wertvoll beim Berichtigen von Software und bei komplexen Software/Hardwarefehlern.

TESTEN

Beispiel für einen Zustandsanalysator

Der Analysator 1600S von Hewlett-Packard hat 32 Kanäle, zwei Taktgeneratoren, vier Triggerzeitpunktbestimmer und viele andere Eigenschaften. Das Instrument macht einen „Schnappschuß" des Systemzustands bei jedem Taktzyklus. Wir wollen den 1600S einmal zur Untersuchung eines Unterbrechungszyklus in einem 6800-Prozessorsystem einsetzen.
Tabelle 8-13 zeigt das Format der auf dem 1600S in dieser Anwendung angezeigten Daten. Der Takteingang wurde an Ø2 angeschlossen.

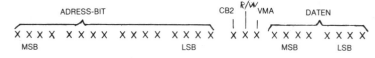

ZEITSIGNAL IST PHASE 2 DER CPU

Bild 8-13: Anzeigeformat des HP 1600S zur Anzeige der Unterbrechungseinleitung beim 6800

Der 1600S wurde durch das Unterbrechungssignal getriggert. Der Zustandsfluß ist in Bild 8-14 wie auf dem Bildschirm des Analysators dargestellt. Die wiedergegebenen Daten sind:
1. Der gerade laufende Befehlszyklus wird abgeschlossen. Es handelt sich um einen Befehl „F2" an der Stelle „1382" hexadezimal.
2. Jetzt wird die Statusinformation auf den Stapel geschoben, bevor zu der vom Unterbrechungszeiger angegebenen Unterbrechungsroutine gesprungen wird. Beachten Sie, daß der Stapel sich von „3FF" hexadezimal abwärts erstreckt. Programmzähler, Indexregister, Akkumulatoren und Flaggen werden in aufeinanderfolgenden Speicherstellen im Stapel abgelegt.

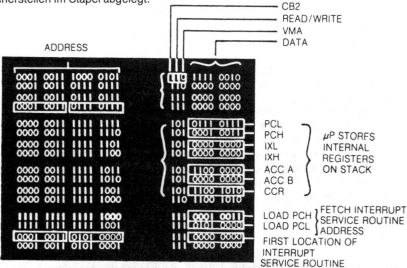

Bild 8-14: Unterbrechungseinleitung beim 6800

393

MIKROPROZESSOR INTERFACE TECHNIKEN

3. Der Mikroprozessor holt nun den Inhalt aus den Adressen ,,FFF8'' und ,,FFF9'' hexadezimal. Dieser wird in den Programmzähler übertragen.
4. Die Unterbrechungsroutine beginnt bei ,,1351'' hexadezimal. Von diesem Punkt ab wird die Abarbeitung fortgesetzt.

Mit einem derartigen Gerät können wir uns Übersichtskarten davon erstellen, wo das System war, wo es ist und wohin es geht.

Einige Analysatoren können eine korrekte Abfolge von Zuständen speichern und sie mit den gegebenen Zuständen ständig vergleichen, wobei bei einem Unterschied ein Stopp ausgelöst wird. Andere zeigen für jedes Bit auf einer Speicherseite eine ,,1'', ,,X'' oder ,,0'' an, ob das Bit gerade gelesen oder geschrieben worden ist. Einige können mehr Daten als andere speichern. Trotzdem beruhen alle von ihnen auf den gleichen Grundeigenschaften, eine Reihe von Zuständen im System über einen bestimmten Zeitausschnitt überwachen zu können.

In-Circuit-Emulation

In-Circuit-Emulation heißt soviel wie Nachbildung des Prozessors im zu prüfenden Objekt. Dieses Verfahren erlaubt ,,in den Mikroprozessor selbst'' zu sehen, d.h. dynamisch beobachten, wohin er geht, was er gerade liest und schreibt. Es ermöglicht, den Prozessor selbst zu überwachen. Ein In-Circuit-Emulator enthält die Möglichkeit, Haltepunkte (breakpoints) im Programm zu definieren und verfügt über Testroutinen, die es ermöglichen, einen bestimmten Ausschnitt aus dem Kode festzuhalten, dort den Prozessorablauf zu unterbrechen, und die Registerinhalte darzustellen. Durch Vergleich mit den erwarteten Werten kann ein Fehler eingekreist werden.

In Bild 8-15 und 8-16 sind ein Zeitanalysator von Biomation und ein In-Circuit-Emulator mit Zustandsanalysator von Hewlett-Packard dargestellt.

Inhaltsanalysatoren

Es gibt eine ganze Reihe von Geräten, die man erst dann einsetzen kann, wenn ein erstes System bereits gebaut und getestet worden ist. Diese Systeme beziehen sich auf das Verhalten des Originalsystems, um herauszubekommen, welche Fehler bei den sonst produzierten Systemen aufgetreten sind.
Diese Techniken beziehen sich auf einen *Fehlerbaum*. Das bedeutet: Alles, was in dem System fehlerhaft werden kann, wurde fehlerhaft gemacht und dann in jedem Fall der Zustand von bestimmten Testpunkten gemessen, um herauszufinden, wie sich ein solcher Fehler nach außen darstellt. Einige derartige Fehlerbäume sind kurz: Wenn die Sicherung durchbrennt, ersetze sie; brennt sie noch einmal durch, rufe die Reparaturabteilung. Andere Bäume führen den Prüfer, abhängig von den gemessenen Werten durch das ganze System.

Ein Inhaltsanalysator

Dieses Gerät beruht auf der Tatsache, daß jede sich wiederholende Folge von Signalwerten in einem rundgeschlossenen Schieberegister gespeichert werden kann, dessen

TESTEN

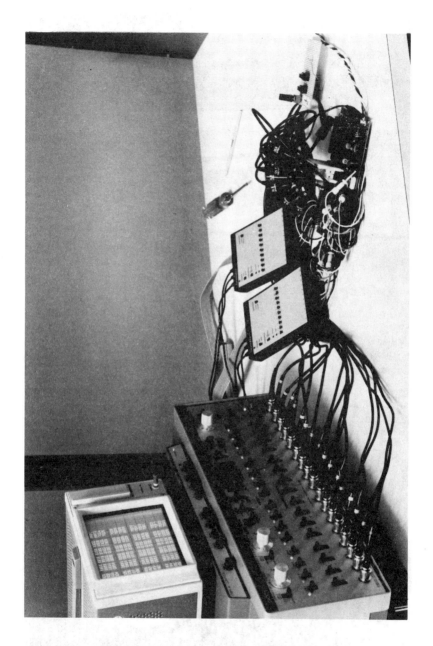

Bild 8-15: Logikanalysator von Biomation

MIKROPROZESSOR INTERFACE TECHNIKEN

Bild 8-16: Mnemonischer Analysator und ICE für 8080-Systeme von HP

TESTEN

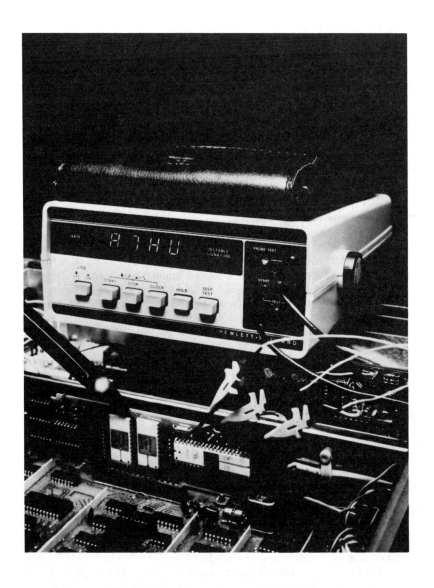

Bild 8-17: Inhaltsanalysator HP5004A

MIKROPROZESSOR INTERFACE TECHNIKEN

Inhalt, taktweise einmal durch eine Anzeige geschoben, einen bestimmten Wert hat. Ein Gerät kann so aufgebaut werden, daß die Wahrscheinlichkeit, daß zwei verschiedene Bitströme denselben Inhalt (,,Signatur'') besitzen, extrem klein ist.
Auf diese Werte hat jeder Testpunkt in einem System seine eigene Signatur, wenn es korrekt arbeitet. Er hat aber auch für jedes Problem seine unverwechselbare Signatur.
Durch Anwendung einer Fehlerbaummethode, die durch den Einsatz des Analysators selbst entwickelt wird, können alle fehlerhaften Systeme schnell bis hinunter zu dem defekten Teil untersucht werden.
Das Gerät findet jedoch keine Initialisierungsfehler bei der Software oder die Ursache von Aussetzfehlern im System.
In Bild 8-18 sehen wir ein mit einem Inhaltsanalysator HP5004A erstelltes Flußdiagramm zur Fehlersuche. Die dort stehenden Signaturen wurden mit einem richtig arbeitenden Instrument erstellt und das Diagramm so entwickelt, daß die Reparatur beschleunigt wird.

Softwareorientierte Testtechniken

Das Grundprinzip aller Testtechniken ist der Vergleich einer gegebenen Karte, eines Bauteils oder Systems mit dem ,,was es tun sollte''. Natürlicherweise besteht das Problem darin, zu wissen, was es tun sollte, oder eine annehmbare Vorgehensweise zu finden, einen solchen Vergleich systematisch durchzuführen. Außerdem treten noch zwei dies ergänzende Probleme auf: nämlich die Messungen selbst durchzuführen und die Geschichte der letzten n Signale festzuhalten. Zu diesem Zweck ist eine Reihe von Hard- und Softwarehilfen entwickelt worden. Die Testinstrumente und -techniken zum Durchführen solcher Vergleichsarbeiten sind im vorhergehenden Abschnitt beschrieben worden. Wie in der Welt der Computer üblich, kann man auch hier entweder Software oder Hardware einsetzen. Der Zweck dieses Abschnittes ist es, die softwareorientierten Testtechniken zu erklären.

Vergleichstest

Bei dieser Methode wird ein Gerät oder eine Karte mit einer bekannten ,,guten'' derartigen Einheit verglichen. Sie belegen denselben Eingang, und man vergleicht die Ausgangssignale. Dies ist eine Hardwaremethode, zu der oben die benötigten Geräte vorgestellt worden sind. Die nächsten drei Techniken sind im wesentlichen Softwaretechniken.

Selbstdiagnose

Bei der Methode der Selbstdiagnose entscheidet das Mikroprozessorsystem selbst, ob es richtig arbeitet, und wenn nicht, welches Teil im System defekt ist. Das Grundprinzip der Selbstdiagnose ist es, eine Folge von Befehlen, die im Grenzarbeitsbereich liegt (,,worst case''), ausführen zu lassen und das Ergebnis auszuwerten. Für den Fall der MPU selbst gibt es eine derartige Worst-Case-Folge von Befehlen normalerweise vom Hersteller des Bausteins. Üblicherweise bearbeitet eine solche Folge alle Maschinenbefehle in einer vorgeschriebenen Reihenfolge. Zusätzlich können einige kritische Befehlsfolgen eingeschlossen sein, von denen bekannt ist, daß sie hin und wieder zu Fehlern führen. Diese Information kann natürlich in der Regel nur vom Hersteller selbst stammen.

TESTEN

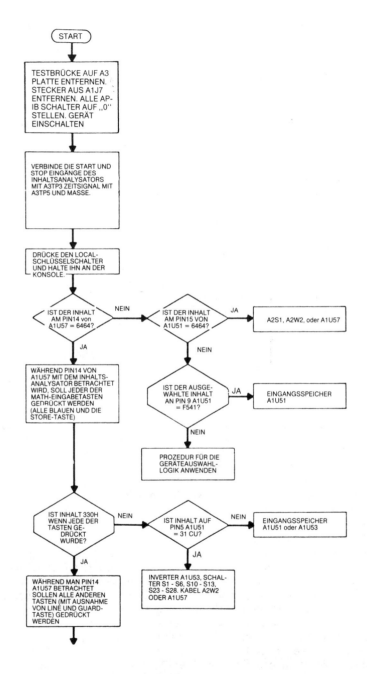

Bild 8-18: Fehlerbaum

MIKROPROZESSOR INTERFACE TECHNIKEN

Die meisten von ihnen sind auch bereit, derartige Testprogramme zur Verfügung zu stellen. Es tritt hier natürlicherweise die Frage auf: *Was geschieht, wenn die MPU nun wirklich selbst defekt ist?* Ist sie defekt, so wird das Programm ziemlich sicher nicht richtig abgeschlossen, und das System bricht, ohne eine Warnung nach außen abzugeben, zusammen. Beim Durchführen einer solchen Selbstdiagnose muß daher ein automatischer Warnmechanismus eingesetzt werden. Zum Beispiel kann das System über den Drucker die Meldung ,,Beginn der Selbstdiagnose zur Zeit X" ausgeben. Zum Zeitpunkt X plus, sagen wir, einer Minute muß das System den Testlauf abgeschlossen und über den Drucker die Meldung ,,Selbstdiagnose abgeschlossen" oder eine Fehlermeldung ausgegeben haben. Tritt eine derartige Meldung nicht ein, so kann man annehmen, daß im System ein Fehler vorliegt. Bei Bedarf lassen sich auch andere Einheiten zur Anzeige einsetzen. Zum Beispiel kann eine externe Alarmeinheit (z.b. eine Hupe) mit eigenem Zeitgebermechanismus beim Beginn des Testlaufs aktivieren. Wird der Zeitgeber nicht innerhalb eines festgelegten Zeitabschnittes abgeschaltet, so wird der Alarm ausgelöst und so automatisch ein MPU-Fehler angezeigt.

Derartige Selbstdiagnosetests werden verbreitet in Systemen eingesetzt, die Warteperioden für den Prozessor besitzen. Es ist einfach, ein Programm zum Test aller grundlegenden Befehle zu schreiben und irgendwo in einem ungenutzten ROM-Bereich abzulegen. Jedesmal, wenn der Mikroprozessor nicht vom System selbst gebraucht wird, kann ein solches Programm durchgeführt und so die korrekte Funktion der Maschine überprüft werden. Zusätzlich kann es helfen, bei Anwendung über einen längeren Zeitraum, Aussetzfehler zu finden. Natürlich muß das Programm nicht notwendig im Rom stehen, es kann auch bei Bedarf von einer externen Einheit in den RAM-Bereich geladen werden. Selbstdiagnose wird auch zur Überprüfung der Fähigkeiten von Speicher- und E/A-Einheiten eingesetzt. Das Problem des Speichertests wird im einzelnen in einem Abschnitt weiter unten bei der Besprechung von Algorithmen zur Bitmustererzeugung dargestellt. Im Fall von ROM-Speichern läßt sich am einfachsten die Methode des *Prüfsummentests* einsetzen. Hier wird jeder Block von 16, 32 oder 256 Worten von einer ein oder zwei Bytes langen Prüfsumme gefolgt. Üblicherweise werden dazu die 2n Halbbytes aufsummiert. Von dem Ergebnis wird dann alles bis auf die vier niederwertigen Bits abgestrichen und deren Wert in ASCII kodiert als Prüfzeichen gespeichert. Ein einfaches in der Sicherheitszone des ROM (der Zone, die als in Ordnung angenommen wird) stehendes Programm kann den Inhalt aus dem Rest des ROM auslesen, die Prüfbytes berechnen und sie dann mit den gespeicherten Werten vergleichen. Wenn hier der Vergleich negativ ausfällt, ist ein Fehler im ROM aufgetreten.

E/A-Interfaces und -Einheiten zu testen ist normalerweise in Anbetracht der feinen Zeitbeziehungen, die zu beachten sind, recht kompliziert. Man kann jedoch mit einem groben Test die Grundfunktion der Einheiten selbst überprüfen. Ist die Möglichkeit gegeben, die Wirkung von Befehlen an diese Einheiten zu erfassen (feedback), so sendet man durch das Prüfprogramm z.B. einen Befehl der Art ,,Schließe Relais A" aus. Nach n Millisekunden muß dann über die Rückführung das Schließen des Relais bestätigt werden können. Auf diese Art kann das System alle externen Steuereinheiten ansprechen und ihre korrekte Funktion überprüfen. Eine Eingabeeinheit läßt sich auf besondere Weise bereits während des Systembetriebes testen. Man vergleicht hier die Eingabewerte mit in Tabellen abgelegten Parametern und entscheidet, ob sie ,,sinnvoll" sind. So sind z.B. bei der Messung von Wassertemperaturen Werte über 100°C und unter 0°C sinnlos und können als solche erkannt werden. Entsprechend wird eine Ampelsteuerung durch Mikrocompu-

TESTEN

ter, die auch die Geschwindigkeit der Autos mit einbezieht, eine Messung von 300 km/h als unmöglich ansehen. Selbstverständlich sind in der Praxis solche Tests viel feiner als in den vereinfachenden Beispielen hier. Derartige Tests können Aussetz- und Dauerfehler von Eingabeeinheiten feststellen und eine entsprechende Meldung auslösen.

Verhaltensspeicherung

Bei der Methode der Verhaltensspeicherung benutzt man einen Großcomputer zur Nachbildung oder Simulation der zu testenden Einheit oder Karte. Zunächst werden, wenn möglich unter dynamischen Bedingungen, die Eigenschaften der zu testenden Einheit oder Karte mittels eines speziellen Programms gemessen. Diese Daten werden aufgezeichnet und dienen als Grundlage für das Vergleichsprogramm. Dann wird an die Einheit das Vergleichsprogramm gelegt. Es erzeugt bestimmte Eingabesignale. Die Ausgangssignale werden gemessen und mit der vorhergehenden, in Tabelle gespeicherten Systemantwort verglichen. In einem solchen System sind zwei Phasen notwendig. Die erste Phase, die Charakterisierung, beinhaltet den Einsatz des Computersystems zur Aufnahme der wesentlichen Systemantworten, die später als Bezugsbasis dienen. Sind diese Antworten festgehalten so läuft das System in Phase zwei nur noch im Vergleichsmodus durch Abarbeiten eines speziellen Testprogramms und Messen der darauf erfolgenden Antworten.
Diese Methode wird insbesondere in der Produktion und beim Test der eingehenden Ware eingesetzt. Die für das System aufzuwendenden Kosten liegen einschließlich der Programme je nach Komplexität zwischen 50.000 und 500.000 Dollar.

Algorithmische Bitmustererzeugung

Algorithmische Bitmustererzeugung (algorithmic pattern-generation) wird im wesentlichen zum Test von RAM-Speichern benutzt. Das Prinzip beruht darauf, in den Speicher ein bestimmtes Bitmuster zu schieben und dann nachzuprüfen, ob
1. es richtig eingeschrieben worden ist,
2. nichts sonst irgendwo im RAM eingeschrieben wurde.
Fehler bei 1. zeigen defekte Speicherzellen, bei 2. defekte Adressierung und/oder Fehler in der Speichermatrix an. Zwei verschiedene Grundmethoden zur algorithmischen Bitmustererzeugung werden für RAM-Tests eingesetzt, der Test mit festem Muster (fixed pattern) und der Test mit variablem Muster (galloping pattern).

Test mit festem Muster

Beim Test mit festem Muster werden in jede Speicherzelle nacheinander gleichbleibende, Schritt für Schritt komplementierte oder zyklisch umlaufende Bitmuster eingeschrieben und dann gelesen. Damit können grobe RAM-Fehler entdeckt werden. Jedoch ist diese Methode ungeeignet bei *musterabhängigen* Problemen. Die Musterabhängigkeit ist eine typische Fehlerquelle bei Chips hoher Dichte. Wegen der geometrischen Chipauslegung könnten unter Umständen zu einer bestimmten Zeit eingeschriebene bestimmte Bitmuster nicht adressierte Bits irgendwo anders verändern. Dieser Fehler kann sowohl im RAM als auch im Prozessor selbst eintreten. Tritt er im Prozessor auf, so handelt es sich um einen grundlegenden Entwurfsfehler, bei dem der Benutzer nicht viel tun kann. Das beste, was ihm zu tun bleibt, ist ein Selbsttest mit einem vom Hersteller entwickelten Worst-Case-Testprogramm, von dem sich gezeigt hat, daß wegen der besonderen Befehlskombination andere Bausteine ausgefallen sind. Dieses Problem soll hier nicht weiter betrachtet werden, da es sehr selten auftritt, wenn der Chip mehr als ein Jahr produziert worden ist. Im Fall von Speichern jedoch, speziell bei Speichern hoher Dichte, treten musterabhängige Fehler immer wieder einmal auf. Sie können relativ einfach mit Hilfe eines Tests mit variablem Bitmuster entdeckt werden. Das wird im nächsten Abschnitt beschrieben.

Test mit variablem Muster

Diese Technik beruht darauf, nacheinander binäre Werte in eine Speicherzelle zu schreiben und diese dann mit dem gesamten Rest des Speichers zu vergleichen, bevor zur nächsten Speicherstelle übergegangen wird. Wird z.B. beim Einschreiben eines bestimmten Musters in Stelle 0 der Inhalt von Stelle 102 berührt, so kann dies hiermit entdeckt werden. Üblicherweise wird bei einem solchen Test der Speicher zunächst auf einen bestimmten Wert initialisiert, z.b. alles Einsen oder alles Nullen in den Speicherzellen. Der Grundalgorithmus des Tests lautet dann:
1. Der Inhalt einer Speicherstelle L1 wird mit dem Inhalt aller anderen Speicherstellen im zu testenden Bereich verglichen. Sie müssen gleich sein.
2. Die Adresse L1 wird dann um Eins weitergezählt und mit Schritt 1 fortgefahren, bis alle Speicherstellen getestet sind.
3. Das bei der Initialisierung gesetzte Bitmuster wird dann komplementiert und bei Schritt 1 weitergemacht.

Zu diesem Grundalgorithmus gibt es viele Variationen. Im Englischen tauchen sie unter Bezeichnung, wie ,,galloping patterns'' (abgekürzt ,,galpat''), ,,marching ones and zeros'' oder ,,walking ones and zeros'' auf.

Idealerweise sollten in jede Speicherstelle alle möglichen Bitmuster eingeschrieben und nach Einschreiben eines Musters in jedes Wort andere Worte getestet werden, ob sein Inhalt verändert wurde. Zusätzlich müßte nach dem Test jedes der übrigen Worte zurück zur ursprünglich zu testenden Speicherstelle gegangen werden, um nachzuprüfen, daß sich dort in der Zwischenzeit nichts geändert hat. Es kann der Fall eintreten, daß durch den Test der übrigen Speicherstellen der Originalinhalt der zu testenden Stelle in einem Schritt sich ändert, um in einem anderen dann wieder seinen ursprünglichen Wert anzunehmen. Ein hier möglicher Fehler würde nicht erkannt, wenn man nicht bei jedem Testschritt zu der zu testenden Stelle zurückkehren und deren Inhalt nachprüfen würde. Es ist klar, daß ein derart umfassender Test sehr viele Arbeitsschritte ausführen muß. Ein einfacher Speichertester läuft bei 32 K Speicher üblicherweise einige Minuten. Er schreibt z.B. lauter Einsen oder lauter Nullen oder belegt jede Speicherstelle mit ihrer eigenen Adresse und rotiert dann diese Adressen durch den gesamten Speicher. Bei Verwendung variabler Muster kann der Test leicht eine halbe Stunde benötigen, ja sogar einige Stunden laufen müssen. Aus diesem Grund werden derartige Tests üblicherweise nur während der Systemherstellung oder wenn ein Speicherfehler dieser Art vermutet wird, eingesetzt. Es ist nicht praxisgerecht, ihren Einsatz vorzusehen, wenn das System arbeitet, sofern nicht eine vereinfachte Version benutzt wird.

TESTEN

Simulation und Emulation

Betrachten wir zuerst die Definition, um was es sich dabei handelt. *Simulation* betrifft die funktionale Nachbildung von Hardwareeinheiten durch ein Programm. Man sagt, daß die Hardware durch Software simuliert wird. Das Programm erzeugt dieselben Ausgaben wie die Hardwareeinheit als Antwort auf dieselben Eingaben. Unglücklicherweise wird diese Funktion jedoch sehr viel *langsamer* als durch Hardware ausgeführt. *Emulation* bedeutet im wesentlichen eine *Echtzeit*simulation. In der Praxis simulieren viele Emulatoren die Funktion eines vollständigen Systems sogar *schneller* als das Modell. So können z.b. sogenannte Bit-slice-Systeme aus Schottky-TTL oder ECL-Bausteine aufgebaut den Befehlssatz anderer Computer nachbilden. Sie arbeiten alle Befehle für den nachzubildenden Prozessor mit derselben Geschwindigkeit oder schneller ab.
Simulation setzt man bei zwei wesentlichen Einheiten ein: dem Mikroprozessor selbst und dem ROM-Speicher. ROM-Simulation oder -Emulation wird durch Abarbeiten der eigentlich im ROM stehenden Programme aus RAM-Speichern durchgeführt. Das geschieht normalerweise in der Entwicklungsphase eines jeden Programms. Ein erster Programmentwurf enthält in der Regel eine Reihe von Fehlern (bugs) und sollte nicht unmittelbar in die endgültigen ROM- oder PROM-Speicher geschrieben werden. In einem typischen Entwicklungssystem wird ein derartiges Programm im RAM-Speicher abgelegt und dort ausgetestet und von Fehlern befreit (debugged). Die Hauptprobleme liegen darin, die Adressen des fertiggestellten Programms in die vom ROM benötigten umzuwandeln und dieselbe Abarbeitungsgeschwindigkeit zu gewährleisten. Üblicherweise belegt die RAM-Karte eine bestimmte Adresse, die nicht der des ROM im fertiggestellten System entspricht. Das zweite Problem betrifft die Synchronisation, wenn zuerst ein langsames RAM benutzt wurde und das Programm dann in ein schnelleres ROM übertragen worden ist. Emulations- oder Simulationsfähigkeiten für ROMs sind ein normaler Bestandteil eines jeden Entwicklungssystems für Mikrocomputer und sollen hier nicht weiter behandelt werden.
Simulation und Emulation eines Mikroprozessors ist wesentlich komplizierter. Man simuliert den Mikroprozessor in zwei Fällen:
1. Wenn die MPU selbst nicht verfügbar ist;
2. Um die Fehlersuche in Programmen und Systemen zu vereinfachen.
Diese beiden Fälle sollen nicht in allen Einzelheiten besprochen werden. Man kann z.B. mit einem sogenannten Cross-Assembler auf einer IBM 370 ein 8080-Objektprogramm erstellen. Dabei muß die richtige Abarbeitung des sich ergebenden Kodes für den 8080 getestet werden. Das geschieht auf dieser Großcomputeranlage durch einen Simulator. Man benutzt ein Simulatorprogramm, das alle 8080-Befehle in simuliertem Zeitablauf abarbeitet. Auf diese Weise kann der logische Aufbau eines Programms vollständig geprüft werden. Eine wesentliche Begrenzung eines derartigen Simulators liegt in der Tatsache, daß keine Ein/Ausgabeoperation getestet werden können, falls nicht der Benutzer in bestimmten Speicherstellen dafür geeignete Werte ablegt, die zur rechten Zeit abgerufen werden können. Auf diese Weise werden Ein/Ausgaberegister als Speicherstellen nachgebildet. Unglücklicherweise sind E/A-Operationen in der Regel von zufälligem Charakter und fast immer komplexer Natur. Aus diesem Grund wird ein Simulator lediglich zum Test der Gesamtlogik eines Programms eingesetzt. Das ist schön, um numerische Algorithmen, wie ein Fließkommapaket, zu testen. Es ist aber unbrauchbar zur Überprüfung von komplexen E/A-Interfaces.

MIKROPROZESSOR INTERFACE TECHNIKEN

Eine der wichtigsten Testhilfen für jedes System, bei dem der Benutzer reale Ein- und Ausgaben in Echtzeit prüfen muß, ist die Emulation des Mikroprozessors selbst. Dies wird als ,,In-Circuit-Emulation", d.h. Emulation in der Anwenderschaltung bezeichnet.

In-Circuit-Emulation

In-Circuit-Emulation wurde zuerst von Intel in seinem System MDS eingesetzt und ist jetzt bei jedem führenden Mikroprozessorentwicklungssystem ebenso wie bei den großen Herstellern unabhängiger Systeme verfügbar. In Bild 8-9 findet sich eine Darstellung eines derartigen In-Circuit-Emulators (ICE). In das MDS-System von Intel auf der rechten Seite wurde eine spezielle Karte eingesetzt, die die Emulation durchführt. Links befindet sich das in Entwicklung befindliche System. Der 8080 selbst wurde dort aus seiner Fassung entfernt und durch ein spezielles, ,,Nabelschnur" genanntes Kabel ersetzt. Dieses Kabel findet sich im Vordergrund der Darstellung. Es enthält 40 Leitungen, die über einen Adapter mit einem 40-poligen Stecker mit denselben Anschlußdefinitionen wie beim 8080 verbunden sind. Der Unterschied liegt darin, daß die auf diesen Leitungen laufenden Signale nicht von dem 8080 selbst, sondern auf oder unter Kontrolle der Emulationskarte im Entwicklungssystem erzeugt werden. Worin liegt nun der Grund, den 8080 durch einen Softwareemulator zu ersetzen? Die von dem Emulator gebotene Fähigkeit liegt darin, das in Entwicklung befindliche System vollständig von der Konsole aus steuern und prüfen zu können. Man kann die Arbeit des 8080 anhalten. Man kann die Registerinhalte überprüfen und bei Bedarf ändern. Um dies mit dem eingesetzten 8080 vollziehen zu können, müßte man das Gehäuse öffnen, die Chipabdeckung (lid) entfernen und unter einem Mikroskop Mikrosonden einsetzen, um die Register auslesen zu können - vorausgesetzt, das wäre überhaupt möglich. Von außen hat man nur die Werte auf den Bussen zur Verfügung. Durch Einsatz eines Emulators kann man die Arbeit des 8080 mit Hilfe von Haltepunkten im Programm automatisch anhalten. Diese Möglichkeit wird unten genauer beschrieben. Man kann Register- und Speicherinhalte überprüfen und bei Bedarf ändern. Es ist möglich, an der Tastatur zu sitzen und Ein/Ausgabeoperationen, wie das Schließen eines Relais, durchzuführen, indem man eine Taste drückt. Man kann dann den Prozessor neu stoppen und die Busse, die Register oder den Speicher überprüfen. Dazu lassen sich alle Operationen in Zusammenarbeit mit den wirkungsvollen Softwarehilfen durchführen, die in einem Entwicklungssystem verfügbar sind. Prüfen und Ändern von Speicherinhalten kann mit symbolischen Befehlen anstatt durch hexadezimale oder binäre Angabe erfolgen. Das wird als symbolische Fehlersuche (symbolic debugging) bezeichnet.

Durch Haltepunkte (breakpoints) hat man die Möglichkeit, eine oder mehrere Adressen zu definieren, bei denen das Programm automatisch anhält. Man wählt die in Frage kommenden Adressen aus und gibt eine Liste von Haltepunkten an den Emulator. Wird wahrend der Abarbeitung die angegebene Stelle erreicht, so hält der emulierte Mikroprozessor automatisch an, und der Benutzer kann die Registerinhalte, Busse oder den Speicher nachprüfen. Darüber hinaus kann ein Emulator eine als ,,Trace-back" bezeichnete Operation durchführen. Dabei wird über eine längere Zeit der Zustand der Busse festgehalten. Im Fall des ICE von Intel stehen bis zu 44 Maschinenzyklen vom Haltepunkt aus rückwärts zur Verfügung. Immer wenn ein Haltepunkt auftritt, hält der In-Circuit-Emulator die Abarbeitung an und gibt dem Benutzer die Möglichkeit zur symbolischen Fehlersuche. Normalerweise ist jedoch ein bei einem Haltepunkt entdeckter Fehler nicht durch den Befehl am Haltepunkt, sondern durch einen früher ausgeführten Befehl entstanden.

Bild 8-19: Software-Entwicklungssystem

MIKROPROZESSOR INTERFACE TECHNIKEN

Das Problem ist jetzt, diesen Befehl aufzufinden, der den Fehler verursacht hat. Es ist das Problem, die ,,Spur" (trace) der abgearbeiteten Befehle festzuhalten. Mit der Möglichkeit des ,,Trace-back" lassen sich die vorhergehenden Signale untersuchen und die Stellen, an denen der Fehler eingetreten sein könnte, auffinden. Ist die Aufzeichnung der ,,Geschichte" des Programms nicht umfassend genug, so kann man einen weiter vorne liegenden Haltepunkt definieren und das Programm neu laufen lassen, wodurch man einen weiteren Ausschnitt aus der ,,Programmgeschichte" erhält. Dieser Prozeß kann so lange fortgesetzt werden, bis der Fehler schließlich gefunden ist.

Ein In-Circuit-Emulator kann auch da eingesetzt werden, wo die zu testende Soft- und Hardware nicht sehr umfangreich ist. Er gibt die Möglichkeit zur Fehlersuche, die bei den anderen Methoden nicht so ohne weiteres gegeben ist: Man kann das gesamte System, einschließlich der vorgesehenen E/A-Karten, in Echtzeit laufen lassen und hat trotzdem volle Kontrolle über die Funktion. Für dieses Stadium der Systementwicklung ist ein In-Circuit-Emulator ein unbedingt notwendiges Werkzeug.

Vorgehen bei der Inbetriebnahme eines Prozessorsystems

Sind alle Logikpegel auf Richtigkeit überprüft, so ist das System bereit, einige *einfache* Programme auszuführen. Machen Sie hier nicht den zweiten Schritt vor dem ersten! Versuchen Sie so einfache Sachen, wie: Adressiere nacheinander jede mögliche Speicherstelle, springe immer wieder zu ,,0000" hexadezimal, übernehme eine Eingabe von einem Datentor und gib die Daten wieder über ein Ausgabetor aus. Legen Sie diese Tests jeden für sich in einem eigenen PROM ab, damit sie individuell eingesetzt werden können.

Der Adreßtest soll jedes Bit der Adreßleitungen über einen längeren Zeitraum ständig umschalten. Eine gute Methode ist hier, von den beiden ,,Enden" des Adreßraums zur Mitte hin zu arbeiten, indem erst die niedrigste, dann die höchste Speicherstelle adressiert wird, dann die zweitniedrigste, dann die vorletzte usw. Auf diese Weise werden die Adreßbits am häufigsten umgeschaltet.

Der Sprungtest sollte so kurz sein, daß alle Leitungen mit einem Oszilloskop auf ihr dynamisches Verhalten überprüft werden können. Auch sollten in diesem Test alle Adreßleitungen von A2 bis A15 auf Null liegen.

Der Ein/Ausgabetest ermöglicht das Nachprüfen jedes Eingabebits. Wird das Bit auf H-Pegel gehalten, so sollte das entsprechende Ausgabebit denselben Pegel, also auch ,,H" haben. Ist dies nicht der Fall, so liegt irgendwo in der Ein/Ausgabeschaltung oder im Mikroprozessor ein Fehler vor.

Dann erst kann es interessanter werden. Probieren Sie größere Programme, gehen Sie schrittweise bis zu Ihrem endgültigen einzusetzenden Programm weiter. *An diesem Punkt sollten alle Probleme nur noch auf Software beruhen.* Wenn Sie sicher sind, daß es an der Hardware liegt, sind Sie zu schnell vorgegangen. Gehen Sie zurück und schreiben Sie einige einfache Tests, um herauszufinden, ob Sie recht haben. Bedenken Sie: Wenn einige wenige Befehle richtig arbeiten, dann arbeiten normalerweise alle Befehle richtig! Ein hilfreicher Punkt ist hier, daß für die meisten Prototypsituationen die Software-ROMs kleiner Entwicklungssysteme erhältlich sind. Sie werden üblicherweise als ,,Hex (Octal) Debug and Test Programs" oder als Systemmonitoren (System Monitors) bezeichnet. Bild 8-20 verdeutlicht den Gang der Fehlersuche in einer typischen Situation.

Bild 8-20: Flußdiagramm zur Fehlersuche

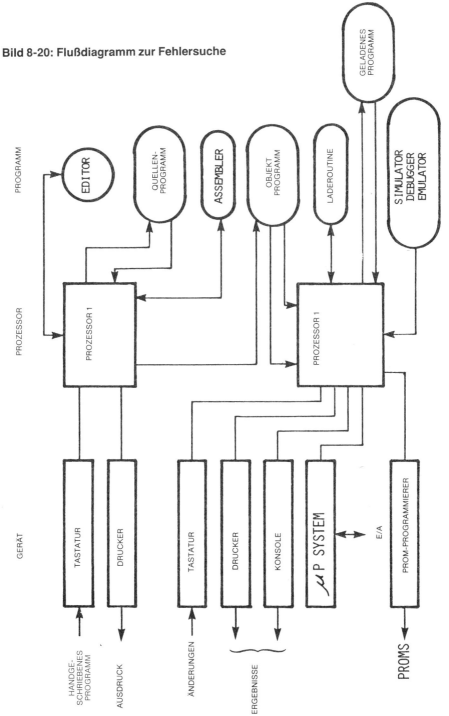

MIKROPROZESSOR INTERFACE TECHNIKEN

Für Mikrocomputer typische Probleme

Das folgende ist eine Liste von Fehlern, die die Autoren gefunden haben:
— Ein fehlerhaftes Adreßbit des Prozessors bewirkte, daß jedes Programm über „1FFF" hexadezimal nicht richtig abgearbeitet wurde.
— Ein „leckes" EPROM verlor seine Daten, schon bevor es aus dem PROM-Programmiergerät wieder ins System zurückgesetzt werden konnte.
— PMOS- und NMOS-Schaltkreise können nicht immer unmittelbar ohne Puffer miteinander verbunden werden. Das gilt für alle Logikfamilien. Die Angabe „TTL-kompatibel" besagt nur, daß die Schaltung mit TTL-Bausteinen zusammenarbeitet, *nicht aber, daß sie mit etwas anderem, das als TTL-kompatibel bezeichnet wird, verbunden werden kann.* Hier können sonst ernste Probleme entstehen. Ein Beispiel: Eine PMOS-Adreßleitung, angeschlossen an ein NMOS-RAM kann bewirken, daß ein Bit im RAM *zufällig* verfälscht wird! Diese Art von Problemen ist üblicherweise temperatur- und versorgungsspannungsunabhängig. Ihr System sollte aber über einen weiten Temperaturbereich und innerhalb festgelegter Versorgungsspannungsgrenzen arbeiten. Prüfen Sie alle Eigenschaften im einzelnen nach.
— Dynamische RAMs können in einem einzelnen Bit zufällige Fehler aufweisen und tun es auch. Das ist der Grund, warum in großen Speichersystemen Methoden zur Fehlererkennung und Fehlerkorrektur eingesetzt werden.
— Behalten Sie über Ihre Busse Übersicht. Als Regel gilt: Schalten Sie auf eine Busleitung nicht mehr als einen Eingang und einen Ausgang zur gleichen Zeit. Lassen Sie dies unbeachtet, können Störspannungsfehler wegen Überlastung der Busse auftreten. Die Leitung, auf der diese Regel allgemein verletzt wird, ist die RESET-Leitung.
— *Setzen Sie kein IC verkehrt herum oder einen Anschluß versetzt ein! Vergewissern Sie sich, wo oben, unten, links und rechts ist. Prüfen Sie alle eingesetzten ICs nach, ob kein Anschluß untergebogen, statt in die Fassung eingesetzt ist.* Wenn Sie Zweifel haben, fragen Sie beim Hersteller nach, wo Anschluß 1 liegt.
Ein Flußdiagramm zur Inbetriebnahme eines Systems findet sich in Bild 8-21.

Das eine Bit unter 16 384!

Die Fehlersuche für den in Kapitel 8 beschriebenen Multiplexer benötigte insgesamt sechs Mannmonate. Dabei waren zwei Vollzeit-Ingenieure mit der Angelegenheit beschäftigt und setzten alle der oben in diesem Kapitel beschriebenen Hilfsmittel ein. Damit ergeben sich die zur Fehlersuche im System aufgewendeten Kosten zu:
— Gehälter für 6 Monate: $ 10.000
— Geräte für 6 Monate: $ 15.000 (falls gemietet)
                               $ 8.000 (Fünf Jahre Abschreibung).
Dieser Ausschnitt stellt die bei der Arbeit auftretenden Probleme in ihrer geschichtlichen Reihenfolge vor.

TESTEN

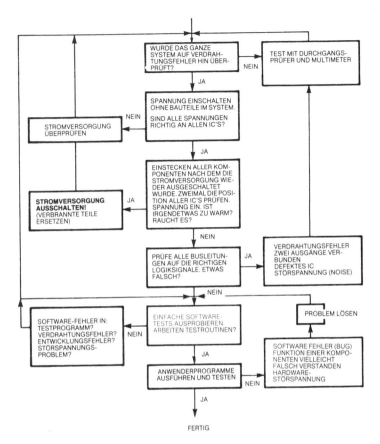

Bild 8-21: Flußdiagramm zur Systeminbetriebnahme

1. Woche:
Wire-wrap-Version des Entwurfs fertig. Beginn des „Durchklingelns" der Leitungen.

2. Woche:
Durchklingeln beendet. Jedes Modul hatte etwa 20 Fehler bei je 1000 Verbindungen. Versorgung angeschaltet, und eine Karte hatte einen Kurzschluß nach Masse. Sicherung der Stromversorgung durchgebrannt. Kurzschluß gefunden durch Anlegen eines starken Stroms an die leere Karte, d.h. „Ausbrennen" der fehlerhaften Stelle. Es war ein kurzgeschlossener Pufferkondensator auf einer Speicherkarte.

3. Woche:
Logische Pegel usw. für jede Karte einzeln geprüft. Im Schnitt hatte jede Karte einen weiteren Verdrahtungsfehler. Gedruckte Schaltungen als Ersatz für die Wire-wrap-Prototypen entworfen.

MIKROPROZESSOR INTERFACE TECHNIKEN

4. Woche:
Prototypsystem verarbeitet alle einfachen Testprogramme. Fehlerhaften Speicherchip mit RAM-Test, der abwechselnd Einsen und Nullen in jede Speicherstelle schreibt, gefunden.

5. Woche:
Problem mit Busüberlastung bei Einsatz des Systemprogramm-EPROMs auf die CPU-Karte. Einen Puffer auf der Karte eingefügt. Anwendungsprogramm vollzieht jetzt für eine Zeitlang Ein- und Ausgaben ohne Zusammenbruch.

6. Woche:
Sieht so aus, als wären nur noch Softwarefehler übrig. Entwürfe für die gedruckten Schaltungen fertig zur Verdrahtungsprüfung von Herstellern der Karten.

7. Woche:
Entwürfe für die gedruckten Schaltungen verbessert, etwa 5 Fehler pro Karte gefunden. System narrt einen mit einem Fehler: Es läuft für einige Stunden und gibt dann an den Zentralrechner nur noch Unsinn weiter.

8. Woche:
Gedruckte Schaltungen angeliefert und überprüft. Wire-wrap-Prototypen einen nach dem anderen ersetzt, um Fehler zu finden.

9. Woche:
Immer noch beschäftigt, Verdrahtungsfehler auf den gedruckten Schaltungen zu beseitigen. System benimmt sich immer noch verrückt. Umfassender Einsatz des Logikanalysators, um das Problem einzukreisen.

10. Woche:
Fehlerhaften Bustreiber auf der USART-Karte zum Zentralrechner gefunden. Nun nur noch jeden Tag oder so ein Zusammenbruch. System übernimmt manchmal vom Terminal falsche Daten. In-Circuit-Emulator eingesetzt, um die Datenübernahmeroutine auf Trace-Basis zu untersuchen. Fehler tritt nur alle 8 Stunden oder so auf - daher wirklich schwer aufzuspüren.

11. Woche:
Streit zwischen Programmierern und Konstrukteuren - unschöne Sitzung, in der einer dem andern die Schuld in die Schuhe schiebt. Am Freitag Fehler gefunden. Es waren zwei Ursachen.

12. Woche:
Es war ein Bit falsch in dem für das Programm eingesetzten EPROM, und das Carry-Bit wurde vor Eintritt in die Unterbrechungsroutinen nicht gelöscht, wo eine Addition mit Übertrag statt ohne benutzt wurde. Der Befehl legte die Stelle fest, wo die zu übertragenden Daten stehen, daher übernahm das System manchmal falsche Daten, wenn es nach einer Unterbrechungsanforderung das Carry-Bit gesetzt vorfand. Das falsch gesetzte Bit wurde gefunden, nachdem der PROM-Inhalt viermal mit dem Programmausdruck vergli-

TESTEN

chen worden war (solange entzog er sich!). Das Problem mit dem falschen Befehl wurde mit dem Logikanalysator rückwärts verfolgt, nachdem er durch einen Lesebefehl von der falschen Stelle aus getriggert worden war.

Epilog:

Außer einigen statistisch bedingten Ausfällen waren drei identische Systeme seit dem Ende der 12. Woche im Einsatz. Es traten in den Multiplexern weniger Fehler auf, und es war weniger Ausfallzeit zu verzeichnen als in den Zentralcomputern, an die sie angeschlossen waren.

Zusammenfassung

Bauelemente, Software und Störspannungen sind die einzigen Fehlerursachen. Mit den vorgestellten Flußdiagrammen wurden einfache Methoden beschrieben, wie typische Mikroprozessorsystemfehler aufgefunden werden können. Die für einen guten Arbeitsplatz zur Fehlerbeseitigung im Mikroprozessorsystemen nötigen Geräte wurden vorgestellt und zu jedem von ihnen ein Beispiel gegeben. Zum Vergleich ist der für einen Prototyp-Entwicklungsplatz notwendige Gerätepark in Bild 8-22 dargestellt. Kosten: um die 54.000 Dollar. Wenn man irgendetwas davon wegläßt, so steigt die Zeit, die zum Auffinden und Beseitigen der Fehler notwendig ist.

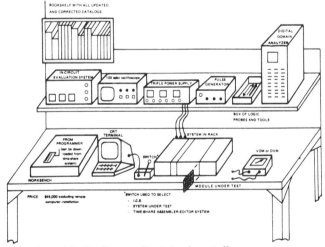

Bild 8-22: Geräte zur Prototypherstellung

Zukünftige Hardwarehilfsmittel zur Fehlersuche werden an dem Typus des besprochenen Statusanalysators orientiert sein. Sie werden über eine große Zahl von Zustands-, Trace- und Triggermöglichkeiten verfügen und darüberhinaus die Möglichkeit besitzen, die Zustände in der dem jeweiligen Prozessor angepaßten mnemonischen Form darzustellen (Disassemblerfähigkeiten). Weiter wird ihr Einsatz in Mini- und Großcomputern weite Verbreitung finden, wo einige Systeme einen Analysator zur Selbstdiagnose eingebaut haben werden.

MIKROPROZESSOR INTERFACE TECHNIKEN

ACHTUNG!
Tun Sie das nicht!

Gehen Sie nicht mit ICs um, wenn Sie nicht sorgfältige Masseverbindungen besitzen oder die Luftfeuchtigkeit groß ist. Statische Aufladungen , wie die an einem trockenen Tag beim Gehen über einen Teppich entstehenden, können einen MOS-Chip mit großer Sicherheit zerstören. Die Gate-Spannungen erreichen dabei Werte von einigen tausend Volt, was zum Durchbruch der Gate-Isolation führt.
Stecken Sie keine Karte in Ihren Computer, wenn nicht
1. Die Stromversorgung ausgeschaltet ist und
2. nach dem Ausschalten 15 Sekunden vergangen sind (bis dahin sollten alle Ladungen abgeflossen sein).
Schalten sie Ihren Computer nicht EIN oder AUS, wenn Sie eine Diskette in der Station haben: Sie kann durch die Spannungssprünge (Transienten) gelöscht werden. Die Reihenfolge muß immer lauten: Computer EINschalten - Diskette einsetzen - Diskette entfernen - Computer AUSschalten.
Wählen Sie nicht gleichzeitig mehrere Eingabeeinheiten, etwa durch falsche Adressierung, an, es sei denn Sie haben einige MPU-Chips in Reserve.
Glauben Sie nicht, daß eine Spannung stimmt. Prüfen Sie sie!
Geben Sie nicht auf!!!

Bild 8-23: ICs der 8080-Familie

KAPITEL 9
ENTWICKLUNGSRICHTUNGEN

Technologische Entwicklung

Beginnend mit den Prinzipien von Verbindungen im System sind wir durch die verschiedenen Bereiche der Interfaceherstellung gegangen. Überall hat sich der Trend zum Einsatz vollständig integrierter Interfaces gezeigt. Die ursprünglich benötigten, mit Elektronik vollgestopften Gestelle sind heute auf einige wenige LSI-Chips reduziert. Die Zukunft wird weitere intelligente Peripheriechips bringen, was eine erhöhte Zuverlässigkeit und Flexibilität ergibt.
Das Herz eines jeden Systems, der Zentralprozessor, ist heute ein einziger LSI-Chip. Die Zusammenfassung von Speichern und Prozessor wird in der Zukunft den Einchipmikrocomputern weiten Platz einräumen. Diese Einchipbausteine enthalten passende ROM-, RAM- und Ein/Ausgabeeigenschaften, um die meisten Interfaceangelegenheiten zu erledigen. Solche Bausteine sind bereits erhältlich: der 9940 von Texas Instruments, der 8048 von Intel, der 3840 von Fairchild und Mostek und andere. Ihre Kennzeichen sind 1K bis 2KROM plus 64 bis 128 Worte RAM plus Taktgenerator und Zeitgeber auf den MPU-Chip. Die 16 freigewordenen Adreßanschlüsse werden nun als zwei 8-Bit-Tore verfügbar.
Der 9940 von Texas Instrument ist ein 16-Bit-Mikrocomputer mit 1 K ROM, RAM und Ein/Ausgabe auf einem Chip. Die Vielseitigkeit von 16-Bit-Befehlen macht einen vollständigen Befehlssatz verfügbar, einschließlich Multiplikation und Division. Unglücklicherweise ist das kleine ROM eine schwerwiegende Einschränkung.
Der 8048 von Intel enthält ein 1 K mal 8 PROM und einen Satz von 32 Registern auf einem Chip und verfügt über 27 Ein/Ausgabeleitungen. Eine PROM-Version, der 8748, ermöglicht das Löschen des Programms und die Wiederprogrammierung während der Entwicklungsphase. Die durch den Einsatz eines löschbaren ROMs erlangte Vielseitigkeit macht den 8748 zusammen mit der Zahl von E/A-Leitungen einfach an die verschiedensten Interfaceaufgaben anpaßbar.
Tatsächlich ist auch das erste intelligente Interface von Intel verfügbar. Bezeichnet als UPI (Universal Peripheral Instrument) oder 8041, ist es ein vollständiger Mikrocomputer auf einem Chip, der einer einzigen Peripherieeinheit zugeordnet werden und sie steuern soll. Da er programmiert werden kann, ist er ein universelles programmierbares Interface, mit dem man einen 8080, 8085 oder 8048 an fast jede Peripherieeinheit, die Übertragungsraten von weniger als 20.000 Bit/s benötigt, anschließen kann.
Der 3870 von Mostek und Fairchild enthält 2K ROM plus RAM und ist mit dem F8 softwarekompatibel.

MIKROPROZESSOR INTERFACE TECHNIKEN

Programmierbare Interfaces

Wegen der geringen Kosten von Einchipcomputern, werden Interfacechips für Peripherieeinheiten ,,intelligent", d.h. mit einem Prozessor versehen. Sie übernehmen Befehle von der MPU und führen alle notwendige Steuerung und Zeitgabe durch. Die Dekodierung und Ablaufsteuerung werden üblicherweise von dem Mikrocomputer auf dem Chip durchgeführt.
Es ist interessant zu sehen, daß die Komplexität einer Standard-MPU ungefähr 6.000 Transistoren umfaßt, die eines FDC (Floppy Disk Controller, Diskettensteuerung) oder CRTC (Cathode-Ray Terminal Controller, Bildschirmsteuerung) dagegen 15.000 bis 22.000 Transistoren beträgt.
Einchipinterfaces sind spezielle Prozessoren zur Peripheriesteuerung. Mit dem Fortschritt der Integrationstechniken wird u.U. die gesamte Steuerung auf einem Chip untergebracht werden können.

Kosten

Die Interfacekosten werden wahrscheinlich größer als die für den Prozessor bleiben, da die Komplexität größer ist und nicht so viele davon abgesetzt werden können. Dennoch ist der Aufwand für sie, gemessen an den Kosten für die Peripherieeinheiten selbst, nahezu vernachlässigbar.

,,Plastiksoftware"

Sobald ein Softwarealgorithmus endgültig ausgearbeitet und fehlerfrei ist, kann er in LSI-Bausteinen ,,materialisiert" mit relativ geringen Kosten vervielfältigt werden. Damit erhält man ,,Plastiksoftware" (oft auch ,,Firmware" genannt): Programme lassen sich in der Form eines Plastikchips kaufen.
Es ist anzunehmen, daß viele in diesem Buch vorgestellten Algorithmen im nächsten Evolutionsschritt als Teil komplexer LSI-Chips hergestellt werden. Sie sind zur Plastiksoftware geworden.
Das Erstellen von Interfaces wird dann im wesentlichen reduziert auf das Zusammenschalten der benötigten Chips. Wenn dies eingetreten ist, so ist zu hoffen, daß die in diesem Buch vorgestellten Techniken zum Verständnis dieser neuen Methode beitragen werden.

Fassen wir zusammen: Schritt für Schritt sind eine Reihe von Interfacetechniken vorgestellt worden, die vom Anschluß von RAM-, ROM- und E/A-Einheiten bis zum vollständigen intelligenten Disketteninterface reichen. Zusammen mit der Besprechung der Interfaces wurden solche Punkte, wie Stromversorgung und A/D-Wandlung behandelt. Diese Punkte sind zur Vervollständigung der Kenntnisse und Fähigkeiten eines Mikroprozessorsystemkonstrukteurs wesentlich. Das Interface beginnt bei der Steckdose an der Wand und endet erst beim entferntesten Peripheriegerät. Mit dem Fortschritt der Technologie wird der Entwickler von Interfaces mehr und mehr zum Programmierer werden. Um als eigenständiger Berufszweig bestehen bleiben zu können, müssen Kenntnisse und Fähigkeiten über den Entwurf von Stromversorgung und zur Erstellung analoger Interfaces erarbeitet werden. Dann aber kann man nahezu alles und jedes mit allem und jedem verbinden und es zum Laufen bringen.

MIKROPROZESSOR INTERFACE TECHNIKEN

Über die Autoren

Austin Lesea hat Mikroprozessorprodukte für Industrie, Lehre und Forschung entwickelt. Er ist Konstrukteur im Lehrlaboratorium für Mikroprozessoren an der Universtität von Kalifornien in Berkeley und hat weltweit für über 1000 Teilnehmer Kurse und Seminare auf dem Gebiet der Mikroprozessoren durchgeführt.

Dr. Rodnay Zaks hat über 50 Bücher und Forschungsschriften über Mikroprozessoren veröffentlicht und einige Mikroprozessorprodukte für Forschung und Technik erstellt. Er hat weltweit für über 5000 Teilnehmer Kurse und Seminare abgehalten, die von der Einführungsebene bis zu Mikroprogrammierungstechniken für Bit-Slice-Maschinen reichen.

Dieses Buch ist das Ergebnis der Entwicklungs- und Lehrerfahrungen der Autoren.

ANHANG A
MICROPROCESSOR HERSTELLER

AMD (Advanced Micro Devices)
901 Thompson Place
Sunnyvale, CA 94608
(408) 732-2400
Telex: 346306

AMI (American Microsystems)
3800 Homestead Road
Santa Clara, CA 95051
(408) 246-0330

Data General
4400 Computer Drive
Westboro, Mass. 01581
(617) 366 8911

Digital Equipment Corp.
146 Main St.
Maynard, MA 01754

Electronic Arrays
550 East Middlefield Road
Mountain View, CA 94043
(415) 964-4321

EMM Semiconductor
3216 West El Segundo Blvd.
Hawthorne, CA 90250
(213) 675-9241

Fairchild Semiconductor
1725 Technology Drive
San Jose, CA 95110
(408) 998-0123

GI (General Instruments)
600 West John Street
Hicksville, NY 16002
(516) 733-3107
TWX: (510) 221-1666

Harris Semiconductor
Box 883
Melbourne, FL 32901
TWX: (510) 959-6259

Hitachi
2700 River Road
Des Plaines, IL 60018
(312) 298-0840

Hughes Microelectronics
500 Superior Avenue
Newport Beach, CA 92663
(714) 548-0671

Intel
3065 Bowers Avenue
Santa Clara, CA 95051
(408) 246-7501
Telex: 346372

Intersil
10090 North Tantau Avenue
Cupertino, CA 95014
(408) 996-5000
TWX: (916) 338-0228

ITT Semiconductors
74 Commerce Way
Woburn, MA 01801
(617) 935-7910

Zilog
10460 Bubb Road
Cupertino, CA 95014
(408) 446-4666
TWX: 910-338-7621

Western Digital Corp.
3128 Redhill Avenue
Newport Beach, CA 92663
(714) 557-3550
TWX: (910) 595-1139

MMI (Monolithic Memories)
1165 East Arques Avenue
Sunnyvale, CA 04086
(408) 739-3535

MOS Technology
950 Rittenhouse Road
Norristown, PA 19401
(215) 666-7950
TWX: (510) 660-4033

Mostek
1215 West Crosby Road
Carollton, TX 75006
(214) 242-0444
Telex: 30423

Motorola
5005 E. McDowell Road
Phoenix, Arizona 85008
(602) 244-6900

RCA
Box 3200, Rte. 202
Sommerville, N.J. 08876
(201) 685-6000

Rockwell International
3310 Miraloma
P.O. Box 3669
Anaheim, CA 92803
(714) 632-3698

SGS-ATES
79 Massosoit Street
Waltham, MA 02154
(617) 891-3710
Telex: 923495WHA

Sharp
10 Keystone Place
Paramus, NJ 07652
(201) 265-5600
Telex: 134327

Siemens
3700 East Thomas
Box 1390
Scottsdale, AZ 85252
(602) 947-2231

Signetics
811 East Arques Avenue
Sunnyvale, CA 94086
(408) 739-7700

Solid State Scientific
Montgomeryvale, PA 18936
(215) 855-8400
Telex: (510) 661-7267

Synertek
3050 Coronado Drive
Santa Clara, CA 95051
(408) 984-9800
TWX: (910) 338-0135

TI (Texas Instruments)
Digital Systems Division
P.O. Box 1444
Houston, TX 77001
(713) 494-5115

Thompson-CSF, Sescosem
50 Rue JP Timbaud
Courbevoie 92, France
788-50-01
Telex: 610-560

ANHANG B
S-100 HERSTELLER

Advanced Microcomputer Products
P.O. Box 17329
Irvine, CA 92713
(714) 558-8813

Affordable Computer Products
Byte Shop No. 2
3400 El Camino Real
Santa Clara, CA 95051
(408) 249-4221

Ai Cybernetic Systems
P.O. Box 4691
University Park, NM 88003

ALF Products, Inc.
128 S. Taft
Lakewood, CO 80228

Alpha Micro Systems
17875 N. SkyPark North
Irvine, CA 92714
(714) 957-1404

Altair (see MITS)

Artec Electronics, Inc.
605 Old Country Road
San Carlos, CA 94070
(415) 592-2740

Associated Electronics
12444 Lambert Circle
Garden Grove, CA 92641
(714) 539-0735

Base-2, Inc.
P.O. Box 9941
Marina del Rey, CA 90291

Byte Shop
1450 Koll Circle, No. 105
San Jose, CA 95112

CHP, Inc.
P.O. Box 18113
San Jose, CA 95158

Comptek
P.O. Box 516
La Canada, CA 91011
(213) 790-7957

Computalker Consultants
P.O. Box 1951
Santa Monica, CA 90406

Computer Data Systems
English Village, Atram 3
Newark, DE 19711

Crestline Micro Systems
P.O. Box 3313
Riverside, CA 92519

Cromemco
2432 Charleston Road
Mountain View, CA 94043
(415) 964-7400

Cybercom
2102A Walsh Avenue
Santa Clara, CA 95050
(408) 246-2707

Computer Kits Inc.
1044 University Avenue
Berkeley, CA 94710
(415) 845-5300

Computer Graphics Associates
56 Sicker Road
Latham, NY 12110

Computer Hobbyist Products, Inc.
P.O. Box 18113
San Jose, CA 95158
(408) 629-9108

COMPU/TIME
P.O. Box 417
Huntington Beach, CA 92648
(714) 638-2094

Computer Power & Light
12321 Ventura Blvd.
Studio City, CA 91604
(213) 760-0405

Crea Comp System, Inc.
Suite 305
4175 Veterans Highways
Ronkonkoma, NY 11779
(516) 585-1606

DAJEN
David C. Jenkins
7214 Springleaf Court
Citrus Heights, CA 95610
(916) 723-1050

Data Sync
201 W. Mill
Santa Maria, CA 93454
(805) 963-8678

DigiComm
6205 Rose Court
Roseville, CA 95678

Digital Systems
1154 Dunsmuir Place
Livermore, CA
(415) 413-4078

Digiteck
P.O. Box 6838
Grosse Point, Michigan 48236

Duston, Forrest
885 Aster Avenue
Palatine, Il 60067

Dutronics
P.O. Box 9160
Stockton, CA 94608

E & L Instruments, Inc.
61 First Street
Derby, Conn. 06418
(203) 735-8774

E.E. & P.S.
Electronic Eng. & Production Servi
Route No. 2
Louisville, Tennessee
(615) 984-9640

Electronic Control Technology
P.O. Box 6
Union City, NJ 07083

El Paso Computer Group
9716 Saigon Drive
El Pase, TX 79925

Environmental Interfaces
3207 Meadowbrook Blvd.
Cleveland, Ohio 44118
(216) 371-8482

ANHANG B

Equinox Division
Parasitic Engineering
P.O. Box 6314
Albany, CA 94706
(800) 648-5311

Extensys Corp.
592 Weddell Drive, S-3
Sunnyvale, CA 94086
(408) 734-1525

Forethought Products
P.O. Box 386-A
Coburg, Oregon 97401

Franklin Electric Co.
733 Lakefield Road
Westlake Village, CA 91361
(805) 497-7755

Galaxy Systems
P.O. Box 2475
Woodland Hills, CA 91364
(213) 888-7233

GNAT Computers
8869 Balboa, Unit C
San Diego, CA 12123

Godbout Electronics
Box 2355
Oakland Airport, CA 94614

Hayes
P.O. Box 9884
Atlanta, GA 30319
(404) 231-0574

Heuristic, Inc.
900 N. San Antonio Road
Suite C-1
Los Altos, CA 94022

Hornestead Technologies Corp.
891 Briarcliff Road N.E.
Suite B-11
Atlanta, GA 30306

iCOM Division
6741 Variel Avenue
Conoga Park, CA 91303
(213) 348-1391

IBEX
1010 Morse Avenue, No. 5
Sunnyvale, CA 94086
739-3770

INFO 2000
P.O. Box 316
Culver City, CA 90230

Integrand Research Corp.
8474 Avenue 296
Visalia, CA 93277
(209) 733-9288

International Data Systems
400 North Washington Street,
Suite 200
Falls Church, VA 22046
(703) 536-7373

Kent-Moore Instrument Co.
P.O. Box 507
Industrial Avenue
Pioneer, Ohio 43554
(419) 737-2352

Lewis and Associates
68 Post Street, Suite 506
San Francisco, CA 94104
(415) 391-1498

Lincoln Semiconductor
P.O. Box 68
Milpitas, CA 95035
(408) 734-8020

Logistics
Box 9970
Marina Del Rey, CA 90291

North Star Computers
2465 Fourth Street
Berkeley, CA 94710

MECA
7344 Warnego Trail
Yucca Valley, CA 92284
(714) 365-7686

Micro Data
3199 Trinity Place
San Jose, CA 95124

Microdesign
8187 Havasu Circle
Buena Park, CA 90621
(415) 465-1861

Micro Designs, Inc.
499 Embarcadero
Oakland, CA 94606
(415) 465-1861

MicroGRAPHICS
P.O. Box 2189, Station A
Champaign, IL 61820

MicroLogic
P.O. Box 55484
Indianapolis, IN 46220

Micromation
524 Union Street
San Francisco, CA 94133
(415) 398-0289

Micronics, Inc.
P.O. Box 3514
Greenville, NC 27834

Micropolis Corp.
9017 Reseda Blvd.
Northridge, CA 91324

Midwest Scientific Instruments
220 West Cedar
Olathe, Kansas 66061

MIKRA-D, Inc.
P.O. Box 403
Hollister, Mass. 01746

Mini Micro Mart
1618 James Street
Syrecuse, NY 13203

MiniTerm Associates
Box 268
Bedford, Mass. 01730

MITS (Altair)
2450 Alamo S. E.
Albuquerque, NM 87106

Morrow's Micro-Stuff
Box 6194
Albany, CA 94706

MRS
P.O. Box 1220
Hawthorne, CA 90250

Mullen Computer Boards
Box 6214
Hayward, CA 94545

Mountain Hardware
Box 1133
Ben Lamand, CA 95005

National Multiplex Corp.
3474 Rand Avenue, Box 288
South Plainfield, NJ 07080

ANHANG B

Objective Design, Inc.
P.O. Box 7536 Univ. Station
Provo, Utah 84602

PerCom Data Company
4021 Windsor
Garland, TX 75042

Peripheral Vision
P.O. Box 6267
Denver, Colorado 80206

Phonics, Inc.
P.O. Box 62275
Sunnyvale, CA 94086

Prime Rodix Inc.
P.O. Box 11245
Denver, Colorado 80211

Processor Applications, Ltd.
2801 East Valley Veiw Avenue
West Covina, CA 91792

Quay Corporation
P.O. Box 386
Freehold, NJ 07728

Realistic Controls Corporation
3530 Warrensville Center Road
Cleveland, Ohio 44122

R.H.S. Marketing
2233 El Camino Real
Palo Alto, CA 94306

RO-CHE Systems
7101 Mammoth Avenue
Van Nuys, CA 91405

S. D. Sales
P.O. Box 28810
Dallas, Texas 75228

Sargent's Dist. Co.
4209 Knoxville
Lakewood, CA 90713

Scientific Research Instruments
P.O. Drawer C
Marcy, NJ 13403

Seals Electronics
Box 11651
Knoxville, TN 37919

Smoke Signal Boardcasting
P.O. Box 2017
Hollywood, CA 90028

Solid State Music
MIKOS
419 Portofino Drive
San Carlos, CA 94070

Stillman Research Systems (SRS)
P.O. Box 14036
Phoenix, AZ 85063

Suntronics Company
360 Merrimack Street
Lawrence, MA 01843

Synetic Designs Company
P.O. Box 2627
Pomona, CA 91766

Szerlip Enterprises
1414 W. 259th Street
Harbor City, CA 90710

TEI Inc.
7231 Fondren Road
Houston, Texas 77036

T&H Engineering
P.O. Box 352
Cardiff, CA 92007

Tarbell Electronics
20620 South Leapwood Avenue
Suite P
Carson, CA 90746

Technical Design Labs Inc.
342 Columbus Avenue
Trenton, NJ 08629

Vandenberg Data Products
P.O. Box 2507
Santa Maria, CA 93454

Vector Electronics Company, Inc.
12460 Gladstone Avenue
Sylmar, CA 91342

Vector Graphic Inc.
717 Lakefield Road, Suite F
Westlake Village, CA 91361

Western Data Systems
3650 Charles Street, No. Z
Santa Clara, CA 95050

WIZARD Engineering
8205 Ronson Road, Suite C
San Diego, CA 92111

Xybek
P.O. Box 4925
Stanford, CA 94305

ANHANG C
UMWANDLUNGS-TABELLE

DEZIMAL	BINÄR	HEXADEZIMAL	OKTAL
0	0000	0	0
1	0001	1	1
2	0010	2	2
3	0011	3	3
4	0100	4	4
5	0101	5	5
6	0110	6	6
7	0111	7	7
8	1000	8	10
9	1001	9	11
10	1010	A	12
11	1011	B	13
12	1100	C	14
13	1101	D	15
14	1110	E	16
15	1111	F	17

ANHANG D
RS232 C SIGNALE

PIN	FUNCTION	
1	Protective chasis ground Schutzmasse Gerät	
2	Transmit data to communication equipment Übertrage Daten (zum Komm. Gerät)	(TxD)
3	Receive data from communication equipment Empfange Daten (vom Komm. Gerät)	(RxD)
4	Request to send to communication equipment Übertragungsanforderung (zum Komm. Gerät)	(RTS)
5	Clear to send from communication equipment Information daß (vom Komm. Gerät) gesendet wird	
6	Data set ready from communication equipment Daten bereit (vom Komm. Gerät)	(DSR)
7	Signal ground Signal Masse	
8	Data carrier detect from communication equipment Datenträger (vom Komm. Gerät)	(DCD)
20	Data terminal ready to communication equipment Datenterminal bereit (zum Komm. Gerät)	(DTR)

ANHANG E

IEEE-488 SIGNALE

D101-D108	*Data Lines* Datenleitungen	
DAV	*Data Valid* Gültige Daten	
NRFD	*Not ready For Data* Nicht bereit für Daten	Wird negativ wenn alle Geräte Daten empfangen wollen
NDAC	*Not Data Accept* Es wurden keine Daten akzeptiert	Wird negativ wenn alle Geräte Daten empfangen haben
ATN	*Attention* Achtung	Index für Datenleitung ob Adressen oder Daten übertragen werden
IFC	*Interface Clear* Rücksetzsignal	
SRQ	*Service Request* Unterbrechungsanforderung	
REN	*Remote Enable* Konsole bedienbar	
EOI	*End or Identify* Ende der Übertragung	

MIKROPROZESSOR INTERFACE TECHNIKEN

ANHANG F

ABKÜRZUNGEN IN ENGLISCH

AC	Alternating Current	BSC	Binary Synchronous Communication
ACC	Accumulator		
ACK	Acknowledge		
A/D	Analog to Digital	C	Carry
ADCCP	Advanced Data Communication Control Procedure	CAD	Computer-Aided-Design
		CAM	Contents-Addressable Memory
ALU	Arithmetic-Logic Unit	CCD	Charge-Coupled Device
ANSI	American National Standards Institute	CE	Chip Enable
		CLK	Clock
ASCII	American Standard Code for Information Interchange	CML	Current Mode Logic
		CMOS	Complementary MOS
ASR	Automatic Send and Receive	CPG	Clock Pulse Generator
		CPS	Characters Per Second
BCD	Binary-Coded-Decimal	CPU	Central Processor Unit
BCR	Byte Count Register	CR	Card Reader; Carriage Return
BPS	Bits Per Second		
BRA	Branch, go to	CRC	Cyclic Redundancy Check

ANHANG F

CROM	Control-ROM	FSK	Frequency-Shift-Keying
CRT	Cathode Ray Tube		
CRTC	CRT Controller	G	(carry) Generate
CS	Chip Select	GP	General-Purpose
CTS	Clear to Send	GPIB	General-Purpose Interface Bus
CU	Control Unit		
CY	Carry		
		HDLC	High Level Data Link Control
D	Data		
D/A	Digital to Analog	HEX	Hexadecimal
DC	Direct Current	HPIB	Hewlett-Packard Interface Bus
DC	Don't Care		
DCD	Data Carrier Detect		
DIP	Dual In-Line Package	I	Interrupt/Interrupt Mask
DMA	Direct Memory Access	IC	Integrated Circuit = Chip
DMAC	DMA Controller	INT	Interrupt
DMOS	Double-Diffused MOS	I/O	Input-Output
DNC	Direct Numerical Control	IOCS	I/O Control System
DOS	Disk Operating System	IRQ	Interrupt Request
DPM	Digital Panel Meter	I^2L	Integrated Injection Logic
DTL	Diode-Transistor Logic		
DTR	Data Terminal Ready	JAN	Joint Army-Navy
DØ-7	Data Lines Ø Through 7	JP	Jump
E	Empty; Enable (Clock)	K	(1024) Kilo
EAROM	Electrically Alterable ROM	KSR	Keyboard-Send-Receive
EBCDIC	Extended Binary-Coded-Decimal Information Code		
ECL	Emitter Coupled Logic	LCD	Liquid-Crystal Display
EDP	Electronic Data Processing	LED	Light Emitting Diode
EFL	Emitter Follower Logic	LIFO	Last-In-First-Out
EMI	Electro Magnetic Interference	LOC	Loop On-Line Control
		LP	Line Printer
EOC	End of Conversion	LPM	Lines Per Minute
EOF	End of File	LPS	Low-Power Shottky
EOR	Exclusive OR	LRC	Longitudinal Redundancy Check
EOT	End of Text, Tape		
EPROM	Erasable PROM	LSB	Least Significant Bit
		LSI	Large Scale Integration
FAMOS	Floating-Gate Avalanche MOS	MNOS	Metal Nitride Oxide Semiconductor
FDC	Floppy-Disk Controller	MOS	Metal Oxide Semiconductor
FDM	Frequency-Division Multiplexing	MPU	Microprocessor Unit
FET	Field-Effect Transistor	MSB	Most Significant Bit
FF	Flip-Flop	MSI	Medium Scale Integration
FIFO	First-In-First-Out	MTBF	Mean Time Between Failures
FPLA	Field PLA		

MIKROPROZESSOR INTERFACE TECHNIKEN

MUX	Multiplexer	ROM	Read-Only Memory
		RPROM	Reprogrammable PROM
N	Negative (Sign Bit)	RPT	Repeat
NDRO	Non-Destructive Read-Out	RS	Register Select
NMOS	N-Channel MOS	RST	Restart
NVM	Non-Volatile Memory	RTC	Real-Time Clock
		RTS	Request-To-Send
		R/W	Read/Write Memory
OCR	Optical Character Reader	Rx	Receiver
OEM	Original Equipment Manufacturer	SAR	Successive Approximation Register
OP	Operation		
OV	Overflow	SDLC	Synchronous Data Link Control
		SEC	Scanning Electron Microscope
P	Parity; (carry) Propagate		
PABX	Private Automatic Branch Exchange	SEM	Standard Electronic Module
PBX	Private Branch Exchange	S/H	Sample and Hold
PC	Printed Circuit; Program Counter	S/N	Signal to Noise
		SOS	Silicon-On-Sapphire
PCI/O	Program Controlled I/O	SR	Service Request
PCM	Pulse Code Mod.	SSI	Small Scale Integration
PFR	Power-Fail Restart	STB	Strobe
PIC	Priority Interrupt Control	SUB	Subroutine
PIO	Programmable I/O Chip/Interface	TDM	Time-Division Multiplexing
		TDSR	Transmitter Data Service Request
PIT	Programmable Interval-Timer		
		TSS	Time-Sharing System
PLA	Programmable Logic-Array	TTL	Transistor Transistor Logic
PLL	Phase-Locked Loop	TTY	Teletypewriter
PMOS	P-Channel MOS	Tx	Transmitter
POS	Point-of-Sale Terminal		
PROM	(Field) Programmable ROM	UART	Universal Asynchronous Receiver Transmitter
PSW	Program Status Word	uC	Microcomputer
PTP	Paper Tape Punch	uP	Microprocessor
PTR	Paper Tape Reader	USRT	Universal Synchronous Receiver Transmitter
		U-V	Ultra-Violet
Q	AC extension		
QPL	Qualified Products List	VMOS	Vertical MOS
		V_{ss}	Ground
R	Read		
RALU	Register Arithmetic Logic Unit	W	Write
		WPM	Words Per Minute
RAM	Random-Access-Memory		
RDSR	Receiver Data Service Request	X	Index
		XOR	Exclusive OR
RDY	Ready		
RES	Reset	Z	Zero Bit
RF	Radio Frequent		
RMS	Root Mean Square	Φ	(Clock) Phase

INHALTSREGISTER

A
ABFRAGETECHNIK (POLLING)	64, 68, 70
ABFRAGEROUTINE	359
ABTAST- UND HALTESCHALTUNG	259
ABTASTBAUSTEIN	96
ABTASTTHEOREM	253
ACIA	60, 111, 116
ACKNOWLEDGE	12
A/D	247
ADC	247
A/D-WANDLER	247
ADRESSBUS	9, 10, 20
ADRESSMARKIERUNG	176
ALTAIR BUS	307
ALGORITHMISCHE-BITMUSTERERZEUGUNG	401
ANALOG MULTIPLEXEN	293
ANALYSATOR	391
ANTWORTZEIT	75
ANZEIGE	103
ARTIKULATOR	216
ARBEITSWEISE (MODE)	62
ARBEITSSTEUERREGISTER	56
ASCII	101, 150, 337
ASYNCHRON	13
ASYNCHRONER ZUGRIFF	229
AUFFRISCHSPEICHER	131
AUFNAHMEKENNZEICHNUNG	175
AUFFRISCHEN	40, 228
AUFFRISCHADRESSE	40, 228
AUFFRISCHSTEUERUNG	40, 231
AUSWAHLMECHANISMUS	50
AUSWAHLANSCHLÜSSE	36
AUSBEUTE	17

B
BAUDOT	340
BAUD RATE GENERATOR	371
BAUD-RATE	109
BAUTEILFEHLER	380
BCD	103
BESTÄTIGUNGSSIGNAL	12
BEREICHSVERSCHIEBUNG	284
BI-DIREKTIONAL	25
BILDSCHIRMGERÄT	89
BILDSCHIRMSTEUERUNG	144
BINÄR	427
BLANKING (DUNKELZEIT)	137
BREAKPOINT	404
BURN-IN	381
BURST-MODUS	228
BUS	8
BUS-TREIBER	50
BUS STANDARDS	271

C
CAMAC	303
CHARAKTER GENERATOR	109, 138
CHIP-SELECT	36
CPU (CENTRAL PROCESSOR UNIT)	17
CRTC	144
CURSOR (KURSOR)	145
CYCLIC REDUNDANCY CHECK	133, 179, 342

D
D/A	247
DAC	247
DAISY-CHAIN	71
DATENBUS	8, 10, 19
DATAWAY	330
DATENERFASSUNG	288
DATEN-RICHTUNGSREGISTER	54
DCO	213
DEKODIERER	22
DEZIMAL	427
DIRECT MEMORY ACCESS	64, 77
DISKETTE	154
DIGITALE KASSETTENSTEUERUNG	131
DIREKTER VERGLEICH	
DMAC	10, 77, 143
DUAL-SLOPE	261
DUNKELZEIT	137
DURCHLAUFSPEICHER	363
DOPPELTE DICHTE (DOUBLE DENSITY)	173
DYNAMISCHES RAM	23, 39, 228

E
EAROM	24
E/A-TOR	50
EBCDIC	99, 303, 339
EBENE (INT.)	72
EIA RS232C	SIEHE RS232C
EINBRENNEN	381
EINCHIPMICROCOMPUTER	9
EINZELZYKLUSMODUS	228
EIN-AUSGABE	47
EMULATION	403
ENTPRELLEN	97
EOC	269
EPROM	29
ENTWICKLUNG	415

F
F2F	131
FEHLERERKENNUNG	178
FEHLERKORREKTUR	178
FEHLERRATE	380
FEHLERBAUM	394, 399
FEHLERSUCHE	384
FILE MANAGEMENT	212
FIRMWARE	416
FLAG	64
FLOPPY DISK	54, 89, 154
FORMATIERUNG	157, 176
FREQUENZUMTASTVERFAHREN (FSK)	130
FUSIBLE LINK	24

433

MIKROPROZESSOR INTERFACE TECHNIKEN

G
GALPAT	402
GAP	175
GEHÄUSEGRÖSSE	17
GLITCH	286
GRUPPENAUFFRISCHUNG	236

H
HAMMING CODE	342
HARDWARE	8
HALTEPUNKTE	404
HARMONISCHE	215
HARDSEKTORIERUNG	157
HARMONIE GENERATOR	215
HEXADEZIMAL	91, 427
HIDDEN REFRESH	229
HOLD	78
HORIZONTALE SYNCR.	136
HPIB	320

I
IEEE-583	SIEHE CAMAC
IEEE-488-1975	320, 429
IN-CIRCUIT-EMULATION	394
INTEGRATION	260
INTELLIGENT	148, 210, 245
INTERFACE CHIPS	10
INTERLACE	136
INTERRUPTS	68, 363
INITIALISIERUNGSROUTINE	359
INDEXIMPULS	175
INDEXLOCH	168
INTERFACE-SCHALTUNGEN	10
INHALTSANALYSATOR	394
I/O-MAPPING	48

K
KANSAS CITY STANDARD	130
KASSETTENAUFZ.	89, 128-131
KOMPARATOR	258
KODEUMWANDLUNG	87
KURSORSTEUERUNG	145
KREUZPARITÄT	343
KREDITKARTENLESER	123

L
LATCH	50
LED	89, 103
LERNKURVE	18
LINE REVERSAL	93
LICHTGRIFFEL	145
LINEARE AUSWAHL	21, 32
LOCK-OUT	93
LOGIKANALYSATOR	395
LOGIKTESTER	388
LOCHSTREIFENLESER	89, 117
LSI	5, 7
LÜCKEN (GAP)	175

M
MATRIX	89, 107
MAGNETISCHER KREDITKARTENLESER	89
MASKE	69
MEMORY MAPPED I/O	47
MEHRTASTENAUSBLENDUNG	91
MEHRTASTENTRENNUNG	91
MFM	171
MICROPROCESSOR	5, 8
MINIDISKETTENSTATION	158
MODEM	62
MONOVIBRATOR	84, 86
MTBF	380
MULTIPLEXER	9, 85
MULTIPLEXER 32-KANAL	357
MUSIK SYNTHESIZER	89
MULTIMETER	385

N
NETZFILTER	384
NIBBLE	20
NRZ	133, 170

O
OFFSETKORREKTUR	285
OKTAL	427
OPTOKOPPLER	389
OSZILLOSKOP	

P
PAGING	146
PAPER TAPE READER	89, 117
PARITÄT	342
PHASENKODIERTECHNIK	131
PHASENSTARRER OSZ.	170
PIA	52, 121, 125
PIC	72
PIO	52
PLASTIC SOFTWARE	416
POLLING	64, 68, 70
POWER FAIL RESTART	72
PPI	56, 125
PRIORITÄT	67, 72
PROGRAMME	10
PRÜFSUMMEN	342
PRELLEN	90
PRIORITY-INT-CONTROLLER	72
PROGRAMMIERBARE E/A	52, 62
PUFFERVERSTÄRKER	24
PUNKTMATRIX	108, 138
PUFFERN	24, 54

Q
QUAD-SLOPE	263
QUARTZ	10

R
RAM	8, 23, 30, 37
RAM KARTE	365
ROLLOVER	93
ROM	8, 24, 28, 36, 87
ROW SCANNING	91
ROTATION	115, 122
RS232C	61, 109, 130, 150, 332, 428

S
S100	237, 307
SAR	

INHALTSREGISTER

SAMPLING	258
SAMMELSCHIENE	250
SCROLLING	146
SCHRITTMOTOR	89, 118
SCHRITTWEISE ANNÄHERUNG	255
SCHREIBGATTER	167
SCHWINGNEIGUNG	351
SDLC	340
SEKTOR	157
SERIAL I/O	58, 110
SELBSTDIAGNOSE	398
SIMULATION	403
SOFT-FAIL	87
SOFT-SEKTORIERUNG	158
SOFTWARE	8
SOFTWARE-PRIORITÄT	71
SOFTWAREORIENTIERTE TEST-TECHNIKEN	398
SOFTRÜCKSTART	363
SPEICHERMATRIX	366
SPEICHERZYKLEN	77
SPEICHERBAUSTEINE	23
SPURANZAHL	156
SPUREN	158
STANDARD MICROPROCESSOR	8
STATIC RAM	23
STATUS SIGNALE	27
STÖRIMPULS	
STEUERUNG	62
STEUERBUS	10
STROBE	239
STAPEL (STACK)	70, 75
STÖRSPITZEN	383
STROMVERSORGUNG	353
STABILISIERUNG	351
STATUSÄNDERUNG	363
STIMMERZEUGUNG	216
SUBSTRAT MATERIAL	17, 18
SYSTEMSTEUERBAUSTEIN	27
SYNCHRON	13, 24
SYNCHRONER DATENVERKEHR	336

T	
TARBELL	89, 131
TASTENPRELLEN	89
TAKTGENERATOR	26, 34, 44
TASTATUR	89, 96, 99
TELETYPE	58, 89, 109
TEMPOGENERATOR	218
TESTKOPF	392

TEILWEISE DEKODIERUNG	32
TESTEN	379
TRANSCEIVER	25, 31
TRANSMITTER	25
TRANSPARENT REFRESH	40, 229
TRI-STATE-TECHNIK	77
TREIBER	25, 103

U	
UART	60, 110, 128, 129, 131
ÜBERTRAGUNGSRATE	109
ÜBERSCHWINGEN	352
UNMITTELBARER SPEICHERZUGRIFF	77
UNKODIERT	89
UNTERBRECHUNG	68, 363
USART	60, 62, 363

V	
VECTORED INTERRUPT	71
VERRIEGELUNGSSCHALTUNG	232
VERGLEICHSTEST	398
VERTEILER (TTY)	113
VERTIKALE SYNCR.	136
VERTEILUNGSSTRATEGIE	64
VERHALTENSSPEICHERUNG	401
VIDEO	135, 141
VIDEO MONITOR	135
VIERFLANKENINTEGRATION	263
VOLLDEKODIERTE AUSWAHL	21
VORRANG	72

W	
WALKING ONES	91
WANDLER A/D	247
WIRKUNGSGRAD	352

X	
XSDA 307	

Z	
ZÄHLER	106
ZENER-DIODEN	
ZENTRALEINHEIT	17
ZEILENÜBERHANG	137
ZEILENABTASTEN	91
ZUGRIFFSZEIT	29
ZUSAMMENBRUCHSROUTINE	68
ZWEIFLANKENINTEGRATION	262
ZWISCHENSPEICHER	50
Z-80	41

MIKROPROZESSOR INTERFACE TECHNIKEN

NOTIZEN

# MIKROPROZESSOR INTERFACE TECHNIKEN

NOTIZEN

MIKROPROZESSOR INTERFACE TECHNIKEN

NOTIZEN

SYBEX BÜCHER

BÜCHER

C200A	Your First Computer
C201	Microprocessors: From Chips to Systems
C207	Microprocessor Interfacing Techniques
C280	Programming the Z80
C281	Programming the Z8000
C300	The CP/M Handbook with MP/M

X1	Microprocessor Lexicon
Z10	Microprogrammed APL Implementation

The 6502 Series

C202	Programming the 6502
D302	6502 Applications Book
G402	6502 Games

PASCAL

P310	Introduction to PASCAL
P320	The PASCAL Handbook

BASIC

B245	Inside BASIC Games
B250	Fifty BASIC Exercises

SOFTWARE

BAS 65	BAS 65™ Cross Assembler in Basic
S402	6502 Games Cassette
S302	6502 Application Program Cassette
S6580-APL(T)	8080 Simulator for Apple II Cassette
S6580-APL(D)	8080 Simulator for Apple II Diskette
S6580-KIM	8080 Simulator for KIM I Cassette

Weitere Bücher

aus dem  Verlag

Microcomputer System Bücher

MSB 2 **Programmierung des 6502**
Rodnay Zaks
Übersetzung Bernd Pol.

MSB 3 **Dein ERSTER Computer**

Eine Einführung in Heimcomputer
und Geschäftscomputer
Rodnay Zaks (ab April 1981)

MSB 4 **Programmierung des Z 80**
Rodnay Zaks (ab Juni 1981)
